碳金融市场风险定价
与碳规制的环境治理

张 晨 著

科学出版社
北 京

内 容 简 介

作为应对气候变化的关键手段，碳金融市场的有效性对促进生态经济和谐发展至关重要。新兴专业化的碳金融市场是一个复杂的非线性系统，受宏、微观复杂因素影响，科学的碳资产风险定价，以及市场激励型、命令控制型、公众参与型碳规制的协同治理，成为经济高质量发展的关键问题。本书从宏观层面分析国内外碳金融市场的演进历程和内在逻辑，从中观层面构建碳金融市场风险定价的系统理论框架，探究多源因子结构、多尺度复杂网络特征和高阶矩属性在碳金融市场风险与价格联动机制中的作用，从微观层面剖析各类碳规制工具的微观协同治理机制。

本书适合环境经济与气候政策管理领域的相关政府人员、企业管理者、金融机构和第三方服务中介的相关人员，以及高校、科研院所的研究人员阅读。

图书在版编目（CIP）数据

碳金融市场风险定价与碳规制的环境治理/张晨著. —北京：科学出版社，2025.3
ISBN 978-7-03-077174-2

Ⅰ.①碳… Ⅱ.①张… Ⅲ.①二氧化碳－排污交易－金融市场－研究 Ⅳ.①F831.2②X511

中国国家版本馆 CIP 数据核字（2023）第 235198 号

责任编辑：陶 璇 / 责任校对：贾娜娜
责任印制：张 伟 / 封面设计：有道设计

科学出版社 出版
北京东黄城根北街 16 号
邮政编码：100717
http://www.sciencep.com

固安县铭成印刷有限公司印刷
科学出版社发行 各地新华书店经销

*

2025 年 3 月第 一 版 开本：720×1000 1/16
2025 年 3 月第一次印刷 印张：16 1/4
字数：325 000

定价：178.00 元
（如有印装质量问题，我社负责调换）

前　　言

　　全球气候和环境问题对人类社会的可持续发展构成了威胁。1997年12月通过的《联合国气候变化框架公约的京都议定书》(简称《京都议定书》)首次设置了三种市场机制,即国际排放贸易(international emission trading,IET)机制、联合履约(joint implementation,JI)机制和清洁发展机制(clean development mechanism,CDM),开启了全球利用碳排放权交易解决气候问题的新时代,奠定了碳金融市场解决环境负外部性问题的市场激励型碳规制的重要地位。2005年,欧盟碳排放交易体系(European Union Emissions Trading System,EU ETS)开始实施,它是目前世界上规模最大、最成熟的碳排放权交易市场。中国碳金融市场从2005年参与国际CDM项目,到2013年开展区域性碳排放权交易试点工作,再到2021年建立全国统一碳金融市场,市场成熟度不断提高。

　　本书以国际碳金融市场和国内区域碳金融市场以及不同类型的碳规制为研究对象,采用经济学、统计学、金融计量学和人工智能等领域的相关理论和方法,研究碳金融市场的风险定价与碳规制的环境治理。

　　(1)宏观篇:碳金融市场发展的理论与实践。从宏观层面梳理国内外碳金融市场的实践历程和趋势,基于文献知识图谱,系统地梳理国内外研究动态,描述解决环境外部性问题的环境库兹涅茨模型、庇古税理论和产权理论,再到气候经济学理论的碳金融市场基础理论发展脉络,洞察关键问题:①考虑微观主体行为异质性的碳金融资产价格形成机制与价格预测问题;②基于碳金融市场多源风险要素的风险度量与复杂网络视角的风险传导问题;③不同类型碳规制协同的微观治理效应问题。展望未来,全球碳金融市场连接、碳金融市场金融创新、中国碳金融市场本土化是发展趋势。

　　(2)中观篇:碳金融市场风险传导与定价。从中观层面构建碳金融市场风险定价系统和风险传导理论框架。从多源风险要素间相依性结构层面探究碳金融市场风险度量方法;基于多尺度分析和复杂网络,探讨碳金融市场和关联市场间的风险传导路径;引入反映市场非对称和极端冲击因素的偏度和峰度构建高阶矩资产定价理论框架,分析不同风险状态下,碳金融市场因非理性投资行为和外部性事件冲击所带来的高阶矩渠道的风险传染关系;基于重大事件冲击和微观主体行为构建碳资产价格预测机制。

　　(3)微观篇:多类型碳规制与企业环境治理。从微观层面探究多元碳规制对微观企业环境治理和价值创造的协同治理机制。碳规制随着碳金融市场发展和经济增长方式转变而变化，并且命令控制型、市场激励型和公众参与型等不同类型规制的制定目标和属性差异影响其在微观企业环境治理中的作用。引导社会各利益主体积极参与环境规制的制定、执行和监督，促进经济和环境的可持续发展，是各类环境规制协同治理的目标。

本书由张晨教授总体设计、组织和统稿，朱婧负责撰写团队的工作管理。其中，第 1 章由朱婧完成，第 2 章由丁佳俊完成，第 3 章由赵劲松、云坡、杨仙子、杨玉、吴亚奇、季媛璞完成，第 4 章由朱婧、杨玉、吴亚齐、云坡完成，第 5 章由潘娣、杨仙子完成，第 6 章由季媛璞完成，第 7 章由胡姝、肖文娟、曹雨清、刘捷先完成。朱婧、丁佳俊、赵劲松、潘娣、季媛璞、胡姝参与了本书大量的统稿修订工作，卢靖宇、刘玥参与了修图工作。

本书的撰写得到了国家自然科学基金面上项目（71971071，72471068）的资助，也是参与此国家自然科学基金面上项目的科研团队集体智慧和辛勤工作的结晶。本书在撰写过程中，得到了合肥工业大学的杨善林院士、天津大学的张维教授、湖南大学的张跃军教授、美国佛罗里达州立大学的牛旭峰教授和 2017 年数据驱动的智能/绿色制造国际会议（International Conference on Data-driven Smart/Green Manufacturing）的与会专家高屋建瓴的指导和支持，还得到了合肥工业大学朱卫东教授、许启发教授、焦建玲教授、汪文隽副教授的指点和帮助，在此向他们表示衷心的感谢和崇高的敬意。

特别感谢本书所引用文献的所有作者，向责任编辑严谨细致的工作表示衷心的感谢。

限于作者的知识修养和学术水平，本书难免存在不足之处，恳请读者批评指正。

张 晨

2024 年 10 月 18 日

目　　录

第一篇　宏观篇：碳金融市场发展的理论与实践

第1章　碳金融市场发展实践与制度演进 ·· 3
1.1　碳金融市场概述 ·· 3
1.2　碳金融市场发展历程 ·· 6
1.3　本章总结与管理启示 ··· 21

第2章　碳金融市场发展的基础理论 ·· 23
2.1　外部性理论 ·· 23
2.2　环境库兹涅茨曲线 ·· 25
2.3　庇古税理论 ·· 29
2.4　产权理论 ··· 30
2.5　气候经济学理论 ·· 35
2.6　本章总结与管理启示 ··· 41

第3章　碳金融相关研究动态 ··· 43
3.1　碳金融资产价格研究进展 ··· 46
3.2　碳交易市场风险研究 ··· 57
3.3　碳规制与公司环境治理研究 ·· 65
3.4　本章总结与管理启示 ··· 73

第二篇　中观篇：碳金融市场风险传导与定价

第4章　基于数据特征的碳金融市场风险及其传导研究 ······························ 77
4.1　基于多源风险因子异质相依性的碳金融市场风险度量研究 ························· 77
4.2　基于多尺度系统理论的碳金融市场与关联市场风险传导网络研究 ··············· 102
4.3　基于高阶矩属性的碳金融市场风险传染研究 ··· 130
4.4　本章总结与管理启示 ··· 145

第5章　基于数据驱动的碳金融市场风险定价研究 ··································· 148
5.1　重大事件冲击下的碳金融资产定价研究 ··· 148
5.2　基于微观主体行为的碳金融资产价格预测研究 ······································ 157
5.3　本章总结与管理启示 ··· 181

第三篇　微观篇：多类型碳规制与企业环境治理

第 6 章　碳规制的概念与工具类型 ····················· 185
　　6.1　碳规制的概念 ····························· 185
　　6.2　碳规制工具的分类 ························· 187
　　6.3　本章总结与管理启示 ······················· 191
第 7 章　碳规制与公司环境治理 ····················· 193
　　7.1　命令控制型与市场激励型环境规制对企业环保投资的影响 ····· 193
　　7.2　碳信息披露与企业利益相关者价值创造 ············ 213
　　7.3　本章总结与管理启示 ······················· 240

参考文献 ·· 243

第一篇 宏观篇：碳金融市场发展的理论与实践

第1章 碳金融市场发展实践与制度演进

控制碳排放是应对气候变化、保护环境的重要举措，关乎人类社会的生存与发展，备受全球关注。如何有效减少温室气体排放、遏制全球变暖趋势已经成为全世界所有国家面临的共同挑战。碳金融市场作为控制温室气体排放和推动经济发展绿色转型的有效政策工具，在国际金融市场上发挥着日益显著的减排作用。本章将概述碳金融市场的核心概念和根本特征，从配额总量、配额分配方法、覆盖行业范围、价格走势等方面分析欧美发展成熟的碳金融市场和中国碳金融市场的实践进程，挖掘出未来国际碳金融市场和中国碳金融市场金融化及全球化的发展趋势，从健全碳金融市场机制、鼓励碳金融产品和机构创新与建立跨境碳交易连接三个方面，给出中国碳金融市场建设的启示，以期为碳金融市场的发展完善提供理论指导与决策支撑。

1.1 碳金融市场概述

1.1.1 碳金融市场相关概念

从早期的碳排放权交易，到后来不断形成的以碳排放权为基础的各类衍生性金融产品的发展，碳金融市场经历了不断发展和完善的过程。本节将讨论碳金融市场发展的三个核心概念。

1. 碳排放权及其属性

碳排放权最早是由法学所定义的，意指企业和各种营利性组织在经营活动中，在符合法律规定的条件下，根据其所获得的排放许可向大气排放温室气体，依法对环境容量资源享有的占有、使用和获得收益的权利（王小龙，2008）。

在后期的发展中，碳排放权凸显出其特有的经济含义（Dales，1968），它是指在人类保护环境过程中产生的国与国之间、国家与企业之间以及企业与企业之间，为完成对温室气体的减排任务而形成排放配额的交易行为，其表现形式是碳排放权配额，不仅包括排放主体在法律允许范围内可排放的碳排放额，同时也规定超额排放的行为将受到相应的制裁。碳排放权配额是将碳排放权量化后在交易过程中的表现形式，根据市场交易机制的不同，碳排放权配额分为碳排放配额和碳信用配额。

碳排放配额是指由各个国家政府根据自身碳金融市场的实际情况，向受排放约束的企业发放的一种允许在一定时间内排放指定数量的二氧化碳的权利凭证，具有法律效力。碳信用配额是指碳减排项目通过自身的建设和运营，减少了一定数量的碳排放量，通过第三方审核和认证，将减少的碳排放量折算成一定的信用额度，包括 CDM 下的核证减排量、JI 机制下的减排单位、自愿减排机制下的自愿碳减排量。

从交易视角分析，碳排放权具有以下属性。

（1）碳排放权具有商品属性和货币属性。随着碳排放权市场规模的扩大和碳货币化程度的提高，碳排放权逐渐派生出具有投资价值和流动性的金融资产，如碳排放的现货、远期、期货和期权等，并作为一种特殊的稀缺金融产品在资本市场流通。会计上将企业持有的碳排放权"资产化"，视持有主体交易目的的具体情况归属为存货、无形资产或金融资产。

（2）碳排放权交易具有资源跨期调配的金融功能。碳排放具有典型的负外部性，通过碳排放权交易实现的资源跨期调配具有碳减排成本内部化并最小化的功能，各类碳金融资产具有转移和分散生态环境风险的功能，其价格发现和价格示范作用有效促进了碳交易的达成，推进了产业结构优化、金融创新和信贷结构转型，促进减排资金和技术向发展中国家转移，实现发达国家和发展中国家在减排上的互利共赢。

（3）碳排放权具有金融资源的稀缺性和战略性。碳交易发生在想达到减排任务的国家与国家之间、国家与企业之间、企业与企业之间，实质上是对稀缺环境容量使用权的获取。气候变暖的影响具有全球性、长期性，它决定了碳金融具有全球跨度和长期治理的特征，碳减排和经济发展之间存在某种程度的替代关系，意味着大国之间的政治经济博弈，碳排放权作为金融资源具有高度的战略性。

2. 碳排放权交易市场

碳排放权交易实质上属于一种排污权交易。在污染物排放总量控制的前提下，内部各污染物的排放源之间通过买卖的方式来互相调剂排污量的余缺，从而达到减少环境污染和保护环境的目的。

联合国政府间气候变化专门委员会经过艰难的谈判，1992 年通过《联合国气候变化框架公约》，并在 1997 年达成《京都议定书》这一控制温室气体排放的具有约束力的法律文件。《京都议定书》提出用 JI 机制、CDM、IET 机制三种合作机制的方式来控制并削减排放，从而使碳排放权交易成为促进减排的新路径。其中，JI 机制是指附件 I 所列国家之间通过项目级的合作，其所实现的减排单位（emission reduction unit，ERU）可以以联合履行机制转让给另一发达国家缔约方，但是同时必须在转让方的分配数量单位上扣减相应的额度。CDM 是指附件 I

缔约方与非附件 I 缔约方联合开展二氧化碳等温室气体减排项目。这些项目产生的核证减排量（certified emission reduction，CER）可用于附件 I 缔约方履行其温室气体排放限排或减排承诺。IET 机制是指一个附件 I 国家超额完成了其承诺的减排任务，便可以将其多余的减排限额部分出售给某个排放量超过减排目标的附件 I 国家。因此，将温室气体的排放权简称为"碳排放权"，而将以温室气体为基础的产品的交易统称为"碳排放权交易"，由此形成的交易市场称为"碳排放权交易市场"。

碳排放权交易的产生为减少温室气体排放、降低气候变化风险提供了重要的市场化减排方式。以碳排放权为标的产品而进行交易的碳排放权交易市场应运而生。

在全球碳排放权交易市场中，具有代表性的市场包括：EU ETS、美国芝加哥气候交易所（Chicago Climate Exchange，CCX）、美国区域温室气体减排行动（Regional Greenhouse Gas Initiative，RGGI）、澳大利亚新南威尔士州温室气体减排体系（New South Wales Greenhouse Gas Abatement Scheme，NSW GGAS）。EU ETS 是目前世界上规模最大的碳排放权交易市场。

3. 碳金融市场

随着碳排放权交易市场的不断发展和扩大，市场中各类风险相继出现，如政策风险、法律风险、项目风险、市场风险等，于是以碳排放权为基础的用于规避风险的具有投资价值的金融衍生品逐渐被开发出来，碳金融在碳排放权交易中应运而生，促进了碳排放权由商品属性逐步向金融属性转化。金融资本不断投资于节能减排项目，同时，从事低碳经济的实体也不断将自身拥有的碳减排量放入碳金融市场进行交易，并且出于风险规避和保值增值的目的，各种基于碳减排单位的衍生品不断形成并进入市场。金融资本与低碳经济发展不断融合，使碳排放权作为一种金融资产在金融市场中不断交易和创新，推动了碳金融市场的发展。

目前，国外的研究几乎并不区分碳金融市场和碳排放权市场，而是用碳市场（carbon market）作为统称。国外的碳市场涵盖各交易所的碳金融产品及其衍生品的交易，但是未涵盖银行和保险业所提供的相关碳金融产品/服务。我国碳金融市场的概念与国外的概念具有一定的差别，国内研究将碳金融市场划分为狭义和广义的概念，狭义的碳金融市场是以碳排放权为标的资产的碳交易市场；广义的碳金融市场泛指在降低气候变化风险、减少温室气体排放的背景下，与碳排放权交易相关的各种金融交易活动、金融制度安排的总称，包括碳排放权及其衍生品的交易和低碳项目开发的投融资，也包括银行的绿色信贷及其他金融中介活动（张晨，2018）。

1.1.2 碳金融市场的特殊性

碳金融市场是为了应对全球气候变化、减少温室气体排放等问题而逐渐发展起来的，其实质发端于《京都议定书》生效实施之后，相对于传统金融市场，它属于一类新兴的专业金融市场。由于碳金融市场的产生背景、运作目的等方面的特殊性，其所呈现的特点与一般性金融市场具有较大的差异，主要表现在市场交易目的、市场交易产品和资产价格影响因素等方面。

1. 碳金融市场交易目的

一般金融产品的交易目的主要是实现资金的融通来获得资产的保值增值。而碳金融市场建立的目标是减少温室气体排放、降低气候变化风险、实现经济的可持续发展以及改善全球气候环境等，因此，碳金融市场的交易目的除了实现碳金融资产的保值增值、获得经济利益以外，其所具有的减排作用和社会价值是其交易的重要目的。换言之，碳金融市场的经济效益只有通过碳金融市场资源跨期配置发挥了减排作用才能实现，经济效益与生态效益是共生的。

2. 碳金融市场交易产品

一般金融市场交易的产品主要是以金融商品或者金融工具为基准，多为借贷资金的载体，如票据、证券、债券以及凭证等。而碳金融市场交易的产品是以碳排放权为基准的，碳排放权是政府所规定的一种虚拟权力额度，其不具有任何的实物支撑，碳排放权的形成主要是由于环境容量的限制，进而使排放权成为一种稀缺的资源，并使其具有交易的价格和市场。

3. 碳金融资产价格影响因素

碳金融资产的价格与利率的关系不像传统金融产品那样敏感，而影响碳金融市场产品价格的主要因素有国际市场能源（包括石油、天然气、煤炭等）的价格，钢铁、电力等重工业的行业发展水平，碳排放权的相关政策法规的制定、天气情况以及国际气候谈判的进程等因素也会影响碳金融市场中碳金融资产的价格。

1.2 碳金融市场发展历程

1.2.1 全球碳金融市场发展历程

自《京都议定书》通过后，碳交易体系发展迅速，各国及地区开始纷纷建立区域内的碳交易体系以实现碳减排承诺的目标。在欧洲，欧盟碳市场已成为全球规模最大的碳市场，是碳交易体系的领跑者；在北美洲，尽管美国是排污权交易的先行者，但由于政治因素一直未形成统一的碳交易体系，当前是多个区域性质的碳交易体系并存的状态，且覆盖范围较小；在亚洲，韩国是东亚地区第一个启动全国统一碳交易市场的国家，启动后发展迅速，已成为目前世界上第二大国家级碳市场，中国也于2021年7月正式启动全国统一碳交易市场；在大洋洲，澳大利亚尽管曾是碳交易市场的先行者，但现在已基本退出碳交易舞台，而新西兰的碳排放权交易体系在经历一段时间的宽松规则后，已回归到稳步发展的阶段。

目前虽然还未形成全球范围内统一的碳市场，但不同碳市场之间开始尝试连接。2014年，美国加利福尼亚州（简称加州）碳市场与加拿大魁北克碳市场成功对接，2018年其又与加拿大安大略碳市场进行了对接；2016年，日本东京碳交易系统成功与埼玉县的碳交易系统进行对接；2020年，欧盟碳市场已与瑞士碳市场进行了对接。碳市场发展历程如表1.1所示。

表1.1 碳市场发展历程

年份	国家或地区	主要内容
2002	英国	英国政府2002年自发建立英国碳排放交易体系，这是世界上最早的碳排放交易市场，也为后来欧盟碳排放交易市场的构建提供了经验
2003	澳大利亚	澳大利亚新南威尔士州启动温室气体减排计划
2003	美国	芝加哥气候交易所成立，全球第一个自愿参与温室气体减排量交易并具有法律约束力的交易平台开启
2005	欧盟	欧洲碳排放交易机制开始实施
2008	瑞士	瑞士于2008年开始了为期五年的自愿碳交易体系，并于2013年转化为强制性碳交易制度
2008	新西兰	新西兰国会于2008年通过了《气候变化法案排放权交易修正案》，正式引入碳交易市场
2009	美国	美国东北部九州环境与能源地方政府成立的RGGI自2009年起，针对发电功率大于25MW的发电厂排放的温室气体试行总量控制与排放权交易制度
2010	日本	日本东京都碳排放交易体系作为世界上第一个城市级的强制排放交易体系于2010年构建
2011	日本	埼玉县在2011年建立排放权交易体系，作为《全球变暖战略促进条例》的一部分。埼玉县的排放权交易体系主要是对东京都碳排放交易机制的复制
2012	澳大利亚	从2012年7月1日起实施3年的固定碳价机制（carbon price mechanism, CPM）后，2015年7月1日正式建立澳大利亚碳排放权交易体系（emissions trading system, ETS）
2013	哈萨克斯坦	哈萨克斯坦碳交易制度于2013年开始实施，但由于经济下行、工业界反对和体系运行等问题，碳交易体系于2016~2017年停摆两年；2018年1月1日，修订后的碳交易体系重新启动

续表

年份	国家或地区	主要内容
2013	美国	美国加州碳排放总量与交易制度在2012年启动，最初是以加州碳限额排放及交易项目的形式开始的，2013年进入第一个履约期
2013	加拿大	在加拿大政府宣布正式退出《京都议定书》之际，加拿大魁北克省计划率先执行温室气体排放量控制和交易制度
2013	中国	中国第一个碳交易试点在深圳正式启动，随后上海、北京、广东、天津的碳交易试点纷纷开启
2014	中国	湖北省和重庆市开启碳交易试点
2015	韩国	2015年韩国碳排放交易体系开始正式交易，其能够覆盖韩国约74%的碳排放
2016	中国	福建省和四川省开启碳交易试点
2018	美国	美国马萨诸塞州2018年启动覆盖电力行业的新的碳市场，这一碳市场与RGGI相互补充，确保该州实现2020年及2050年的自主减排目标
2019	加拿大	加拿大新斯科舍省在2019年初启动碳市场，第一阶段履约期截至2022年。该碳市场覆盖了工业、电力、热力（建筑）和交通行业，包含了新斯科舍省约80%的温室气体排放
2020	墨西哥	墨西哥宣布碳交易试点计划从2020年1月1日至2022年12月31日持续36个月
2021	英国	随着2020年末英国正式退出欧盟和欧盟碳排放交易体系，英国碳排放交易体系于2021年1月1日开始运行
2021	中国	经过多年的筹备，中国于2021年启动全国电力行业碳金融市场的首个履约期。从覆盖的排放量来看，其体量将超过欧盟，成为全球最大的碳金融市场
2021	德国	德国碳排放权交易体系于2021年开始运行，德国碳市场是对欧盟碳市场的补充体系
2022	印度尼西亚、越南、美国、俄罗斯	2022年开始，全球多地区相继开启碳排放权交易市场，如印度尼西亚碳交易市场、越南碳交易市场、哥伦比亚碳交易市场、黑山碳交易市场、俄罗斯库页岛碳交易市场、乌克兰碳交易市场、美国宾夕法尼亚碳交易市场等

1.2.2 欧盟碳市场的发展

1. 欧盟碳市场发展历程

欧洲是应对气候变化的领导者，欧盟碳排放权交易体系领跑全球。欧盟应对气候变化的主要政策工具之一——EU ETS起源于2005年，是依据欧盟法令和国家立法的碳交易机制，一直是世界上参与国最多、规模最大、最成熟的碳排放权交易市场。

为了确保碳排放权交易顺利进行，实现温室气体的减排目标，欧盟碳金融市场发展主要分为四个阶段。第一阶段为探索阶段（2005~2007年），主要目的为在实践中积累经验，寻找出适应欧盟的碳排放交易体系。第二阶段为改革阶段（2008～2012年），与《京都议定书》的履约时间一致，欧盟重新设定了排放上限，并引入了配额拍卖分配的机制。第三阶段为发展阶段（2013～2020年），欧盟结合前期经验进行了重大的改革，核心是总量确定和配额方式的改变。碳配额不再由各成员国制定的国家分配提案（National Allocation Plan，NAP）决定，而是由欧盟层面统筹把控，且以拍卖作为基本的分配方式，赋予了欧盟层面更强的管理职能。第四阶段为创新阶段（2021～2030年），欧盟为了挽救大幅波动的碳价格、缓解碳供应过剩的问题，修改了每年碳排放的减排率，对绿色能源与低碳技术进行创新，并设立了现代化基金支持传统能源的改造。欧盟碳市场发展历程如表1.2所示。

表1.2 欧盟碳市场发展历程

项目	第一阶段（探索阶段）	第二阶段（改革阶段）	第三阶段（发展阶段）	第四阶段（创新阶段）
时间	2005～2007年	2008～2012年	2013～2020年	2021～2030年
气体	CO_2	CO_2，选择性加入N_2O	CO_2、N_2O、铝生产过程中的全氟化碳（perfluorocarbon，PFC）	CO_2、N_2O、铝生产过程中的PFC
成员司法管辖区	欧盟28个成员国	欧盟28个成员国、挪威、冰岛和列支敦士登	欧盟28个成员国、挪威、冰岛和列支敦士登	27个欧盟成员国（英国已离开欧盟ETS）、挪威、冰岛和列支敦士登
减排目标	在1990年的基础上减少8%的温室气体排放	国家减排量平均6.5%，年均减排量为20.98亿吨	到2020年，至少比1990年的水平低20%	2014年10月将2030年的目标设定为比1990年至少低40%，2021年改为至少减少55%
涵盖行业	20兆瓦以上电厂、炼油、炼焦、钢铁、水泥、玻璃、石灰、制砖、制陶、造纸	第一阶段所有行业，以及航空业	第二阶段所有行业，以及基础材料和化工行业	电力和热力、重工业和欧盟内部航空。2021年7月，欧盟委员会提出包含欧盟内部海洋排放的改革建议，以及建筑物和道路交通排放的独立排放交易系统
期初配额总量/万吨二氧化碳当量	209 600	204 900	208 400	161 000

续表

项目	第一阶段 （探索阶段）	第二阶段 （改革阶段）	第三阶段 （发展阶段）	第四阶段 （创新阶段）
配额分配方法	成员国自上而下提出总量控制目标		欧盟委员会统一配额分配方案	
	主要以"祖父法"免费分配，成员国最多可拍卖5%的排放许可	成员国最多拍卖10%的配额，大约90%的配额以免费形式发放	碳排放配额以第二阶段的年平均排放量和新纳入排放量为基础，每年以线性方式递减1.74%；43%的碳配额根据基准免费分配，57%的碳配额拍卖	从2021年起，碳排放配额每年以线性方式递减2.2%
		为新进入者预留5%配额		
抵消机制	无	可以使用，使用量不能超过减排量的50%	可以使用，使用量不能超过减排量的50%	不允许使用
处罚	40欧元/吨	100欧元/吨，每年缺失的配额在次年交回	100欧元/吨，经通胀调整，缺失的免税额在次年上缴	100欧元/吨，经通胀调整，缺失的免税额在次年上缴

资料来源：根据华宝证券、碳排放交易网的数据整理得到。

2. 欧盟碳市场产品创新

欧盟碳交易体系开发了基于欧盟排放配额（European Union allowance，EUA）、CER、欧盟航空配额（European Union aviation allowance，EUAA）、ERU、碳排放权的远期、期货、期权、掉期、价差、碳指数等金融衍生产品被国际市场广为接受，极大地丰富了碳排放权交易市场，使企业可以防范价格变动风险，为市场带来流动性，提高市场的有效性。欧洲能源交易所（European Energy Exchange，EEX）及洲际交易所（InterContinental Exchange，ICE）交易量大幅增长，2021年，期货交易量日均为2×10^6吨。

在丰富的碳排放交易产品中，EUA现货和EUA期货是欧盟碳市场最主要的交易产品，EUA现货作为基本履约单位，是碳市场运行的基础，EUA期货作为金融衍生品具有重要的价格发现与风险对冲功能。两者的价格与成交量代表了欧盟碳市场的繁荣程度，其走势也是欧盟碳市场发展变化的重要体现。图1.1为欧盟碳市场自开启以来的碳期货价格与成交量变化情况。

（1）碳期货价格方面。第一阶段，由于碳排放配额供给过剩和配额不能跨期转存，EUA期货的价格经历了先上升后下降的过山车变化，第一阶段末期欧盟碳交易几近失效。第二阶段，欧盟调整了碳交易的规则，包括提升配额拍卖比例至10%、排放范围扩展至欧盟以外的国家、严格限制成员国碳排放总量、提高超额

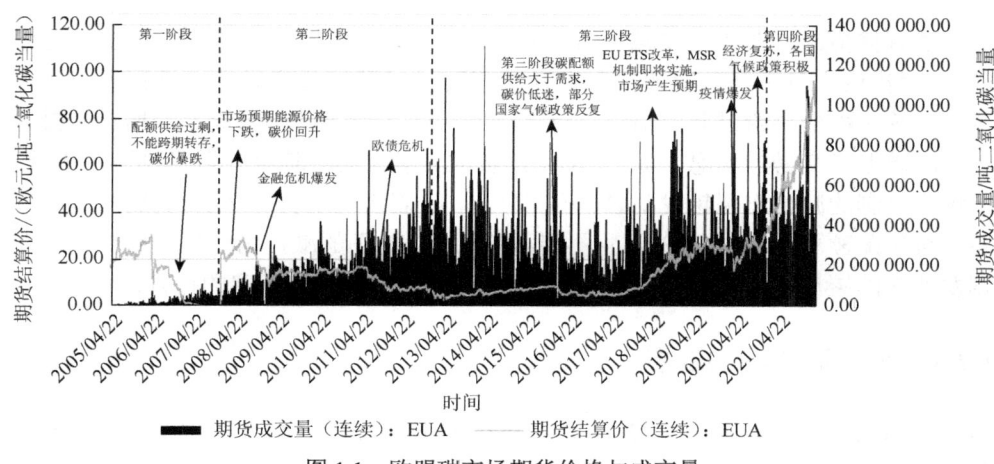

图1.1 欧盟碳市场期货价格与成交量

资料来源：Wind数据库、碳排放交易网

排放成本、允许配额结转至第三交易期使用。这些举措对提高碳价、促进碳排放权交易起到了积极作用，但是仍存在配额超发的问题，而且CER等碳减排抵消产品的使用使控排企业的减排压力进一步减小。在两方面因素的叠加作用下，欧盟EUA期货的价格仍较低，但是较第一阶段已经开始逐步改善，市场化的减排机制发挥了一定作用。欧盟委员会在第三阶段对碳排放交易体系进行了深度改革，改善了配额供给过剩的情况，使欧盟碳价平稳发展并在后半段不断提升。在总量设定方面，欧盟委员会建立了统一的配额总量限制制度来代替"国家分配计划"，规定了每年的配额总量减少1.74%，设立了市场稳定储备（market stability reserve，MSR）机制。在配额分配方面，欧盟扩大了拍卖分配的比例，逐步提高企业成本来推动控排企业采取减排措施。在抵消机制方面，欧盟要求用于碳抵消的项目来源于极度不发达国家。多重措施从碳交易的各方面共同发力来解决欧盟碳排放配额过剩的问题，在第三阶段的后半段开始取得一定的成效，促使EUA期货在第三阶段后半段价格开始走高。第四阶段，欧盟实施更加严格的碳排放控制，以及后疫情时代各国经济恢复增长所导致的能源需求增加促使EUA期货价格持续提高。

（2）成交量方面。自2005年4月开始交易至今，EUA期货的成交量整体上呈现上升的趋势。第一阶段的前半程，EUA期货成交量产生一定幅度的上涨（2006年4月20日前后），原因主要是欧盟每年的4月30日为配额清缴日，市场交易者有较高的交易需求，使成交量上涨。之后，碳市场的完善和稳定运行提高了交易者对EUA期货的交易意愿，助推EUA期货的成交量持续上涨。第二阶段中2008年的全球经济危机、2011年欧盟委员会发布的"Energy Efficiency Plan 2011"和欧债危机导致EUA期货成交量大幅下跌，金融危机与欧债危机导致市场整体受到影响，致使期货成交量减少。"Energy Efficiency Plan 2011"则导致控排企业纷纷采取节能减排措施,在碳排放减少的预期下,控排企业对碳配额的需求减少,导致 EUA 期货成交量下降。欧盟委员会在第三阶段对碳排放交易体系进行了深度改革,改善了配额供给过剩的情况,逐步提高控排企业的碳排放成本,增加控排企业参与碳期货交易的意愿,促使 EUA 期货成交量在第三阶段的后半段逐步攀升,市场化机制的减排作用越发明显。第四阶段,欧盟实施了更加严格的碳排放控制,要求每年配额总量减少 2.2%,且不能再使用 CDM 下的减排信用进行碳抵消。在越发严峻的碳排放管制的影响下,EUA 期货的成交量也有一定的提升。

1.2.3 美国碳市场的发展

美国碳市场呈现出显著的区域性优势,即地方政府(州及市等)在碳交易政策的制定及行动方面发挥了积极作用,并正在形成"自下而上"的发展态势。目前,超过 35 个州已经单独或者结成地区联盟通过或正在通过温室气体排放的法案,比较著名的有 RGGI 和西部气候倡议(Western Climate Initiative,WCI)。

1. RGGI

RGGI 是美国第一个以碳市场为基础的强制性减排体系。RGGI 于 2009 年启动,由特拉华州、康涅狄格州、缅因州、马里兰州、马萨诸塞州、新罕布什尔州、纽约、新泽西州、佛蒙特州以及罗德岛组成。RGGI 每三年为一个履约期,当前处于第五个履约期,新增了与新泽西州、弗吉尼亚州、宾夕法尼亚州碳市场的对接。本节将按照 RGGI 的履约期并结合 RGGI 碳市场配额拍卖价格变化曲线梳理 RGGI 碳市场的发展历程。

RGGI 属于行业型碳市场,旨在通过电力产业减少温室气体排放,体系规模较小,2020 年 RGGI 交易额仅 17 亿欧元,交易量为 2.7 亿吨二氧化碳。RGGI 碳市场的初始配额分配全部通过拍卖进行,拍卖每季度进行一次。RGGI 发展历程如表 1.3 所示。

表 1.3　RGGI 发展历程

项目	第一期	第二期	第三期	第四期	第五期
时间	2009~2011 年	2012~2014 年	2015~2017 年	2018~2020 年	2021~2023 年
管制气体	\multicolumn{5}{c}{CO_2}				
期初配额总量/万吨二氧化碳当量	17 100	15 000	14 300	13 600	11 980
配额递减速率	—	—	2.50%	2.50%	3.00%
配额分配方法	100%拍卖				
行业范围	电力				

资料来源:国际碳行动伙伴组织(International Carbon Action Partnership,ICAP)发布的数据。

一级市场配额拍卖价格的走势在一定程度上反映了 RGGI 碳市场的"冷暖"。在第一期，由于化石燃料到天然气的燃料转化行为、电力需求低迷以及核能和可再生能源的增加，RGGI 区域的排放量持续低于配额总量，碳价格在 1.86~3.35 美元/吨低位徘徊。RGGI 在 2013 年出台的包括配额总量削减在内的系列举措取得了成功，极大地改善了配额的市场供求关系，增强了碳配额的市场稀缺性，配额价格逐步回升。为了稳定一级碳市场，RGGI 在第一轮方案审查中设置了成本控制储备（cost containment reserve，CCR）机制，即当一级市场配额拍卖价格高于某个阈值时（2014 年为 4 美元，以后每年增长 25%），RGGI 将把一定数量的 CCR 投放到一级市场中来稳定碳价。改革虽然在短期内释放出了积极的价格信号，市场反应积极，但 2012~2017 年，实际排放水平仍然低于配额总量，配额过剩的现象并未彻底消除。2016 年，第二轮方案审查就 RGGI 方案设计中的二氧化碳减排、RGGI 灵活机制、RGGI 规则、增加 RGGI 贸易伙伴、RGGI 配额拍卖和跟踪系统等方面进行了改革。RGGI 的改革释放了坚定的减排信号，起到了提振市场信心、稳定碳价的作用（图 1.2）。

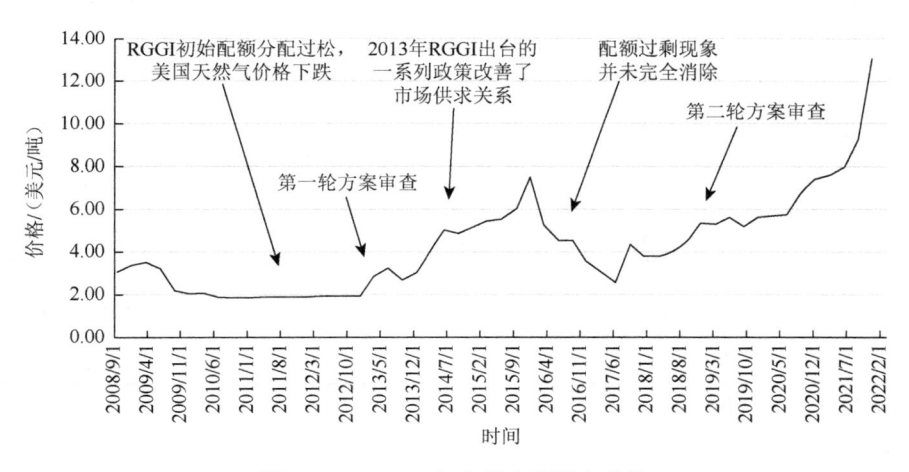

图 1.2 RGGI 一级市场配额拍卖价格

资料来源：https://www.rggi.org/auctions/auction-results

2. WCI

WCI 是跨界型洲际碳市场。WCI 建立了包括多个行业的综合性跨界型碳市场，到 2015 年全面运行并覆盖成员州（省）90%的温室气体排放。2020 年 WCI 交易额达 243.3 亿欧元，交易量为 17.4 亿万吨二氧化碳。其中，加州碳市场是 WCI 的主角，其在 2012 年使用 WCI 开发的框架独立建立了自己的总量控制与交易体系，成为全球最为严格的区域性碳市场之一，并于 2014 年与加拿大魁北克碳市场实现连接，于 2018 年 1 月与加拿大安大略省实现连接（直到后者于 2018 年中期终止）。

加州碳交易体系主要分为四个履约期：2013～2014 年为第一期，覆盖了发电、工业排放源，年度上限约为 1.63 亿吨二氧化碳当量，占排放总量的 35% 左右；2015～2017 年为第二期，增加了交通燃料、天然气销售业等部门，排放上限增加至约 3.95 亿吨二氧化碳当量，占比上升至 80% 左右；2018～2020 年为第三期，各年度排放上限分别约为 3.58 亿吨二氧化碳当量、3.46 亿吨二氧化碳当量和 3.34 亿吨二氧化碳当量，覆盖了约 80% 的温室气体排放和 500 多个企业。2021～2023 年为第四期，明确排放上限为 3.21 亿吨二氧化碳当量，并以每年平均 4% 的速度下降，降速远高于第四阶段的欧盟碳市场。截至 2023 年 12 月，加州碳市场覆盖了加州和魁北克省 80%～85% 的温室气体排放和 650 多个工厂设施。加州碳市场发展历程如表 1.4 所示。

表 1.4 加州碳市场发展历程

项目	第一期	第二期	第三期	第四期
持续时间	2013～2014 年	2015～2017 年	2018～2020 年	2021～2023 年
期初配额总量/万吨二氧化碳当量	16 280	39 450	35 830	32 110
配额递减速率	1.90%	3.10%	3.30%	4.00%
配额分配方法	免费分配法＋标杆法（工业、配电企业等）、拍卖（电力生产、交通等）			
行业范围	电力、工业、电力进口、化石燃料燃烧固定装置、其他排放源（超过一定阈值）	增加天然气、汽油、柴油、液化石油气供应商（供应能源超过一定阈值），所有的电力进口商		

资料来源：ICAP 发布的数据。

2017 年 7 月，加州议会通过了 AB 398 和 AB 617 法案，将加州总量控制与交易计划延长到 2030 年，要求至少每五年更新一次《加州气候变化范围界定计划》，并每年向立法机关和各相关委员会提供年度报告。

加州-魁北克碳市场在拍卖中设定了价格下限，2012 年的价格下限为 10 美元/吨，此后价格下限以每年 5%～8% 的速率增长，到 2020 年拍卖价格下限增长至 16.68 美元/吨。到 2021 年为止，拍卖结算价均等于或者非常接近于拍卖价格下限，保证了履约成本的相对适中。2021 年，关于包括调整配额价格控制机制、减少抵消信用的使用额度的加州碳市场立法的修正案正式生效，进一步收紧碳配额的发放，使拍卖价格逐步攀升（图 1.3）。

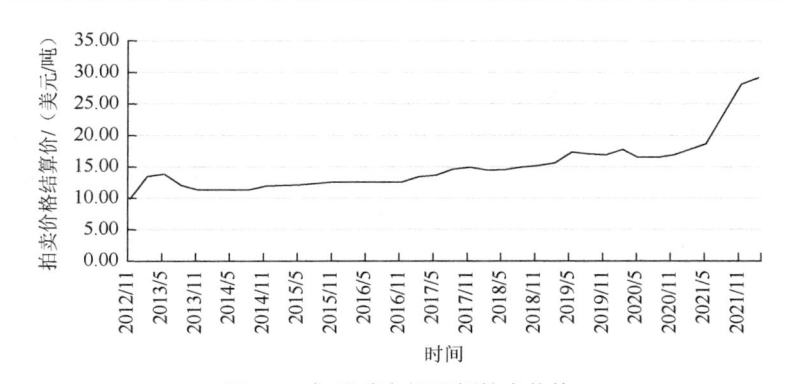

图 1.3 加州碳市场配额拍卖价格

资料来源：加利福尼亚政府网，https://ww2.arb.ca.gov/our-work/programs/cap-and-trade-program/auction-information/auction-notices-and-reports。

作为美国最为成熟的两大区域性碳市场，WCI 和 RGGI 在一定程度上互为补充。首先，RGGI 是单纯管制火力发电行业的单行业交易体系，WCI 为多行业的综合性碳市场，排放交易体系基本扩大至所有经济部门，交易气体也从单纯的二氧化碳扩大至 6 种温室气体。其次，WCI 弥补了 RGGI 体系缺乏整体性的弊端。在 RGGI 体系中，各州选定独立的市场监管机构，负责监督拍卖等市场活动，监测与报告制度分散；各州不愿因碳成本而导致行业竞争失利，引发了过度分配和低价格的问题。而 WCI 设立了专门的机构监督市场交易，并规定最严格的上限，同时拒绝 CDM 项目额度，改善了 RGGI 体系整体性差的缺陷。

1.2.4 中国碳金融市场的发展

我国参与碳排放交易的历程可划分为三个阶段：第一阶段是 2005～2012 年，主要参与国际 CDM 项目；第二阶段是 2013～2020 年，北京、上海、天津、重庆、湖北、广东、深圳、福建等八省市碳排放权交易试点相继开始运营，尽管中国在试点阶段的试点数量较少，但覆盖的碳排放量较大，仅小于欧盟碳交易体系；第三阶段是从 2021 年至今，全面启动了全国碳金融市场建设，跨越了中国东、中、西部地区的各试点，其经济结构特征、资源禀赋大不相同，为全国统一碳金融市场的建立提供了多层次参照和丰富的经验。

1. 参与国际 CDM

中国自 2005 年以来一直以 CDM 形式参与碳金融市场的交易，是国际碳金融市场中基于 CDM 项目交易的最大供给方，据联合国 CDM 执行理事会统计，中国获得的签发量占东道国总量的 60% 左右，是 CDM 项目的最大供给方。中国为完成《京都议定书》第一承诺期减排目标做出了重要贡献。由于减排规模大、减排成本低、CDM 质量较高等特点,我国的 CDM 项目一度深受国际买家青睐(图1.4)。但由于《京都议定书》第一承诺期于 2012 年底到期,之后各国家和地区尤其是欧盟和美国对于碳减排没有明确承诺,"后京都时代"整个 CDM 市场将面临很大的不确定性。同时,国内开始建立包括碳排放交易试点市场和自愿减排机制的碳交易市场体系进行碳排放权交易,减少了中国对国际 CDM 项目的需求。因此,中国 CDM 的开发和签发基本上趋于停滞。

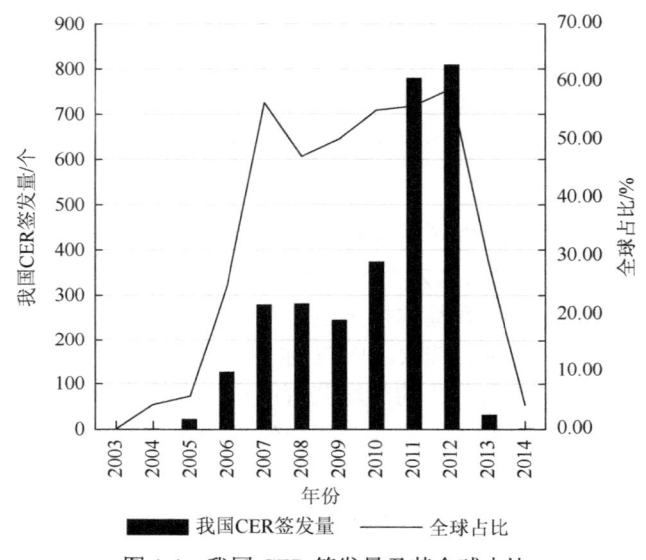

图 1.4　我国 CER 签发量及其全球占比

资料来源:https://cdm.unfccc.int/Statistics/Public/CDMinsights/index.html

自 2005 年 1 月 25 日首个获得国家批准项目起,我国 CDM 项目经历短期的经验积累后迅速进入快速发展阶段,至 2009 年 1 月 26 日,我国 CDM 项目注册数首次超过印度,实现注册项目数、注册项目预期年减排量以及签发的核证减排量全面超过印度,跃居全球首位,而后一直稳居全球第一,并且领先优势逐步扩大。2013 年以后,由于实体经济不振以及欧盟对碳金融市场设置了更多限制,得到签发的中国的 CDM 项目急剧减少,CDM 市场逐渐失去其作为中国减碳驱动力的主导地位。以 CDM 项目收入为基础成立的中国清洁发展机制基金,对中国国内碳金融市场的发展起到了支撑作用,CDM 的制度架构及其相关技术文件也为中国国内碳金融市场的制度设计提供了参考。

2. 区域性碳交易试点

中国碳交易试点在碳排放权交易机制设计上呈现出框架相同、细节存异的特征。表 1.5 概括了中国区域性碳交易试点的基本情况。

表1.5 中国区域性碳交易试点的基本情况

试点	启动时间	覆盖行业/气体	配额分配方法	惩罚机制	调控机制
深圳	2013.6	工业：电力、天然气、供水、制造 非工业：大型公共建筑、公共交通 气体：CO_2	免费分配+标杆法（供水、电力及天然气）；免费分配+历史排放法（其他行业）；拍卖（比例至少为3%，不针对具体行业）	补缴超额排放量的配额；缴纳等于碳金融市场平均价格的三倍乘以超额排放量的罚款	政府预留2%配额，适时进行干预。价格波动异常时，政府可以固定价格购买配额，或回购碳配额（比例不超过10%）
北京	2013.11	工业：电力、热力、水泥、石化、其他工业 非工业：事业单位、服务业、交通运输业 气体：CO_2	免费分配+标杆法（电力、热力、水泥行业）；免费分配+历史排放法/历史强度法（其他行业）；拍卖（不针对具体行业）	对其未缴纳的差额按照市场均价的5倍予以处罚，对银行授信和补贴有影响	政府储备最高预留5%用于定期或不定期拍卖。十天内平均碳价高于150元/吨或低于20元/吨，政府买卖配额调节。碳价涨跌幅为20%；对交易主体的头寸进行限制
上海	2013.11	工业：电力、钢铁、石化、化工、有色、建材、纺织、造纸、橡胶和化纤 非工业：航空、机场、水运、港口、商场、宾馆、办公建筑和铁路站点 气体：CO_2	免费分配+标杆法（热电力生产）；免费分配+历史排放法（机场、商业、部分工业）；免费分配+历史强度法（部分工业、航空、港口、航运和水供应商）；拍卖（不针对具体行业）	处以5万元以上10万元以下罚款；纳入企业信用记录	政府储备：政府预留部分配额，适时进行市场干预。交易限制：一天之内变动幅度超过10%或30%，通过暂时中止交易或控制持有份额干预价格
广东	2013.12	工业：电力、水泥、钢铁、石化、造纸、民航 气体：CO_2	免费/拍卖分配+标杆法/历史强度法/历史排放法（不同方法用于覆盖行业的某些工业过程；电力免费比例为95%，航空为100%，其他为97%）	从下一年度配额中扣除未清缴部分的2倍配额，并处5万元罚款，对银行授信有影响	政府储备：政府预留5%的配额，适时进行市场干预。拍卖价格下限：当前定为前三个月配额加权平均价格的90%
天津	2013.12	工业：电力、热力、钢铁、化工、石化、油气开采、造纸、航空和建筑材料 气体：CO_2	免费分配+历史强度法（热电力、造纸和建筑材料）；免费分配+历史排放法（其他行业）；不定期拍卖（不针对具体行业）	责令限期整改，在3年内不得享受激励政策；从下一年度配额中扣除未清缴部分的2倍配额	在碳价波动异常情况下，政府通过拍卖或购买的方式调节
湖北	2014.4	工业：电力、热力、有色金属、钢铁、化工、水泥、石化、汽车制造、玻璃、陶瓷、供水、化纤、造纸、医药、食品饮料 气体：CO_2	免费分配+标杆法（电力、水泥等）；免费分配+历史排放法（其他行业）	对未缴纳的差额按当年碳排放配额市场均价1~3倍予以处罚，在下一年度配额中双倍扣除	政府预留8%的配额，适时进行市场干预。如果碳价在20天内六次达到低点或高点，则采取干预措施。碳价涨跌幅上限为10%
重庆	2014.6	工业：电力、电解铝、铁合金、电石、烧碱、水泥、钢铁 气体：CO_2、CH_4、N_2O、HFCs、PFCs、SF_6	免费分配+历史排放法	按清缴期届满前一个月配额平均交易价格的3倍予以处罚	一天之内变动幅度超过10%或30%，采取暂时中止交易或控制持有份额等稳定碳价措施；出售额不得超过其年度免费分配额的50%

续表

试点	启动时间	覆盖行业/气体	配额分配方法	惩罚机制	调控机制
福建	2016.12	工业：电力、石化、化工、建材、钢铁、有色金属、造纸、航空和陶瓷 气体：CO_2	免费分配+标杆法（电力、水泥、铝等行业）；免费分配+历史排放法（其他行业）；拍卖（仅拍卖过一次，用于市场价格调控）	未缴清配额，按近一年内平均碳价的1~3倍罚款，不超过3万元，在下一年度配额中双倍扣除	政府预留10%的配额，适时进行市场干预。当碳价连续十个交易日累积涨幅超过一定比例时，政府进行市场干预

资料来源：深圳排放权交易所、北京市碳排放权电子交易平台、上海环境能源交易所、广州碳排放权交易中心、天津排放权交易所、湖北碳排放权交易中心、重庆碳排放权交易中心、福建碳排放交易网的数据。

从试点开市以来的交易数据来看，试点碳金融市场普遍经历了前期碳价走低、后期价格回调的过程。各试点市场开市前半年内，控排企业对碳金融市场政策情况不熟悉、对自身配额盈缺情况了解不充分，不敢轻易开展配额交易，碳价普遍保持在开盘价格（政府指导价格）附近；国内8个碳金融市场的整体价格趋势在2014年6月至2014年9月处于上升状态，2014年7月《大气污染防治重点工业行业清洁生产技术推行方案》的发布以及重庆碳金融市场的建立，给碳金融市场带来一定的积极影响。2015~2016年，试点开始阶段存在的市场制度不完善、配额分配整体盈余的现象开始显现，碳价开始走低，上海碳价一度下跌至5元/吨，广东、湖北碳价也一度下跌至15元/吨以下；此后，随着碳金融市场制度在逐年修订中不断完善，企业对碳金融市场控排的长期预期形成，配额分配方法趋于细化，配额分配整体适度从紧，碳价随之开始回调（图1.5）。这表明我国碳金融市场均衡机制正在形成，市场成熟度不断提高。

除了碳排放交易外，中国碳金融市场还设计了自愿减排交易作为补充。中国首批注册自愿减排项目在2014年3月27日产生。各碳交易试点均允许控排企业使用自愿减排项目所产生的中国核证自愿减排量（China certified emission reduction, CCER）来部分抵扣其排放量。2017年3月，国家发展和改革委员会（简称国家发展改革委）发布公告暂停CCER项目和减排量备案申请。2024年1月22日，全国温室气体自愿减排交易CCER市场在北京绿色交易所正式重启。重启首日，全国温室气体自愿减排交易市场总成交量375 315吨，总成交额23 835 280.00元。CCER市场的重启标志着我国强制减排交易市场和自愿减排交易市场双市场并行的完整碳金融市场体系正式建立。

3. 全国统一碳金融市场成立

2014年，国家发展改革委发布《碳排放权交易管理暂行办法》，首次从国家层面对全国统一的碳金融市场总体框架进行了明确。2017年12月，国家发展改革委发布《全国碳排放权交易市场建设方案（发电行业）》，标志着全国碳金融市场开启建设。2020年12月25日，生态环境部正式通过《碳排放权交易管理办法（试行）》，对

图 1.5 中国区域性碳试点碳价变化趋势

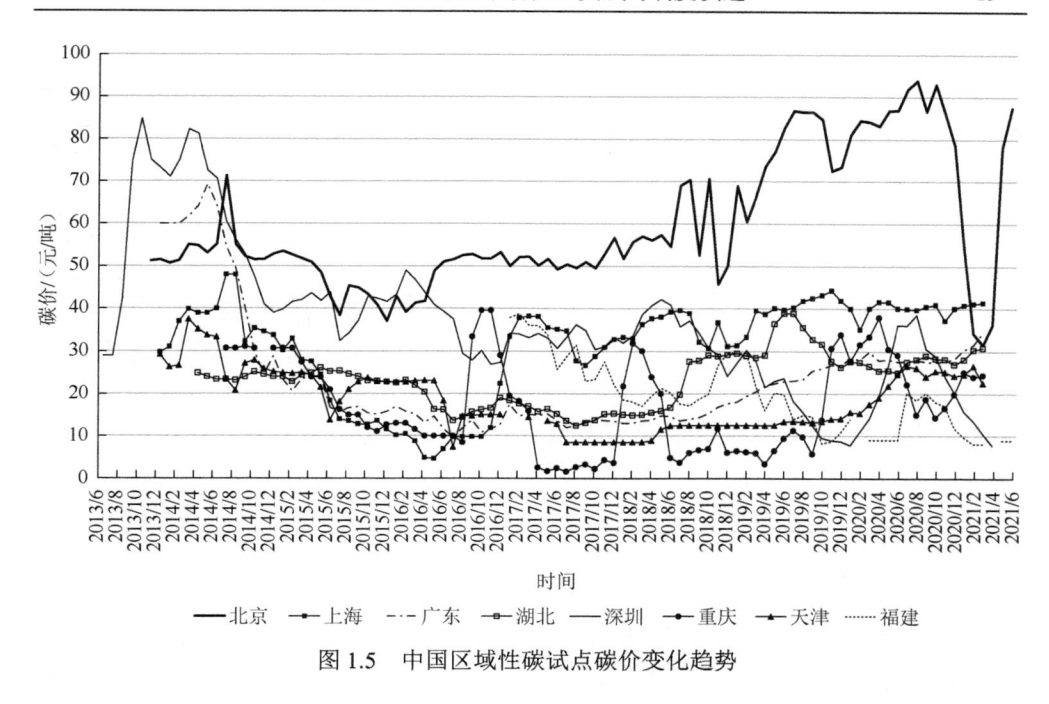

自愿减排交易及其相关活动的各环节做出规定，明确了项目业主、审定与核查机构、注册登记机构、交易机构等各方权利、义务和法律责任，以及各级生态环境主管部门和市场监督管理部门的管理责任。仅针对电力行业，中国统一碳金融市场第一个履约周期正式启动，中国碳交易从试点走向全国统一。2021年3月29日，生态环境部印发《企业温室气体排放报告核查指南（试行）》和《关于加强企业温室气体排放报告管理相关工作的通知》，包括两个附件《覆盖行业及代码》和《企业温室气体排放核算方法与报告指南 发电设施》，前者规范和指导地方省级生态环境主管部门组织开展重点排放单位温室气体排放报告核查工作，后者则对第一个履约周期的温室气体排放数据的上报、核查、履约等的时间节点进行规定，以及对温室气体排放核算和报告标准技术体系进行统一。2021年3月30日，生态环境部发布《碳排放权交易管理暂行条例（草案修改稿）》，对全国统一碳金融市场框架进行了全面、系统的规定，如表1.6所示。

表 1.6 全国碳金融市场基本情况

项目	基本情况
覆盖行业	当前仅覆盖发电行业，未来按照成熟一个纳入一个的原则，逐步纳入钢铁、有色、石化、化工、建材、造纸、航空等其他行业
管制气体	CO_2
配额初始分配方法	政府一级市场免费分配＋行业基准法，基于历史产量数据，设定差异性单位碳排放量参数，计算生产机组的初始碳配额

续表

项目		基本情况
MRV 机制	报告层面	省级生态环境主管部门组织重点排放单位，按时间节点统一通过环境信息平台（碳排放数据直报系统，依托全国排污许可证管理信息平台而建）进行温室气体排放数据填报工作
	监测层面	当前对发电行业排放的获取数据的顺序、数据精度及频次、实测依据标准、监测设备等进行了详细规定
	核查层面	对核查程序、核查要点、信息公开等均有明确规定，核查主体可以是省级生态环境主管部门及其直属机构，也可以是政府通过采购委托的技术服务机构
遵约机制		重点排放单位上缴的碳排放配额，应大于或等于省级生态环境主管部门核查确认的其上一年度温室气体的实际排放量
履约期		当前全国碳金融市场首个履约期截止到 2021 年 12 月 31 日
抵消机制		鼓励实施可再生能源、林业碳汇、甲烷利用等项目申请核证自愿减排量，但未明确重点排放企业可使用的自愿减排量的抵消上限；《碳排放权交易管理办法（试行）》则明确重点排放单位每年可以抵消的比例不得超过应清缴碳排放配额的 5%

注：MRV 表示监测、报告和验证（monitoring, reporting, and verification）。
资料来源：中华人民共和国中央人民政府官方网站。

截至 2022 年 3 月 3 日，全国碳排放配额（Chinese emission allowance，CEA）累计成交量超 1.8 亿吨，累计成交额接近 81 亿元。全国碳金融市场交易呈现出以下特点：①碳价呈现下跌后回暖的趋势；②随着履约期临近，成交量明显增加，尤其以大宗协议交易增长较多，且总的来看大宗协议成交量远大于挂牌协议成交量，如图 1.6 所示。

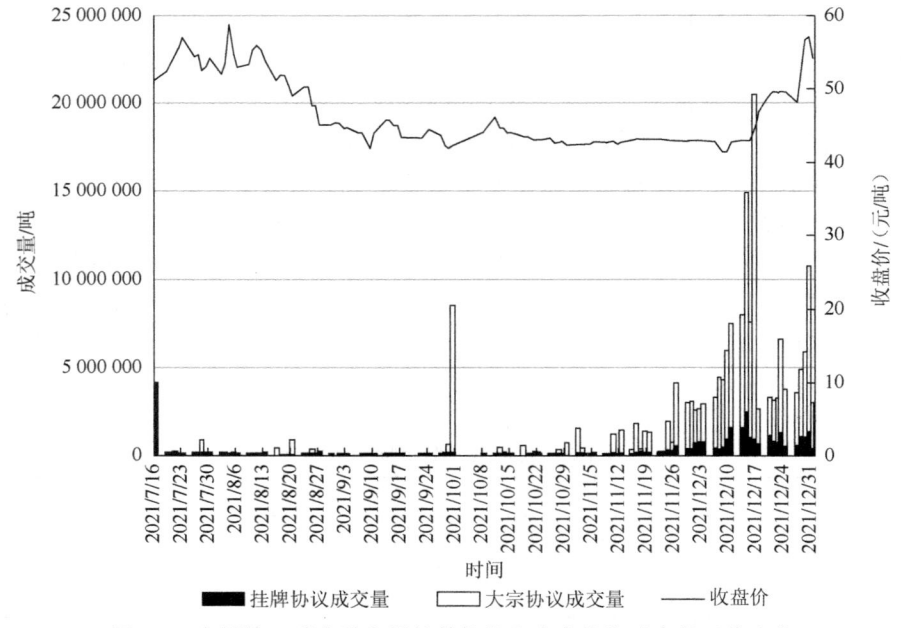

图 1.6　全国统一碳金融市场挂牌协议和大宗协议成交量及收盘价
资料来源：上海环境能源交易所

1.3 本章总结与管理启示

面对日益严峻的全球气候变化问题,《京都议定书》提出了碳排放权交易机制,碳市场建设在欧洲、北美洲、中南美洲以及东亚及东南亚等地区普遍开展。中国作为全球最大的发展中国家,在积极参与国际碳市场的同时,也进一步建立了国家层面的碳金融市场。本章通过重点梳理欧盟碳市场、RGGI 和 WCI 的区域性碳市场等发展成熟的碳市场以及中国碳金融市场的发展历程和运作经验,分析各国碳金融市场在覆盖范围、总量设定、配额分配、市场交易等方面的异同,依据碳金融市场全球化、金融化的发展趋势,总结关于中国碳金融市场建设的启示。

1) 健全碳金融市场一体化管理框架

自 2021 年 7 月全国碳排放权交易市场上线交易正式启动以来,全国碳金融市场基本框架已初步建立,需要进一步完善"配额分配—数据管理—交易监管—执法检查—支撑平台"一体化的管理框架。

(1) 健全碳排放总量控制制度和碳排放配额初始分配机制。综合考虑经济增长、产业结构调整等因素,制定并公布碳排放配额总量及分配标准和方法,并根据经济社会发展形势的变化而适度调整,完善排放信用机制和配额调整机制。

(2) 完善碳排放权交易核查机制。细化政府部门核查的工作程序,建立健全第三方核查机构进入与退出机制;完善碳核查行业标准与依据,统一核查和复查费用,保障核查的透明性和公平性;组建碳核查行业协会,统筹完善核查监管体系。

(3) 健全碳排放权交易监管机制。在国务院和省级政府应对气候变化主管部门内部设立专门的碳排放权交易监管机构,并协同证券、银行、保险等金融主管部门、碳排放权交易所以及碳排放权交易服务机构在各自的职责范围内对碳排放权交易活动进行一定的管理。明晰各监管部门的权力范围、手段方式等,避免过度监管挤压市场参与空间。

2) 推动碳金融产品和碳金融机构创新

目前,我国的全国碳金融市场主要是现货交易。从国际经验来看,交易相对活跃、连续的碳金融市场,其交易对象多为碳金融衍生产品,其中碳期货是使用优先级最高的碳金融工具。因此,应当尽快推动碳期货产品的研发、设计与落地,引入碳金融衍生品产品,发挥风险对冲及价格发现的作用。

鼓励碳金融中介机构建立、引进和培育碳资产管理、碳信用评级、碳咨询研究、碳核算核查、碳审计、碳交易法律服务等碳金融中介服务机构,形成碳金融产业链服务格局。

3) 深化布局与国际碳金融市场的连接

尽管当前全球碳金融市场还处于区域相对割裂的状态,但是应对气候变化与实现碳中和目标已经成为国际社会的普遍共识，未来需要通过碳金融市场加强国际合作。2021年9月，中国-加州碳市场联合研究项目正式启动，清华大学能源环境经济研究所、加州大学洛杉矶分校埃米特气候变化与环境研究所、加州大学伯克利分校、加州-中国气候研究院和武汉大学气候变化与能源经济研究中心等机构成员对碳金融市场中报告和核查制度、数据质量管理、履约管理、拍卖制度、配额分配方法、碳补偿机制，以及碳金融市场中金融工具的使用等方面展开了深入探讨，促进了美国与中国碳金融市场之间的合作。

未来中国碳金融市场应当进一步强化布局跨境连接方案，推动中国碳金融市场在碳价、碳交易规则、碳交易主体等方面尽快融入国际碳金融市场，着力为全球应对气候变化、推动碳交易市场建设提供"中国方案"。

第 2 章　碳金融市场发展的基础理论

经济发展与环境保护的关系始终是经济学理论的重要研究问题，碳金融市场的建设是人类应对气候变化最重要的经济行为，碳金融市场交易，能够将碳排放外部性的问题内部化，降低社会碳减排的平均成本，促进碳减排。碳金融市场具有理论与实践的前沿性、学科的交叉性和综合性，涉及诸多经济学理论。本章从环境经济学的相关理论出发，阐述碳金融市场发展的基础理论及其形成的内在逻辑，为充分认识碳金融市场的风险定价与碳规制的微观治理提供重要的理论基础。

2.1　外部性理论

人类社会的发展离不开赖以生存的自然环境。在经济社会发展的早期，人们往往会忽视自然资源的有限性。随着经济的增长，自然资源的匮乏与环境的恶化才逐渐引起人们的重视。1968 年，100 多位学者成立了"罗马俱乐部"以讨论并应对环境污染问题，并于 1972 年发布了研究报告《增长的极限》，主要观点是自然资源的不可再生性将制约经济长期可持续增长，这一结论推开了研究经济增长与环境质量关系的大门。同年，联合国人类环境会议在斯德哥尔摩举行，开创了人类社会环境保护事业的新纪元。

2.1.1　碳排放的外部性

二氧化碳等温室气体排放具有明显的非排他性和非竞争性，碳排放具有公共物品属性，且具有较强的外部性效应。当企业和个人不考虑对环境造成的污染，仅仅从自身利益出发进行生产活动时，其成本要远远低于计算外部成本时的成本。碳排放的成本与收益表现为明显的非对称性，从社会与环境的整体角度出发，这种负外部性应该得到控制与遏制。

碳排放外部性产生的原因在于相关企业或个人免费或者低成本使用大气提供的生态服务，导致其经济行为承担的边际成本与整个社会所承担的边际成本存在偏差，即个体边际成本低于社会边际成本。其经济行为还对环境产生了破坏，且未履行生态补偿责任，而其他社会主体及个人需要承担环境恶化带来的影响，也就导致了负外部性。不同于其他公共物品，碳排放的负外部性影响更为广泛和深远。一是碳排放及其导致的负外部性影响是全球性的。以温室气体排放为例,由于大气是遍布全球的且可自由流动,某一企业或某一地区排放的温室气体不仅在本地区流动,而且可以跨地区流动,从而加剧全球温室效应。二是碳排放及其导致的外部性具有代际传递特征。由于大气的固有物理特性,温室气体在大气中可以长期存在和流动,从几十年到数百年均有可能。目前大气中四分之三的碳排放来自发达的工业化国家过去 150 年间的排放。这种负外部性如果不加以有效治理,其影响往往波及人类的下一代甚至几代人。

2.1.2　外部性理论的起源及内涵

对于外部性的认识最早可以追溯到亚当·斯密（Adam Smith）关于市场经济"利他性"的论述。他认为"在追求个人本身利益时,也常常促进社会的利益",这实际上涉及了正外部性的特点。著名的"灯塔"问题引发了人们对外部性问题的思考,灯塔作为具有非竞争性和非排他性的公共产品,由私人提供难以获益。明确提出外部性概念的是英国"剑桥学派"创始人、新古典经济学的代表马歇尔（Marshall）,他于 1890 年在《经济学原理》一书中首次提出"外部经济"的概念,认为由任何一种货物生产规模的扩大所产生的经济可以划分为两类：第一类依赖于某种工业的一般发展,企业活动从外部受到影响,称为外部经济；第二类则依赖于从事该工业的个别企业的资源、组织和经营效率,称为内部经济。"外部经济"概念为正确分析外部性问题奠定了基础。

外部性作为环境经济学中最基本的概念,经济学家常常从两个维度对其进行界定：一是从外部性的产生主体角度来定义,如 Samuelson 和 Nordhaus（1948）的定义,外部性是指那些生产或消费对其他团体强征了不可补偿的成本或给予了无须补偿的收益的情形；二是从外部性的接受主体来定义,如 Randall（1981）的定义,外部性用来表示当一个行动的某些效益或成本不在决策者的考虑范围内的时候所产生的一些低效率现象；也就是某些效益被给予,或某些成本被强加给没有参加这一决策的人。上述两种定义本质上是一致的,即外部性是某个经济主体对另一个经济主体产生一种外部影响,而这种外部影响又不能通过市场价格进行买卖。

在实际问题中,外部性是指某个经济行为主体采取的某种生产或经营行为对其他未直接参与此项经济活动的经济主体产生的正面或负面影响,而这种影响却没有以货币的形式转变成经济行为施加者的收益或成本,没有在市场交易中得到体现,这种行为使被施加影响的经济主体被迫承担了成本或使他人在没有支付相关成本的情况下得到了福利增进。经济外部性问题主要有两种分类方式,第一,根据外部性所带来的影响是增加了社会成本还是增加了社会收益,可以将其分为正外部性和负外部性。正外部性指某项经济行为给交易双方之外的第三方带来了一定的额外收益，但却不需要他对此进行支付，环境治理和科技创新都是正外部性的例子。负外部性指某项经济行为给交易双方之外的第三方造成了一定的损失，但他却没有得到一定的补偿，环境污染和生产过程中有害气体的排放是负外部性的典型代表。第二，从外部性产生的主体来划分，可以把外部性分为生产外部性和消费外部性，分别是在生产领域与消费领域发生的外部性问题。

2.2 环境库兹涅茨曲线

2.2.1 环境库兹涅茨曲线的提出及发展

外部性理论从理论上回答了控制排污的必要性，而环境库兹涅茨曲线（environmental Kuznets curve，EKC）假说则在实证上解释了碳排放强度与经济增长的关系。库兹涅茨曲线被用来描述收入差异和经济增长呈现的倒 U 形关系，Grossman 和 Krueger（1992）发现空气与水污染随人均收入增加先增长后下降，首次证明环境质量指标与人均收入之间存在倒 U 形关系。随后，Shafik 和 Bandyopadhyay（1992）扩大了环境指标的检验范围，同样证实了这一结论。1992 年世界银行公布了以"发展与环境"为主题的《世界发展报告》，环境质量与收入关系的研究在全球范围内逐渐展开。伴随着实证检验的丰富，Panayotou（1993）首次提出了环境库兹涅茨曲线假说的概念，该假说认为通常在经济发展初期环境质量恶化，而当经济发展到一定阶段时，环境质量逐步得到改善，即环境污染与经济增长间也呈现出倒 U 形趋势。

基于环境库兹涅茨曲线形成的脱钩理论（OECD，2011）可用来分析经济增长与能源消耗之间的联系，"脱钩"表示两者关系的阻断。根据环境库兹涅茨曲线假说，经济增长往往伴随着能源消费的增加，但如果采取一些有效的技术手段或减排措施，可能会以较少的能源消费得到同样甚至更好的经济效益，这一过程称为"脱钩"。根据经济合作与发展组织（Organisation for Economic Co-operation and Development，OECD）的分类，"脱钩"可以分为"相对脱钩"和"绝对脱钩"，其中，"相对脱钩"是指二氧化碳排放增长率小于经济增长率，即相对意义上的低碳经济发展；"绝对脱钩"是指经济发展的同时碳排放量减少（碳排放的负增长），即绝对意义上的低碳经济发展。国内外对碳排放的研究表明，无论发达国家还是发展中国家，其经济发展与碳排放的关系演化大致存在三条倒 U 形曲线，如图 2.1 所示，即碳排放强度倒 U 形曲线、人均碳排放量倒 U 形曲线和碳排放总量倒 U 形曲线。这意味着要实现经济发展与碳排放的脱钩，必须逐步实现三种脱钩，即碳排放强度脱钩、人均碳排放量脱钩与碳排放总量脱钩。

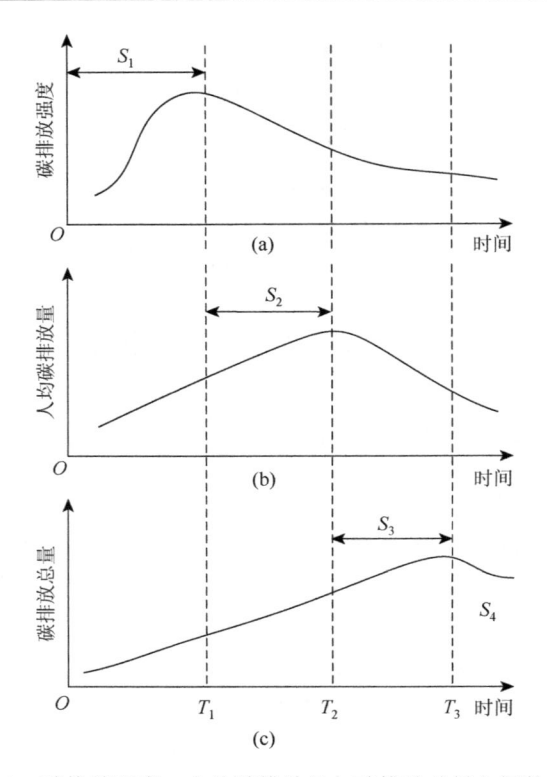

图 2.1　碳排放强度、人均碳排放量与碳排放总量之间的关系

2.2.2　传统倒 U 形环境库兹涅茨曲线分析及其局限性

倒 U 形关系是碳排放强度与收入间关系的最原始刻画，大部分学者实证发现二氧化碳排放随着收入的增加呈现先增长后下降的趋势，出现一个拐点。学者对倒 U 形关系进行了解释，认为影响这种关系形成的因素可归结为有形力量和无形力量。有形力量主要指政府等有形主体主导形成的有利于环境保护的力量，包括国际贸易影响与国家政策效应两方面；无形力量主要指市场的力量，包括规模效应、结构效应和技术效应，环境需求的偏好变化，市场机制的完善程度三方面。

理论拓展与实证检验表明，传统倒 U 形环境库兹涅茨曲线存在多方面的局限性。

（1）忽视了生态环境和社会系统对环境的反馈作用。环境-社会-经济是一个复杂的系统，目前环境库兹涅茨曲线研究大多集中于经济发展对环境质量的影响，将生态环境视为外生变量，忽视了生态环境对经济发展的反馈效用，没有考察经济-环境系统的动态关联变化。

（2）环境库兹涅茨曲线本身的不稳定性。环境污染与经济增长之间是否存在倒 U 形的环境库兹涅茨曲线，在很大程度上取决于不同的国家或地区、指标的选取以及所使用的计量模型。因此倒 U 形环境库兹涅茨曲线仅是一般化"环境-收入"关系的表现之一，不足以说明环境质量与收入水平间的全部关系；而且它更多地反映地区性和短期性的环境影响，而非全球性的长期影响。

（3）忽视了环境承载阈值问题。环境库兹涅茨曲线是在生态环境被污染后可恢复的前提下建立起来的，只考察了经济增长对环境的影响。它实际上把经济增长视为外生变量，其出现环境好转的前提是，假设环境状况的恶化不足以阻碍经济活动，不会阻止经济增长，而且环境恶化的不可逆转性也不会影响未来的收入。但事实上环境承载力是有限度的，当超出环境承载的范围即超出"环境阈值"时，对环境的破坏是不可逆的，此时人类经济活动会受到环境的限制，甚至遭到环境的报复，经济增长无法持续。此外，由于人类经济系统从自然生态系统输入大量的物质，并向自然生态系统输出大量物质，而人类经济系统输入、输出的物质不管在数量上还是在品种上都有很大的差别，加上物种的转化，有利用价值的资源急剧减少，导致物质交换的不平衡。这种失衡就使自然生态系统结构遭到破坏，使系统自调节能力降低，进而会降低"承载阈值"，于是考虑了环境承载阈值的改进的环境库兹涅茨曲线被提出（曹刚等，2001）。

2.2.3 环境库兹涅茨曲线的拓展

1. 考虑环境承载阈值的改进的环境库兹涅茨曲线

如图 2.2 所示，当经济发展水平未超过环境承载阈值 L_1 但处于环境安全警戒线 L_2 之上时，通过采取及时有效的环境规制政策、改变发展模式及技术创新等，可以降低污染排放。此时经济增长对环境造成的影响是可逆的，两者呈现倒 U 形关系（a 线），该情况下的拐点称为警戒型拐点（Kaika and Zervas，2013）；但是，如果经济活动给环境的压力超过 L_1，且没有得到有效的环境保护，环境与经

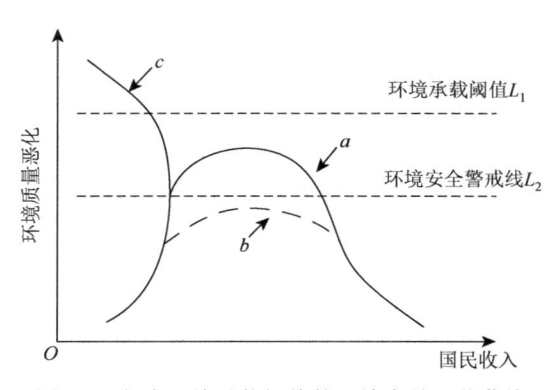

图 2.2 包含环境承载阈值的环境库兹涅茨曲线

济增长的关系则呈 c 线走势，经济增长对生态环境造成的负面影响是不可逆的；最理想的状态是使环境库兹涅茨曲线尽可能"扁平化"，在环境污染尚未达到环境安全警戒线 L_2 时，即通过政府规制和市场机制等作用，使拐点提前出现，找到经济发展与环境质量最佳动态关系的发展路径（b 线），此时的拐点是理想型拐点（Badeeb et al., 2020）。

2. 考虑不同国情的环境库兹涅茨曲线

关于碳排放的环境库兹涅茨曲线检验结果在不同国家间呈现多样化状态，除了传统的倒 U 形关系外，还存在 N 形关系、同步关系、倒 L 形关系。

1）N 形关系

二氧化碳排放随收入增加呈现先增长后下降又增长的趋势，出现两个拐点（Friedl and Getzner, 2003; Martínez-Zarzoso and Bengochea-Morancho, 2004），这主要归因于外商直接投资大幅增加与能源利用效率停滞两个因素。

"污染避难所假说"认为，如果将环境作为一种生产要素来考虑，环境保护强度低的国家环境要素较为富裕，而环境保护强度高的国家环境要素则相对匮乏。环境保护强度低的国家将充分利用本国充裕的环境要素专业化生产污染密集型产品。由于发达国家制定的环境标准普遍高于发展中国家，高污染产业必然会向发展中国家转移，发展中国家将成为世界污染避难所。所以对于发展中国家而言，其经济发展到一定阶段、人均收入提升到一定阶段后，不可避免地会有大量的外商直接投资流入污染密集型产业中，带来碳排放的二度增长。

随着人均国内生产总值（gross domestic product, GDP）的不断增加，提高资源利用率的清洁技术被充分利用之后已无潜力可挖，能源利用效率将在一段时间内处于停滞阶段，减少污染的机会成本在增加，收入增加导致污染持续上升，因而人均碳排放呈现不断增加的趋势。

2）同步关系

碳排放与收入之间呈单调递增的非线性关系（Wagner, 2008）。这种关系的出现最可能的原因是该区域经济发展尚未到分离阶段，即仍旧处于倒 U 形关系的上升阶段。此外，还有种解释是新技术一般在提高生产率的同时也产生潜在危险，例如，会产生新污染物，包括致癌化学物、二氧化碳等，在原污染物排放减少的同时新污染物排放上升，因而总污染并未下降，也被称为新毒型污染-收入关系。

3）倒 L 形关系（触底竞争型）

碳排放随收入增加而增加，在一定阶段后保持不变（Dasgupta et al., 2002）。一国环境标准的提高会相应提高其排污成本，使该国生产成本高于低环境标准的国家，驱动一些污染密集型产业移向低环境标准的国家。资本外流使高环境标准的国家面临放松环境规制的压力，在经济全球化进程中各国以保持竞争力为借口，放松环保规制，形成触底竞争。随着触底竞争的加剧，形成收入提高而污染排放保持不变的局面，曲线趋于平坦。触底竞争型关系多见于发达国家中。

2.3 庇古税理论

2.3.1 庇古税的内涵

自马歇尔之后，经济学家从成本、收益、经济利益、产权制度等多个角度对外部性进行了界定，并提出了解决外部性问题的相应方案。西方经济理论由于在关于外部性产生原因认识上的分歧，所提出的解决方案也各不相同。

庇古站在福利经济学的视角研究了由外部性引起的资源配置问题，将外部性视为影响国民收入，从而影响经济福利的重要因素（Pigou，1920）。庇古在其出版的《福利经济学》一书中指出，要想使国民福利即国民收入最大化，社会边际净产值与私人边际净产值必须相等。在经济活动中，如果某厂商给其他厂商或整个社会造成损失但不需付出代价，就属于外部不经济。这时，厂商的边际私人成本小于边际社会成本。当出现这种情况时，依靠市场是不能解决这种损害的，即市场失灵，必须通过政府的直接干预手段解决外部性问题。具体来说，就是要在外部性场合通过政府行为使外部成本内部化，使生产稳定在社会最优水平。庇古提出：如果每一种生产要素在生产中的边际私人净产值与边际社会净产值相等，同时它在各生产用途的边际社会净产值都相等，就意味着资源配置达到最佳状态。在边际私人净产值与边际社会净产值相背离的情况下，依靠自由竞争是不可能达到社会福利最大的。于是就应由政府采取适当的经济政策，消除这种背离。政府应采取的经济政策是：对边际私人净产值大于边际社会净产值的部门实施征税，以迫使厂商减少产量；对边际私人净产值小于边际社会净产值的部门给予奖励和津贴，以鼓励厂商增加产量。庇古认为，通过这种征税和补贴，就可以实现外部效应的内部化。这种政策建议后来被称为庇古税（Pigou tax）。

庇古的"外部经济"和"外部不经济"概念引申于却又不同于马歇尔的概念。马歇尔的"外部经济"概念是指企业在扩大生产规模时，其外部的各种因素所导致的单位成本的降低，即企业活动从外部受到影响；而庇古所指的是企业活动对外部的影响。两者是对一个问题的两方面的阐述，庇古将马歇尔的外部性理论向前推进了一步。征收庇古税旨在通过税收手段减少化石燃料的消耗，通过对碳排放的外部性征税，对正外部性的厂商给予补贴或税收减免，以激励厂商从传统生产转向清洁生产，控制温室气体排放，遏制全球气候变暖趋势，从而校正"外部不经济"带来的效率损失，实现资源的优化配置，这是有效治理碳排放的经济手段之一。

2.3.2 庇古税的局限性

（1）庇古税的理论前提是存在"社会福利函数"。政府是公共利益的天然代表者，并能自觉按公共利益对产生外部性的经济活动进行干预。事实上，公共决策的科学合理性存在很大的局限性，政府制定的关于收费和补偿的规章制度往往是缺乏效率的，无法完全考虑行业和地区差异；庇古税使用过程中可能出现寻租活动，会导致资源的浪费和资源配置的扭曲。

（2）庇古税运用的前提是政府必须知道引起外部性和受它影响的所有个人的边际成本或收益。政府拥有与决定帕累托最优资源配置相关的所有信息，只有这样，政府才能制定出最优的税率和补贴。然而，现实中政府不可能拥有足够的决策信息，使执行效果远远达不到预期。

（3）政府干预本身也需要花费成本。政府为了制定合理的收费和补偿水平，必须收集大量的信息、处理大量的数据、进行成本收益分析等，并且冒着巨大的政治风险。如果政府干预的成本支出大于外部性所造成的损失，从经济效率角度看，消除外部性就不值得。

因此，基于庇古税思想的环境税、碳税等政策工具，也存在以上局限性，需要研究多种不同性质的政策工具的配合，才能有效发挥其功效。

2.4 产权理论

2.4.1 科斯产权定理及其内涵

科斯基于对庇古税的扬弃，提出以明晰产权来解决外部性问题的"科斯定理"（Coase，1960）。他认为"外部不经济"的根本原因是稀缺资源缺乏产权界定，并提出了"交易成本"这一重要概念。交易成本是运用价格机制的成本，至少包括发现合理价格的成本（获得准确市场信息的成本）和谈判、签约、履约的成本。

明晰的产权可以降低甚至消除外部性。在交易成本为零的情况下，不管初始产权如何分配，经过合理的产权交易，不需要征收庇古税就可实现资源配置的帕累托最优，即科斯第一定理；在交易成本不为零的情况下，权利的初始分配将影响资源的配置效率，要根据成本收益分析来寻求使交易成本最低的权利初始分配，即科斯第二定理。科斯定理的前提条件是完善的市场经济、交易成本为零或很小以至于可以忽略、产权界定清晰。科斯认为，只要交易费用为零和产权界定明晰，私人之间可以达成协议，从而使经济活动的边际私人净产值和边际社会净产值相等，导致外部性存在的根源就会消除。

科斯定理揭示了产权界定的重要性,并说明了产权界定与资源配置的关系,给出了利用市场机制解决外部性问题的思路,具有重要的实践意义。然而科斯定理要求具有较完善的市场机制和健全的法制,它在某些市场化程度不高的发展中国家很难发挥作用。此外,由于外部性问题的复杂性和广泛性、交易双方信息不对称性普遍存在等因素,有时高昂的交易费用使外部交易难以进行下去,通过外部交易来解决外部性问题变得无效。

比较科斯与庇古的观点,可以发现两者共同支持环境经济手段是国家环境当局从影响成本-收益入手,引导经济当事人进行行为选择,最终形成有利于环境的一种政策手段。其不同之处在于政府作用范围的大小,干预手段是直接实施抑或间接实施的不同。科斯理论认为政府的作用只是使产权明晰,应该放任私人的市场交易去取得有效率的结果。庇古认为,由于技术原因和交易费用的存在,市场不可能覆盖整个社会,市场机制的作用范围有限,在环境外部性问题上应更大程度地依赖政府的作用,政府的直接干预是最有效、最现实的选择。由于科斯与庇古在外部性内部化路径上的分歧,相应的环境问题解决路径就有了倾向于市场机制作用的和倾向于政府干预作用的区分。经济学理论界将主要通过政府直接干预解决环境问题的环境经济手段称为庇古手段,而将主要通过政府借助市场机制解决环境问题的环境经济手段称为科斯手段。庇古手段包括税收、补贴、押金退款、罚款、奖励等;科斯手段包括私人合约、排污权交易等。在现代经济生活中,庇古手段中的排污收费和科斯手段中的排污权交易两种路径都实行污染物总量控制,在污染控制中起到了重要的作用,但在实际操作中各有其适用条件。

2.4.2 排污权交易理论的发展

科斯定理为排污权交易的诞生奠定了重要的理论基础。学者陆续将产权手段应用到控制大气污染与水污染的方案中。Crocker(1966)将这个理论应用于对空气污染控制的研究,获得了成效。Dales(1968)在其著作 *Pollution,Property & Prices:An Essay in Policy-Making and Economics* 中提出了"排污权"概念,他认为环境是一种商品,政府是该商品的所有者。作为环境的所有者,政府可以通过把污染废物分割成标准单位,在市场上公开标价出售一定数量的"污染权",每一份权利允许其购买者可排放一单位的废物。实际上是将污染作为一种产权赋予排污企业,以利用市场交易形式提高环境资源使用的效率。通过供求规律、价值规律和竞争规律的相互作用,政府有效地运用了其对"环境"这个商品的产权,价格机制将促成最佳分配。Montgomery(1972)从理论上证明了基于市场的排污权交易系统明显优于传统的环境治理政策,其优点是污染治理量可根据治理成本进行变动,可以使总的协调成本最低(表2.1)。

表 2.1　排污权交易产生的观点演化

年份	理论提出者	核心观点
1890	Marshall	首次提出外部经济概念，将外部性纳入微观个体成本中
1920	Pigou	庇古税：采取对污染者征税或收费的办法来解决外部性问题，其税收标准应等于污染的外部成本，从而使企业成本等于社会成本
1960	Coase	科斯定理：发现了交易费用及其与产权安排的关系，提出了交易费用对制度安排的影响。通过明确界定产权并进行交易，实现将经济活动中产生的外部成本内在化的目的
1966	Crocker	将排污权交易的思想拓展到空气污染治理领域，为空气污染控制奠定了排污权交易的理论基础，改变了行政管理体制下的信息需求
1968	Dales	排污权理论：将科斯定理应用于水污染的控制研究，首次提出了污染权的概念；认为外部性的存在导致了市场机制的失效，不能单独靠政府干预或市场机制达到令人满意的效果，只有将两者结合起来才能有效地解决外部性
1972	Montgomery	从理论上证明了基于市场的排污权交易系统明显优于传统的排污收费体系。认为排污权交易系统的优点是污染治理量可根据治理成本进行变动，这样可以使总的协调成本最低。因此，如果用排污权交易系统代替传统的排污收费体系，就可以节约大量成本
1992	Grossman 和 Krueger	首次将库兹涅茨曲线用于经济增长与环境质量的关系研究，发现空气和水污染与人均收入间的倒 U 形关系

20 世纪 70 年代后期，美国环境保护署在空气质量管理方面采用了排放权交易制度，即著名的"酸雨计划"，使排污权交易从理论研究成为现实。此后，排污权交易制度在世界各国环境经济政策中的运用越来越广泛。经济学家对排污权交易制度设计开展了理论与实证分析，提出了有建设意义的制度设计方案，主要涉及排污权交易体系中的制度内容、拍卖机制、市场势力、交易成本和监督等方面。

排污权交易以"总量限定和配额分配"为基本原则。首先，政策制定者根据区域环境情况与控制目标，评估环境容量；根据区域环境容量与控制目标，计算污染物的排放额度，并将排放额度制定为排污权。其次，政策制定者选择合适的排污权分配方式，并分配给区域内的排污企业，同时建立区域排污权交易市场体系，保障排污权合法、有序交易。在排污权交易法下，管理者赋予了排污权价值，排污企业在治理污染时，可以根据自己的实际情况，将多余的排污权拿到排污权市场上出售获利，或者从市场上购买比自己治理污染成本更低的排污权，排污企业治理污染的成本就得到了弥补。

排污权交易制度最关键、最难把握的环节就是排污权的初始分配，一般有免费分配、公开拍卖或者两者结合使用等方式。免费分配方式违背了污染者付费原则，容易分配不均，同时使政府部门减少了一部分财政收入；公开拍卖也容易出现问题，如大型企业操纵市场引起垄断，企业因减排承受较高的成本而影响生产等。目前多数国家采用两者结合的分配方式。

2.4.3 碳排放权交易理论的实践探索

随着全球气候变暖趋势日益严重，大气污染与经济发展两者的关系引发了人们的关注。1997年，《京都议定书》从排污权交易原理出发，推出碳排放权交易的三种市场机制，即CDM、JI机制和IET机制，催生出一个以二氧化碳排放权为主的碳交易市场。碳交易市场是以降低二氧化碳为主的温室气体排放为导向的低碳经济模式下产生的市场行为总和，是通过控制温室气体排放实现低碳发展并最终促进可持续发展的全新市场。温室气体经过确权后，其所具有的稀缺性、商品性、排他性、竞争性和交易性等市场特征明显，具备进入交易市场的条件。随着2005年《京都议定书》的实施，碳排放权的界定及交易完成了从理论到实践的嬗变，全球范围内的排放权交易市场稳步发展。

由于气候环境变化具有明显的非排他性和非竞争性，碳排放权具有公共产品属性，碳排放行为具有明显的外部性效应。

（1）公共外部性：气候外部性问题不仅涉及国内不同生产者和消费者的利益，还关系到主权国家之间在国际贸易、投资以及公共资源分配等领域的利益。

（2）生产或消费外部性：从事碳排放公共品生产的企业从消费者处获得的报酬难以弥补其生产成本；高消费需求不断满足并膨胀，排放水平不断提高。

（3）代际外部性：碳排放权是代际的公共品，在解决碳排放外部性问题中存在庇古手段和科斯手段的实践探索。

1. 碳排放税与碳排放权交易机制的联系

解决碳排放的外部性问题就是要使经济活动的碳排放私人成本和社会成本趋于一致。除了政府直接行政管制减排之外，庇古提出"修正税"干预措施（征税和补贴等）来实现外部性的内部化，对碳排放征收碳税，增加碳排放的成本，同时释放出持续清晰的价格信号，促使排放主体根据税率调整投资规划。而科斯从产权和交易成本关系角度提出"只要产权明晰，交易双方就会力求降低交易费用，使资源利用达到帕累托最优"，阐述了产权界定与资源配置的关系，给出了利用市场机制解决外部性问题的思路。

在实践中碳排放税和碳交易市场有密切联系。碳交易市场是基于科斯产权理论形成的，而碳交易市场中的原始排放配额是基于政府公共政策手段形成的。具体来说，碳交易市场的交易机制包括总量控制交易机制和基线信用机制，大部分碳交易市场均采用总量控制交易机制，即通过立法的形式，对一定范围内的排放者设定温室气体排放总量上限，排放总量分解成排放配额，依据一定的原则和方式（免费分配或拍卖）分配给排放者。配额可以在包括排放者在内的各种市场主体之间进行交易，排放者的排放量不能超过其持有的配额量。在每个履约周期结束后，管理者要对排放者进行履约考核，如果排放者上缴的配额量少于排放量，则视为没有完成履约责任，必须受到惩罚。总量控制交易机制下，配额的总量设置和分配实现了排放权的确权过程，减排成本的差异促使碳交易的产生。减排成本高的企业愿意到市场上去购买配额以满足需要，减排成本低的企业则进行较多的减排并获取减排收益，最终减排任务更多地由成本低的企业承担，从而使得在既定减排目标下的社会整体减排成本最小化。而基于基线信用机制的碳金融市场是对总量控制碳金融市场的补充，当碳减排行为使实际排放量低于排放基准线时会产生额外的碳减排信用，减排信用可以用于出售，最典型的基线信用机制应用为基于项目的碳金融市场。

2. 碳排放税与碳排放权交易机制的区别

通过对碳排放外部性问题进行分析，我们进一步比较基于庇古税和补贴的财政措施、基于科斯产权定理的碳金融市场配置措施在碳减排方面的差异。碳排放权交易过程中，既需要明晰产权，也需要有政府公共政策的作用，征收碳税是使碳排放权交易有利可图的政府公共政策。在完备市场假设下，无论碳税方式（price-based tax）还是碳排放权交易方式（quantity-based transaction）都会形成一个跨国界、跨组织的、共同有效的价格信号。而现实的减排边际成本是不确定的，导致两种方式分别有其不同的适用情境：碳税适用于短期减排行动，即边际收益曲线相对于边际成本曲线平坦的情形（图2.3），此时税收效率损失（tax efficiency loss）小于碳排放交易的效率损失（permit efficiency loss）；而碳金融市场交易则适用于长期减排行动，即边际收益曲线相对于边际成本曲线陡峭的情形（图2.4），此时碳排放交易效率损失小于税收效率损失。

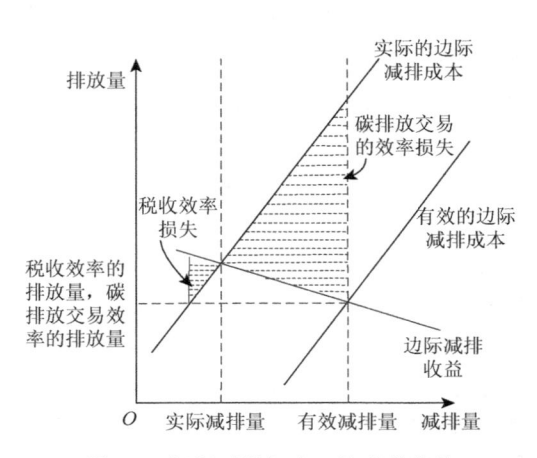

图 2.3　短期减排行为下的碳税优势 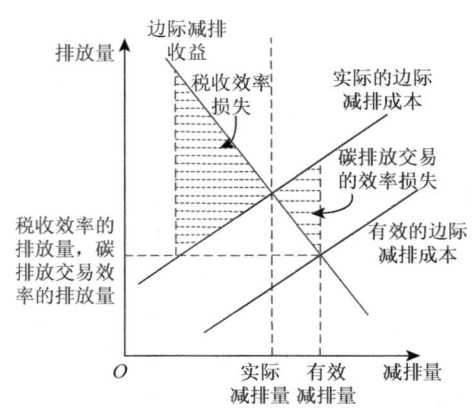　　图 2.4　长期减排行为下的碳金融市场优势

碳排放权通过市场交易在实体之间转换，成为一种特殊的资产和稀缺资源。碳交易市场最终实现市场利益驱动与政府规制压力的交互，共同发挥减排等环境治理作用，碳排放权的潜在收益由经济收益和生态收益组成，而生态收益又可以通过碳排放权定价的市场化机制直接转化为经济收益，或者通过政府行政压力和奖惩措施间接转化为经济收益（图 2.5）。

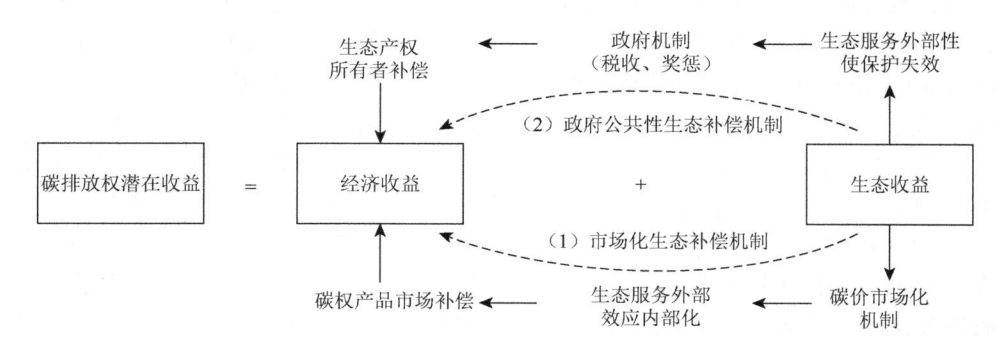

图 2.5 存在市场-政府交互作用生态补偿机制的碳金融收益

具体来说，作为调整影响生态环境的主体间利益关系的制度安排，碳排放权已经成为重要的生态补偿项目，存在市场方式和政府行为两种机制的交叉作用。

（1）基于"交易费用"的市场化补偿机制。产权经济学证明通过产权的清楚界定可将资源使用的外部效应内部化从而消除公共品。由于部分生态服务物化程度低、时空变化流动性强，界定及执行产权交易的成本高于其收益，导致生态服务的共享，这种生态产品外部性随着碳金融市场的形成和完善逐步内部化，碳排放权产品的经济价值通过市场实现补偿。

（2）基于政府转移支付的公共性生态补偿机制。依据庇古和萨缪尔森的公共品外部性理论，生态系统为社会提供的服务功能具有正外部性，不能形成生态保护的有效激励，生态资源配置低效的解决方案是政府规制——通过征税或罚款后对生态产权所有者给予补贴以实现效应的内部化。

2.5　气候经济学理论

2.5.1　气候经济学的产生

20 世纪初，随着资本主义工业的发展，过度碳排放导致的气候问题频发，进而影响到经济发展。学者开始研究气候与经济问题，一方面探寻导致气候恶化的经济原因，另一方面探寻气候对经济的影响及其治理机制，气候经济学应运而生。

气候经济学作为一个学科，主要源于德国经济学家弗里德海姆·施瓦茨（Friedhelm Schwarz）的著作《气候经济学》，他指出地球是一个高度复杂的系统，即使全球气候发生了微小的变化，对于人类社会与经济也会有巨大且不可预测的影响。他呼吁在发展经济的同时必须高度重视气候恶化问题，并强调全球应携手合作，建立气候变化的全球应对机制。随后，英国经济学家尼古拉斯·斯特恩（Nicholas Stern）在他的《斯特恩报告》中详细论述了气候问题及其对经济学的影响，这是气候经济学的重要理论成果，尼古拉斯·斯特恩因此被称为"气候经济学之父"。该报告指出，如果忽略全球气候变化带来的一系列问题，那么人类可能会面临类似 20 世纪 30 年代的全球性的经济衰退。根据尼古拉斯·斯特恩的研究，过去50多年气温升高的趋势可能与人类燃烧化石燃料等导致的温室气体排放有关，在当前的二氧化碳排放水平下，全球变暖将会对环境造成巨大的破坏，并且这种破坏作用将在未来 100～200 年体现出来，如果不采取措施，全球可能因气候变暖损失 5%～10%的生产总值。

2.5.2 气候经济学的研究方法

学者将气候经济学理论应用到实际问题中，构建模型方法来研究气候变化问题，更好地预测未来的气候变化，更直观地理解气候变化造成的经济和非经济的影响，帮助正确选择来应对气候变化政策。气候保护的经济政策模型主要有两类，一类是可计算的一般均衡（computable general equilibrium，CGE）模型，另一类是综合评估模型（intergraded assessment model，IAM）。

CGE 模型借助计算模拟研究政策变动在一般均衡体系下对宏观经济多部门的影响。CGE 模型表达了供给、需求以及供求之间的关系，方程组中的变量有商品、生产要素、价格等，并设置了生产者利润最大化、消费者效用最大化、进口收益利润最大化、出口成本优化等一系列目标函数作为优化条件，通过方程组求解得到每个市场都达到均衡状态下的价格和数量。CGE 模型被广泛应用于计算气候变化政策的影响、碳税对经济的影响等。

IAM 着眼于从宏观经济角度对政策进行比较分析，实际上是减排政策的寻优模型，对不同减排方案进行成本-收益分析，包括威廉·诺德豪斯（William D. Nordhaus）提出的气候与经济的动态综合模型（dynamic integrated model of climate and the economy，DICE）、区域气候和经济的综合模型（regional integrated model of climate and the economy，RICE）。DICE 和 RICE 是在社会福利函数最大化的基础上，确立资本投资与温室气体排放的最优路径。

2.5.3 从 DICE 至 RICE 的发展

威廉·诺德豪斯从 20 世纪 80 年代末开始构建一个研究气候变化的一般均衡的分析框架，这个框架将能源、环境、资源、气候、气象以及经济学等跨学科纳入经济学的解释框架中，包括整合经济和科学模型的 DICE 和 RICE，为开创气候经济学研究领域奠定了良好的基础。通过这些模型，可以分析不同经济增长方式对气候的影响，以及对气候影响造成的跨期福利变化，这些变化可以被衡量和比较，同时，不同政策的效果也能得到评估。他极力主张从排放许可制度转向征收碳排放税，为应对气候变化提供了有效途径，模型具体的影响路径逻辑是：经济活动（如化石燃料燃烧使用）→碳循环→碳浓度升高→全球气温上升→福利受损，政策则是通过影响经济活动产生作用。具体过程如图 2.6 所示。

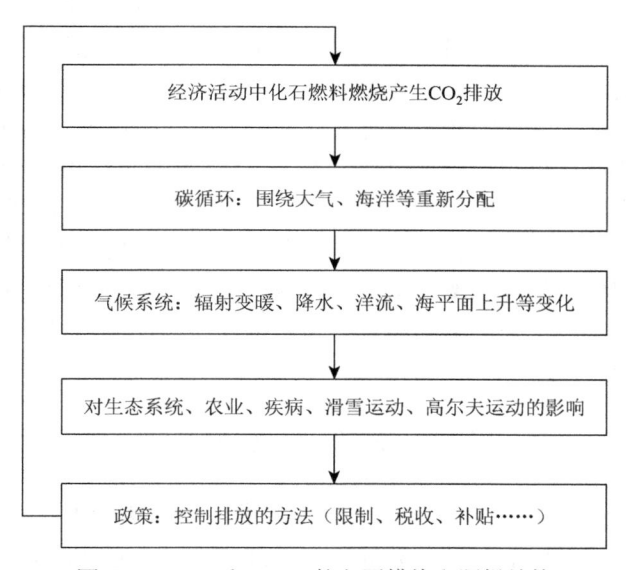

图 2.6 DICE 和 RICE 的主要模块和逻辑结构

设计 DICE 和 RICE 的主要目的是作为政策优化模型运行，同时它们也可以作为简单的预测模型运行。两种模型都旨在最大化与消费路径相关的经济福利（或效用）目标函数。模型优化可以理解为两种方式：从积极的角度看，优化是模拟竞争市场系统行为的一种手段；从规范的角度来看，优化是一种比较不同路径和政策对经济福利影响的方法。

1）DICE

DICE 是从新古典经济增长理论的角度理解气候变化的。经济体为增加未来的消费，在资本、教育和技术上进行投资，放弃一部分目前的消费。通过致力于减排，防止经济上有害的气候变化，降低现在的消费，从而提高未来消费的可能性，模型不仅耦合了经济-大气气候系统之间的关系，而且巧妙地将经济学原理用于刻画大气和气候现象，如大气中温室气体的跨期累积机理与经济系统中资本累积机理具有内在一致性。

DICE 主要经历了 5 个版本的发展：DICE-1992 版、DICE-1994 版、DICE-1999 版、DICE-2007 版和 DICE-2013 版。最初的 DICE-1992 版首次从经济学的视角来研究气候变化问题。1994 年，该模型在拉姆齐模型的框架下，形成了评估降低温室气体排放量最优途径的动态最优化模型，随后几经演化，先后形成了 DICE-1999 版、DICE-2007 版、DICE-2013 版。DICE-2013 版包括基本的社会福利函数以及三个相互作用的子模型，包括碳循环模型、气候变化模型和经济模型，碳循环模型用以说明化石燃料产生的碳排放怎样对碳浓度产生影响，气候变化模型用以说明气候怎样随碳浓度的改变而不断演化，经济模型一方面说明气候的变迁如何影响经济和人类的生产生活，另一方面说明经济活动的改变怎样影响碳排放，由此链条形成一个闭环。这三部分子模型的建立都是基于对应研究领域的研究成果，并且为了更容易被理解，威廉·诺德豪斯采用了简化的规范，具体如下。

在 DICE-2013 版中全球或区域有明确定义的偏好，用社会福利函数表示[式（2.1）]，用于排列不同的消费途径。在社会福利函数中，消费边际效用递减，代际人均消费增加。一代人的人均消费量取决于人口规模。不同代之间的福利重要性由社会时间偏好的纯利率和消费边际效用弹性这两个因素共同决定。这两个因素共同作用，决定了未来福利相对于当前福利的折现率，对于做出跨时期经济决策具有关键性作用。

$$W = \max_{c(t)} \sum_{t=1}^{T} U[c(t), P(t)](1+\rho)^{-t} \qquad (2.1)$$

式中，W 为社会福利函数，是基于人口加权的人均消费效用的现值之和；$P(t)$ 为人口；$c(t)$ 为人均消费；ρ 为社会时间偏好的纯利率，表示代际效用函数贴现的权重，$(1+\rho)^{-t}$ 为福利的贴现系数。效用函数的形式为 $U(c) = c^{1-\alpha}/(1-\alpha)$，其中消费的边际效用弹性为 α，一般假定为常数。

首先是气候变化模型，其基于现有自然科学研究成果和模型，是一种简化表示的方程组，包括一个辐射压力方程[式（2.2）]和气候系统的两个方程[式（2.3）、式（2.4）]。辐射压力方程被用来描述温室效应，计算温室气体的积累对地球辐射平衡的影响，公式为

$$F(t) = \eta \left[\log_2 \frac{M_{AT}(t)}{M_{AT}(1750)} \right] + F_{EX}(t) \qquad (2.2)$$

式中，$F(t)$为总辐射压力变化，表示的是由人为温室气体排放引起总辐射压力的变化；η 为温度压力参数，表示大气中温室气体浓度的增加对总辐射压力的影响；$M_{AT}(t)$为实际大气中的碳储存量；$M_{AT}(1750)$为基准期大气中的碳储存量；$F_{EX}(t)$为外生辐射压力。气候变暖主要是二氧化碳排放导致的，因此二氧化碳作为内生变量；气候平衡取决于其他温室气体（如气溶胶、臭氧等）及反照率等压力因素，因此其他温室气体和压力因素作为外生变量。

同时，威廉·诺德豪斯构建了两个气候系统方程，计算每一时期地表平均温度和深海平均温度：

$$T_{AT}(t) = T_{AT}(t-1) + \xi_1\{F(t) - \xi_2 T_{AT}(t-1) - \xi_3[T_{AT}(t-1) - T_{LO}(t-1)]\} \quad (2.3)$$

$$T_{LO}(t) = T_{LO}(t-1) + \xi_4[T_{AT}(t-1) - T_{LO}(t-1)] \quad (2.4)$$

式中，$T_{AT}(t)$为地球表面的平均温度；$T_{LO}(t)$为海洋下层的平均温度；$\xi_i(i=1, 2, 3, 4)$为气候方程参数。

式（2.3）中的 $F(t) - \xi_2 T_{AT}(t-1) - \xi_3[T_{AT}(t-1) - T_{LO}(t-1)]$ 表示的是大气层辐射压力的变化，$F(t)$描述了二氧化碳浓度变化对地球辐射平衡的影响，$\xi_2 T_{AT}(t-1)$是对向外辐射能量的度量，$\xi_3[T_{AT}(t-1) - T_{LO}(t-1)]$是测度温差的函数。

由式（2.4）可见，二氧化碳的集聚导致辐射压力的上升，引起大气层和海洋表层平均温度的上升。深海平均温度则受地表与深海温差的影响，如果地表温度升高，深海温度也会以 ξ_4 的速度上升。

其次是碳循环模型，它阐释了二氧化碳排放后的变化动态，基于早期模型进行了精简。该模型基于三蓄水池模型，假定存在三个主要的碳蓄水池：大气、海洋上层生物圈和深海。碳在这些储存库之间双向交换。长期而言，尽管深海区域辽阔，但其作为碳汇的能力是有限的。短期内，假定每个蓄水池内部的碳是充分融合的，尤其是深海与其他储存库之间的交换过程非常缓慢。这三个蓄水池的碳循环方程可以简写为

$$M_j(t) = \varphi_{0j}E(t) + \sum_{i=1}^{3}\varphi_{ij}M_i(t-1) \quad (2.5)$$

式中，j = AT、UP 和 LO 时分别代表大气、海洋上层生物圈以及深海；$E(t)$为二氧化碳总排放量；φ_{ij}为每个时期水池之间的流量参数。所有的排放物都流入大气。该方程调整了碳流动的参数，刻画了碳的循环路径。

最后是经济模型。在 DICE 中，产出以一个改良后的新古典生产函数来表示，即

$$Q(t) = \Omega(t)[1 - \Lambda(t)]Y(t) = C(t) + I(t) \quad (2.6)$$

式中，$Q(t)$表示净产出，由总产出减去损害和减排成本得到；总产出 $Y(t)$为包含资本、劳动和技术进步的柯布-道格拉斯生产函数；$C(t)$表示消费；$I(t)$为总投资，劳

动力与人口成正比,而资本则根据最优储蓄率积累。生产函数中新增加的两个变量,$\Omega(t)$代表损失函数,$\Lambda(t)$代表减排成本,具体公式如下:

$$\Omega(t) = 1/\left[1 + \psi_1 T_{AT}(t) + \psi_2 T_{AT}(t)^2\right] \quad (2.7)$$

$$\Lambda(t) = \pi(t)\theta_1(t)\mu(t)^{\theta_2} \quad (2.8)$$

损失函数实现了从温度上升到经济损害的转换计算,使得从气候变化到经济损失的对应关系建立起来了。威廉·诺德豪斯通过对多个区域模型损失所做的估计,推导计算总量,得出了这个函数,其中包括假定的行业性变化和不同产出的潜在收入弹性。损失包含了对人类健康的损害、农业产出损失、海平面上升对沿海地区的损害、生物多样性以及灾难性损失的潜在成本等。$\Omega(t)$表示由于气候变化造成的损失所占世界生产总值的比重,反映气候变化对经济产出的影响程度,可以量化气候变化对经济的负面影响。在损失函数中,假定损失和世界总产出呈正比例关系,通过选择ψ_1和ψ_2使总体损失函数大致等于特定影响机制的损失函数总和。减排成本方程即式(2.8)是简化的模型,其中$\mu(t)$为减排控制率,$\pi(t)$为参与成本加价,即不完全参与情形下减排成本与完全参与情形下减排成本的比例,θ_1和θ_2是参数。假定减排成本与世界总产出是正比例关系,且减排成本是减排控制率的级数,成本函数严格凸,即边际减排成本和减排控制率不只是线性的关系。模型中还包括可以取代所有化石燃料的逆止器技术,它是从大气中去除碳或对环境无害的零碳排放能源技术。逆止器技术价格最初很高,随着时间的推移和技术水平的不断提升而下降。通过设定方程中θ关于时间t的变化路径,逆止器技术就可以引入模型中,其每年的价格就等于以百分率表示的边际减排成本。

经济模型中还有两个方程是排放方程和对碳燃料的资源约束方程,描述了减排政策下工业二氧化碳的排放总量和化石燃料总资源的约束:

$$E_{Ind}(t) = [1 - \mu(t)]\sigma(t)Y(t) \quad (2.9)$$

$$\mathrm{CCum} \geqslant \sum_{t=0}^{T_{max}} E_{Ind}(t) \quad (2.10)$$

式中,$E_{Ind}(t)$为工业碳排放量;$\sigma(t)$为不加控制的工业二氧化碳排放产出比;$\mu(t)$为减排控制率;CCum为化石燃料总资源的限制,市场对化石燃料进行有效分配。由此得出经济模型中二氧化碳排放总量为

$$E(t) = \sigma(t)[1 - \mu(t)]Y(t) + E_{Land}(t) \quad (2.11)$$

式中,$E(t)$、$E_{Land}(t)$分别为二氧化碳排放总量和土地使用的碳排放量。二氧化碳排放总量将经济模块和碳循环模块连接起来形成闭环,即经济活动中化石燃料的使用使二氧化碳通过大气进入碳循环,大气中的碳浓度升高,通过总辐射压力的增强使全球温度上升,升高的温度反过来通过损失函数导致净产出减少。政策的影响通过经济模型中的碳排放作用到整个过程中。威廉·诺德豪斯通过

这样三个模块构建出模型，不仅可以模拟不同情境下气候和经济的共同演变，还可以评估比较不同减排政策或干预政策的效果，为缓解全球气候变暖行动提供理论依据。

2）RICE

为了明确应对气候变化中各国行动的效果，弥补 DICE 中缺少国家和地区异质性特征的局限，威廉·诺德豪斯将 DICE 区域化提出了 RICE。RICE 具有相同的碳循环模型、气候变化模型和经济模型，增加了一个区域的阐释，模型的建立进一步推动了气候经济学理论在各国政府间合作实践的实用化进程。

RICE 经历了 5 个版本的发展：RICE-1996 版、RICE-1999 版、RICE-2001 版、RICE-2007 版和 RICE-2010 版。最初 RICE-1996 版将全球划分为 10 个区域，将全球性的气候变化问题具体分配到各个区域，提出了三种应对气候变化的政策，即无控制政策、合作政策和非合作政策。RICE-1999 版则在 RICE-1996 版的基础上增加了"碳能量"的概念，即认为地球上所能获取的碳能量的使用是有限的，并建立了一个三层式的碳循环结构，丰富了碳循环的内涵，并将全球划分简化为 8 个区域。RICE-2001 版与 RICE-1999 版的主要区别在于调整了美国和欧盟经济增长的速率，即认为美国具有较高的降低能耗的技术进步速率，并对美国参与减排和不参与减排的两种情景进行了设置和讨论。RICE-2007 版将全球划分进一步简化为 6 个区域，且初始年份调整为 2000 年。最新的 RICE-2010 版嵌入了海平面上升模块，并将全球划分为 12 个区域，这些区域包括主要国家如美国、中国、日本，以及大型多国区域如欧盟和拉丁美洲。此外，还包括欧亚大陆、俄罗斯、印度、中东、非洲等特定地区，以及未被归入经合组织成员的亚洲其他国家和其他高收入地区。初始年份调整为 2005 年。假设每个地区的变量有自己的初始值和发展趋势，也有一套明确的偏好。以社会福利功能为代表，每个区域都有一个社会福利函数，并随着时间的推移优化其消费、温室气体政策和投资。

威廉·诺德豪斯提出的应对气候问题的主要解决方案是利用市场经济的方式，碳排放权定价是重要的政策工具，强调经济和气候变化应对的耦合性，不是单纯强调经济更重要或者气候变化应对更重要，而是强调它们之间的平衡关系。威廉·诺德豪斯的理论创见，成为目前国际上制定气候经济政策、应对气候变化的国际谈判时应用最为广泛的理论基础，《京都议定书》《巴黎协定》的科学基础即在于此，他也因此获得了 2018 年诺贝尔经济学奖。

2.6 本章总结与管理启示

气候变化危害在很大程度上源于碳减排的外部不经济性，建立碳金融市场的目的是解决经济外部性问题，而碳金融市场的有效性是发挥减排和环境治理功能的基本要求。本章从理论层面梳理了碳金融市场发展的相关经济与金融理论基础，包括外部性理论、环境库兹涅茨曲线、庇古税理论、产权理论、气候经济学理论，综合分析如何解决经济发展的外部性问题。外部性理论发现了环境成本外部性和排放收益内生性之间的矛盾，应由排放者承担减排治污的费用，实施排放权的有偿使用；环境库兹涅茨曲线回答了经济发展和碳排放之间的关系，解决是否要减排的问题；提出减排经济学路径，包括修正微观主体成本-收益非对称的"庇古税"、基于科斯定理的微观主体碳排放权交易；气候经济学将经济学、碳循环、气候科学等一系列研究实现对接，验证了征收碳税对解决环境问题的有效性。本章对碳金融市场的形成机理进行了理论分析，明确在碳交易过程中碳配额的产生、分配、交换、消费的理论依据，着眼当下的全球气候状况，总结未来碳金融市场的发展趋势，以期为国际碳金融市场的发展完善以及中国建立统一的碳金融市场提供理论指导。

第3章 碳金融相关研究动态

碳金融起源于《联合国气候变化框架公约》与《京都议定书》，是为发展低碳经济进行各种金融制度安排与金融交易活动的总称，是一个集市场化与金融化于一体的全新减排机制（Labatt and White，2011）。为了全面呈现碳金融研究的知识体系，本章以 Web of Science 核心库和中国知网期刊全文数据库中的"核心期刊"、中文社会科学引文索引（Chinese Social Sciences Citation Index，CSSCI）及中国科学引文数据库（Chinese Science Citation Database，CSCD）中的碳金融相关研究文献为样本，采用 CiteSpace 研究国内外关于碳金融的科学知识图谱，分析碳金融的研究动态。设定中文检索主题词为"碳金融"，将检索条件设置为精确，时间跨度设为 1915 年（默认最远搜索时间）～2022 年，数据处理后得到有效文献 519 篇。英文检索主题词为 carbon finance 或 carbon financing，检索文献类型为 Article，时间跨度设为 1985 年（默认最远搜索时间）～2022 年，得到 1695 篇有效文献。

从图 3.1 可以看出，国内外碳金融相关研究总体呈上升趋势。英文发文量在 2000～2006 年与中文发文量基本持平，在 2007～2015 年缓慢增长，2016 年以后迅速增长，表明 2015 年《巴黎协定》提出国家自主贡献机制与可持续性机制（市场机制）相结合后，全球投资偏好与研究兴趣向低碳经济等领域倾斜。特别是 2020 年后，发文量呈井喷式增长，即中国政府提出"双碳"目标促使学术界对碳金融的关注骤增。中文发文量在 2007～2012 年显著增加，表明 2007 年《关于落实环保政策法规防范信贷风险的意见》发布后，国内逐渐关注碳金融研究。

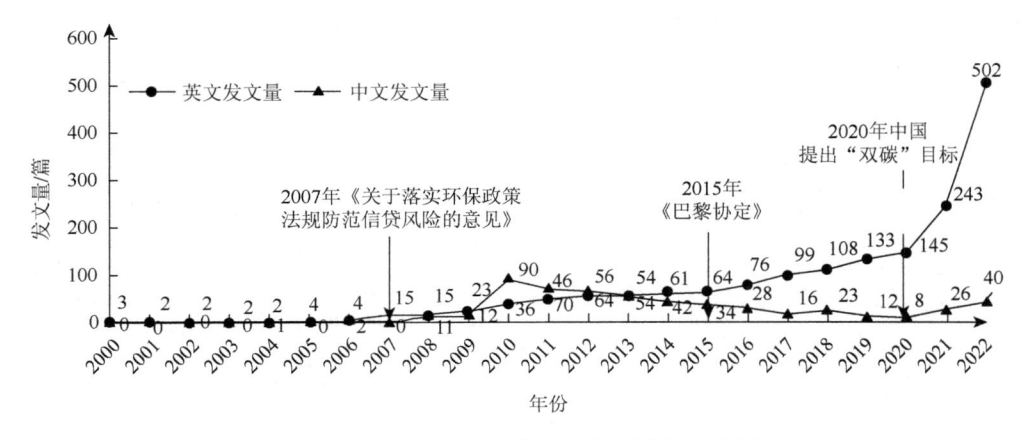

图 3.1 2000～2022 年国内外碳金融研究发文情况

在 2013～2019 年间，国内关于碳金融研究的热度逐渐走低，这可能是因为中国以 CDM 下的碳金融市场为主，随着 CDM 的没落，国内相关研究的发文量有所下降。在 2020 年后，中国"双碳"目标的提出使相关研究热度有所回升。整体上，碳金融相关研究在国外期刊的发文总量大于国内期刊，表明国外核心期刊已成为碳金融相关研究的主要阵地。

图 3.2 和图 3.3 分别是基于碳金融研究的国外、国内相关文献的关键词共现图谱。图中关键词的节点所占面积越大，表明该关键词共现频次和中心性越高，越能吸引碳金融研究领域的关注。由国外关键词共线网络图谱（图 3.2）发现，基于 carbon finance 或 carbon financing（碳金融）关键词的国外碳金融研究与 climate change（气候变化）、policy（政策）、green finance（绿色融资）、climate finance（气候融资）密切相关。主要从应对气候变化的政策和金融两大手段出发，聚焦于对碳金融的 finance（资金融通）和 management（风险管理）功能、environmental regulation（碳排放相关环境规制）、impact（相关影响）和 performance（绩效）的讨论。具体地，与气候政策相关的研究侧重于从政策效应视角分析碳金融与 economic growth（国家宏观经济增长）、sustainable development（可持续发展）、adaption（适应性气候融资政策）的关系和其对微观企业环境治理的 performance（绩效）。与金融手段相关的研究聚焦于分析中观层面的 market（碳市场）内部不同金融资产之间、碳市场与 energy（其他市场）间的 price（价格）和 risk（风险）的关系；微观层面碳金融对企业 investment（投融资）、innovation（技术创新）、corporate social responsibility（社会责任）、disclosure（信息披露）的影响。

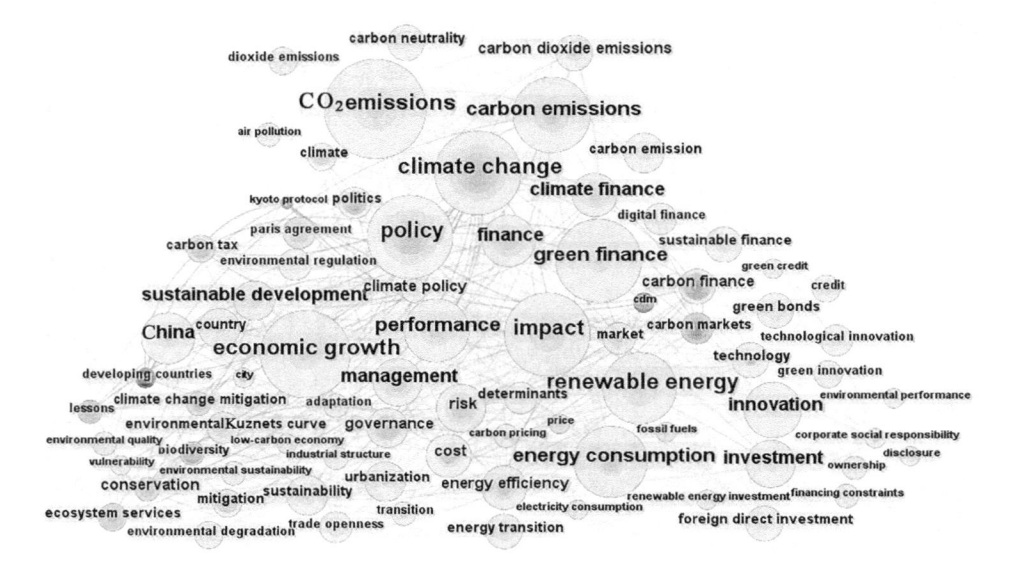

图 3.2　2000～2022 年 Web of Science 中碳金融研究的主题关键词共现网络

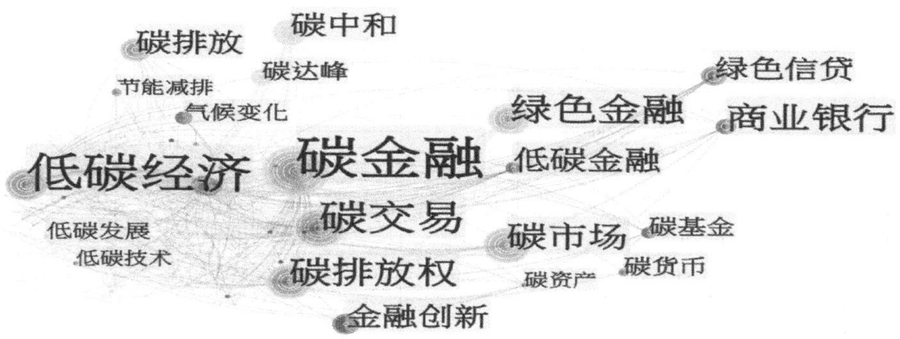

第 3 章　碳金融相关研究动态　　·45·

图 3.3　2000～2022 年中国知网中碳金融研究的主题关键词共现网络

围绕碳金融的国内研究主要聚焦于中国宏观政策效应，分析碳金融、绿色金融、碳市场、碳交易、碳排放权、碳排放和低碳经济等相关领域（图 3.3）。其中，与"碳金融"相关的研究集中于探索碳金融与低碳经济、碳交易、碳排放权以及商业银行等之间的关系；与"绿色金融"相关的研究主要探讨绿色信贷及其他环境规制对微观企业绿色治理的影响；与"碳市场"相关的研究侧重于分析碳金融市场与碳金融、碳排放权、低碳经济等之间的逻辑关联路径；与"碳交易"和"碳排放权"相关的研究聚焦于碳排放权与低碳经济、金融创新、碳基金、碳货币、碳资产等之间的关联；与"碳排放"和"低碳经济"相关的研究主要与实现碳达峰和碳中和路径、国家低碳发展、碳排放、碳市场中碳排放权交易等相关。

通过关键词词频与中心性分析发现（表 3.1），与碳金融相关的国外研究主要基于应对气候变化这一现实背景，涉及宏观国家、中观市场和微观企业三个层面的主体，涵盖 price（价格）、investment（投资）、risk（风险）和 governance 或 management（管理）等多个主题，展开相关影响（impact）和绩效（performance）分析；而国内研究更多地从宏观国家和中观市场视角分析低碳经济、碳金融、碳交易、碳市场。从中心度分析可知，中观和微观层面的碳金融研究在国外研究中的重要性较高；而国内研究中宏观和中观市场层面研究的重要性较高。

表 3.1　国内外碳金融的 Top25 高频关键词统计

频次	英文关键词	中心度	频次	中文关键词	中心度
286	green finance	0.02	219	碳金融	0.86
179	impact	0.07	120	低碳经济	0.24
151	climate change	0.14	58	碳交易	0.13
138	policy	0.07	36	绿色金融	0.11

续表

频次	英文关键词	中心度	频次	中文关键词	中心度
133	performance	0.05	32	商业银行	0.03
122	climate finance	0.04	31	碳排放权	0.08
112	investment	0.02	28	碳市场	0.10
108	green bond	0.01	20	低碳金融	0.07
101	CO₂ emission	0.08	17	碳排放	0.02
100	renewable energy	0.08	17	碳中和	0.08
100	economic growth	0.05	17	金融创新	0.01
79	sustainable development	0.03	16	绿色信贷	0.03
77	innovation	0.02	9	碳达峰	0.04
72	sustainable finance	0.00	9	碳基金	0.01
70	market	0.06	8	碳货币	0.00
66	growth	0.01	7	低碳发展	0.03
65	risk	0.02	7	气候变化	0.03
64	governance	0.03	6	节能减排	0.01
63	management	0.03	6	低碳技术	0.02
60	carbon emission	0.03	6	碳资产	0.03
59	consumption	0.03	5	兴业银行	0.01
57	energy	0.03	5	技术创新	0.01
55	corporate social responsibility	0.03	5	碳信用	0.01
53	environmental regulation	0.02	5	欧盟	0.01
51	price	0.04	4	碳交易市场	0.01

文献计量的可视化分析提供了碳金融相关研究的现状和基本统计结果，可以发现国内外碳金融相关研究已从宏观、中观和微观层面进行了多元化分析，碳金融资产价格与相关投融资活动、市场风险、企业相关环境治理已成为关联诸多研究的新重点。因此，本章分别从碳金融资产价格、碳交易市场风险以及碳规制的治理效应等方面对现有研究进行梳理。

3.1 碳金融资产价格研究进展

为了追踪与碳金融资产定价相关研究的现状、热点以及前沿趋势，以中国知网期刊全文数据库中的"核心期刊"、CSSCI 及 CSCD 和 Web of Science 核心集中的数据库收录的相关研究文献为样本进行知识图谱分析。其中，设定中文主题词为"碳价"或"碳排放价格"或"碳金融资产价格",英文主题词为 carbon price,设置检索条件为"精确",时间跨度均设为默认最远搜索时间至 2022 年,得到有效中、英文文献记录分别为 345 条、873 条。

研究发现(图 3.4),2001~2022 年碳金融资产价格相关研究发文量整体上处于上升趋势。国内研究始于 2008 年,特别是从国家发展和改革委员会 2011 年发布《关于开展碳排放权交易试点工作的通知》起,有关碳金融资产价格研究的发文量逐年递增,说明国家相关政策的支持进一步推动了碳金融市场的发展。虽然受疫情影响,在 2019 年碳金融资产价格研究热度小幅下降,但在 2020 年国家宣布"双碳"目标后,国内学者的研究热情有所回升并迅速增加。国际研究始于 2001 年,之后整体上呈递增趋势。表明作为碳市场这一新兴市场的产物,碳金融资产引起了学者的持续关注,并产生了一系列与碳金融资产价格相关的研究。

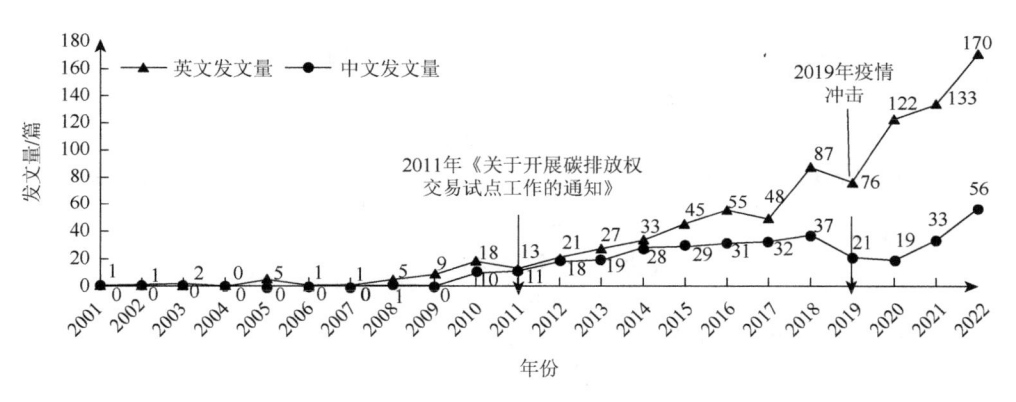

图 3.4 2001~2022 年碳金融资产价格相关研究发文量情况

由图 3.5 和图 3.6 可知,国内外学者对碳金融资产价格的研究重点聚集在气候变化、碳市场、碳排放、碳排放权、碳交易、碳价和碳税等政策及影响价格的其他因素方面。国外碳金融资产价格研究侧重分析 impact(影响)、policy(政策)、emission(排放)、market(市场)和 emissions trading(排放交易)等主题。与 impact(影响)相关的研究集中于探索宏观气候政策、中观碳交易市场及能源市场、温室气体排放与碳价之间的关系。与 policy(政策)相关的研究侧重于碳税与碳排放、碳交易制度设计、气候政策与碳价之间的影响关系。与 emission(排放)相关的研究集中于分析应对气候变化的气候政策、碳金融和碳排放权交易等与碳排放、低碳发展之间的逻辑关联路径。与 market(市场)和 emissions trading(排放交易)相关的研究主要探索碳金融资产价格及其与政策、能源价格、气候变化及其他影响因素之间的关系。

图 3.5 2001～2022 年 Web of Science 中碳金融资产价格相关研究的关键词共现网络

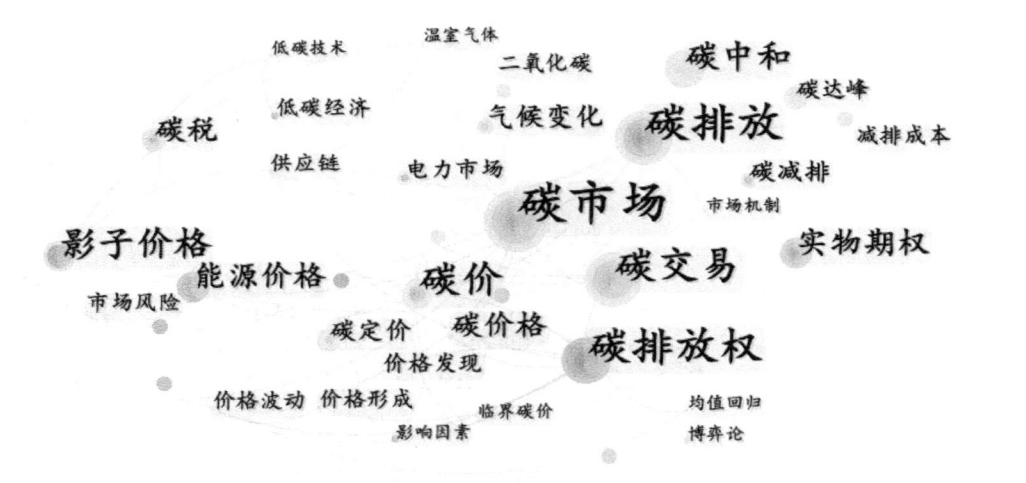

图 3.6 2001～2022 年中国知网中碳金融资产价格相关研究的关键词共现网络

国内碳金融资产价格相关研究集中于碳市场、碳价、碳排放、碳排放权及碳交易。碳市场主题研究与实现"双碳"目标、减排成本、电力市场、碳交易相关研究联系紧密；碳价主题研究与气候变化、市场价格、能源价格、欧债危机、碳税和碳交易关联；碳排放主题的研究聚焦于分析其与碳中和、能源价格、碳定价、碳市场之间的关系；碳排放权主题研究聚焦于分析其与碳价、碳交易、交易机制主题间的联系；碳交易主题研究侧重于分析其与碳价、碳市场、实物期权、价格波动、价格预测、碳减排等之间的关联。

关键词词频与中心性分析结果显示（表 3.2），与碳金融相关的国外研究中，emission（排放）、price（价格）、market（市场）、impact（影响）和 policy（政策）等主题研究的重要性较高，主要从宏观和中观层面分析碳价及其影响因素的影响。

第3章 碳金融相关研究动态

与碳金融相关的国内研究中"碳市场""碳价""碳交易""碳排放""碳排放权""实物期权"等主题研究的重要性较高,主要从宏观的政策与制度层面分析碳金融资产价格。

表 3.2 国内外碳金融资产价格研究的 Top25 高频关键词统计

频次	英文关键词	中心度	频次	中文关键词	中心度
131	impact	0.11	35	碳市场	0.32
121	policy	0.10	31	碳价	0.25
120	emission	0.16	28	碳排放	0.18
107	market	0.11	21	碳排放权	0.16
97	price	0.12	19	碳交易	0.22
91	energy	0.06	13	影子价格	0.05
89	carbon price	0.06	12	碳中和	0.07
85	carbon emission	0.05	10	能源价格	0.02
80	model	0.09	9	实物期权	0.10
73	carbon pricing	0.03	8	碳税	0.06
72	China	0.05	7	气候变化	0.06
71	CO_2 emission	0.05	7	碳减排	0.04
64	carbon tax	0.04	6	碳价格	0.01
59	climate change	0.07	5	碳达峰	0.00
58	cap & trade	0.07	5	价格发现	0.02
57	volatility	0.02	5	电力市场	0.02
55	emissions trading	0.09	4	市场风险	0.01
55	efficiency	0.04	4	减排成本	0.02
55	system	0.02	4	价格形成	0.00
49	dynamics	0.03	4	二氧化碳	0.01
49	tax	0.03	4	供应链	0.02
48	performance	0.03	4	价格波动	0.03
47	emissions trading scheme	0.06	4	低碳经济	0.03
45	carbon market	0.06	3	临界碳价	0.02
44	climate policy	0.03	3	低碳技术	0.00

基于知识图谱分析发现,国内外研究已从宏观和中观层面研究了碳金融资产价格,碳金融资产的内涵、碳金融资产价格影响因素和碳价预测已成为该领域的研究重点,下面围绕这些主题进行进一步分析和梳理。

3.1.1 碳金融资产的内涵与产品属性研究

碳金融市场包括旨在限制温室气体排放的直接及间接的金融活动。碳金融市场使金融资本不断投资于节能减排项目，同时从事低碳经济活动的经济实体也不断将自身拥有的碳排放权投入碳金融市场进行交易，催生了碳金融资产的不断交易和创新产出（张传国和陈晓庆，2011）。

1. 碳金融资产的内涵

碳金融资产是碳金融市场各类主体进行交易的对象，从功能角度可分为交易类、融资类和支持类三大类。

（1）碳金融交易类资产包含碳配额、核证自愿减排量等现货产品，以及碳期货、碳远期、碳掉期和碳期权等衍生产品。碳期货是指买卖双方以二氧化碳的排放权进行买卖，它是与碳现货相对而言的，在将来某个指定日期进行交割的标的物。碳远期和碳期货的性质差不多，主要在于碳远期由交易多方私自协商决定交易的标准，缺乏碳期货的标准性。碳掉期一般是指在当期出售碳配额，换取远期交付的 CCER 和一定量货币，或者是在当期出售 CCER，在远期获取相对应量的碳配额。碳期权比碳期货更灵活，是指买卖双方根据事先约定好的协定，买方向卖方支付一定数量的权利金后获得的选择权。

（2）碳金融的融资类资产包含碳质押、碳回购和碳托管等。碳质押是企业将已经获得的、未来即将获得的碳资产作为融资的质押物或抵押物。碳回购是指排放企业或其他配额持有者向碳排放权交易市场参与机构出售配额，并约定在一定期限后按照约定价格回购所售配额，从而获得短期资金融通的交易模式。碳托管是指企业将碳配额的资产运营交给中间管理机构操作，从而获得相应的资本收益。

（3）碳金融的支持类资产是指碳指数和碳保险等。碳指数包括碳市值指数和碳流动性指数，基于碳交易的价格、交易量和流动性三个角度，描绘碳排放交易市场的走势，投资者可以借助碳指数来分析碳排放市场的运行情况。碳保险是针对碳金融市场所具备的风险而设立的，旨在为碳减排项目提供交付保险或资金保付服务。

2. 碳金融资产的属性

碳金融资产具有一般金融市场资产的属性，又有因环境资源的有限性和环境容量的约束性而塑造的特殊属性（魏一鸣等，2010）。

（1）商品属性和货币属性。随着碳排放权市场规模的扩大和碳货币化程度的提高，碳排放权交易市场逐渐派生出具有投资价值和流动性的金融资产，如碳排放的现货、远期、期货和期权等。会计上将企业持有的碳排放权"资产化",视持有主体交易目的的具体情况将其归为存货、无形资产或金融资产(乔海曙和刘小丽,2011)。

(2)资源跨期调配的金融属性。碳排放具有典型的负外部性,通过碳资产交易实现的资金跨期调配,具有碳减排成本内部化的金融属性。多元化的碳金融资产及其交易也具有转移和分散生态环境风险的功能,其价格发现和价格示范作用能促进碳交易达成,促进减排资金和技术的国际流动,实现发达国家和发展中国家在减排上的互利共赢(徐瑶,2016)。

(3)金融资源的稀缺性和战略性。碳交易发生在想达到减排任务的国与国之间、企业与企业之间,实质是对稀缺环境容量使用权的获取。气候变化影响具有全球性、长期性,决定了碳金融具有全球跨度和长期治理的特征;碳减排和经济发展之间存在某种程度的替代关系,意味着大国之间的政治经济博弈,碳金融资源具有高度战略性。

3.1.2 碳金融资产价格影响因素研究

碳金融市场作为一种新兴市场,其交易的标的物是碳排放权等碳金融资产,其价格变动主要受碳配额供求关系的影响。影响碳金融市场供求关系的因素除了市场内部交易机制外,还包括复杂的外部环境因素,如经济危机、国际碳减排政策性事件、能源价格和异常天气等。结合知识图谱分析结果,本节主要从市场内外部角度梳理碳金融资产价格的影响因素。

1. 市场内部影响因素

碳金融市场内同类产品交易价格会影响碳金融资产价格。碳金融市场内同类产品主要包括欧盟排放交易体系下的 EUA 碳交易产品和京都机制 CDM 下的 CER 碳交易产品,其价格的下降说明市场中的碳排放配额供大于求,会导致碳金融资产价格下跌。EUA 的供给来源于欧盟管制主体发放的定量碳排放权配额,这种配额机制会对碳价产生影响。CDM 下的碳金融市场供给主要来自附件 I 国家之间以及和非附件 I 国家的项目合作所产生的 CER[①]。从国际 CER 碳交易市场来看,CDM 项目供给越多,CER 签发量越多,价格越低。然而,现实中欧盟发达国家凭借其较成熟、完善的交易体系和先进的减排技术优势掌握了国际碳交易的话语权,但

[①] 根据《联合国气候变化框架公约》,附件 I 国家包含美国、日本、澳大利亚等 24 个 OECD 成员国,俄罗斯等 14 个经济转型国家,此外还有欧盟成员国、摩纳哥、列支敦士登。其他的缔约国则通称为非附件 I 国家,非附件 I 国家全部是发展中国家。

作为 CER 供给方的发展中国家会因其自身未建立完善的碳金融市场和信息劣势，缺乏定价权而只能贱价出售 CER（邹亚生和魏薇，2013）。国际统一碳交易平台的缺失，导致买卖双方难以获取充分的供求信息，参与 CDM 项目交易的发达国家和发展中国家关系不对等，CER 碳金融市场不完全有效，难以实现 CER 的公平合理定价（魏琦和刘亚卓，2015）。

2. 市场外部影响因素

（1）能源市场产品价格。能源市场产品的消耗是二氧化碳排放的主要来源，因而石油、煤炭、天然气、电力等能源市场产品的价格会影响碳金融资产价格。理论上，电力价格的上涨会引起电力生产企业的发电量增多，碳排放量增加，提高碳配额的需求量，带动碳价上涨（Boersen and Scholtens，2014）。化石能源（煤炭、天然气、石油）的消耗直接关系到二氧化碳的排放量，进而影响碳金融资产价格。碳金融资产价格与石油价格的相关性比与煤炭或天然气价格的相关性更强，二者具有正相关线性关系和明显的非对称、非线性等动态溢出关系（Zhang and Sun，2016）。煤炭消费是二氧化碳排放的最大来源，被视为碳金融资产价格的主要决定因素。研究发现煤炭价格与碳金融资产价格之间具有正向时变、动态相关关系（Chen et al.，2019），也可能存在负向相关关系。天然气作为一种能产生温室气体排放的能源产品，对碳金融资产的价格也有一定影响（Wang and Guo，2018）。

（2）宏观经济环境。宏观经济环境已被证明与碳金融资产价格密切相关，主要通过影响碳排放来影响碳金融资产价格。已有研究主要用反映整体经济形势的经济景气指数、工业生产指数或股票指数，反映资金市场价格波动的外汇和利率的变化研究宏观经济环境对碳金融资产价格的影响。碳金融市场是伴随经济活动产生的，经济周期的上行和下行都会影响到碳排放量以及碳配额的供求，进而影响碳价（Creti et al.，2012）。研究表明，平均经济景气指数（economic sentiment indicator，ESI）每减少 1%会引起碳价降低 1.2%（Koch et al.，2014）。工业生产指数作为宏观经济活动的反映，在经济繁荣期（衰退期）对碳价有正向（负向）影响（Chevallier and Sévi，2011）。虽然股票市场价格与碳价的关系由于模型和样本不同而未得出统一结论，但研究表明股票市场与碳减排市场存在紧密联系（Segnon et al.，2017）。碳金融资产价格还受到资金市场价格的影响，其中最主要的是资金市场中的利率和汇率的影响。从直观上看，国际碳交易的结算货币主要是欧元，其汇率的变动将直接影响交易双方的买卖选择及成交价。汇率的变化也会影响境内进出口企业的生产决策和境内外投资者的投资偏好，对国内区域碳价产生影响（Yu and Mallory，2014；张晨等，2015b）。外汇市场也一直是引领股票、能源市场等国际金融市场的风向标，其在国际的跨期调配功能导致汇率的变动引导股市和能源价格的变动，对碳金融市场价格的影响不可忽略（Chevallier，2011）。

(3）政策调整。碳金融市场还有明显的政治属性，政策调整会影响碳金融市场机制与相关制度，进而影响碳金融资产价格。碳配额的供求关系受市场机制设计和配额分配制度等因素的制约，具有明显的政策依赖性（Guðbrandsdóttir and Haraldsson，2011）。由于碳金融市场体系尚未完善，政策引导监督发挥着主要作用。碳金融市场直接反映了政府和市场监管之间在减排问题上的相互协调，说明政策性因素对碳金融资产价格波动的影响是长期存在的（张晨等，2015a）。有学者通过对碳金融资产价格波动的影响因素进行分析发现，政策和监管、市场基本面的变动都会对碳金融资产价格产生影响（Christiansen et al.，2005）。

（4）天气变化。天气状况会通过影响能耗需求来影响碳金融资产价格。温度、降水量、风速等天气因素会对电、气、热等能源的需求和消耗产生影响，引起碳排放和碳排放权需求的变化，最终影响碳金融资产价格（Zhao et al.，2018）。已有研究主要从温度和天气质量两方面度量天气变化情况。异常高温天气被认定为碳排放量增多、气温问题更加严重的信号，这一信号会促使政策主体采取更加严厉的减排措施（如降低配额等），进而增强市场主体对碳配额需求量的预期，最终提高碳现货的交易价格（邹亚生和魏薇，2013）。但部分研究表明，碳金融资产价格只对寒冷天气期间罕见的极端天气事件有敏感反应（Feng et al.，2011）。空气质量指数也是碳金融资产价格的重要影响因素。基于组合混合数据抽样回归模型和反向传播神经网络（combination-mixed data sampling regression model and back propagation neural network，combination-MIDAS-BP）相结合的方法对深圳碳市场碳金融资产价格预测的研究表明，碳金融资产价格对煤炭、温度和空气质量指数（air quality index，AQI）的敏感性高于其他因素（Han et al.，2015）。

3.1.3 碳金融资产价格预测研究

碳金融资产价格预测是碳金融市场相关研究的重要问题之一，现有研究主要从碳金融资产价格自身历史时间序列的波动特征（如碳金融资产价格时间序列短期跳跃波动或者时序周期波动规律特征）或从碳金融市场外生变量（如政策变化、宏观经济和化石能源市场价格等）对碳金融资产价格进行预测。本节重点从碳金融资产价格的短期波动特征和时序周期波动规律梳理碳金融资产价格预测的研究现状。

1. 基于短期波动特征的碳金融资产价格预测

基于碳金融资产价格短期波动特征的碳金融资产价格预测方法，目前主要分为统计学方法、人工智能方法和混合模型三大类。

（1）基于统计学方法的碳金融资产价格预测研究。统计学方法以某一时间段的碳金融资产价格历史时间序列为样本,用传统计量方法对碳金融资产价格历史时序波动过程进行观察分析。该方法在碳金融资产价格预测中的应用较为广泛,优点是将碳金融资产价格的预测建立在完备的统计理论基础上,可根据经典统计原理测试统计学模型和参数的性能。用于刻画碳金融资产价格短期波动特征的碳金融资产价格预测的统计学方法主要包括广义自回归条件异方差(generalized autoregressive conditional heteroskedasticity,GARCH)模型、自回归综合移动平均(autoregressive integrated moving average,ARIMA)模型等。其中,GARCH 模型应用得最为广泛。由于碳金融资产价格的一般波动特征,已有研究提出了各种类型的 GARCH 模型,包括指数广义自回归条件异方差(exponential GARCH,E-GARCH)模型和门限广义自回归条件异方差(threshold GARCH,T-GARCH)模型来分析和预测碳金融资产价格的波动性(Wang and Wu,2012)。为了比较 GARCH 模型与其他模型的预测精确度,现有研究构建了基于不同 GARCH 模型的碳金融资产价格波动性预测方法并与 K 近邻算法等其他预测方法进行对比,发现 Glosten、Jagannathan 与 Runkle 提出的带有刻画非对称效应的广义自回归条件异方差(Glosten-Jagannathan-Runkle GARCH,GJR-GARCH)模型对碳金融资产价格的预测精确度最高(Byun and Cho,2013)。并且,不同类型的 GARCH 模型刻画碳金融资产价格波动特征的适用性也不同,通过对比 T-GARCH 模型、高斯-广义自回归条件异方差(Gaussian-GARCH)模型、门限 GJR-GARCH(Threshold-GJR-GARCH)模型和高斯 GJR-GARCH(Gaussian-GJR-GARCH)模型等对碳金融资产价格收益率序列进行的拟合发现,T-GARCH 模型能够更好地刻画具有肥尾等现象的碳金融资产价格的一般波动特征(吴恒煜等,2011)。

(2)基于人工智能方法的碳金融资产价格预测。基于人工智能(artificial intelligence,AI)的价格预测模型既不需要和统计模型一样满足统计假设,也不需要给出一个清晰的预测公式。而且,人工神经网络在确定碳金融资产价格历史数据序列中的非线性特征方面具有较强的自学习和自适应能力,能够进行复杂的非线性映射(Tsai and Kuo,2013)。很多学者采用人工智能的方法对碳金融资产价格进行预测研究,主要包括人工神经网络模型、BP 神经网络(back propagation neural network,BPNN)模型、多层感知器网络方法和最小二乘支持向量机模型等。人工智能方法在用于碳金融资产价格时间序列预测时,比传统模型在预测精度上存在明显优势(朱帮助和魏一鸣,2011)。例如,基于 BP 神经网络模型设计碳金融资产价格预测方法的研究表明,BPNN 模型比 ARIMA 模型这种统计学方法具有更好的预测能力。采用多层感知器(multi-layer perceptron,MLP)网络方法对碳金融资产价格预测的结果发现,MLP 方法在碳金融资产价格预测方面比一般的统计学方法更具有优越性(Fan et al.,2015)。随着人工智能的发展,Elman 神经网络(Elman neural network,ENN)和极限学习机(extreme learning machine,ELM)也被应用到碳金融资产价格预测的研究中，并取得了比一般统计学方法更好的预测效果（Wu et al., 2020a）。

（3）基于混合模型的碳金融资产价格预测。鉴于碳金融资产价格时间序列波动较大且波动特征较为复杂，单一模型预测的性能并不十分理想（Feng et al., 2011）。每一个单独的预测模型都有其优缺点，没有一个单一的模型能够在所有情况下都获得好的预测结果（Tian et al., 2018）。针对单一预测模型的不足，不同预测领域的研究者提出了综合不同预测算法以提高预测能力的混合模型。例如，将统计模型和机器学习方法结合，刻画碳金融资产价格的线性和非线性特征。考虑到 ARIMA 模型适用于线性时间序列的预测且能刻画碳金融资产价格的线性特征，最小二乘支持向量机模型适用于非线性时间序列的预测且在刻画碳金融资产价格的非线性特征方面具有优势，基于二者构建混合模型并利用粒子群优化（particle swarm optimization，PSO）算法优化最小二乘支持向量机（least squares support vector machine，LSSVM）的参数进行预测，研究发现自回归综合移动平均-最小二乘支持向量机-粒子群优化组合模型（ARIMA-LSSVM-PSO）能捕捉碳金融资产价格的线性和非线性特征，对碳金融资产价格的预测效果不仅优于 ARIMA、支持向量机（support vector machine，SVM）这些模型，还能取得比 ARIMA-SVM 模型更高的预测精度（Zhu and Wei，2013）。

2. 基于时间序列周期波动规律的碳金融资产价格预测

由于碳金融资产价格时间序列具有非线性、非平稳性及多频率等特殊波动特征，为了克服单一模型和一般组合模型在碳金融资产价格预测方面存在特征刻画不足的问题，已有研究基于"分解—预测—集成"的思想提出多频组合模型来全面刻画碳金融资产价格的多频以及非线性等特征，以精确地预测碳金融资产价格。

（1）碳金融资产价格分解方法。有研究基于"分解—预测"的思想将信号分解算法和预测模型结合，构建适用于碳金融资产价格时序发展规律特征的分解集成组合预测模型。构建碳金融资产价格预测的分解集成模型的主要步骤是：首先对原始碳金融资产价格时间序列采用信号分解算法，得到一组碳金融资产价格时间序列本征模态函数（intrinsic mode function，IMF）和一个更平滑的碳金融资产价格时间序列余项序列，再利用预测模型对碳金融资产价格时间序列模态分量和碳金融资产价格时间序列余项分别进行预测，最后将各时间序列模态分量和时间序列余项的预测结果融合得到输出，即最终的碳金融资产价格预测结果。研究发现，将碳金融资产价格时间序列模态分量用作分量输入预测模型时，可通过提供精准的特征刻画提高预测模型的学习效率，并提高碳金融资产价格预测精度（Zhu，2012）。在对碳金融资产价格时间序列进行分解时，主要采用的数据分解技术包括经验模态分解（empirical mode decomposition，EMD）方法、集成经验模态分解（ensemble empirical mode decomposition，EEMD）算法、补充总体经验模态分解

（complementary ensemble empirical mode decomposition，CEEMD）方法以及变分模式分解（variational mode decomposition，VMD）方法（Hao and Tian，2019）等。

（2）基于 EMD 分解思想的碳金融资产价格组合预测方法。已有研究主要将 EMD 或 EMD 拓展分解方法与其他模型结合，对碳金融资产时间序列进行分解后，分别对碳金融资产价格分量进行预测。基于 EMD 分解思想预测碳金融资产价格的文献主要将 EMD 和机器学习方法或统计方法结合分析。通过对比 EMD 和机器学习结合的方法，如经验模态分解-最小二乘支持向量机-粒子群优化（EMD-LSSVM-PSO）组合模型、经验模态分解-遗传算法-BP 神经网络（EMD-GA-BPNN）组合模型及多尺度非线性集成学习模型等，发现基于 EMD 的组合预测方法比单一模型预测精度更高。运用 SVM 方法预测碳金融资产价格，通过 EMD 分解 SVM 预测的碳金融资产价格与实际价格间的偏差，利用粒子群优化-支持向量机（PSO-SVM）模型预测偏差序列，发现与单一 SVM 或 BP 等其他机器学习方法相比，基于经验模态分解-粒子群算法-支持向量机的碳金融市场价格误差校正预测模型能更好地刻画碳金融资产价格波动，提高预测精度（高杨和李健，2014）。针对 EMD 后的碳金融资产价格时间序列模态分量，分别利用遗传算法（genetic algorithm，GA）优化的 BP 神经网络对碳金融资产价格时间序列高频分量、低频分量和余项这三类分量进行预测，发现 EMD-GA-BPNN 组合模型的预测精准性高于单一预测模型（Zhu，2012）。在 EMD 的基础上，也有研究通过对 EMD 的拓展，运用 EEMD 和 CEEMD 方法与其他模型相结合对碳金融资产价格的时序发展规律进行预测。将 EEMD 模型和 LSSVM 模型相结合（即 EEMD-LSSVM）进行碳金融资产价格预测，同样也可得出基于分解-预测思想的混合模型能有效提高碳金融资产价格的预测精度（Zhu et al.，2017）。

（3）基于 VMD 思想的碳金融资产价格组合预测方法。为了缓解 EMD 算法的不足，有学者提出了一种新的自适应信号分解估计方法，并将这种方法命名为 VMD 方法。VMD 方法与 EMD 方法的递归筛选模式的区别在于，VMD 方法在噪声鲁棒性和成分分离两方面表现更为突出。目前，VMD 方法已成功应用于金融市场价格时间序列或者其他时间序列的预测问题（Lahmiri，2015）。通过引入 VMD 方法分解非平稳和非线性碳金融资产价格序列，对湖北和深圳两个地区的碳金融资产价格进行预测，发现该混合方法在统计指标和稳健性方面均优于基准模型（Zhu et al.，2019）。已有研究发现脉冲神经网络（spiking neural network，SNN）可以模拟逼近任意连续函数，比其他类型的神经网络具有更强的计算能力和更高的预测精度（Kulkarni et al.，2013）。鉴于 VMD 方法在分解非线性和非平稳时间序列方面的适用性以及 SNN 在预测方面的突出优势，我们发现 VMD-SNN 模型的预测精度和可靠性高于 EMD-SNN，表明 VMD 能够克服模态混叠问题，分解效果优于 EMD（Sun et al.，2016）。

3.2 碳交易市场风险研究

为了探析碳交易市场风险相关研究的现状、热点及前沿趋势，本节以中国知网期刊全文数据库中的"核心期刊"、CSSCI 及 CSCD 和 Web of Science 核心集中的数据库收录的相关研究文献为样本进行知识图谱分析。中文关键词设定为"碳交易"或者"碳排放"或者"碳市场"或者"碳金融"，并且"风险"作为主题词，检索条件为"精确"。英文关键词为 carbon market 或者 carbon emission 或者 carbon market 或者 carbon trading，并且 risk 为主题词，检索文献类型为 Article。时间跨度均设为默认最远搜索时间至 2022 年，剔除新闻与会议通知等无效数据记录，最终得到有效中文文献记录 220 条，英文文献记录 316 条。

图 3.7 表明 2003～2022 年国内外碳交易市场风险相关研究发文量总体呈增长趋势。国内研究始于 2008 年，在 2009～2011 年发文量呈井喷式增长，2012～2013 年研究热度大幅下降。这可能是因为随着《京都议定书》的生效，中国主要以 CDM 下的碳金融市场为主，技术减排企业和金融机构参与其中，碳交易市场风险作为一个崭新的研究领域引起了学者的广泛关注。而随着 CDM 的没落失效，研究热度逐渐走低，发文量有所下降。2014 年起，中国区域碳金融市场兴起，各试点交易稳步发展，研究热度波动回升。国外发文量始于 2003 年，研究热度上升，表明随着后京都时代的来临及《巴黎协定》的签署，学者积极性有所提升，研究热度持续加速增长。

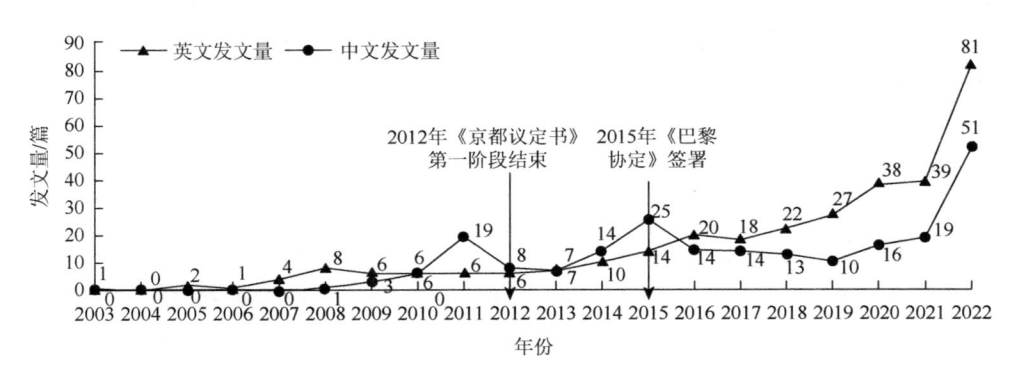

图 3.7 2003～2022 年碳交易市场风险相关研究发文情况

如图 3.8 所示，国外期刊中的碳交易市场风险研究主要聚焦于 risk（风险）、emission（排放）、carbon market（碳市场）、climate change（气候变化）等主题。与 risk（风险）主题相关的研究聚焦于分析其与气候变化、碳排放、碳市场、能源市场、碳价、波动性等主题间的关联；emission（排放）主题的相关研究聚焦于分析其与气候变化、碳市场、碳排放交易、碳价、能源、电力之间的关系；carbon market（碳市场）主题相关研究主要探索碳价、风险、波动性、不确定性、碳市场、能源市场等相关主题之间的逻辑关系；而 climate change（气候变化）相关研究主要与影响、碳排放、政策、碳交易市场、能源市场等有关。

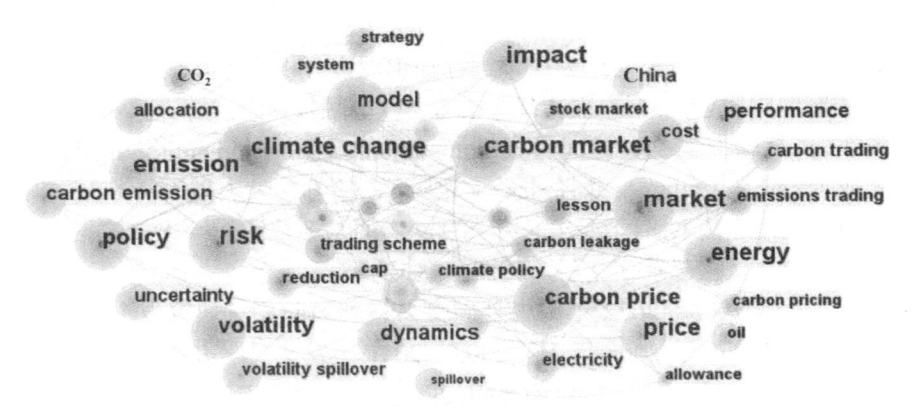

图 3.8 2003~2022 年 Web of Science 中碳交易市场风险相关研究的关键词共现网络

国内碳交易市场风险的研究主要聚焦于"碳金融""碳市场""碳交易""风险"等主题，见图 3.9。"碳金融"主题相关研究与碳金融资产相关风险管理、碳交易、碳定价等热点密切相关；"碳市场"主题相关研究集中于探索碳金融市场内部的碳价波动及其与其他市场（如能源市场）间的风险关联关系；"碳交易"主题相关的研究聚焦于碳交易市场，分析市场内部碳金融资产的现期货交易、碳价影响因素、相关风险溢出及其度量等领域，与"碳价"和"风险"等主题研究相关；"风险"主题相关的研究与气候变化和碳交易相关研究密切相关，侧重于分析气候变化压力测试、碳交易市场相关风险波动与溢出。

图 3.9 2008~2022 年中国知网中碳交易市场风险相关研究的关键词共现网络

关键词词频与中心性分析结果显示，与碳金融市场风险相关的国外文献中，climate change（气候变化）、market（市场）、risk（风险）、emissions trading（排放交易）、emission（排放）等主题的重要性较高，主要从宏、微观两个层面研究了碳市场自身及其关联市场（如能源市场）风险领域，既分析了碳市场自身的风险管理，又考虑了政策等外部因素对碳金融市场风险的影响，如表3.3所示。与碳金融市场风险相关的国内研究中"碳市场""碳金融""气候变化""低碳经济""碳排放权""碳交易"等主题研究的重要性较高，主要从宏观和中观层面围绕应对气候变化的低碳经济发展路径、碳排放交易风险和市场风险展开研究。

表3.3 国内外碳金融市场风险研究的Top25高频关键词统计

频次	英文关键词	中心度	频次	中文关键词	中心度
53	risk	0.15	26	碳市场	0.31
45	emission	0.13	18	碳交易	0.19
45	market	0.18	14	碳金融	0.27
43	impact	0.10	12	碳排放	0.17
38	climate change	0.18	11	低碳经济	0.20
37	carbon market	0.15	10	碳排放权	0.20
37	price	0.04	8	市场风险	0.07
35	energy	0.07	8	气候变化	0.22
32	volatility	0.06	8	碳中和	0.11
30	carbon price	0.07	7	碳减排	0.06
29	policy	0.05	7	风险	0.03
28	model	0.13	6	实物期权	0.07
24	dynamics	0.06	6	绿色金融	0.09
21	performance	0.05	6	碳风险	0.10
21	carbon emission	0.05	5	碳达峰	0.02
17	emissions trading	0.14	4	风险评估	0.04
17	uncertainty	0.03	4	转型风险	0.01
17	China	0.02	4	商业银行	0.00
17	dynamics	0.06	4	风险管理	0.04
15	tax	0.04	4	不确定性	0.02
14	performance	0.01	4	碳价	0.05
14	emissions trading scheme	0.05	4	碳配额	0.05
13	carbon market	0.01	4	碳基金	0.03
11	climate policy	0.02	4	碳税	0.05
11	reduction	0.03	3	绿色发展	0.01

综上，碳交易市场风险的识别与度量是碳金融市场的热点研究领域，而碳交易市场与关联市场的风险传导已成为碳交易市场的研究重点，本节将从碳交易市场波动性和碳交易市场风险度量两方面进一步梳理相关研究现状。

3.2.1 碳交易市场波动性研究

基于碳交易市场的波动特征研究对认识与预测碳金融市场风险发挥着重要作用。目前，主要从波动特征与波动溢出两方面展开研究。

1. 碳交易市场价格波动特征研究

（1）一般波动特征。碳交易市场价格的时间序列具有典型金融时间序列的尖峰厚尾、异方差、波动集聚性等一般性波动特征。大量的实证研究发现，碳金融资产价格的波动具有异方差性，且资产价格收益率的分布也不服从正态分布，显现出尖峰厚尾特征。通过联合分布-自回归移动平均-广义自回归条件异方差（copula-autoregressive moving average-generalized autoregressive conditional heteroskedasticity，Copula-ARMA-GARCH）组合模型刻画影响碳金融资产价格多源因子间的非线性关系发现，碳金融资产的尖峰厚尾特征明显强于其他定价因子市场（Zhang et al.，2020）。基于 EUA 现货价格收益率序列的动态异方差特性和无条件尾部行为分析发现，其收益率序列存在明显的异方差性，尾部分布服从帕累托分布而不是正态分布（Paolella and Taschini，2008）。碳金融资产价格还具有波动聚集性特征。基于欧盟碳期货资产的价格分布特征的研究发现，碳期货价格序列具有尖峰厚尾和波动聚集现象，且随交易成本增加，波动聚集现象更加明显（Palao and Pardo，2012）。碳价还具有大多数金融价格波动的杠杆效应（或不对称性）：同等强度的负面消息引发的市场波动要大于相同强度正面消息所引发的市场波动，而且受到新信息影响的价格变化与波动之间呈现一种负向相关的关系。运用 GJR-GARCH、E-GARCH、T-GARCH 等非对称 GARCH 簇模型研究发现，受宏观经济波动影响，碳价表现出明显的不对称波动特征（Chevallier，2009）。

（2）特殊波动特征。各种外界因素冲击使碳金融市场价格还呈现出非线性、发散性、长记忆性、分形、多尺度等特殊波动特征。利用非对称 GARCH 模型分析 EUA 价格波动特征的研究表明，在宏观经济的作用下，EUA 价格波动呈现出显著的非对称性（Chevallier，2009）。基于递归普通最小二乘（recursive ordinary least squares，OLS）残差检验方法和累积和（cumulative sums，CUSUM）平方检验方法探究 EU ETS 第二阶段 EUA 现货和期货价格以及 CER 现货和期货价格的动态演化路径，发现 EUA 碳现货价格和碳期货价格、CER 碳现货价格和碳期货价格在样本期间均呈现结构突变性特征；更进一步地，基于内生多重结构突变检验方法分析 EUA 碳价波动特征的研究发现在"次贷危机"、碳配额过量发放以及欧债危机等因素影响下，EUA 碳价在特定期间出现了两次明显的结构突变（吴振信等，2015）。结合均值回归理论和广义误差分布-广义自回归条件异方差（generalized error distribution-generalized autoregressive conditional heteroskedasticity，GED-GARCH）模型的研究发现，EUA 期货价格、收益率以及波动性都不是均值回归过程，即 EUA 期货价格呈现出发散性特征，且这种特征在 EU ETS 不同阶段存在差异。通过方差比检验分析 EUA 碳价发现，EUA 碳价在 EU ETS 第一阶段呈发散性特征，而在第二阶段和第三阶段表现出显著的均值回复特征（张跃军和魏一鸣，2011）。用随机游动模型探究 EUA 历史价格和 EUA 当期价格间的关系，发现 EUA 价格具有分形特征；基于重标极差分析法的研究也证实了碳金融市场价格序列的赫斯特（Hurst）指数大于 0.5，即碳金融市场价格具有长记忆分形特征。碳金融资产价格波动的厚尾分布和波动的长记忆性，也是造成碳金融市场波动呈现多重分形特征的重要原因（Cao and Xu，2016）。

2. 碳交易市场波动溢出效应研究

碳金融市场间的溢出效应反映了碳价不稳定性在不同市场间的传播。从传播渠道上看，包括线性的均值溢出效应和非线性的波动溢出效应。

（1）市场内外部线性的均值溢出效应。碳金融市场间均值溢出效应研究方法多是基于领先滞后关系思想，分为价格联动的长期效应与短期效应检验。现有研究建立向量自回归模型并对碳金融市场间价格的主从关系进行格兰杰因果关系检验；通过协整方程估计判断两市场在长期意义上的均衡关系，构造向量误差修正模型以研究短期内价格偏离后系统的即时调整。在此基础上，借助脉冲响应函数进行短期动态效应冲击分析。在同质市场间均值溢出效应方面，研究发现 EUA 自身的现货与期货以及它和 CER 的现货和期货之间都存在长期均衡关系，且 EUA 的价格通过向量误差修正机制引导 CER 价格的发现（郭辉和郇志坚，2012）。然而，对 EUA 和 CER 的价差特征进行协整检验和趋同检验时，发现了长期的时变相关性和趋同现象（Koop，2013）。在异质市场间均值溢出效应方面，通过协整检验发现 EUA 碳价和化石能源价格之间存在长期均衡比例不断变化的协整关系（张跃军和魏一鸣，2011）。不同排放强度的能源品种对碳价的影响程度不同，研究者采用结构向量自回归（structural vector autoregression，SVAR）模型探讨 EUA 碳金融市场与能源市场的短期动态关系，发现 EUA 碳金融市场对原油和天然气市场的作用明显（Hammoudeh et al.，2014）。

（2）市场内外部非线性的波动溢出效应。碳金融市场内部波动溢出效应还具有非线性特征，已有研究主要分析了碳金融市场之间、碳金融市场与能源市场、金融市场间的非线性波动溢出效应，刻画碳价波动风险在市场间的传导程度与方向。多变量 GARCH 模型常用来研究碳金融市场间的波动溢出效应（Liu and Chen，2013），但该模型不能检验出市场间随时间变化而变化的相关关系和非对称性，学者开始运用多元 GARCH 模型或与向量自回归（vector autoregression，VAR）模型等的组合模型针对市场间的动态相依性进行研究。度量市场间动态相关关系的动态条件相关性-多元广义自回归条件异方差（dynamic conditional correlation-multivariate generalized autoregressive conditional heteroskedasticity，DCC-MVGARCH）模型被应用于碳金融市场（Yu et al.，2015），该模型计算的动态相关系数反映了两市场的整体联系状态，对波动溢出效应的方向无法判断。为了改进这一不足，运用多变量广义自回归条件异方差-BEKK（multivariate generalized autoregressive conditional heteroskedasticity-BEKK，MGARCH-BEKK）模型分析 EUA 和 CER 的期货市场间的碳价波动溢出，发现这两个期货市场间存在双向溢出，且 EUA 对 CER 的波动溢出效应更大（郭辉和郇志坚，2012）。考虑到 2008 年次贷危机、2010 年欧债危机等因素的冲击，极端风险下的碳金融市场波动溢出效应（尾部动态相关性）研究逐渐引起关注。

碳金融市场与其外部能源市场、金融市场之间也存在非线性的波动溢出关系。基于马尔可夫切换动态相关-广义自回归条件异方差（Markov regime-switching dynamic conditional correlation，generalized autoregressive conditional heteroskedasticity，MS-DCC-GARCH）模型的研究发现，EUA 碳金融市场与能源市场的联动性更强，且低波动状态下的波动关系更持久，具有时变关系的碳金融市场期、现货间存在不稳定的套期保值效率（Balcılar et al.，2016）。采用非对称去趋势交叉相关分析（asymmetric detrended cross-correlation analysis，ADCCA）、多重分形非对称去趋势交叉相关分析（multifractal asymmetric detrended cross-correlation analysis，MF-ADCCA）模型、非对称波动约束相关度和信息流时间率方法探讨碳金融市场和能源市场非对称的结构关系的研究表明，碳金融市场和能源市场收益率之间的非对称交叉相关性具有持久性和多重分形特征，且能源市场基础资产收益率的波动对碳金融市场基础资产的影响强于对自身市场资产的影响（Xu and Cao，2016）。考虑到金融时间序列波动的不同频率性，已有研究运用一阶自回归移动平均模型-成分广义自回归条件异方差（autoregressive moving average model (1,1)-component generalized autoregressive conditional heteroskedasticity，ARMA(1,1)-CGARCH）模型构建 EUA 碳价和 19 个金融、能源等类资产价格时间序列的长、短期波动性作为风险和信息的度量，并根据格兰杰因果关系检验的遍历性，判断条件风险和极端风险下市场间的溢出关系，发现碳金融市场与股票市场的关联性最强，且风险传导呈现动态变化。运用主成分分析（principal component analysis，PCA）方法对多市场波动数据进行降维，结合 T-GARCH 模型研究发现：多市场对 CER 碳金融市场存在共同的波动溢出效应，且外汇市场的波动溢出效应强于股票和原油市场（黄晓凤等，2015）。

3.2.2 碳交易市场风险度量研究

碳交易市场风险是价格波动的综合体现，风险计量的本质是对价格序列信息的提取与建模，已有研究分别讨论了单因素与多因素的碳交易市场风险度量。

1. 基于单因素碳交易市场的风险度量

基于市场内部的单因素碳交易市场度量主要基于同类产品配额及交易价格波动展开，运用 Bai-Perron 结构突变检验和资本资产定价单因素模型对 EU ETS 第二阶段碳期货合约价格波动及风险情况进行了实证研究，发现无论是欧盟配额，还是经核准的减排量碳期货合约价格，均在样本期内发生了显著的结构突变而呈现出非线性特征，而核准信息泄露等外部市场信息及经济危机的冲击是导致碳期货合约价格发生结构突变的最主要原因。进一步的市场风险分析发现，各份期货合约的风险水平与 EU ETS 整个市场风险水平相当，且交割期越远，其风险程度越低。有学者选取欧洲碳排放权交易系统期、现货数据和芝加哥气候环境交易所的数据，根据在险值理论、条件方差理论以及极值理论，构造了广义自回归条件异方差-极值理论-风险价值（generalized autoregressive conditional heteroskedasticity-extreme value theory-value at risk，GARCH-EVT-VaR）模型，度量并对比了上述两个市场的波动情况、市场效率以及市场风险，发现碳排放权交易市场下跌风险更大，且下跌的信息对市场的影响更明显。即强制性交易市场更适合碳排放权交易，且期货交易的引入增大了碳交易市场的不确定性（田园等，2015）。

基于市场外部的单因素碳交易市场风险度量研究围绕能源市场产品价格、宏观经济环境、市场机制设计和政策调整等因素展开。传统化石能源（煤炭、原油、天然气）和清洁能源之间的边际成本差异，使电力等高能耗产业变换燃料的投入，从而碳配额需求受不可预期的能源产品价格波动的异质性影响（张跃军和魏一鸣，2010）。利用马尔可夫链蒙特卡罗（Markov chain Monte Carlo，MCMC）方法估计随机波动模型参数，以偏差信息准则（deviance information criterion，DIC）综合考虑模型的优劣，并利用随机波动模型估计 EUA 期货的市场风险的研究表明，EUA 期货收益率具有显著的簇聚特征，且受宏观经济的影响显著，金融危机加剧了 EUA 期货市场风险，同时具有明显的非对称性，价格下跌风险要高于价格上涨风险（刘维泉和郭兆晖，2011）。碳交易市场的机制设计和政策调整也会带来一定的波动风险。采用 EUA 现货与期货价格、CER 期货价格日数据，结合自回归-广义自回归条件异方差（autoregressive-generalized autoregressive conditional heteroskedasticity，AR-GARCH）模型与马尔可夫（Markov）机制转换模型研究碳排放市场的波动聚集与结构转换特征的研究发现，市场存在波动聚集与较大的尾部风险，呈现明显的状态转换结构特征，其中 EUA 现货与期货市场的结构变化较大且在较长时期内处于下跌状态。已有研究构建并拟合了包含分布转换的 Markov-GARCH 模型，计算基于该模型的风险价值（value at risk，VaR）并对国际碳贸易市场价格风险变动趋势的研究表明，碳贸易市场价格在均值、方差、峰度、波动聚集性及分布形式方面都具有机制转换特性；欧盟推出的 EU ETS 改革措施将促使未来碳贸易市场价格波动风险进一步降低（王家玮和伊藤敏子，2011）。

2. 多因素碳交易市场集成风险度量

已有关于多因素碳交易市场集成风险度量的研究可分为考虑多元因素探究碳市场内外的相依结构关系和碳交易市场多源风险要素的集成风险度量两类。

基于碳价波动的多元影响因素考察碳市场内外的相依结构关系的研究聚焦于碳资产 EUA 和 CER、碳市场和金融市场（主要包括商品期货、股票和能源指数）、碳价和能源价格之间，结果表明碳市场与同异质市场间都存在一定程度的波动溢出和特定的相依结构（Sadefo-Kamdem et al.，2016）。已有研究选取学生 t 分布动态条件相关（student-t dynamic conditional correlation，Student-t DCC）、学生 t 分布时变 Copula（student-t time-varying Copula，Student-t TVC）、高斯分布动态条件相关（Gaussian dynamic conditional correlation，Gaussian DCC）、高斯分布时变 Copula（Gaussian time-varying Copula，Gaussian TVC）和对称 Joe-Clayton Patton Copula（symmetric Joe-Clayton Patton Copula，SJC Patton）五种动态 Copula 函数来捕捉欧洲气候交易所 EUA 和 CER 现货市场与期货市场之间的动态相依性结构，发现 Student-t DCC 动态 Copula 函数能够更好地描述 EUA 和 CER 现货市场与期货市场之间的动态相依性，基于动态相依性分析用蒙特卡罗方法可以模拟国际碳排放权市场投资组合的 VaR（吴恒煜和胡根华，2014）。为了探讨碳排放权价格与大类资产价格之间波动风险和信息的传导，学者运用 ARMA（1，1）-CGARCH 模型构建了价格时间序列的长、短期波动性作为风险和信息的度量，并根据格兰杰因果关系检验的遍历性，判断了在条件风险和极端风险下的欧盟碳排放权配额期货价格与 19 个金融、能源等类资产当日价格之间的溢出关系。同时，以深圳碳现货价格为例，测算了中国碳市场和其他市场的波动信息传导。研究发现，欧盟碳期货市场与金融、能源等大类资产市场存在波动风险和信息的传导，尤其是与金融市场的关联性更为显著。这种传导关系并非一成不变的，而是随着欧盟碳市场的发展阶段而动态变化。并且，在极端风险和条件风险下，波动信息的传导表现不同。

碳交易市场多源风险要素的集成风险度量研究主要是针对碳交易市场两两风险要素的风险集成度量。已有研究运用 ARMA-GARCH 模型分别刻画碳价风险和汇率风险特性，并运用 Copula 方法进行碳市场中碳价与汇率波动两风险要素的集成,构建 Copula-ARMA-GARCH 模型并利用蒙特卡罗模拟计算碳市场多源风险的集成 VaR。实证发现：碳金融市场收益率具有波动聚集性和异方差特性；潜在的碳价风险要高于汇率风险；若忽视不同风险因子之间的相关性会高估碳市场风险。将利率纳入碳市场多源风险集成框架，同时为了解决多元变量因子计算方法的维数诅咒，采用两两风险要素融合后再进行碳市场风险集成的度量的方法，研究发现忽略不同风险因素之间的相关性会高估 VaR，且综合 VaR 随置信度的增大而增大（张晨等，2015b）。

3.3 碳规制与公司环境治理研究

为了探析碳规制的微观环境治理效应相关研究的现状，本节以中国知网期刊全文数据库中的"核心期刊"、CSSCI 及 CSCD 和 Web of Science 核心集中的数据库收录的关于碳规制与公司环境治理的研究文献为样本进行知识图谱分析。中文设定"环境规制"且"碳排放"且"企业"为主题词，检索条件为"精确"，英文以 environmental regulation 且 carbon emission 且 firm 或者 corporate 或者 enterprise 为主题词，时间跨度设为默认最远搜索时间至 2022 年，最终得到中文有效文献记录 164 条，英文有效文献记录 461 条。

图 3.10 表明了 2004~2022 年碳规制的相关研究总体呈增长趋势。国内研究始于 2011 年，之后发文量整体上稳定增长，表明国家发展和改革委员会 2011 年发布了《关于开展碳排放权交易试点工作的通知》后，碳规制引起了国内学者的广泛关注。国外研究始于 2004 年，在 2005~2014 年研究热度逐渐提升，并在 2015 年后加速上升，表明在后京都时代及随着《巴黎协定》的签署，学者对碳排放相关环境规制的研究积极性大幅提升。特别是 2020 年中国提出"双碳"目标后，对碳规制的研究热度呈井喷式增长。

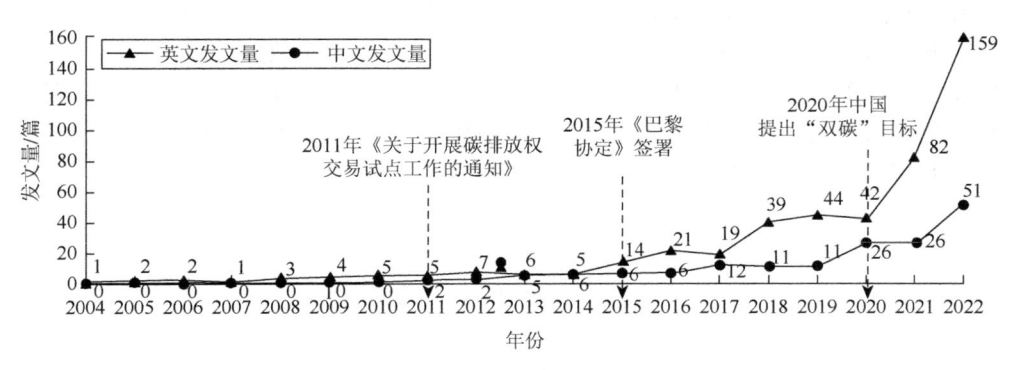

图 3.10 2004~2022 年碳规制相关研究发文数量情况

由图 3.11 可知，国外碳规制微观治理相关研究主要聚焦于 climate change（气候变化）、carbon emission（碳排放）、environmental regulation（环境规制）、impact（影响）、performance（绩效）等主题。与 climate change（气候变化）主题相关的研究聚焦于分析碳排放相关规制与碳减排、环境和经济绩效、技术创新、政策等之间的关系；与 carbon emission（碳排放）相关的研究聚焦于气候政策、宏观经济发展、企业环境绩效、创新及竞争力分析；与 environmental regulation（环境规制）主题相关的研究主要分析其与气候变化、碳排放、绩效等主题间的逻辑关系；impact（影响）主题相关研究与 performance（绩效）主题研究关系密切，不仅基于环境库兹涅茨曲线分析了宏观政策与经济发展的关系，也基于波特假说分析了环境规制对微观企业的影响。

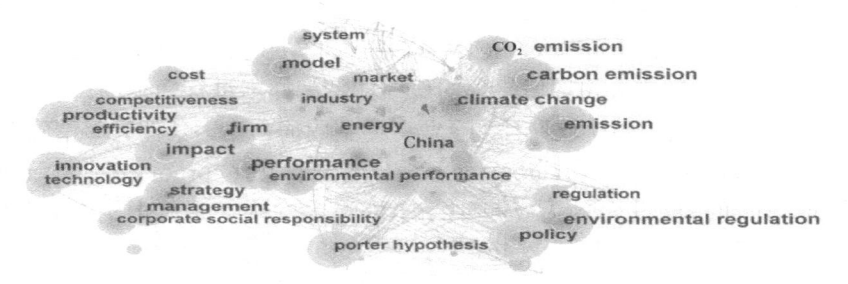

图 3.11　2004~2022 年 Web of Science 中碳规制相关研究的关键词共现网络

由图 3.12 可知，国内与碳规制相关的微观治理研究聚焦于"环境规制""碳排放""门槛效应""双重差分""碳税""技术创新"等热点问题。"环境规制"相关研究主要分析企业微观层面的环境与经济绩效，与碳税、双重差分、门槛效应等主题关系紧密；"碳排放"相关研究多基于门槛模型和中介模型等分析碳税等环境规制与碳减排、技术创新等主题的关系；"门槛效应"和"双重差分"相关研究与环境规制、低碳城市、技术创新、碳减排等主题密切相关；"碳税"主题相关研究与碳排放、环境规制主题联系紧密，主要基于博弈论模型分析碳税等环境规制的微观影响效应；与"技术创新"主题相关的研究与环境规制、碳排放、低碳城市、门槛效应等研究有关，探讨了环境规制对微观企业技术创新的影响，也分析了其实现碳减排和促进低碳城市发展的具体路径。

图 3.12　2004~2022 年中国知网中碳规制相关研究的关键词共现网络

第 3 章 碳金融相关研究动态

关键词词频与中心性分析结果显示，国外文献中碳排放的 environmental regulation（环境规制）政策对企业绩效影响的研究重要性程度高。侧重于从企业微观层面分析国际碳排放政策制度及相关规制对企业特定绩效的影响，包括经济绩效（如企业生产效率）、环境绩效（如绿色技术创新）。国内研究中，对碳排放相关的"环境规制"研究重要性较高，主要基于双重差分、门槛效应和中介效应模型分析碳排放权交易制度、碳税、碳披露等如何影响企业绿色投入与创新、绿色发展和碳生产率等，如表 3.4 所示。

表 3.4 国内外碳规制相关研究的 Top25 高频关键词统计

频次	英文关键词	中心度	频次	中文关键词	中心度
143	environmental regulation	0.18	50	环境规制	0.80
93	impact	0.08	23	碳排放	0.32
82	performance	0.13	7	门槛效应	0.08
79	carbon emission	0.16	6	双重差分	0.03
62	emission	0.09	6	技术创新	0.03
56	policy	0.04	5	碳税	0.06
55	CO_2 emission	0.09	4	低碳城市	0.01
54	climate change	0.20	4	波特假说	0.00
46	productivity	0.03	4	中介效应	0.00
45	innovation	0.03	4	碳减排	0.04
38	firm	0.09	4	绿色悖论	0.00
37	strategy	0.06	3	碳生产率	0.00
35	management	0.04	3	影响因素	0.03
35	energy	0.03	3	碳中和	0.03
33	corporate social responsibility	0.03	3	创新质量	0.02
33	model	0.11	3	绿色发展	0.00
31	China	0.02	3	碳市场	0.01
30	porter hypothesis	0.01	2	巴黎协定	0.00
26	industry	0.02	2	绿色创新	0.01
26	efficiency	0.01	2	投资效率	0.02
26	growth	0.01	2	就业	0.02
24	decision	0.01	2	碳强度	0.05
23	competitiveness	0.01	2	产业集聚	0.03
23	supply chain	0.01	2	三重差分	0.00
23	economic growth	0.01	2	博弈论	0.03

基于知识图谱分析发现，碳排放相关环境规制研究已从分析政府主导的单一的命令控制型规制的效果转向探讨命令控制型、市场激励型和公众参与型的多元规制对企业经济与环境绩效的影响，本节围绕不同类型的碳规制的微观治理效应进行文献梳理。

3.3.1 命令控制型碳规制及其微观治理效应

命令控制型碳规制指政府制定和实施相关法律法规，要求企业在生产经营过程中满足政府强制性的碳排放标准、污染防治和自然资源保护的要求，对违反环境行政法律规范的组织或个人做出相应的处罚，包括警告、罚款、责令停产停工等（张国兴等，2021）。这类规制的优点在于由明确的法律制度保障实施，对企业的碳排放标准进行直接控制，具有强制性和及时性，能够在较短的时间内达到预期目标，实施效果更为直观。但这类规制若想取得预期效果，需要严格的执法力度、完善的监管体系等，执行成本较高。统一的规章制度标准无法充分考虑不同企业的生产经营方式、内部治理结构、环境治理机制的差异，无法满足企业个性化的发展需求。命令控制型碳规制的微观效应研究聚焦于在碳减排背景下分析其对企业全要素生产率、绿色投入与技术创新的影响。

命令控制型碳规制对企业全要素生产率影响的研究结果主要有负向、正向、非线性和不相关四种。遵循成本效应的传统观点认为规制导致企业额外成本增加，制约生产效率，降低企业在市场中的竞争力（Jorgenson and Wilcoxen，1990）；基于特定的碳排放规制政策（如美国的《清洁空气法案》）的研究发现，规制增加了企业污染减排成本和为环境达标的投资，挤出了本应投入生产经营活动中的资金，降低了单位投入生产率的产出增长率，进而降低了全要素生产率（盛丹和张国峰，2019）。遵循波特假说的观点认为规制也可能对生产率产生一些积极的正向影响，Porter（1991）认为适当的规制虽然在短期内会增加企业的成本，但是也会迫使企业进行技术创新，提升竞争力与生产率；相关研究表明，规制能产生资源重置效应，促使产出倾向于流向高效率的企业（王勇等，2019），推动企业全要素生产率提高。非线性观点认为环境规制与全要素生产率的关系因企业的行业性质和区域差异等因素的影响而呈现非线性特征，表现为 U 形（Stavropoulos et al.，2018）、倒 U 形（Wang et al.，2019）、倒 N 形（王杰和刘斌，2014）、N 形（陈浩等，2020）。不相关观点认为，由于现有数据的限制、行业的异质性以及各国规制的趋同等，规制对全要素生产率的影响可能很小（Jaffe et al.，1994），规制不一定会增加企业成本，大规模的减排可能是以零成本进行的（Isaksson，2005）。

命令控制型碳规制对绿色投资和技术创新的研究集中于验证波特假说和成本

效应。波特假说认为长期内规制能促进企业绿色技术创新。命令控制下的绩效标准提供了执行力和灵活性之间的正确组合，为绿色投入与技术创新提供了明确的信号与硬性约束，向外界传递企业自身行为满足合法性要求的信息，降低环境诉讼风险，树立良好的社会声誉，企业有动机提高环保投资，促进绿色技术创新（谢智慧等，2018）。基于成本效应的新古典经济学派认为，命令控制型规制过于严格将带来"环境遵循成本"，对污染企业的技术创新和生产绩效产生负面影响。从经济的角度来看，由于企业间的成本差异，甚至由于同一企业内部成本的差异，强迫企业采用统一的降污减排的手段可能不具有成本效益，且若绩效和技术标准过低或者过高而无法实现创新可能会造成经济损失（Ma and Zhang，2016）。

3.3.2 市场激励型碳规制及其微观治理效应

市场激励型碳规制指政府基于市场机制的相关政策措施，主要通过经济手段引导企业自发地调整生产方式和改进碳排放行为。其优点在于具有灵活性，能够给予被规制对象一定的自由选择权，使企业自行权衡遵循规制的成本与收益，做出符合自身发展需求的生产经营决策以获得最小的减排成本和最大的环保收益。它的不足在于缺乏强制性和及时性的规则和标准，导致企业面对这类规制时存在一定的反应时间，规制效果可能存在时滞性。同时，健全的市场机制是市场激励型碳规制实现预期目标的重要前提，否则可能会限制规制效果的发挥。市场激励型碳规制的微观效应的研究主要分析其对企业价值、企业绿色投入与技术创新的影响。

市场激励型碳规制对企业价值影响的研究聚焦于"减排"或"可持续发展"两个维度，其结果主要分为抑制和促进两种。支持抑制性结果的研究认为市场激励型碳规制降低了企业价值。碳排放强度较高的企业往往面临更高的减排成本，受碳价波动的影响较大，碳排放交易政策的实施可能给企业带来一定程度的经济损失。以澳大利亚上市公司和欧盟成员国上市企业为样本的实证研究发现，碳排放权交易政策增加了企业的交易成本与减排成本，降低了企业的价值（Brouwers et al.，2016）。支持促进性结果的研究认为，市场激励型碳规制对于企业的短期价值具有显著的促进作用。宏观层面上，随着碳市场流动性的增加，碳排放权交易机制对企业短期价值的促进作用增强；微观层面上，碳排放权交易机制对风险承受能力较强的企业而言，无论在短期还是长期内，都展现出了显著的正向影响（李涛等，2021）。对于碳排放强度较低的企业而言，出售多余碳配额能够带来一定的利益，有利于提高企业价值（Oestreich and Tsiakas，2015）。

市场激励型碳规制对企业绿色投入与技术创新的研究多围绕波特假说与成本假说展开，其结果主要可分为促进和抑制两种。基于波特假说的促进观点认为在市场激励型碳规制下，企业可以通过研发产生创新补偿，进而获得超额利润。利用征收排污费、环保税和碳交易等市场手段对企业生产行为进行约束，企业为了生产经营的合法化会遵守有关规范和规定。当企业因排污超标被罚款甚至停产、搬迁时，不仅会影响企业自身价值，还会损坏当地经济，企业迫于地方政府的压力会通过加大绿色投入和积极进行绿色技术创新来提升自身竞争力（王芝炜和孙慧，2022）。抑制观点认为排污费、环保税等规制增加了企业的环境成本，挤占了绿色研发资金投入，抑制了绿色技术创新。尽管政府出台了促进企业低碳经营的相关补贴政策，但其会使企业过度扩大生产规模。由于规模报酬递减，企业的经营业绩会因此恶化，不利于绿色技术创新（任保全和王亮亮，2014）。事实上，由于市场激励型碳规制缺乏强制性和及时性的规则和标准，其对企业绿色投入与技术创新的影响存在一定的局限性。以碳税为例，研究发现碳税只是许多诱发技术创新的影响因素之一，对绿色投入和技术创新的影响甚微，这主要是由于环境税很少被使用而且设定水平较低（Demirel and Kesidou，2011）。

3.3.3 公众参与型碳规制及其微观治理效应

公众参与型碳规制指能够推动公众发挥社会环境问题监督作用的相关制度，通过舆论、宣传等途径引导企业的节能减排等环境行为（张国兴等，2021）。以碳信息披露为主的公众参与型碳规制能激励企业积极应对气候变化并承担社会环境责任，有利于提高碳市场的有效性，实现碳市场的减排功效，已成为监管温室气体排放的主要治理手段之一（张晨等，2022）。目前，公众参与型碳规制的相关研究主要围绕碳信息披露的质量评价、影响因素及其经济后果展开。

1. 碳信息披露内容界定与质量评价

企业碳信息披露的内容主要包括在承担社会环境责任、低碳经营过程中的各类碳活动信息。国际上，气候相关财务信息披露工作组（Task Force on Climate-related Financial Disclosures，TCFD）、气候披露准则理事会（Climate Disclosure Standards Board，CDSB）、全球报告倡议组织（Global Reporting Initiative，GRI）、普华永道会计师事务所（Pricewaterhouse Coopers，PwC）和碳信息披露项目（Carbon Disclosure Project，CDP）五大国际组织分别阐述了企业应当披露的碳信息。前两个国际组织侧重于站在企业角度提议披露碳风险有关信息，以让企业关注气候变化对经营活动的不利影响，增强环境适应性；第三个和第四个侧重于站在社会民众角度，提议披露碳排放量和有关影响，以落实企业社会责任；第五个侧重于站在投资者角度，提议企业加强碳减排治理和风险管理以保护投资者。国内研究大致从意识层、行动层和结果层对企业披露碳活动相关内容进行探索：意识层主要包括企业的低碳意识、低碳目标、低碳战略和低碳计划等；行动层包含制定减排政策、设立专门的节能环保小组、投入减排处理相关资金和技术等；结果层包括披露温室气体排放量变化等环境绩效、因碳排放增减得到政府部门的处罚或补贴等经济绩效以及影响企业声誉的社会绩效等（宋晓华等，2019）。还有学者根据不同利益相关者所需的碳信息不同，分别从政府、投资者、中介机构、社会公众和企业管理者五个角度总结归纳了企业碳信息相关内容（李秀玉和史亚雅，2016）。

碳信息披露质量评价研究主要是基于调查问卷和企业各类报告构建评价体系。基于调查问卷的评价体系的代表性研究是以全球企业为样本，用基于2002年气候变化投资者项目于伦敦形成的CDP评分来评价碳信息披露质量（何玉等，2017）。CDP报告中气候变化主题包括治理、风险和机遇、商业战略、目标和绩效四个主指标，每个主指标分别从披露、意识、管理和领导力四方面评分。所披露的关于企业战略、财务表现和温室气体减排方面的信息较好地满足了利益相关者的投资决策需求，促进了企业自愿披露碳活动相关信息。然而，这种评价体系在不同企业间可比性低、可追溯性不强（Depoers et al., 2016；刘捷先和张晨，2020），国内基于中国企业问卷的评价体系研究也有类似的发现。基于企业的可持续报告、社会责任报告和年度报告等信息来源的碳信息披露评价体系通过"指标构建-文本分析"打分。指标构建依据主要有两类。

（1）基于会计准则对信息质量特征的要求建立指标体系。现有研究从会计信息质量特征中选取契合碳信息披露的质量特征设置一级指标，再结合具体情况设定二、三级指标，重点关注碳信息的可靠性与相关性（李世辉等，2019）。

（2）基于碳信息披露要求的特殊性设计层次性指标。它主要从碳排放管理的全过程评价碳信息披露水平（李力等，2019）。

以上两种分类均以年度报告和社会责任报告为主要载体，能较好地反映企业碳信息披露质量（李慧云等，2016）。

2. 碳信息披露的影响因素

已有研究主要从企业内外部分析了企业碳信息披露的影响因素。内部因素包括企业财务特征、组织结构特征、基本特征与内部治理特征。在企业财务特征方面，研发支出和有形资产比例越高的企业自愿披露可能性越高（Cui and Hwang, 2018），财务绩效好、盈利能力较强的企业碳信息披露质量更高（Plumlee et al., 2015）。在组织结构特征方面，员工参与减排计划的激励措施会促使企业披露更高质量的碳排放信息。在基本特征方面，规模越大的企业和重污染行业的企业为了树立良好的声誉，倾向于主动披露节能减排相关信息。内部治理也是影响碳信息披露的重要因素。在企业治理特征方面，机构持股人比例越高，境外资方的压力会引致更多环境监督和管理，促使企业披露碳信息（Ben-Amar et al., 2017）。管理层持股的增加会促使管理层有效履行职责并平衡财务和非财务目标（Tingbani et al.,

2020），从而广泛披露气候变化相关活动信息（Kılıç and Kuzey，2019）。但也可能使管理层权力膨胀，使其逃避碳披露成本和信息披露带来的负面影响，选择不披露企业碳信息（Shan et al.，2021）；拥有高效、多元管理层的公司倾向于披露气候变化风险（Chithambo et al.，2020）。

影响企业碳信息披露的外部因素研究主要从社会监管和社会文化方面展开。根据组织变革和合法性理论，来自政府监管和媒体报道的监管压力会促使企业披露温室气体排放情况。不同国家和地区环境监管强度会影响披露积极性（Bui et al.，2020），排放制度的完善有助于提高企业碳信息披露水平和可信度，如设立环保部门、环境管理系统国际标准化组织（International Organization for Standardization，ISO）认证等（Grauel and Gotthardt，2016）。基于社会交换理论和资源依赖理论，政治关联能显著影响企业碳信息披露。有政治关联的企业更容易获得政府补助和银行信贷，使其拥有更多资源来购买低碳设备和承担碳核算成本，因而更愿意履行低碳减排责任，提升了碳信息披露水平。就社会文化因素而言，国家的利益相关者导向、文化中的集体主义对碳透明度有影响，提高社会文化水平有助于践行社会责任并提高碳透明度（Luo and Wu，2019）。

3. 碳信息披露与公司治理

碳信息披露对企业价值、融资成本和绿色创新的影响是公众参与型碳规制的微观治理效应相关研究的热点。目前，关于碳信息披露对企业价值影响的研究结果主要有正向、负向、非线性和不相关四种。支持正向观点的研究认为企业通过披露碳信息降低了信息不对称性，提升了自身价值。支持负向观点的研究认为碳信息披露会给一些公司带来专有成本，另外，政府监管机构可能利用高碳排放企业的披露信息作为调查依据，最终可能会增加这些企业的合规成本（Matsumura et al.，2014）。非线性观点的研究认为在一定条件下，碳信息披露与企业价值还存在非线性关系。当披露碳信息所产生的成本与投资者因乐观情绪提升而增加的企业价值相互作用时，碳信息披露水平与企业价值呈U形关系（宋晓华等，2019）。不相关观点的研究认为由于碳信息披露的企业数量占比较小，资本市场信息不能得到充分反映、不足以引起利益相关者的关注。现有研究将企业温室气体排放作为权益价值的组成部分进行定价，发现披露与未披露企业之间的估值折价没有差异（Li et al.，2019）。

碳信息披露对企业融资成本的影响结果主要有正向、负向和非线性三种。支持正向结果的研究认为在碳信息测量和发布等环节中会产生大量人力、物力和资金支出，使经营活动中所需资金不足，易引发财务风险。由于目前碳信息处于自愿披露阶段，披露行为会被怀疑是企业"漂绿"的一种手段，在当前碳信息可鉴证性差的市场环境中，易使资本市场产生"柠檬效应"，提升企业融资成本（Lemma et al., 2019)。支持负向结果的研究认为，碳信息披露缓解了利益相关者与企业间的信息不对称性，降低了投资者的投资风险，更易获得利益相关者提供的资源。环境信息的披露还表明企业自愿接受外界监督，积极展示低碳经营成效和绿色发展的良好形象，降低了融资成本（李力等，2019）。支持非线性结果的研究认为，在碳披露初期阶段，企业不仅需要花费大量资金购买低碳设备与配置人员，还需要花费时间和精力收集和整理碳信息，导致运营成本增多，而此时碳信息质量偏低，难以得到资本市场认可，导致融资成本较高。当碳信息披露水平进一步提升时，披露碳信息能缓解利益相关者与企业间的信息不对称性，降低融资成本（张晨等，2022）。

碳信息披露会对企业绿色技术创新产生显著的正向影响。企业为了维持良好的声誉，在披露环境信息的基础上积极履行环境责任，减少温室气体和污染物排放来应对利益相关者的关注（Huang and Chen，2015）。在此过程中，可能会出现新的清洁技术、低碳产品和工艺。从利益相关者的角度看，碳信息披露越详细，越能吸引环境敏感型投资者的关注，带来丰富的资源以开展绿色低碳创新活动，有助于企业实现环境合法性，这一正向影响在机构投资者比例高的企业中更强（Yin and Wang，2018）。分析影响机制的研究发现，环境信息披露质量能够通过拓宽融资渠道、促进产品销售、提高媒体关注度对重污染企业的绿色创新产出产生积极作用（Xiang et al.，2020）。

3.4 本章总结与管理启示

国内外相关研究结合碳金融市场的特殊性与复杂性，围绕碳金融资产价格、碳交易市场风险、碳排放环境规制及其微观治理效应等方面展开了丰富的研究，但仍存在有待深入剖析的关键问题。

1) 基于市场微观主体行为的碳金融资产价格影响与预测分析问题

碳金融市场微观主体行为主要包含理性行为、个体非理性行为和群体非理性行为，且不同类型的碳金融市场微观主体行为之间存在明显的异质性。碳金融市场的复杂性不仅源于其交易机制或所在地域的差异，还与碳金融市场中信息不对称导致的微观主体行为异质性相关。已有文献从宏观和中观角度进行了大量研究，但忽略了微观主体的特征行为，特别缺乏针对碳金融市场微观主体行为如何影响碳金融资产价格的深入分析，难以准确映射具有自身特殊性的碳金融资产价格的形成机制。

碳金融资产价格波动总体上会呈现熵增的状态，但在局部区域存在着规律性。碳金融资产价格的这种复杂性主要是碳金融市场微观主体行为的差异性导致的。由于不同碳金融市场或者同一碳金融市场在不同时点情况下，不同类型的碳金融市场微观主体行为的市场份额和需求强度是不同的。在碳金融资产价格预测建模中，如何兼顾碳金融市场参与者的长期理性投资行为特征和短期非理性投机行为特征，并将这些行为特征融合到模型中，以反映碳金融资产价格的复杂性，仍是一个尚待解决的问题，无法完全支撑基于碳金融市场微观主体行为的碳金融资产价格预测框架。

2）基于碳交易市场多源风险要素的风险集成度量与风险传导问题

现有风险集成度量方法不能考察市场风险要素间的相依差异性。现有研究忽略了多源市场风险要素间的共生性和复杂相关性，仅将这些相关结构信息直接叠加处理，无法真实测度碳交易市场风险的真实波动情况。多元 Copula 函数作为常用的多元变量集成方法，因假设变量服从同一分布，不能考察市场风险要素间的相依差异性，且存在高维诅咒的问题，增加了计算难度。

现有研究缺乏从多尺度视角对碳金融市场与异质市场之间的风险传导机制及其效应的深入分析。已有研究从整体水平视角和时变角度探讨了碳价和异质市场（如能源）价格间的互动关系，但这些方法不能测度市场间动态的多尺度风险传导效应。具有统一结构的经济金融等市场结构化数据体现出非平稳和高随机波动性等特征，并且普遍具有时变和多尺度的双重特性，若采用不同的数据采样频率或者划分不同的时间节点，来检验碳金融市场与异质市场间的动态多尺度风险传导效应，将无法充分界定市场间的作用关系。考虑到碳金融资产的异质性和能源商品市场种类的差异，需要引入多源碳金融市场和能源市场风险因子，也亟须对包含多元变量的复杂多尺度动态关系构建创新性解决方案。

3）缺乏对不同类型的碳规制协同的微观治理效应分析

已有文献缺乏多元碳规制协同治理效应分析。碳排放相关环境监管与治理是一个需要多元规制工具协同参与的系统工程，现有研究多分析单一类型环境规制对企业特定方面的微观影响效应，无法识别环境规制系统的治理效果。在单一类型环境规制的研究中，对命令控制型和市场激励型环境规制工具的分类比较一致，但对公众参与型的环境规制划分与微观效应分析研究相对匮乏，主要集中于碳信息披露研究，对其他规制工具的研究有待补充。现阶段环境规制已逐渐由最初的政府主导-命令型环境治理模式逐渐向由市场、公众等参与的非正式环境治理模式转变。这种多元规制工具治理模式是否能够真正实现碳减排尚未可知，其协同治理模式及背后的作用机理缺乏进一步的探讨。

现有研究缺乏异质性碳规制对微观企业治理的综合效应分析。已有研究主要聚焦于企业绿色技术创新、全要素生产率、价值等特定方面绩效的影响，缺乏对环境规制企业综合绩效（如与碳排放相关的环境、社会和治理绩效）治理的效应分析。多元碳规制会影响企业的运营和管理等各个环节，仅聚焦企业环境与经济绩效的单一维度无法充分评估碳规制对企业的环境表现、社会表现和治理表现的协同作用。

第二篇　中观篇：碳金融市场风险传导与定价

第4章 基于数据特征的碳金融市场风险及其传导研究

碳金融市场作为新兴专业化金融市场，是一个复杂非线性系统。碳金融市场价格波动不仅受市场供求机制的作用，更易受到政策变动、经济冲击、气候变化等诸多复杂因素影响，呈现结构性突变、多重分形以及尖峰厚尾分布等高阶矩属性特征，潜藏着巨大的风险。本章研究碳金融市场运行过程中的风险问题，从风险要素间相依结构维度探究碳金融市场风险度量的理论和方法，并基于高阶矩属性和多尺度系统理论研究碳金融市场与关联市场的风险传导，深层次揭示其中的内在机制与规律。

4.1 基于多源风险因子异质相依性的碳金融市场风险度量研究

4.1.1 研究问题的提出

全球气候变化给人类社会发展带来了严峻的挑战，如可持续发展问题、世界经济发展均衡问题、全球环境治理的合作问题等。目前，在全球减排的迫切形势以及国际公约或协议的制约下，碳减排已从技术领域拓展到金融市场领域，碳排放权通过市场交易在实体之间转换，成为一种特殊的资产和稀缺资源，形成了碳交易市场。作为一个对政策高度依赖的市场，碳交易市场的发展还不够完善，相比于其他金融市场，碳交易市场属于较为典型的复杂非线性系统，其产品价格波动受到多源影响因素的综合作用，除了受能源市场等相关市场波动、碳交易市场的供求关系变化的影响之外，还容易遭受宏观经济、政治变动、气候变化、配额分配、金融危机等因素的影响，这些因素都会给碳交易市场带来不确定性。因此，科学、合理地识别与度量碳交易市场风险是碳交易市场健康发展的关键问题。

有别于现有研究关于碳交易市场风险的认知范畴和研究方法，本章首先对碳交易市场风险进行理论拓展，从广义市场风险的视角界定碳交易市场风险；然后从结构和程度两个维度对市场风险要素的相依性进行测度，并在此基础上对市场风险进行集成度量。

4.1.2 多源风险因子异质相依性的碳金融市场风险度量模型构建

关于碳交易市场风险集成度量建模研究可划分成三个步骤：市场风险要素自

身波动特征的提取、市场风险要素的相依性测度与市场风险集成 VaR 的度量,其中单个要素的分布刻画和要素间的相依性是关键性的工作。

1. 碳交易市场风险要素的分布特征与建模

碳交易市场风险要素具有自回归、自相关、集聚性、异方差等金融时间序列的典型特征(吴恒煜和胡根华,2014;田园等,2015;张晨等,2015b)。针对金融时间序列的自相关性和条件异方差性,可以通过波动率模型自回归移动平均(auto regressive moving average,ARMA)和 GARCH 簇等进行滤波降噪处理(Nelson,1991;Bollerslev et al.,1992),也有学者将波动率建模应用到碳交易市场的价格波动、碳交易市场信息溢出等研究中(Byun and Cho,2013;Balcılar et al.,2016)。

1)ARMA 模型

ARMA 模型指的是对变量数据进行自回归滑动平均处理,是处理时间序列自回归特征的常用方法。下面是某个时间序列 r_t 服从(r, s)阶自回归的滑动平均混合模型——ARMA(r, s)的一般表达式:

$$r_t = \mu + \sum_{i=1}^{r} \varphi_i r_{t-i} + \varepsilon_t - \sum_{j=1}^{s} \theta_j \varepsilon_{t-j} \qquad (4.1)$$

式中,$r \geqslant 0$;$s \geqslant 0$;r_{t-i} 为 r_t 的滞后 i 阶;ε_t 为 r_t 的残差;ε_{t-j} 为 ε_t 的滞后 j 阶;μ 为常数项,表示模型的偏移量或中心位置;φ_i 为自回归系数;θ_j 为移动平均系数。

2)GARCH 模型

自回归条件异方差(autoregressive conditional heteroskedasticity,ARCH)模型用来给时间序列波动率建模提供一个系统框架。它解决了传统的计量经济学对时间序列变量的第二个假设(方差恒定)所引起的问题,即假定波动幅度(方差)是固定的,这其实是不符合实际情况的。ARCH 模型能准确地模拟时间序列变量的波动性变化,在金融工程学的实证研究中应用广泛,使人们能更加准确地把握波动性来判断风险大小。时间序列 r_t 的残差服从 p 阶自回归条件异方差模型 ARCH(p),表达式为

$$\begin{cases} r_t = \mu + \sum_{i=1}^{r} \gamma_i x_t + \varepsilon_t \\ \delta_t^2 = \alpha_0 + \sum_{h=1}^{p} \alpha_h \varepsilon_{t-h}^2 + \eta_t \end{cases} \qquad (4.2)$$

式中,$p \geqslant 0$;$\alpha_0 > 0$;$\alpha_h \geqslant 0$;γ_i 为自回归系数;δ_t^2 为 r_t 的方差;ε_{t-h} 为 ε_t 的滞后 h 阶;η_t 为 δ_t^2 的残差。

由于 ARCH 模型有时对参数的限制过于严格,为了减少模型的参数以及放宽对参数的限制,Bollerslev(1986)提出了 GARCH 模型,该模型的目的是用少量的 δ_t^2 的滞后值来替代大量 ε_t^2 的滞后值所包含的信息,这样不仅可以精简模型参数

的个数，还能够让条件方差的结构更具有一般性。时间序列 r_t 的残差服从 (p, q) 阶广义自回归条件异方差模型——GARCH (p, q)，表达式为

$$\begin{cases} r_t = \mu + \sum_{i=1}^{r} \gamma_i x_t + \varepsilon_t \\ \delta_t^2 = \alpha_0 + \sum_{h=1}^{p} \alpha_h \varepsilon_{t-h}^2 + \sum_{k=1}^{q} \beta_k \delta_{t-k}^2 \end{cases} \quad (4.3)$$

式中，$p \geq 0$；$q \geq 0$；$\alpha_0 \geq 0$；$\alpha_h \geq 0$；$\beta_k \geq 0$；$\sum_{h=1}^{p} \alpha_h + \sum_{k=1}^{q} \beta_k < 1$；$\delta_{t-k}$ 为 δ_t 的滞后 k 阶值。对于普通的时间序列的波动性的异方差特性，一般 GARCH 模型取 $(1, 1)$ 阶就可以对其特征进行很好的描述和表达。

3）ARMA-GARCH 模型

综合上述波动率建模的经典模型，考虑碳交易市场风险要素的特性，本章选取 ARMA 模型来消除市场风险要素各自的相关性；同时采用 GARCH 模型来刻画市场风险要素的波动率的异方差时变特征，并通过 t 分布来刻画厚尾分布特征。对应的边缘分布模型 ARMA(r, s)-GARCH(p, q)-t 的一般形式为

$$\begin{cases} r_t = \mu + \sum_{i=1}^{r} \varphi_i r_{t-i} + \varepsilon_t - \sum_{j=1}^{s} \theta_j \varepsilon_{t-j} \\ \delta_t^2 = \alpha_0 + \sum_{h=1}^{p} \alpha_h \varepsilon_{t-h}^2 + \sum_{k=1}^{q} \beta_k \delta_{t-k}^2 \\ \sqrt{\dfrac{v}{\delta_t^2 (v-2)}} \cdot \varepsilon_t \sim \text{i.i.d.} \quad t_v \end{cases} \quad (4.4)$$

式中，r_t 为碳交易市场风险要素的收益率；μ 为市场风险要素的均值，是常数；$\{\varepsilon_t\}$ 为残差序列；$\alpha_0 > 0$；$\alpha_h \geq 0$；$\beta_k \geq 0$；δ_t^2 为 ε_t 的条件方差；r、s、p、q 为非负整数；v 为自由度；t_v 为用于 t 分布的特定时间点。

2. 碳交易市场风险要素间相依结构模型

边缘密度函数相对来说比较容易估计，而多维变量间相依结构的描述却相对复杂。考虑到二元 Copula 选择的多样性，可以把 n 维 Copula 密度函数分解成一系列 Pair-Copula 密度函数的乘积，更方便地描述复杂的多元相依结构（Joe，1996）。高维 Copula 密度函数 Pair-Copula 的分解存在许多逻辑结构，Bedford 和 Cooke（2002）引入了藤（vine）图形来描述这种逻辑结构，其中 C-Vine 和 D-Vine 是应用最广泛的逻辑结构，适合描述存在关键变量（或称为引导变量）的数据集。

根据 Aas 等（2009）所提出的 Pair-Copula 理论，多元变量联合密度函数按照

某种结构可以分解为一系列 Pair-Copula 密度函数和边缘分布函数的乘积。假设有一个随机向量 X，则其联合密度函数按条件密度函数理论可分解为

$$f(X) = \prod f(x) \prod c(F(x)|\theta) \tag{4.5}$$

结合 Bedford 和 Cooke（2002）引入的正则藤图形建模方法中两种特殊的情形 C-Vine 和 D-Vine，两种藤不同的逻辑结构适用于具有不同类型关系的变量集合。当变量集中出现引导其他变量的关键变量时，适合用 C-Vine 构建多变量联合分布结构；而当变量集中变量间的关系相对独立时，可以用 D-Vine 来描述。两类 Vine Copula 模型具体的联合概率密度函数如下。

1）C-Vine Copula 联合概率密度函数模型

式（4.6）给出的是 C-Vine Copula 联合概率密度函数：

$$f(x) = \prod_{k=1}^{d} f_k(x_k) \\ \cdot \prod_{i=1}^{d-1} \prod_{j=1}^{d-i} c_{i,i+j|1:(i-1)}\left(F(x_i|x_1,\cdots,x_{i-1}), F(x_{i+j}|x_1,\cdots,x_{i-1})|\theta_{i,i+j|1:(i-1)}\right) \tag{4.6}$$

式中，$\prod_{k=1}^{d} f_k(x_k)$ 代表的是多源市场风险要素的边缘密度分布函数，刻画的是风险要素自身的波动特征；$\prod_{i=1}^{d-1} \prod_{j=1}^{d-i} c_{i,i+j|1:(i-1)}\left(F(x_i|x_1,\cdots,x_{i-1}), F(x_{i+j}|x_1,\cdots,x_{i-1})|\theta_{i,i+j|1:(i-1)}\right)$ 是 C-Vine 结构条件下成对 Copula 构造（pair-Copula constructions，PCC）密度函数，表征各碳交易风险要素间的相依结构和相依程度。

2）D-Vine Copula 联合概率密度函数模型

式（4.7）给出的是 D-Vine Copula 联合概率密度函数：

$$f(x) = \prod_{k=1}^{d} f_k(x_k) \\ \cdot \prod_{i=1}^{d-1} \prod_{j=1}^{d-i} c_{j,j+i|(j+1):(j+i-1)}\left(F(x_j|x_{j+1},\cdots,x_{j+i-1}), F(x_{j+i}|x_{j+1},\cdots,x_{j+i-1})|\theta_{j,j+i|(j+1):(j+i-1)}\right) \tag{4.7}$$

式中，同上，$\prod_{k=1}^{d} f_k(x_k)$ 代表的是多源市场风险要素的边缘密度分布函数；$\prod_{i=1}^{d-1} \prod_{j=1}^{d-i} c_{j,j+i|(j+1):(j+i-1)}\left(F(x_j|x_{j+1},\cdots,x_{j+i-1}), F(x_{j+i}|x_{j+1},\cdots,x_{j+i-1})|\theta_{j,j+i|(j+1):(j+i-1)}\right)$ 是 D-Vine 结构条件下的 PCC 密度函数，表征各碳交易市场风险要素间的相依结构和相依程度。

3. 基于蒙特卡罗模拟的碳交易市场风险集成度量设计

下面借鉴 Aas 等（2009）提出的基于 Vine Copula 模型的蒙特卡罗模拟方法来获得碳交易市场风险要素组合的 VaR，具体步骤如下：

（1）根据研究所选样本数据集，通过边缘分布建模和 Vine Copula 模型估计所得参数，确定碳交易市场多源风险要素的复杂相依结构特征，借助模拟技术生成服从该结构的 10 000 个 n 维随机数组（$u_1, u_2, u_3, \cdots, u_n$），$n$ 为碳交易市场风险要素的个数，本章依据第 2 章碳交易市场风险要素的识别分析结果，选取碳价、汇率、利率三个市场风险要素作为碳交易市场风险的来源，所以此处 $n = 3$。

（2）令 $x_i = F_i^{-1}(u_i)$，F_i 为 ARMA(1, 1)-GARCH(1, 1)-t 模型中的市场风险要素 i 收益率标准化残差项服从的分布，F_i^{-1} 为其反函数。

（3）依据 ARMA(r, s)-GARCH(p, q)-t 模型预测出第 t 日市场风险要素 i 收益率的标准差 $\sigma_{x_{i,t}}$。

（4）令 $\bar{x}_{i,t} = \mu_{x_i} + x_i \sigma_{x_{i,t}}$，$\mu_{x_i}$ 为 ARMA(r, s)-GARCH(p, q)-t 模型中的均值系数，进一步计算出市场风险要素组合收益率为 $X_p = \sum_{i}^{n} w_i \bar{x}_{i,t}$，鉴于本章属于市场风险要素集成度量，且多源市场风险要素碳价波动、汇率波动、利率波动对市场风险的影响属于共同作用，本章对碳交易市场风险要素的作用贡献取等权重，即 $w_i = 1/3$，同时求出经验 VaR 值。

（5）重述上述步骤 1000 次，得出 VaR 的平均值，即为第 t 日的 VaR 的估计值。

4.1.3 多源风险因子异质相依性的碳金融市场风险度量实证分析

1. 样本选取与数据说明

目前国际碳市场可以分为配额市场和项目市场。EU ETS 是配额市场的核心组成部分，其交易对象为 EUA；项目市场以 CDM 为主，其交易对象是 CER。EU ETS 允许欧盟成员国用 CER 抵消部分减排指标，从而使欧盟成为 CER 的最大需求方，也使 EUA 和 CER 在交易量、交易价格等方面都具有密切的联系。

本章选择碳交易配额的 EUA 市场和碳交易项目的 CER 市场为研究对象。考虑到市场风险要素的碳价、汇率、利率数据的代表性和可得性，分别以 EUA 产品价格、欧元对美元汇率（European dollars/USA dollars，EUR/USD）、欧洲银行间同业拆借利率（Euro interbank offered rate，EURIBOR）代理碳交易配额 EUA 市场的风险要素，以 CER 产品价格、欧元对人民币汇率（European dollars/Chinese yuan，EUR/CNY）、上海银行间同业拆借利率（Shanghai interbank offered rate，

SHIBOR）代理碳交易项目 CER 市场的风险要素。这 6 组样本均为日交易价格数据，取自 Wind 资讯。为了方便两类碳交易市场的比较分析，本章将研究样本的时间窗固定在 2008 年 3 月 14 日～2018 年 12 月 31 日，又因存在跨境与跨期交易结算问题，需剔除无效交易日期的数据值，经过处理后共得到 $N = 2586$ 个观测点的价格数据集。

鉴于在后续的实证过程中配额市场和项目市场的两类碳交易市场风险要素需要以价格序列、收益率序列、残差序列、概率积分转换（probability integral transformation，PIT）序列的代理变量形式呈现，本章首先给出了碳交易市场风险要素的变量说明（表 4.1）。

表 4.1　碳交易市场风险要素的变量说明

碳交易市场	风险要素变量	价格序列	收益率序列	残差序列	PIT 序列
配额型	EUA	P_1	R_1	R_1-r	X_1
配额型	EUR/USD	P_2	R_2	R_2-r	X_2
配额型	EURIBOR	P_3	R_3	R_3-r	X_3
项目型	CER	P_4	R_4	R_4-r	X_4
项目型	EUR/CNY	P_5	R_5	R_5-r	X_5
项目型	SHIBOR	P_6	R_6	R_6-r	X_6

注：PIT 序列是为了相依性实证数据输入的需要，将残差序列经由概率密度积分函数转换后得到的新序列。

本章的碳交易风险要素的收益率均是采用对数收益公式 $R_{i,t} = \ln P_{i,t} - \ln P_{i,t-1}$ 计算得来的；其中 $i = 1, 2, 3, 4, 5, 6$，分别代表碳交易配额市场的 EUA 产品价格、EUR/USD、EURIBOR 和碳交易项目市场的 CER 产品价格、EUR/CNY、SHIBOR；$t = 1, 2, \cdots, N$，代表样本数据的观测点，$N = 2585$（经对数收益公式处理后，少了一期）。

需要说明的是，自 2015 年来，欧洲市场利率持续走低，出现长期持续处于负值区间的现象，本章对 EURIBOR 数据整体向上平移使其隔夜交易价格为正值，以满足实证数据计算输入的要求。

2. 碳交易市场风险要素边缘分布特征检验与刻画

碳交易市场具有一般金融活动的属性，其市场风险要素本身必然存在波动性。本节就配额和项目两类碳交易市场风险要素各自的波动特征进行分析、检验，并对边缘分布特征进行建模和参数估计。

1）碳交易市场风险要素波动特征分析

图 4.1 和图 4.2 分别描述的是碳交易配额市场风险要素的价格时序和收益率时序，体现了 EUA 碳价、EUR/USD 和 EURIBOR 市场在 2008～2018 年期间的价格

和市场波动动态特征。从直观上可以初步判断：EUA 市场价格走势起伏不定；外汇市场价格起伏相对稳定；而利率市场持续走低。

图 4.1 碳交易配额市场风险要素的价格时序

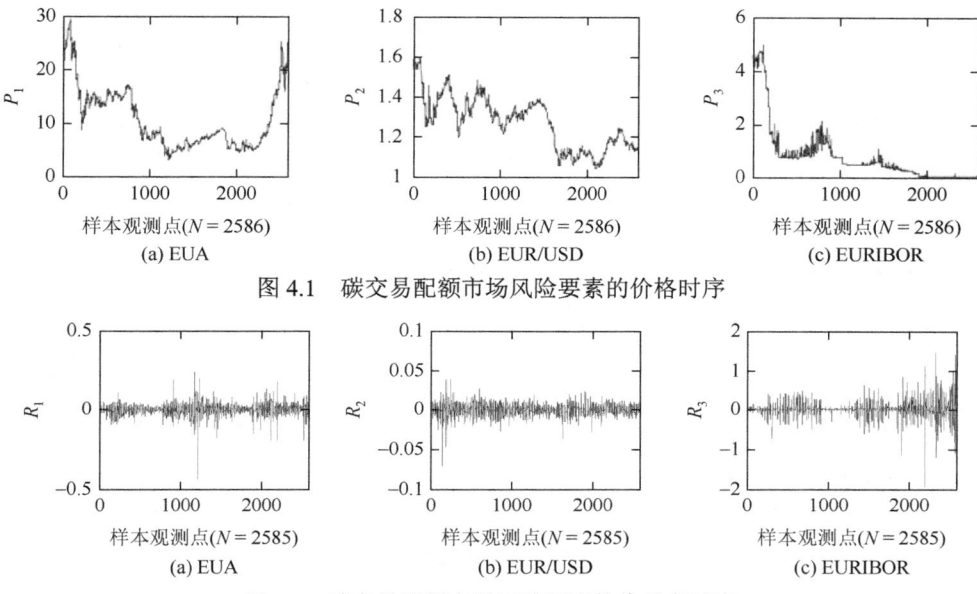

图 4.2 碳交易配额市场风险要素的收益率时序

上述走势可能的解释是，EUA 作为一类碳交易产品，其政策敏感性比较高，碳交易市场监管政策的推行以及市场的发展程度加深，都直接体现在产品价格变化上。利率持续走低表明市场上欧元流动性过剩，这与欧洲中央银行推出量化宽松货币政策有关，该政策主要通过提高资金的流动性，来达到刺激经济增长和提升通胀水平的效果。

图 4.3 和图 4.4 分别是碳交易项目市场风险要素的价格时序和收益率时序，呈现的是 CER 碳价、EUR/CNY 和 SHIBOR 市场在 2008～2018 年期间的价格动态特征。从直观上可以初步判断：CER 市场价格早期相对稳定，后期持续低迷，市场存在萎缩现象；外汇市场价格前期起伏较大，后逐渐稳定；而利率市场也比较稳定。由于 CDM 项目的推进与发展，CER 产品供大于求，导致价格走向低迷，在一定程度上体现了其市场功能即将失效，可能会退出碳减排市场机制的历史舞台。EUR/CNY 走势的解释是：改革开放以来，中国一直在实施外汇管理改革，外汇市场的开放程度和市场化程度也不断提升。

为了方便比较判断碳交易市场风险要素的收益率分布状态，本章还绘制了分位数-分位数（quantile-quantile，Q-Q）图（图 4.5 和图 4.6），更为直观和形象地说明两类碳交易市场风险要素收益率序列具有明显的金融时间序列尖峰厚尾特征，不服从正态分布。

图 4.3　碳交易项目市场风险要素的价格时序

图 4.4　碳交易项目市场风险要素的收益率时序

图 4.5　碳交易配额市场风险要素收益率序列的 Q-Q 图

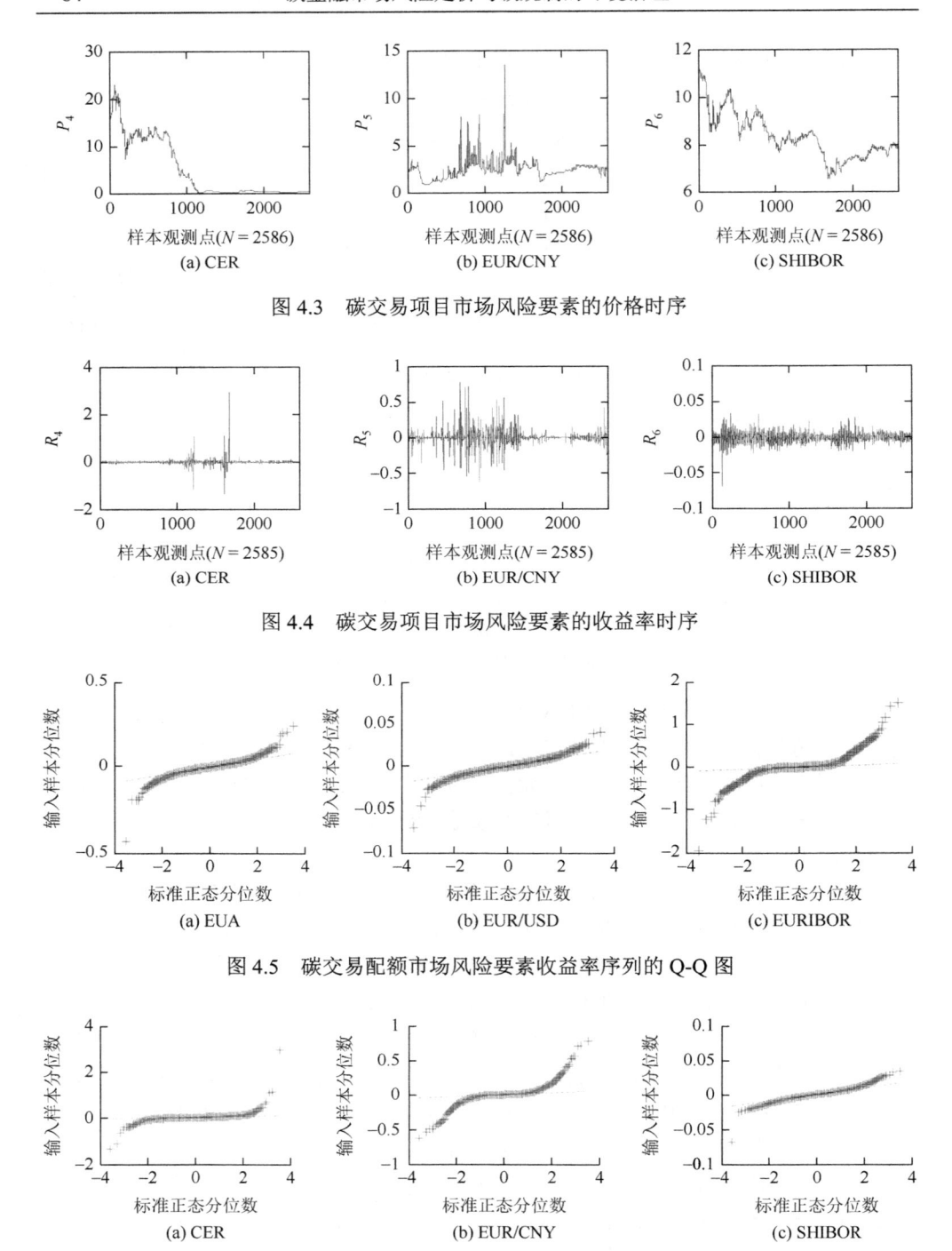

图 4.6　碳交易项目市场风险要素收益率序列的 Q-Q 图

2）碳交易市场风险要素波动特征检验

为了确定碳交易市场风险要素的波动具体情况，本章对各收益率序列进行相应的检验，以便后续边缘分布刻画建模估计过程中参数的选择和设定。表 4.2 给出了碳交易市场风险要素的波动特征检验统计量。

表 4.2　碳交易市场风险要素的波动特征检验统计量

收益率序列	自相关 LM(2)	自相关 LM(4)	异方差 ARCH-LM(2)	异方差 ARCH-LM(4)	异方差 ARCH-LM(8)	平稳性 ADF	非线性 LBQ（p 值）	独立性 BDS
R_1	3.54***	4.87**	78.31***	58.11**	42.28**	−48.56***	0.021 (0.97)	21.47***
R_2	5.61***	5.27**	69.21***	60.21***	49.32***	−39.87***	0.019 (1.00)	15.74**
R_3	4.21***	2.65*	67.23***	58.14***	48.78***	−45.21***	0.034 (0.94)	18.25***
R_4	5.11**	4.51**	69.57***	54.33***	39.67***	−51.70***	0.056 (0.98)	25.67***
R_5	3.87*	4.18**	72.48***	59.87***	45.14***	−57.87***	0.042 (0.99)	17.23**
R_6	4.57***	4.12***	75.41***	51.74***	39.47***	−52.01***	0.038 (0.95)	21.58**

注：LM（n）是系列自相关滞后 n 阶的统计量。LM 表示拉格朗日乘数（Lagrange multiplier）；ADF 表示增广迪基-富勒（augmented Dickey-Fuller）；LBQ 表示 Ljung-box Q；BDS 表示 Brock-Dechert-Scheinkman。

***、**、*分别表示显著性水平为 1%、5%、10%。

分析发现：①自相关 LM 检验结果表明两类碳交易市场的六个风险要素均存在显著的自相关关系；②异方差 ARCH 检验结果显示所有风险要素的收益率序列均拒绝原假设，表明均存在条件异方差特征；③平稳性 ADF 检验结果显示各个市场风险要素的收益率序列都是平稳的金融时间序列；④非线性 LBQ 检验结果显示各个市场风险要素的收益率是非线性的；⑤独立性 BDS 检验结果显示各个市场风险要素的收益率拒绝了独立同分布的假定，说明要素的分布存在异质性，多元 Copula 因其固定变量同分布的条件，并不适用于碳交易市场风险要素相依性测度。

从上述统计量的检验结果来看，需要对各市场风险要素的波动情况进行边缘分布模型设定与估计，来实现异质性波动特征的刻画。

3）碳交易市场风险要素边缘分布特征刻画

考虑到碳交易市场风险要素碳价、汇率以及利率的收益率时间序列存在自相关、异方差等非线性特征，本章采用边缘分布波动率建模，对各个市场风险要素进行分布特性的刻画描述。首先选取 ARMA-GARCH 模型来消除两个序列各自的相关性，刻画波动率的时变特征，再选择 t 分布来刻画呈现序列的厚尾特征。根据一般金融时间序列滤波降噪时常用的代表性阶数，本章最终选用 ARMA(1,1)-GARCH(1,1)-t 模型：

$$\begin{cases} r_t = \mu + \varphi r_{t-1} + \varepsilon_t - \theta \varepsilon_{t-1} \\ \delta_t^2 = \omega + \alpha \varepsilon_{t-1}^2 + \beta \delta_{t-1}^2 \\ \sqrt{\dfrac{v}{\delta_t^2(v-2)}} \cdot \varepsilon_t \sim \text{i.i.d.} \, t_v \end{cases} \quad (4.8)$$

式中，r_t 和 r_{t-1} 为碳交易市场风险要素的收益率序列；μ 为市场风险要素的均值；ε_t 和 ε_{t-1} 为残差序列；δ_t^2 为 ε_t 的条件方差；δ_{t-1}^2 为 ε_{t-1} 的条件方差；φ 为自回归系数；θ 为移动平均系数；$\omega>0$；$\alpha \geqslant 0$；$\beta \geqslant 0$；v 为自由度；t_v 为用于 t 分布的特定时间点。

碳交易市场风险要素的边缘分布建模后参数估计结果和对应的统计检验量见表 4.3。

表 4.3　碳交易市场风险要素的边缘分布建模后参数估计结果和对应的统计检验量

收益率序列	μ	φ	θ	ω	α	β	df（自由度）
R_1	3.112 9** (0.002 1)	−0.581 3 (0.032 8)	0.620 0* (0.050 0)	0.711 3*** (0.062 7)	0.304 5 (0.004 8)	0.695 5 (0.003 6)	2 (0.043 1)
R_2	−0.001 7*** (0.005 4)	−0.478 1* (0.038 1)	0.421 7* (0.047 7)	0.148 7** (0.009 7)	0.050 5*** (0.018 6)	0.949 5* (0.003 4)	2 (0.003 4)
R_3	−0.013 7* (0.056 1)	−0.720 6*** (0.048 6)	0.706 1 (0.043 9)	0.124 3*** (0.008 7)	0.102 4** (0.007 4)	0.897 6*** (0.079 1)	2 (0.008 7)
R_4	−0.009 73** (0.002 0)	−0.974 1* (0.002 2)	0.951 0* (0.045 1)	0.084 75* (0.038 1)	0.214 7** (0.074 8)	0.785 3 (0.002 7)	2 (0.009 8)
R_5	−0.004 8** (0.007 0)	−0.542 1 (0.052 1)	0.574 2*** (0.089 1)	0.274 4** (0.008 8)	0.452 9 (0.004 8)	0.547 1* (0.004 7)	2 (0.007 4)
R_6	−0.000 9*** (0.007 4)	−0.814 7 (0.002 8)	0.874 5* (0.079 6)	0.354 8* (0.027 1)	0.744 1* (0.009 6)	0.255 9*** (0.006 5)	2 (0.022 4)

注：括号内的数值为相应的标准差。
***、**、*分别表示显著性水平为 1%、5%、10%。

为了检验各个市场风险要素的边缘分布刻画的效果，对残差序列进行波动特征检验，表 4.4 中的统计量分析结果显示，ARMA(1, 1)-GARCH(1, 1)-t 模型能够较好地拟合两类碳交易市场的六个风险要素收益率序列各自的边缘分布特征，消除了自相关和异方差等噪声分布特征。

表 4.4 碳交易市场风险要素残差的波动特征检验统计量

收益率残差序列	自相关 LM（2）	自相关 LM（4）	异方差 ARCH-LM（2）	异方差 ARCH-LM（4）	异方差 ARCH-LM（8）	平稳性 ADF	非线性 LBQ（p 值）
R_1-r	3.54	4.87	78.31	58.11	42.28	−48.56	0.021 (0.00)
R_2-r	5.61	5.27	69.21	60.21	49.32	−39.87	0.019 (0.00)
R_3-r	4.21	2.65	67.23	58.14	48.78	−45.21	0.034 (0.00)
R_4-r	5.11	4.51	69.57*	54.33	39.67	−51.70	0.056 (0.00)
R_5-r	3.87*	4.18	72.48	59.87	45.14	−57.87	0.042 (0.00)
R_6-r	4.57	4.12	75.41	51.74	39.47	−52.01	0.038 (0.00)

注：LM（n）是系列自相关滞后 n 阶的统计量。
*表示显著性水平为 10%。

进一步，本章将滤波后的碳交易市场风险要素的残差通过概率积分转换函数转换得到相应的标准化残差序列，以便构造出的新序列 X 满足 Copula 函数建模要求。本章进行科尔莫戈罗夫-斯米尔诺夫（Kolmogorov-Smirnov，K-S）检验来检验新序列的特征拟合效果如何。表 4.5 的统计量检验结果说明新建的碳交易市场风险要素的残差序列全部服从（0, 1）内的均匀分布（K-S 统计量的 p 值大于 0.05），符合 Vine Copula 函数的输入变量分布条件，可进行下一步碳交易市场风险要素相依性建模的实证研究。

表 4.5 碳交易市场风险要素标准化残差 PIT 序列的拟合检验

检验指标	K-S 统计量	p 值
X_1	0.0213	0.87
X_2	0.0187	0.95
X_3	0.0179	0.97
X_4	0.0174	0.86
X_5	0.0241	0.99
X_6	0.2715	0.99

3. 碳交易市场风险要素相依性检验与测度

1）碳交易市场风险要素的相关性检验分析

常用的相关性检验方式有三种：皮尔逊（Pearson）检验、斯皮尔曼（Spearman）

检验、肯德尔（Kendall）检验，考虑到碳交易市场风险要素数据的非正态分布特性，本章选用秩相关检验和线性相关检验来进行相关性分析。表 4.6 和表 4.7 给出了碳交易配额市场和项目市场残差的相关关系，结果表明：①两类市场的风险要素间存在不同的相关关系，若采用多元 Copula 固定变量的同一分布形式，则可能会忽视市场风险要素间的异质性相关关系，因此，需要根据实际特征来呈现不同的相关结构与程度；②两类市场经过边缘分布滤波降噪后，各自的市场风险要素碳价、汇率和利率间存在一定程度的相关性，有必要进行下一步的碳交易市场要素之间的相依性研究。

表 4.6　碳交易配额市场残差序列的相关系数

收益率残差序列	斯皮尔曼相关系数			收益率残差序列	肯德尔相关系数		
	R_1-r	R_2-r	R_3-r		R_1-r	R_2-r	R_3-r
R_1-r	1.0000			R_1-r	1.0000		
R_2-r	0.1063***	1.0000		R_2-r	0.0713*	1.0000	
R_3-r	0.0205**	0.0432**	1.0000	R_3-r	0.0137**	0.0289**	1.0000

***、**、*分别表示显著性水平为 1%、5%、10%。

表 4.7　碳交易项目市场残差序列的相关系数

收益率残差序列	斯皮尔曼相关系数			收益率残差序列	肯德尔相关系数		
	R_4-r	R_5-r	R_6-r		R_4-r	R_5-r	R_6-r
R_4-r	1.0000			R_4-r	1.000		
R_5-r	−0.0224***	1.0000		R_5-r	−0.0153*	1.0000	
R_6-r	0.0102*	0.0191**	1.0000	R_6-r	0.0075**	0.0131**	1.0000

***、**、*分别表示显著性水平为 1%、5%、10%。

2）碳交易市场风险要素相依性 Vine Copula 参数估计

Copula 是最适合多元变量的相依性关系 Vine 结构的建模方法，其中 C-Vine 和 D-Vine 是计量方法中应用最广泛的，适合描述存在引导其他变量的关键变量的数据集，且能体现变量之间的异质性相关关系，本节分别对碳交易配额市场和碳交易项目市场的风险要素相依性进行 C-Vine 和 D-Vine 两种结构的 PCC 参数估计。

（1）C-Vine Copula 相依性测度的参数估计。碳交易配额市场的多源市场风险要素碳价（即 EUA 价格）、汇率（即 EUR/USD）和利率（即 EURIBOR）的 C-Vine 相依结构的参数估计结果具体见表 4.8。其中 c_{12} 代表碳价和汇率的 PCC 结构，c_{13} 代表碳价和利率的 PCC 结构，$c_{2,3|1}$ 代表的是以碳价为连接点，利率和汇率的条件式 PCC 结构。通过实证参数估计得到碳交易配额市场的多

源市场风险要素碳价、汇率和利率的 C-Vine Copula 联合概率密度函数形式为 $f(x_1,x_2,x_3)=f(x_1)f(x_2)f(x_3)c_{12}c_{13}c_{2,3|1}$。碳交易配额市场风险要素间相依性 C-Vine 结构如图 4.7 所示。x_1、x_2、x_3 分别表示碳价、汇率和利率;$x_2|x_1$、$x_3|x_1$ 分别表示在碳价给定的条件下汇率的条件分布和利率的条件分布;Joe、Frank 和 t 分别表示风险要素的 PCC 函数分别是 Joe Copula、Frank Copula 和 Student-t Copula;Tree 1 和 Tree 2 分别表示第一层和第二层树状结构。

表 4.8 碳交易配额市场风险要素间相依性的 C-Vine 参数估计

C-Vine	PCC 族	Copula 函数的参数估计值(Par1)	自由度(Par2)	Kendall 相关系数(Kendall τ)
c_{12}	Joe Copula	7.87	—	0.78
c_{13}	Frank Copula	8.02	—	0.66
$c_{2,3|1}$	Student-t Copula	0.079 7	2	0.35
对数似然		92 454		

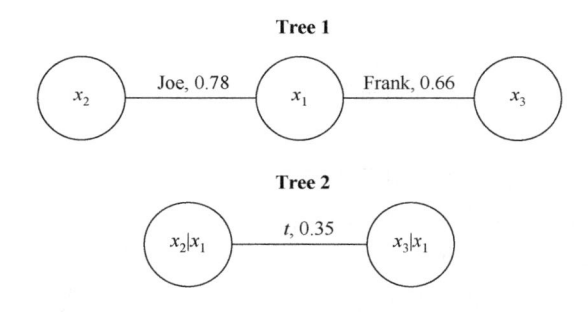

图 4.7 碳交易配额市场风险要素间相依性 C-Vine 结构

在 C-Vine 结构下,在碳交易配额市场的多源市场风险要素中,碳价是中心点,是汇率和利率的市场联动媒介,也是风险溢出和传染的源头;配额市场风险要素的 PCC 函数分别是 Joe Copula、Frank Copula 和 Student-t Copula,说明它的多源市场风险要素之间存在相依结构和相依程度的异质性。

碳交易项目市场的多源市场风险要素碳价(即 CER 价格)、汇率(即 EUR/CNY)和利率(即 SHIBOR)的 C-Vine 相依结构的参数估计结果具体见表 4.9,碳交易项目市场风险要素间相依性 C-Vine 结构如图 4.8 所示。

在 C-Vine 结构下,在碳交易项目市场的多源市场风险要素中,碳价是中心点,是汇率和利率的市场联动媒介,也是风险溢出和传染的源头;项目市场风险要素的 PCC 函数都是 Student-t Copula,说明它的多源市场风险要素之间的相依结构不存在异质性,仅有相依程度大小的差异。

表 4.9　碳交易项目市场风险要素间相依性的 C-Vine 参数估计

C-Vine	PCC			
	族	Copula 函数的参数估计值（Par1）	自由度（Par2）	Kendall 相关系数（Kendall τ）
c_{12}	Student-t Copula	0.216 3	2	0.64
c_{13}	Student-t Copula	0.055 4	2	0.42
$c_{2,3\mid 1}$	Student-t Copula	0.050 6	2	0.19
对数似然		91 547		

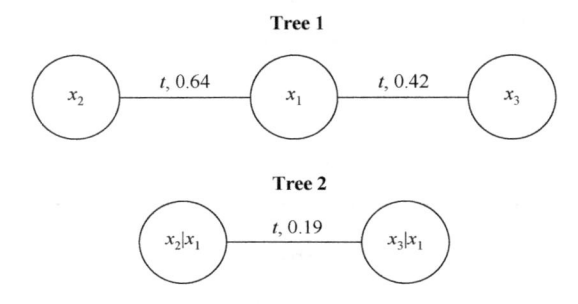

Tree 1

x_2 —— $t, 0.64$ —— x_1 —— $t, 0.42$ —— x_3

Tree 2

$x_2\mid x_1$ —— $t, 0.19$ —— $x_3\mid x_1$

图 4.8　碳交易项目市场风险要素间相依性 C-Vine 结构

（2）D-Vine Copula 相依性测度的参数估计。类似于 C-Vine 的分析，碳交易配额市场的多源市场风险要素的 D-Vine 相依结构的估计结果具体如表 4.10 所示，其中 c_{12} 代表碳价和汇率的 PCC 结构，c_{23} 代表汇率和利率的 PCC 结构，$c_{1,3\mid 2}$ 代表的是以汇率为连接点，碳价和利率的条件式 PCC 结构。实证结果发现碳交易配额市场的多源市场风险要素碳价、汇率和利率的 D-Vine Copula 联合概率密度函数为 $f(x_1,x_2,x_3)=f(x_1)f(x_2)f(x_3)c_{12}c_{23}c_{1,3\mid 2}$。碳交易配额市场风险要素间相依性 D-Vine 结构如图 4.9 所示。

表 4.10　碳交易配额市场风险要素间相依性的 D-Vine 参数估计

D-Vine	PCC			
	族	Copula 函数的参数估计值（Par1）	自由度（Par2）	Kendall 相关系数（Kendall τ）
c_{12}	Joe Copula	7.87	—	0.78
c_{23}	Frank Copula	10.71	—	0.65
$c_{1,3\mid 2}$	Joe Copula	2.01	—	0.34
对数似然		87 554		

Tree 1

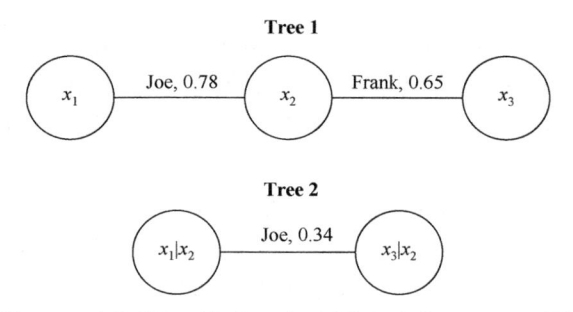

x_1 —— Joe, 0.78 —— x_2 —— Frank, 0.65 —— x_3

Tree 2

$x_1|x_2$ —— Joe, 0.34 —— $x_3|x_2$

图 4.9　碳交易配额市场风险要素间相依性 D-Vine 结构

在 D-Vine 结构下，在碳交易配额市场的多源市场风险要素中，汇率是中心点，是碳价和利率的市场联动媒介，也是风险溢出和传染的源头；配额市场风险要素的 PCC 函数有 Joe Copula 和 Frank Copula，说明它的多源市场风险要素之间存在相依结构和相依程度的异质性。

碳交易项目市场的多源风险要素的 D-Vine 相依结构的估计结果具体如表 4.11 所示，其中 c_{12} 代表碳价和汇率的 PCC 结构；c_{23} 代表汇率和利率的 PCC 结构，$c_{1,3|2}$ 代表的是以汇率为连接点，碳价和利率的条件式 PCC 结构。实证结果发现碳交易项目市场多源市场风险要素碳价、汇率和利率的 D-Vine 联合概率密度函数为 $f(x_1,x_2,x_3)=f(x_1)f(x_2)f(x_3)c_{12}c_{23}c_{1,3|2}$。相应的碳交易项目市场风险要素相依性 D-Vine 结构如图 4.10 所示。

表 4.11　碳交易项目市场风险要素间相依性的 D-Vine 参数估计

D-Vine	PCC 族	Copula 函数的参数估计值（Par1）	自由度（Par2）	Kendall 相关系数（Kendall τ）
c_{12}	Joe Copula	2.16	—	0.34
c_{23}	Student-t Copula	0.089 7	2	0.18
$c_{1,3|2}$	Student-t Copula	0.114 2	2	0.07
对数似然		91 744		

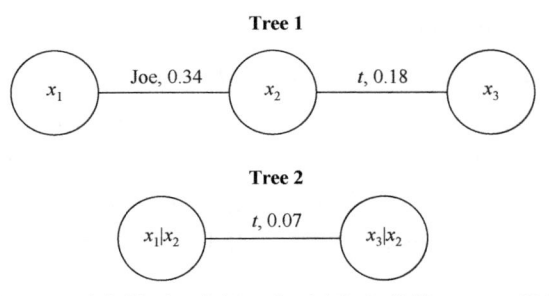

Tree 1

x_1 —— Joe, 0.34 —— x_2 —— t, 0.18 —— x_3

Tree 2

$x_1|x_2$ —— t, 0.07 —— $x_3|x_2$

图 4.10　碳交易项目市场风险要素间相依性 D-Vine 结构

在 D-Vine 结构下，汇率是碳交易项目市场的多源市场风险要素的中心点，是碳价和利率的市场联动媒介，也是风险溢出和传染的源头；项目市场风险要素的 PCC 函数有 Joe Copula 和 Student-t Copula，说明多源市场风险要素之间的相依结构和相依程度有异质性。

3）碳交易市场风险要素相依性 Vine Copula 结构选择

本节用 C-Vine 和 D-Vine 两种藤结构分别对碳交易配额和项目市场的多源风险要素的相依关系进行了估计，结果表明两类市场在不同藤结构下的风险要素相依性有相依结构和相依程度的差别。

为了选择出更适用于描述碳交易市场风险要素异质相依性的藤结构，本章采用 Vuong 检验进行比较。依据 R 语言包 Package CDVine 中该检验的原假设，本章中 C-Vine 表现更优是原假设。通过表 4.12 可知，对碳交易配额市场，检验结果无论是整体还是各个 PCC 结构的统计量均显著不为零，表明 D-Vine 较适合碳交易配额市场的多源风险要素的相依结构描述。图 4.9 即为本章所研究的碳配额市场风险要素的相依性最终选择的 Vine 结构示意图。对碳交易项目市场，检验结果无论是整体还是各个 PCC 结构的统计量均不显著，表明 C-Vine 较适合碳交易项目市场的多源风险要素的相依结构描述。图 4.8 即为本章所研究的碳交易项目市场风险要素的相依性最终选择的 Vine 结构示意图。

表 4.12 碳交易配额和项目市场的 C-Vine 和 D-Vine 结构选择检验

检验指标	配额市场		项目市场	
	整体 Vine 结构	Pair-Copula	整体 Vine 结构	Pair-Copula
Vuong 统计量	14.3379	25.4522	14.3379	25.4522
p 值	0.0000	0.0000	0.5612	0.2287

4. 基于要素相依性的碳交易市场风险集成度量

1）碳交易市场风险度量测度结果与比较分析

采用蒙特卡罗模拟方法集成度量碳交易市场风险，本节分别测度了基于配额交易的和基于项目交易的两类碳交易模式的市场风险 VaR，包含使用 Vine Copula 集成（既考虑市场风险要素波动特征，又考虑相依性的情况）得到的 VaR 和简单加总（只考虑市场风险要素波动特征而不考虑相依性的情况）得到的 VaR。表 4.13 给出了在不同的置信水平下两种碳交易模式的市场风险集成度量结果。

表 4.13 不同模式的碳交易市场风险集成度量结果

市场	置信水平	Price-VaR	Exchange-VaR	Interest-VaR	Sum-VaR	Copula-VaR
碳交易配额市场	99%	0.5041	0.2498	0.4214	1.1753	1.0542
	95%	0.3824	0.1841	0.3085	0.8750	0.8411
	90%	0.2987	0.1498	0.2544	0.7029	0.5974
碳交易项目市场	99%	0.6974	0.2185	0.1834	1.0993	1.2435
	95%	0.5217	0.1801	0.1487	0.8505	1.0545
	90%	0.4501	0.1354	0.1045	0.6899	0.8975

注：Price-VaR、Exchange-VaR 和 Interest-VaR 分别代表市场风险要素碳价 VaR、汇率 VaR 和利率 VaR；Sum-VaR 和 Copula-VaR 分别表示市场风险的简单加总 VaR 和 Vine Copula 集成 VaR。

就碳交易配额市场的整体市场风险来说，在不同的置信水平下，Vine Copula 集成 VaR 均小于简单加总 VaR（1.0542＜1.1753，0.8411＜0.8750，0.5974＜0.7029）。表明对比简单加总，考虑市场风险要素间的相依性在一定程度上剔除了市场风险的叠加值，如果采用直接的简单加总的方式，忽略市场风险要素的相依性来计算碳交易配额市场的风险会放大真实的风险，增加企业与投资者的风险管理与防范的成本，分占现金流，降低运营与投资活动的效率。碳交易配额市场各风险要素的 VaR 比较结果表明，碳产品价格波动带来的风险最大，其次是利率市场风险，汇率市场风险整体偏小且较为稳定。可能的原因是碳交易市场是新兴市场，尚未发展成熟，运行机制有待改善，碳交易产品价格弹性较大，市场受政策引导较强，价格不稳；利率市场风险可能是由于政府为了尽快摆脱欧债危机的影响，实施大幅放宽货币政策，降低利率来鼓励投资消费，以间接的方式来刺激经济增长。

就碳交易项目市场的整体市场风险来说，在不同的置信水平下，Vine Copula 集成 VaR 均大于简单加总 VaR（1.2435＞1.0993，1.0545＞0.8505，0.8975＞0.6899）。说明对比简单加总，考虑市场风险要素间的相依性捕捉到了一部分市场风险潜在的值，如果采用直接的简单加总的方式，忽略市场风险要素的相依性来计算碳交易项目市场风险可能会忽视一部分真实存在的潜在市场风险，增加企业与投资者的运营与投资活动的风险。碳交易项目市场各风险要素的 VaR 比较结果表明，碳产品价格波动带来的风险最大，其次是汇率市场风险，利率市场风险相对而言整体偏小且较为稳定。由于配额市场和项目市场的产品是等价流通的，碳配额产品价格不稳势必会影响碳交易项目市场的产品价格；受国际金融市场影响，中国的外汇市场也出现了一定的波动；由于中国利率市场化进程还在稳步推行中，利率市场的价格波动比较平缓。

无论配额市场还是项目市场，市场风险来源中碳资产价格波动最为不确定。从集成风险来说，碳交易项目市场的风险要大于碳交易配额市场的风险，可见源自《京都议定书》灵活机制的项目市场的职能作用很明确，辅助配额市场，促进了低碳减排发展。

2）碳交易市场风险要素相依性的阶段性差异研究

《京都议定书》的第一承诺期（2008～2012年）已经到期，全球减排取得了一定的成效，气候问题依旧严峻，碳减排仍然需要持续推进。2012年底的《联合国气候变化框架公约》第 18 次缔约方会议暨《京都议定书》第 8 次缔约方会议确立了第二承诺期（2013～2020年）。较第一承诺期而言，第二承诺期为了保障减排的质量，在提高减排力度、减排机制及其适用条件和资格、如何进行排放许可分配等方面的规定和约束要求更加严格。然而第二承诺期与《联合国气候变化框架公约》在减排目标的内涵和核算方式上不统一，对 2020 年后如何制定减缓目标和减排进展衡量机制造成了不便与冲突；此外，在法律效力上，第二承诺期存在一定的不确定性，也可能导致碳交易市场发展形成以各国或者区域内的法律保障为基础的国际自愿减排体系，为后续国际气候谈判和机制制定与实施带来了重大的不确定性。

为了研究碳交易市场风险在第一承诺期和第二承诺期的阶段性差异，本章将配额市场和项目市场的研究样本划分为京都和后京都两个阶段，考察市场风险表现的差异（表 4.14）。

表 4.14 碳交易市场的发展阶段与样本划分说明

阶段	时间跨度	样本区间	样本观测点（N）
京都阶段	2008.1.1～2012.12.31	2008.3.14～2012.12.31	1151
后京都阶段	2013.1.1～2020.12.31	2013.1.1～2018.12.31	1435

（1）不同发展阶段下碳交易配额市场的风险要素相依性。表 4.15 所示的是不同阶段下碳交易配额市场的多源市场风险要素碳价、汇率和利率的 C-Vine 参数估计结果。

表 4.15 不同阶段的碳交易配额市场的相依性参数估计（C-Vine）

阶段	C-Vine	PCC			
		族	Copula 函数的参数估计值（Par1）	自由度（Par2）	Kendall 相关系数（Kendall τ）
京都阶段	c_{13}	Student-t Copula	0.025 8	2	0.23
	c_{23}	Gumbel Copula	4.27	—	0.35
	$c_{1,2\|3}$	Student-t Copula	0.054 6	2	0.07
	对数似然	92 481			

续表

阶段	C-Vine	PCC			
		族	Copula 函数的参数估计值（Par1）	自由度（Par2）	Kendall 相关系数（Kendall τ）
后京都阶段	c_{12}	Student-t Copula	0.079 5	2	0.35
	c_{23}	Clayton Copula	0.387 4	—	0.39
	$c_{1,3\|2}$	Joe Copula	2.99	—	0.16
	对数似然	98 721			

京都阶段：其中 c_{13} 代表碳价和利率的 PCC 结构；c_{23} 代表汇率和利率的 PCC 结构；$c_{1,2|3}$ 代表的是以利率市场为连接点，碳价和汇率的条件式 PCC 结构。通过实证参数估计得到碳交易配额市场的多源市场风险要素碳价、汇率和利率的 C-Vine Copula 联合概率密度函数形式为 $f(x_1,x_2,x_3)=f(x_1)f(x_2)f(x_3)c_{13}c_{23}c_{1,2|3}$。

后京都阶段：其中 c_{12} 代表碳价和汇率的 PCC 结构，c_{23} 代表汇率和利率的 PCC 结构，$c_{1,3|2}$ 代表的是以汇率市场为连接点，碳价和利率的条件式 PCC 结构。通过实证参数估计得到碳交易配额市场的多源市场风险要素碳价、汇率和利率的 C-Vine Copula 联合概率密度函数形式为 $f(x_1,x_2,x_3)=f(x_1)f(x_2)f(x_3)c_{12}c_{23}c_{1,3|2}$。

在 C-Vine 结构下：京都阶段内，碳交易配额市场的多源市场风险要素中利率市场是中心点，是碳价和汇率的市场联动媒介，也是风险溢出和传染的源头；配额市场风险要素的 PCC 函数有 Gumbel Copula 和 Student-t Copula 两种，说明在京都阶段，配额市场的多源市场风险要素之间存在相依结构和相依程度的异质性。后京都阶段内，碳交易配额市场的多源市场风险要素中汇率市场是中心点，是碳价和利率的市场联动媒介，也是风险溢出和传染的源头；配额市场风险要素的 PCC 函数有 Student-t Copula、Clayton Copula 和 Joe Copula 三种，说明在后京都阶段，配额市场的多源市场风险要素之间存在相依结构和相依程度的异质性。不同阶段的碳交易配额市场风险要素间相依性 C-Vine 结构如图 4.11 所示。

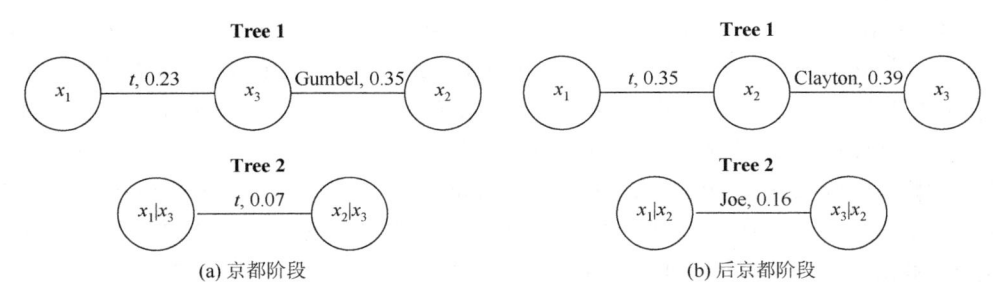

(a) 京都阶段

(b) 后京都阶段

图 4.11 不同阶段的碳交易配额市场风险要素间相依性 C-Vine 结构

表 4.16 呈现的是碳交易配额市场的多源市场风险要素碳价、汇率和利率的 D-Vine 参数估计结果。

表 4.16 不同阶段的碳交易配额市场的相依性参数估计（D-Vine）

阶段	D-Vine	PCC 族	Copula 函数的参数估计值（Par1）	自由度（Par2）	Kendall 相关系数（Kendall τ）
京都阶段	c_{12}	Gumbel Copula	8.97	—	0.57
	c_{13}	Gumbel Copula	5.01	—	0.64
	$c_{2,3\|1}$	Student-t Copula	0.147 2	2	0.21
	对数似然		89 748		
后京都阶段	c_{13}	Gaussian Copula	0.479 5		0.28
	c_{23}	Student-t Copula	0.387 4	2	0.41
	$c_{1,2\|3}$	Joe Copula	6.87		0.09
	对数似然		95 477		

京都阶段：其中 c_{12} 代表碳价和汇率的 PCC 结构，c_{13} 代表碳价和利率的 PCC 结构，$c_{2,3|1}$ 代表的是以碳资产价格市场为连接点，汇率和利率的条件式 PCC 结构。通过实证参数估计得到碳交易配额市场的多源市场风险要素碳价、汇率和利率的 D-Vine Copula 联合概率密度函数形式为 $f(x_1, x_2, x_3) = f(x_1)f(x_2)f(x_3)c_{12}c_{13}c_{2,3|1}$。

后京都阶段：其中 c_{13} 代表碳价和利率的 PCC 结构，c_{23} 代表汇率和利率的 PCC 结构，$c_{1,2|3}$ 代表的是以利率市场为连接点，碳价和汇率的条件式 PCC 结构。通过实证参数估计得到碳交易配额市场的多源市场风险要素碳价、汇率和利率的 D-Vine Copula 联合概率密度函数形式为 $f(x_1, x_2, x_3) = f(x_1)f(x_2)f(x_3)c_{13}c_{23}c_{1,2|3}$。

在 D-Vine 结构下：京都阶段内，碳交易配额市场的多源市场风险要素中碳资产价格市场是中心点，是利率和汇率的市场联动媒介，也是风险溢出和传染的源头；配额市场风险要素的 PCC 函数有 Gumbel Copula 和 Student-t Copula 两种，说明在京都阶段，配额市场的多源市场风险要素之间存在相依结构和相依程度的异质性。后京都阶段内，碳交易配额市场的多源市场风险要素中利率市场是中心点，是碳价和汇率的市场联动媒介，也是风险溢出和传染的源头；配额市场风险要素的 PCC 函数有 Gaussian Copula、Student-t Copula 和 Joe Copula 三种，说明在后京都阶段，配额市场的多源市场风险要素之间存在相依结构和相依程度的异质性。不同阶段的碳交易配额市场风险要素间相依性 D-Vine 结构见图 4.12。

第 4 章 基于数据特征的碳金融市场风险及其传导研究

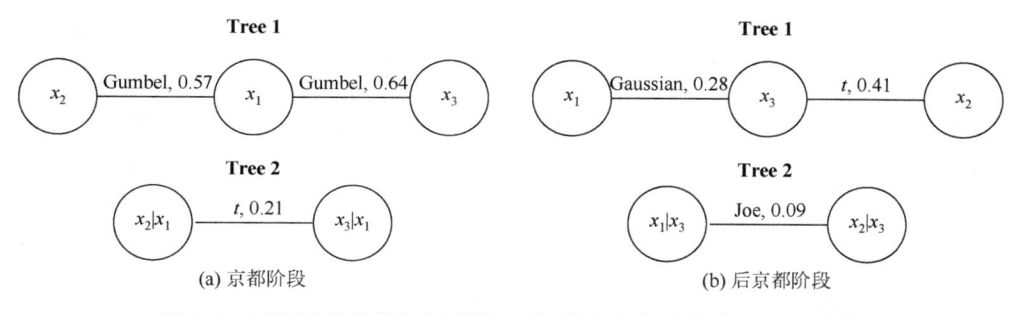

Tree 1

x_2 —Gumbel, 0.57— x_1 —Gumbel, 0.64— x_3

Tree 1

x_1 —Gaussian, 0.28— x_3 —t, 0.41— x_2

Tree 2

$x_2|x_1$ —t, 0.21— $x_3|x_1$

Tree 2

$x_1|x_3$ —Joe, 0.09— $x_2|x_3$

(a) 京都阶段

(b) 后京都阶段

图 4.12 不同阶段的碳交易配额市场风险要素间相依性 D-Vine 结构

为了选择出更适用于描述不同阶段下的碳交易配额市场风险要素异质相依性的藤结构，本章采用 Vuong 统计量检验结果选择合适的藤结构，如表 4.17 所示。通过 p 值可知：在京都阶段，整体和各个 PCC 结构的统计量均不显著，说明 C-Vine 更适合描述这一时期内配额市场风险要素间的相依性；而在后京都阶段，无论整体还是各个 PCC 结构的统计量均显著不为零，表明 D-Vine 更适合描述该发展阶段内配额市场风险要素间的相依性。

表 4.17 不同阶段的碳交易配额市场的 C-Vine/D-Vine 结构选择检验

检验指标	京都阶段		后京都阶段	
	整体 Vine 结构	Pair-Copula	整体 Vine 结构	Pair-Copula
Vuong 统计量	16.8754	19.4875	19.5781	21.5744
p 值	0.2521	0.5174	0.0000	0.0000

综合表 4.15 和表 4.16 以及图 4.11 和图 4.12 发现，在这两阶段所选择的 C-Vine 或 D-Vine 结构下，利率都是中心点，说明欧元区利率市场波动具有明显的风险溢出效应。

（2）不同发展阶段下碳交易项目市场的风险要素相依性。表 4.18 给出的是不同阶段下碳交易项目市场的多源市场风险要素碳价、汇率和利率的 C-Vine 参数估计结果。

表 4.18 不同阶段的碳交易项目市场相依性参数估计（C-Vine）

阶段	C-Vine	PCC			
		族	Copula 函数的参数估计值（Par1）	自由度（Par2）	Kendall 相关系数（Kendall τ）
京都阶段	c_{12}	Student-t Copula	0.027 9	2	0.31
	c_{23}	Student-t Copula	0.457 4	3	0.54
	$c_{1,3|2}$	Student-t Copula	0.054 6	2	0.21
	对数似然	97 547			

续表

阶段	C-Vine	PCC			
		族	Copula 函数的参数估计值（Par1）	自由度（Par2）	Kendall 相关系数（Kendall τ）
后京都阶段	c_{12}	Frank Copula	7.24	—	0.67
	c_{13}	Clayton Copula	3.54	—	0.24
	$c_{2,3\|1}$	Gumbel Copula	2.99	—	0.09
	对数似然	88 243			

京都阶段：其中 c_{12} 代表碳价和汇率的 PCC 结构；c_{23} 代表汇率和利率的 PCC 结构，$c_{1,3|2}$ 代表的是以汇率市场为连接点，碳价和利率的条件式 PCC 结构。通过实证参数估计得到碳交易项目市场的多源市场风险要素的 C-Vine Copula 联合概率密度函数形式为 $f(x_1,x_2,x_3)=f(x_1)f(x_2)f(x_3)c_{12}c_{23}c_{1,3|2}$。

后京都阶段：其中 c_{12} 代表碳价和汇率的 PCC 结构，c_{13} 代表碳价和利率的 PCC 结构，$c_{2,3|1}$ 代表的是以碳资产价格市场为连接点，汇率和利率的条件式 PCC 结构。通过实证参数估计得到碳交易项目市场的多源市场风险要素的 C-Vine Copula 联合概率密度函数形式为 $f(x_1,x_2,x_3)=f(x_1)f(x_2)f(x_3)c_{12}c_{13}c_{2,3|1}$。

在 C-Vine 结构下：京都阶段内，碳交易项目市场的多源市场风险要素中汇率市场是中心点，是碳价和利率的市场联动媒介，也是风险溢出和传染的源头；项目市场风险要素的 PCC 函数只有 Student-t Copula，说明在京都阶段，项目市场的多源市场风险要素之间不存在异质性相依结构，但相依程度有所差别。后京都阶段内，碳交易项目市场的多源市场风险要素中碳资产价格市场是中心点，是汇率和利率的市场联动媒介，也是风险溢出和传染的源头；项目市场风险要素的 PCC 函数有 Frank Copula、Clayton Copula 和 Gumbel Copula 三种，说明在后京都阶段，项目市场的多源市场风险要素之间存在相依结构和相依程度的异质性。不同阶段的碳交易项目市场风险要素间相依性 C-Vine 结构如图 4.13 所示。

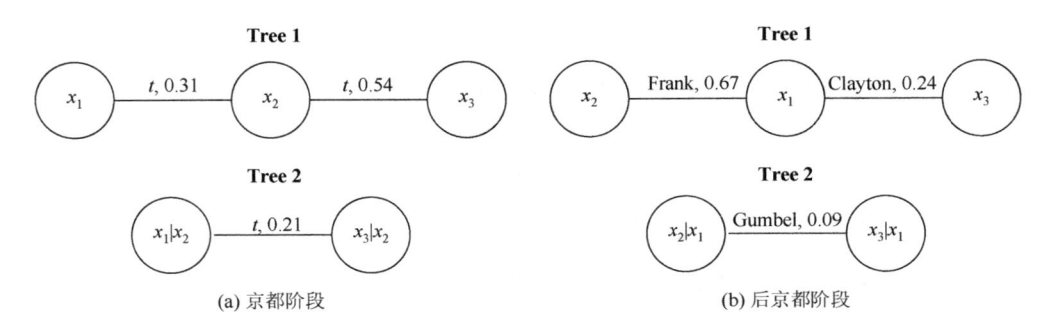

(a) 京都阶段　　　　　　　　　　(b) 后京都阶段

图 4.13　不同阶段的碳交易项目市场风险要素间相依性 C-Vine 结构

表 4.19 中列出的是不同阶段下碳交易项目市场的多源市场风险要素碳价、汇率和利率的 D-Vine 参数估计结果。

表 4.19 不同阶段的碳交易项目市场相依性参数估计（D-Vine）

阶段	D-Vine	PCC 族	Copula 函数的参数估计值（Par1）	自由度（Par2）	Kendall 相关系数（Kendall τ）
京都阶段	c_{12}	Student-t Copula	0.077 4	2	0.54
	c_{23}	Gaussian Copula	0.347 8	—	0.23
	$c_{1,3\|2}$	Frank Copula	6.57	—	0.14
	对数似然		87 554		
后京都阶段	c_{12}	Student-t Copula	0.473 8	2	0.46
	c_{13}	Student-t Copula	0.132 1	2	0.31
	$c_{2,3\|1}$	Joe Copula	5.87	—	0.14
	对数似然		87 873		

京都阶段：c_{12} 代表碳价和汇率的 PCC 结构，c_{23} 代表汇率和利率的 PCC 结构，$c_{1,3|2}$ 代表的是以汇率市场为连接点，碳价和利率的条件式 PCC 结构。通过实证参数估计得到碳交易项目市场的多源市场风险要素的 D-Vine Copula 联合概率密度函数形式为 $f(x_1,x_2,x_3)=f(x_1)f(x_2)f(x_3)c_{12}c_{23}c_{1,3|2}$。

后京都阶段：c_{12} 代表碳价和汇率的 PCC 结构，c_{13} 代表碳价和利率的 PCC 结构，$c_{2,3|1}$ 代表的是以碳资产价格市场为连接点，汇率和利率的条件式 PCC 结构。通过实证参数估计得到碳交易项目市场的多源市场风险要素的 D-Vine Copula 联合概率密度函数形式为 $f(x_1,x_2,x_3)=f(x_1)f(x_2)f(x_3)c_{12}c_{13}c_{2,3|1}$。

在 D-Vine 结构下：京都阶段内，碳交易项目市场的多源市场风险要素中汇率市场是中心点，是碳价和利率的市场联动媒介，也是风险溢出和传染的源头；项目市场风险要素的 PCC 函数有 Student-t Copula、Gaussian Copula 和 Frank Copula 三种，说明在京都阶段，项目市场的多源市场风险要素之间存在相依结构和相依程度的异质性。后京都阶段内，碳交易项目市场的多源市场风险要素中，碳资产价格市场是中心点，是汇率和利率的市场联动媒介，也是风险溢出和传染的源头；项目市场风险要素的 PCC 函数有 Student-t Copula 和 Joe Copula 两种，说明在后京都阶段，项目市场的多源市场风险要素之间依旧存在相依结构和相依程度的异质性。

相应地，不同阶段的碳交易项目市场风险要素间相依性 D-Vine 结构如图 4.14 所示。

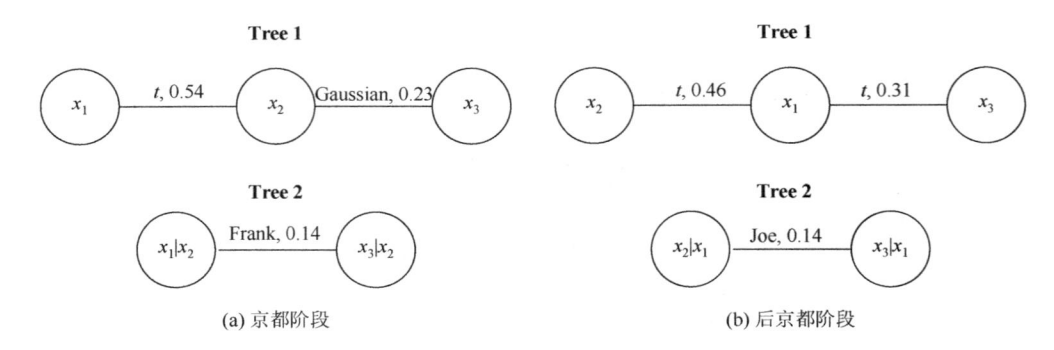

```
                Tree 1                                    Tree 1
    (x₁)──t, 0.54──(x₂)──Gaussian, 0.23──(x₃)    (x₂)──t, 0.46──(x₁)──t, 0.31──(x₃)

                Tree 2                                    Tree 2
         (x₁|x₂)──Frank, 0.14──(x₃|x₂)              (x₂|x₁)──Joe, 0.14──(x₃|x₁)

              (a) 京都阶段                                (b) 后京都阶段
```

图 4.14　不同阶段的碳交易项目市场风险要素间相依性 D-Vine 结构

为了选择出更适用于描述不同阶段下的碳交易项目市场风险要素异质相依性的藤结构，本章采用 Vuong 统计量检测结果选择合适的藤结构，如表 4.20 所示。通过 p 值可知：在京都阶段，整体和各个 PCC 结构的统计量均显著不为零，说明 D-Vine 更适合描述这一时期内项目市场风险要素间的相依性；而在后京都阶段，无论整体还是各个 PCC 结构的统计量也均显著不为零，表明 D-Vine 更适合描述该发展阶段内项目市场风险要素间的相依性。

表 4.20　不同阶段的碳交易项目市场的 C-Vine/D-Vine 结构选择检验

检验指标	京都阶段		后京都阶段	
	整体 Vine 结构	Pair-Copula	整体 Vine 结构	Pair-Copula
Vuong 统计量	28.9147	18.1473	16.4772	19.8599
p 值	0.0000	0.0000	0.0000	0.0000

综合表 4.18 和表 4.19 以及图 4.13 和图 4.14 发现：汇率是碳交易项目市场在京都阶段的波动中心点，碳价是碳交易项目市场在后京都阶段的波动中心点。2008～2012 年期间，碳交易项目市场发展处于初步阶段，作为一项发达国家和发展中国家合作的减排活动，外汇市场的波动较具有联动性，影响企业和投资者的决策行为。

3）碳交易市场风险度量测度的阶段性差异研究

本节针对碳交易市场发展阶段，采用碳交易市场风险集成度量蒙特卡罗模拟思路，分别测度了基于配额交易的和基于项目交易的两类碳交易市场在不同发展阶段下的市场风险 VaR。表 4.21 和表 4.22 分别给出的是碳交易配额市场和项目市场的市场风险在不同发展阶段下的集成度量结果。

表4.21 不同阶段的碳交易配额市场风险集成度量结果

阶段	置信水平	Price-VaR	Exchange-VaR	Interest-VaR	Sum-VaR	Copula-VaR
京都阶段	99%	0.3916	0.2654	0.2287	0.8857	0.8005
	95%	0.3132	0.1751	0.1567	0.6450	0.6078
	90%	0.2875	0.1299	0.1042	0.5216	0.4656
后京都阶段	99%	0.6132	0.2214	0.7012	1.5358	1.2322
	95%	0.4754	0.1885	0.4987	1.1626	1.0265
	90%	0.3955	0.1344	0.4032	0.9331	0.8123

注：Price-VaR、Exchange-VaR、Interest-VaR 分别代表市场风险要素碳价 VaR、汇率 VaR、利率 VaR；Sum-VaR、Copula-VaR 分别表示市场风险的简单加总 VaR、Vine Copula 集成 VaR。

表4.22 不同阶段的碳交易项目市场风险集成度量结果

阶段	置信水平	Price-VaR	Exchange-VaR	Interest-VaR	Sum-VaR	Copula-VaR
京都阶段	99%	0.4833	0.2265	0.2015	0.9113	0.8548
	95%	0.3912	0.1996	0.1854	0.7762	0.7438
	90%	0.3018	0.1699	0.1689	0.6406	0.5869
后京都阶段	99%	0.7849	0.3976	0.3014	1.4839	1.6874
	95%	0.5768	0.2465	0.2189	1.0422	1.3543
	90%	0.4212	0.2189	0.1987	0.8388	1.0213

注：Price-VaR、Exchange-VaR 和 Interest-VaR 分别代表市场风险要素碳价 VaR、汇率 VaR 和利率 VaR；Sum-VaR 和 Copula-VaR 分别表示市场风险的简单加总 VaR 和 Vine Copula 集成 VaR。

（1）京都阶段碳交易市场风险的 VaR 分析。针对碳交易配额市场而言，在不同的置信水平下，整体市场风险的 Vine Copula 集成 VaR 均小于简单加总 VaR；单个市场风险中碳价风险较大，其次是利率市场，汇率市场风险较小。对碳交易项目市场来说，在不同的置信水平下，整体风险也表现为 Vine Copula 集成 VaR 均小于简单加总 VaR；单个市场风险中碳价风险较大，其次是汇率市场，利率市场风险波动较弱。对比而言，无论配额市场还是项目市场，在京都阶段，碳价波动较为明显且市场风险要素间存在信息重叠的溢出效应。

（2）后京都阶段碳交易市场风险的 VaR 分析。碳交易配额市场中，在不同置信水平下，整体市场风险的 Vine Copula 集成 VaR 均小于简单加总 VaR；单个市场风险中利率风险表现较为剧烈，其次是碳价风险，汇率风险最弱。碳交易项目市场中，在不同置信水平下，整体市场风险的 Vine Copula 集成 VaR 均大于简单加总 VaR；单个市场风险中碳价风险最突出，其次是汇率市场风险，利率风险总体偏低。

（3）不同阶段下碳交易市场风险的 VaR 比较。无论配额市场还是项目市场，后京都阶段的集成风险均大于京都阶段。进一步比较研究结果发现：配额市场在京都阶段的风险源是碳价波动，后京都阶段的风险源是利率波动；项目市场在两个阶段的风险源都是碳价波动。碳交易配额市场在京都阶段和后京都阶段市场风险要素间一直存在信息叠加的溢出效应。碳交易项目市场风险要素间在京都阶段是波动信息叠加导致 1+1＜2 的整体风险；到后京都阶段是市场风险要素间共同波动信息放大产生 1+1＞2 的整体风险。可见，在多源市场风险集成度量时，考虑市场风险要素间的相依性，有利于企业和投资者正确、合理地认知风险大小，对其参与减排的投资决策具有重要的指导价值。

4.2 基于多尺度系统理论的碳金融市场与关联市场风险传导网络研究

4.2.1 研究问题的提出

碳排放权不仅具有一般的商品属性，其金融属性也逐渐凸显，与能源资产和金融资产存在显著的信息传导机制。因市场参与主体所关注的投资期限和作用周期的差异，碳金融市场与关联市场价格波动的传导机制具有多时间尺度的异质性特征，同时受宏观经济环境影响而形成的复杂网络关系，给碳金融市场的风险管控带来新的挑战。因此，针对碳金融市场与关联市场组成的复杂作用系统，厘清市场之间的风险传导效应和路径对市场风险监管和预警、投资者组合风险管理及国内统一碳金融市场的建设等都具有重要的理论参考和实践指导意义。

不同于现有研究关注于单个碳金融市场与某类关联市场两两之间的风险传导机制的认知范畴，以及聚焦于单方面时间维度的风险传导效应测度方法，本节基于多尺度分析和复杂网络分析视角，对碳金融市场和关联市场间的多尺度风险传导路径进行探究。不仅测度市场间动态的多尺度风险传导效应方向和程度，而且探析多源市场风险在不同时间尺度下的复杂网络结构。

4.2.2 碳金融市场与关联市场多尺度风险传导的网络构建

基于多源市场波动溢出的视角全景式考察碳金融市场与关联市场间的多尺度风险传导关系，突破了单方面时间维度和两两分析市场间关系的局限。首先，根据对数似然值、赤池信息量准则（Akaike information criterion，AIC）/施瓦茨准则（Schwarz criterion，SC）等判定准则，采用拟合最优的 GARCH 族波动模型估计各市场收益率的波动，以此获取各市场风险因子。其次，基于碳金融市场和关联市场的多源风险因子,采用 Baruník 和 Křehlík(2018)提出的基于傅里叶变换的溢出指数模型(简称 BK 溢出指数模型)测度市场之间的多尺度风险溢出效应,以识别在每个时间尺度下,市场间风险传导的方向和强度、两两市场间的配对风险净传导效应、各市场的风险净溢出效应等。同时,结合滚动窗口技术测度市场间的动态多尺度风险传导效应。再次,结合市场间的多尺度风险传导效应,构建可视化的风险传导网络并分析其结构特征。最后,根据复杂网络结构的特征统计指标,识别多尺度复杂网络结构中的风险传导中心、各市场在风险传导中所担任的角色等。同时,基于碳金融市场政策变动、经济和金融等重大事件的时点划分,探究多尺度风险传导网络的阶段性变化特征。

1. 基于波动率模型的各市场风险因子提取

由于本节基于多尺度和波动率溢出的角度探究碳金融市场和关联市场间的多尺度风险传导关系,所以首先要提取各市场价格收益率的波动,即风险因子。金融市场波动往往表现出异方差性,而且多数研究证明 GARCH 模型能够很好地描述市场波动的集聚性和持久性。参考已有文献对碳金融市场和传统能源、金融市场的风险测度方法,考虑市场收益率的自相关和异方差性,本节对各市场价格的收益率序列数据进行 ARMA-GARCH 类模型拟合,选用最佳波动率模型提取市场风险因子。

标准的 ARMA(m, n)-GARCH(p, q)模型如下(Bollerslev,1986):

$$y_t = c + \sum_{i=1}^{m} w_i y_{t-i} + \sum_{j=1}^{n} r_j \mu_{t-j} + \mu_t, \quad \mu_t = \varepsilon_t \sigma_t \quad (4.9)$$

$$\sigma_t^2 = \omega + \sum_{i=1}^{q} \alpha_i \mu_{t-i}^2 + \sum_{j=1}^{p} \beta_j \sigma_{t-j}^2 \quad (4.10)$$

式(4.9)和式(4.10)分别代表均值方程和方差方程。y_t 为市场收益率;m、n 分别为自回归过程和移动平均过程的阶数,可依据收益率的自相关和偏自相关检验设定;μ_t 为误差项;ε_t 为独立同分布的随机变量,可服从正态分布、Student's-t 分布和广义误差分布(generalized error distribution,GED)等;μ_{t-i}^2、σ_{t-j}^2 分别为残差 ARCH 项和方差 GARCH 项,用来度量从前期得到的波动性信息;p、q 为滞后阶数;α_i 反映外部冲击的影响,β_j 揭示波动持续性的强弱,且在 $\sum_{i=1}^{q}\alpha_i + \sum_{j=1}^{p}\beta_j < 1$ 的条件下,满足 GARCH(p, q)过程是平稳过程;σ_t^2 是式(4.9)的预测方差(称作条件方差),反映当期波动,依赖于残差 ARCH 项的大小和方差 GARCH 项的预测值。

但 GARCH 模型只能反映时间序列的厚尾和波动聚集现象,不能反映波动的非对称性,由此产生了与 GARCH 模型的方差方程不同的 E-GARCH 模型、幂广义自回归条件异方差（power generalized autoregressive conditional heteroskedasticity，PGARCH）模型和 T-GARCH 模型。T-GARCH 模型是一种能描述杠杆效应的扩展版 GARCH 模型。E-GARCH 模型将条件方差表示成指数形式，可以更准确地考察波动的聚集性和冲击的非对称性。PGARCH 模型可包含任何一个正值在内的转换范围（δ），非常适合反映金融数据波动的聚集性和杠杆效应。E-GARCH、PGARCH 和 T-GARCH 模型各有利弊，可以依据对数似然值最大和 AIC/SC 最小准则选取刻画市场收益率波动最优的模型。

2. 结合溢出指数模型和傅里叶变换方法的多尺度风险传导效应测度

由于本节研究中包含多源市场风险因子，其系统性和完备性有所提高，所以需要构建能够刻画多元变量间的复杂关系的适宜模型。学者常用多元 GARCH 模型分析市场间的波动溢出效应，但对于涉及变量较多的市场数据，该模型存在参数估计困难且难以给予恰当的经济学解释的问题（Zhang and Sun，2016；Wu et al.，2020b），因此不适用于本节多源市场风险传导效应的研究。由 Diebold 和 Yilmaz（2012）提出的 DY 溢出指数模型不仅可以度量多个市场之间风险传导的方向和强度，而且将多个市场放入一个体系中，还可以获取整个系统的风险溢出指数，最重要的是为后文风险传导网络的构建起到了很好的辅助作用。

对于关注不同时间尺度信息的投资者及相关政策制定者、监管机构而言，建立多尺度溢出效应模型尤为重要。已有研究中的小波分析方法较适用于测度两两市场间的多尺度风险溢出关系，但对于涉及多源风险因子的模型来说则有所欠缺。运用傅里叶变换的思想，Baruník 和 Křehlík（2018）在 DY 溢出指数模型的基础上提出了多尺度溢出指数模型。DY 溢出指数模型可以度量市场间整体水平的平均风险传导效应，BK 溢出指数模型则可以在其基础上对市场间的风险传导效应进行傅里叶变换，从而得到不同时间尺度下的风险传导效应。下面将分别介绍两种模型的解析步骤。

1）基于 DY 溢出指数模型的市场间平均风险传导效应度量

Diebold 和 Yilmaz（2012）提出的基于广义预测误差方差分解（generalized forecasting error variance decomposition，GFEVD）的溢出指数方法计算过程如下。

首先，考虑一个协方差平稳的 N 维 VAR（p）模型：

$$X_t = \sum_{i=1}^{p} A_i \varepsilon_{t-i} \tag{4.11}$$

式中，X_t 为 N 维列向量，代表 N 个不同资产或市场收益波动率（市场风险）；$\varepsilon_{t-i} \sim \text{i.i.d.}(0, \Sigma)$，是 N 维扰动列向量，不存在序列相关性，Σ 为扰动项的协方差矩阵。其中，系数矩阵 A_i 是 N 阶单位阵。当 $i<0$ 时，$A_i = 0$；当 $i>0$ 时，$A_i = \phi_1 A_{i-1} + \phi_2 A_{i-2} + \cdots + \phi_p A_{i-p}$，$\phi_i$ 表示自回归系数。

基于上述 VAR 模型，通过对协方差矩阵进行方差分解，有助于将每一个变量预测误差的方差分离成来自系统内各变量的部分，并将此归因于来自各变量的溢出效应。其中，方差贡献是当市场 X_i 受到外部冲击时，X_i 的向前 H 步预测误差方差中由自身或者模型中的其他市场 $X_j(i \neq j)$ 所解释的比例 $\theta_{ij}^g(H)$，反映 j 类市场对 i 类市场的信息溢出，并组成溢出表（详细罗列市场之间的溢出效应大小）的主体部分。其中，$i,j=1,2,\cdots,N$。

$$\theta_{ij}^g(H) = \frac{\sigma_{jj}^{-1}\sum_{h=0}^{H-1}(e_i^T A_h \Sigma e_j)^2}{\sum_{h=0}^{H-1}(e_i^T A_h \Sigma A_h^T e_j)} \quad (4.12)$$

式中，Σ 为预测误差向量 ε 的方差矩阵；σ_{jj} 为系统中第 j 个方程误差向量的标准误；e_i 为选择向量，即除了第 i 个元素取值为 1 外，其余列元素均为零。为了让不同 θ_{ij}^g 具有可比性并便于计算溢出指数，对其进行标准化得到 $\tilde{\theta}_{ij}^g$，使 $\sum_{j=1}^{N}\tilde{\theta}_{ij}^g(H)=1$ 且 $\sum_{i,j=1}^{N}\tilde{\theta}_{ij}^g(H)=N$。

$$\tilde{\theta}_{ij}^g(H) = \frac{\theta_{ij}^g(H)}{\sum_{j=1}^{N}\theta_{ij}^g(H)} \quad (4.13)$$

将所得矩阵 $\tilde{\theta}_{ij}^g(H)$ 中的非对角元素相加作为分子，所有元素相加作为分母，据此构建总溢出指数（total spillovers index，TSI）$S^g(H)$，用来评估所考察的 N 类市场间的信息溢出在总体预测误差方差中的比例。总溢出指数度量了不同市场之间总溢出效应的程度，可以作为衡量市场相关程度的量化指标。而且，溢出指数越大，表明该系统的波动在更大程度上来自不同市场间的信息溢出，进而说明各市场间的联系越密切。

$$S^g(H) = \frac{\sum_{i,j=1(i \neq j)}^{N}\tilde{\theta}_{ij}^g(H)}{\sum_{i,j=1}^{N}\tilde{\theta}_{ij}^g(H)} \times 100\% = \frac{\sum_{i,j=1(i \neq j)}^{N}\tilde{\theta}_{ij}^g(H)}{N} \times 100\%$$

$$= \left(1 - \frac{\text{Tr}\{\tilde{\theta}_{ij}^g(H)\}}{\sum \tilde{\theta}_{ij}^g(H)}\right) \times 100\% \quad (4.14)$$

同时，可以对不同市场溢出效应的方向性加以度量，即方向性溢出指数（directional spillovers index）。市场 i 对其余所有市场的溢出指数和其余市场对市场 i 的溢出指数分别为

$$S_{i.}^g(H) = \frac{\sum_{j=1, i \neq j}^{N} \tilde{\theta}_{ij}^g(H)}{N} \times 100 \tag{4.15}$$

$$S_{.i}^g(H) = \frac{\sum_{j=1, i \neq j}^{N} \tilde{\theta}_{ji}^g(H)}{N} \times 100 \tag{4.16}$$

由此，可以得到市场 i 对其他所有市场的净溢出指数 S_i^g，反映单个市场对其他所有市场的净溢出效应：$S_i^g = S_{i.}^g(H) - S_{.i}^g(H)$。当净溢出指数大于 0 时，市场 i 是其他市场波动溢出的净给予者；当净溢出指数小于 0 时，市场 i 相对于其他市场而言是波动溢出的净接受者。进一步地，通过构建配对净溢出（net pairwise spillovers）指数可以清晰地看到市场之间的相互净溢出 net_{ij}：

$$\text{net}_{ij} = \left(\frac{\tilde{\theta}_{ji}^g(H) - \tilde{\theta}_{ij}^g(H)}{N} \right) \times 100 \tag{4.17}$$

考虑到各市场的动态性特征，为了更深入地研究市场之间传导作用的动态路径，借助滚动窗口技术测度溢出效应的时变性。滚动窗口技术是基于固定的窗口宽度（即一个固定大小的子样本，一般为全样本的四分之一左右），从样本的开头一直滚动到样本结束。具体而言，假设滚动窗口为 w 个观测值，则从样本首天到 w 天是第一个子样本，从样本的第二天到 $w+1$ 天是第二个子样本，以此类推，直至样本的最后一天。若全样本大小为 N，则需要滚动计算 $N-w+1$ 次，由此得到动态的溢出指数，从而能够反映出外部冲击对系统内部联动关系的影响程度，以及市场间相互关联的时变性。

2）基于傅里叶变换的 BK 溢出指数模型的多尺度风险传导效应度量

运用多尺度分析方法中傅里叶变换的思想，Baruník 和 Křehlík（2018）在 DY 溢出指数模型的基础上提出了多尺度溢出指数模型（BK 溢出指数模型），考虑了 VAR 模型移动平均式中的系数 A_h。通过对这些系数进行傅里叶变换获得的多尺度响应函数，如式（4.18）所示：

$$A(\text{e}^{-\text{i}\omega}) = \sum_h \text{e}^{-\text{i}\omega h} A_h, \quad \text{i} = \sqrt{-1} \tag{4.18}$$

显而易见，变量序列 X_t 在频率域 ω 处的谱密度可以理解为移动平均滤波序列的傅里叶变换：

$$S_X(\omega) = \sum_{h=-\infty}^{\infty} E(X_t X_{t-h}) \text{e}^{-\text{i}\omega h} = A(\text{e}^{-\text{i}\omega}) \sum A^\text{T}(\text{e}^{+\text{i}\omega}) \tag{4.19}$$

功率谱 $S_X(\omega)$ 可以描述 X_t 的方差在 ω 尺度范围内是如何分布的，是揭示多尺度动态的重要参数。基于此，协方差的谱表达式就是

$$E(X_t X_{t-h}^\text{T}) \text{e}^{-\text{i}\omega h} = \int_{-\pi}^{\pi} S_X(\omega) \text{e}^{\text{i}\omega h} \text{d}\omega \tag{4.20}$$

依据 Diebold 和 Yilmaz（2012）对溢出指数的解析，并结合式（4.19）和式（4.20）就可以给出不同时间尺度下方差分解的多尺度溢出指数。在 $\omega \in (-\pi, \pi)$ 的时间尺度范围内，广义方向性溢出指数频谱指的是第 i 个市场受第 j 个市场在尺度 ω 下冲击的谱度比例，表达式为

$$(f(\omega))_{ij} = \frac{\sigma_{jj}^{-1} \left| (A(e^{-i\omega})\Sigma)_{ij} \right|^2}{(A(e^{-i\omega})\Sigma(A^T(e^{+i\omega})))_{ii}} \quad (4.21)$$

则在某尺度区间 $d = (a,b) : a,b \in (-\pi,\pi), a < b$ 上的交叉谱密度是

$$\Omega = \int_d A(e^{-i\omega})\Sigma A^T(e^{+i\omega}) d\omega = \sum_\omega \hat{A}(\omega)\hat{\Sigma}\hat{A}^T(\omega) \quad (4.22)$$

时间尺度 d 范围内的广义方差分解为

$$(\theta_d)_{ij} = \frac{1}{2\pi}\int_d \Gamma_i(\omega)(f(\omega))_{ij} d\omega \quad (4.23)$$

对于 $\omega \in \left\{\dfrac{aH}{2\pi}, \cdots, \dfrac{bH}{2\pi}\right\}$，$\hat{A}(\omega) = \sum\limits_{h=0}^{H-1}\hat{A}_h e^{-2i\pi\omega/H}$，而且 $\hat{\Sigma} = \hat{\varepsilon}^T\hat{\varepsilon}/(T-z)$，$z$ 是自由度损失的纠正系数，依赖于 VAR 模型的选择。

由此，在给定时间尺度范围内，脉冲响应函数的分解表达式为 $\hat{A}(d) = \sum\limits_\omega \hat{A}(\omega)$，标度广义方差分解此时为

$$(\hat{\theta}_d)_{ij} = \sum_\omega \hat{\Gamma}_i(\omega)(f(\omega))_{ij} = \frac{(\theta_d)_{ij}}{\sum_j(\theta_\infty)_{ij}} \quad (4.24)$$

式中，$\hat{\Gamma}_i(\omega)$ 为权重函数：

$$\hat{\Gamma}_i(\omega) = \frac{(\hat{A}(\omega)\hat{\Sigma}\hat{A}^T(\omega))_{ii}}{(\Omega)_{ii}} \quad (4.25)$$

采用内在溢出指数（C_d^ω）揭示某频段内或时间尺度内的绝对溢出总效应：

$$C_d^\omega = \left(1 - \frac{\text{Tr}\{\hat{\theta}_d\}}{\sum \hat{\theta}_d}\right) \times 100 \quad (4.26)$$

某频段的比例溢出指数（C_d^f）或相对溢出总效应是将原来未经过尺度分解的总溢出指数分割成不同部分，其加总也正好是最原始的总溢出指数 $S^g(H)$。

$$C_d^f = \left(\frac{\sum\hat{\theta}_d}{\sum\hat{\theta}_\infty} - \frac{\text{Tr}\{\hat{\theta}_d\}}{\sum\hat{\theta}_\infty}\right) \times 100 = C_d^\omega \cdot \frac{\sum\hat{\theta}_d}{\sum\hat{\theta}_\infty} \quad (4.27)$$

同样，结合滚动窗口技术可以获取不同时间尺度上溢出指数的动态特征。

同时，为了对市场间的风险溢出效应进行合理最优的时间尺度分解，本章依据多元经验模态分解（multivariate empirical mode decomposition，MEMD）方法对

各市场波动率进行分频。MEMD 方法对单变量 EMD 进行多维扩展,不仅具有与 EMD 相同的自适应性和时频局部分析能力,而且可以保证不同来源的信号得到数量及频率方面相匹配的分解结果,实现高维信号的多个模态成分联合分析。

3. 基于多尺度复杂网络结构特征的风险传导路径刻画

碳金融市场和关联市场间的关系是一个错综复杂的经济系统。各市场价格收益或风险通过某种关系相互溢出,从而形成复杂网络。构建风险传导网络的首要问题是如何选择邻接矩阵来度量市场间的风险溢出关系结构。不同于以往依赖于市场间相关系数矩阵构建的无向距离网络,本节基于多尺度风险传导效应的测度结果,以市场间的溢出指数构建加权有向的复杂网络,将各市场风险因子作为复杂网络的节点,市场间的多尺度风险传导效应作为节点的连边,据此分析不同时间尺度下风险传导网络的结构特征。

通过 VAR 模型进行 GFEVD 得到的方差贡献度与网络连接度有很大的关联,但方差分解所定义的网络比经典的 0-1 网络结构要复杂得多。首先,邻接矩阵 A(方差分解矩阵)不只是 0-1 项,而且是一个加权网络,节点之间的边是有权重的,有的可能较强,有的则较弱。其次,节点之间的连接具有方向性,也就是说,连接节点 i 与节点 j 的权重不一定与连接节点 j 与节点 i 的权重一致,所以邻接矩阵 A 一般是不对称的。最后,对于邻接矩阵 A 每一行的累加有约束条件,因权重是方差贡献度,所以每一行相加等于 1,因此对角元素可以写作 $A_{ii} = 1 - \sum_{i=1, i \neq j}^{N} A_{ij}$,此时 A 的对角元素不再是 0。

对于该加权有向网络的分析,需要考虑节点的加权入度和加权出度,分别对应于邻接矩阵 A 的行和列。节点 i 的加权入度表示为

$$\delta_i^{\text{from}} = \sum_{j=1, i \neq j}^{N} A_{ij} \tag{4.28}$$

加权入度越大,能够对其产生影响的节点强度越大,可以刻画该节点受影响的程度。

节点 i 的加权出度表示为

$$\delta_i^{\text{to}} = \sum_{i=1, i \neq j}^{N} A_{ij} \tag{4.29}$$

加权出度越大,传导影响能力越强,可以刻画该节点传导影响能力的大小。

同理,可以分别计算节点出度和入度的相对中心性,用以表示节点在网络中的重要性。节点入度的相对中心性指的是节点 i 的加权入度与网络中所有节点加权入度值的总和之比:

$$U(\delta_i) = \frac{\delta_i^{\text{from}}}{\sum_{i=1}^{N} \delta_i^{\text{from}}} \qquad (4.30)$$

节点出度的相对中心性为,节点 i 的加权出度与网络中所有节点加权出度值的总和之比:

$$U(\delta_i') = \frac{\delta_i^{\text{to}}}{\sum_{i=1}^{N} \delta_i^{\text{to}}} \qquad (4.31)$$

在实证研究中,学者通常将加权出度作为分析对象。

对于有向网络来说,可以用网络密度来描述整体网络特征。网络密度 ND_c 反映市场间溢出效应的关联紧密度,网络密度值越大,说明市场间存在的溢出效应越密集。ND_c 等于市场间实际存在的溢出效应关联数 SE_a(单向记为 1,双向记为 2)与市场间最大可能关联数 SE_m 的比值。公式表达为 $\text{ND}_c = \frac{\text{SE}_a}{\text{SE}_m} = \frac{\text{SE}_a}{N \times (N-1)}$,网络密度在数值上等价于平均集聚系数。

某市场价格波动所产生的影响传导至其他市场甚至整个系统的过程中,所经过的中间变量数量可以通过复杂网络的最短路径进行度量。本节以中介中心性表征网络中各节点在系统内部风险传导过程中的控制地位,某节点的中介中心性越高,表明其在网络中控制信息传播的能力越强。此外,以各市场节点加权出度(或加权入度)衡量的相对加权度数中心性,可以反映其在网络中对其他市场的溢出效应程度(或承受其他市场节点风险溢出的强度)。各市场节点在网络中的嵌入性可由其集聚系数表示,集聚系数越大,表明嵌入性越好,不会与网络中的其他节点孤立。

碳金融市场和关联市场之间的风险传导是多种因素综合作用的结果,问题在于要确定其合理性或不合理性,关键在于找出其中起主导作用的制约因素。基于网络分析的思想,方向性溢出指数 $S_{i.}^g$ 和 $S_{.i}^g$ 可分别作为节点的加权入度和加权出度,总溢出指数 S^g 就是加权有向网络的平均度,节点 i 的单位加权出度 $P_i = S_{i.}^g / S^g$ 即等价于相对加权出度中心性。此外,若以配对净溢出指数作为网络中节点的邻接矩阵,其可以针对网络系统中的所有市场组合来计算净溢出值,每个节点加权出度和加权入度的差值即为该节点在系统中的净溢出,由此可以判断出该节点在系统中承担的风险传导角色。

4.2.3 基于多尺度复杂网络结构的碳金融市场与关联市场风险传导分析

1. 变量选取与数据预处理

考虑碳金融资产的差异性和能源商品种类的异质性,并提高研究的系统性和完备性，本节参考已有研究中学者常用的代理变量（Chevallier，2009；Tan and Wang，2017；Ji et al.，2018），选取 7 个代表性指标（表 4.23）。其中碳金融市场指标包括 EUA 碳期货和 EUA 碳现货价格，选用 ICE 每年的期货合约价格构成连续的碳期货价格，碳现货价格来自 EEX 网站。能源市场指标，选取国际动力煤基准价格——全球纽卡斯尔港动力煤价格指数作为衡量煤炭价格的指标。原油期货是最重要的石油期货品种，采用布伦特原油期货价格衡量。采用欧洲最大的天然气消费国——英国天然气期货价格作为衡量天然气价格的指标，三种化石能源价格数据来自 Wind 数据库和 ICE 网站。采取欧洲电力指数作为衡量电力价格的指标，数据来自欧洲电力交易所网站。此外，本节还考虑了与清洁能源相关的标普全球清洁能源指数作为清洁能源价格的代理变量，数据来自标普道琼斯指数网站。

表 4.23　变量定义和数据来源

类别	变量	含义	单位	来源
碳金融市场	EUAf EUAs	碳期货合约价格 碳现货价格	欧元/吨 CO_2 欧元/吨 CO_2	ICE 网站 EEX 网站
能源市场	Coal	全球纽卡斯尔港动力煤价格指数	美元/吨	Wind 数据库
	Oil	布伦特原油期货价格	美元/桶	ICE 网站
	Gas Elec Clean	英国天然气期货价格 欧洲电力指数 标普全球清洁能源指数	便士/千卡 欧元/(兆瓦·时) —	ICE 网站 欧洲电力交易所网站 标普道琼斯指数网站
金融市场	EURIBOR Stoxx Bond GSCI EUSA	欧洲银行间同业拆借利率 欧洲斯托克 600 指数 欧元区长期政府债券 标普 GSCI 非能源商品指数 欧元对美元汇率	— — — — —	欧洲中央银行 Wind 数据库 Wind 数据库 标普道琼斯指数网站 Wind 数据库

注：1 千卡=4.18 千焦。

由于碳金融市场和能源市场指标所在的地域范围以国际欧盟市场为主，所以金融风险因子的指标也主要围绕欧洲市场选取。

（1）货币市场是金融机构进行短期资金配置及流动性管理的主要场所，也是央行控制基础货币平稳增长的重要平台。利率是货币政策的核心工具，是货币市场投资收益高低的直接体现。本节选取欧洲银行间同业拆借利率作为代理指标，该指标是设定一系列基准利率的重要参考，直接影响金融产品的定价。

（2）资本市场作为各种资金借贷和股票、债券等交易的场所，是反映整体金融局势和经济形势的一个重要标志，本章以发展较为成熟的股票市场和债券市场为代表。其中，欧洲斯托克 600 指数覆盖了欧盟市场中大部分流通市值，综合考评了指数中该部分企业的经营状况，可以反映出整个股票市场和经济系统的走势；欧元区长期政府债券是欧洲最活跃的债券品种，用以衡量债券市场的表现。

（3）大宗商品市场是对市场经济起决定性作用的各类商品的集合，且涉及较多的进出口业务，与国际宏观经济紧密相连，在金融市场中具有重要地位。标普高盛商品指数（Goldman Sachs commodity index，GSCI）代表全球商品市场的贝塔系数，是主要可投资商品指数的首选，成为人们最广泛认可的基准之一。参考Chevallier（2009）和Zhu等（2019）的研究，本章运用标普GSCI非能源商品指数衡量大宗商品价格。

（4）外汇市场体现了一国货币的国际化地位，影响跨国贸易的经济收益和风险，是全球最大的金融产品市场。考虑到美元在全球经济中的地位，我们所选的样本市场主要为欧洲市场，且欧洲经济与美国经济的关联密切，本节选取欧元对美元汇率作为外汇市场的代理指标，其不仅体现了欧元区经济、美国经济现状，也反映了欧洲央行、美联储货币政策变化的影响结果。

为了确保相关资产以相同货币计量，本节使用欧洲中央银行的每日汇率将外币转换为欧元单位。由于各市场的交易日期不完全一致，为了保证各时间序列的连续一致性，采用学者惯用的数据调整方法，即当交易日期出现差异时，没有发生交易的市场数据用前一天的交易数据来代替。样本期为2009年1月12日至2019年12月11日，基本涵盖了整个EU ETS的第二阶段和第三阶段，每个变量包含2817个日度观测值。因EU ETS第一阶段出现因碳泄漏、配额分配过多和政策调整等非市场基本面因素的非常规剧烈波动，大多数研究将其视为试验阶段，所以本节不研究EU ETS第一阶段的市场。得到全样本数据后，通过自然对数差分法获得各个市场价格和指数 P_t 的日度收益率序列 R_t，$R_t = 100(\ln P_t - \ln P_{t-1})$，通过差分法获取非正值变量 EURIBOR 的日度收益率序列。然后，选取拟合最优的 ARMA(m, n)-GARCH(p, q)-N/T/GED 类模型得到各变量的波动率序列（风险因子）。

由描述性统计分析（表4.24）可以发现，欧洲电力指数的波动率具有最大的均值（15.8181），其次是欧洲银行间同业拆借利率，波动率最小的是欧元区长期政府债券（0.3538），因其为长期金融产品，投资相对较为安全，整体变动较为平稳。除了电力市场和欧元利率外，EUA期货和现货市场的波动率极差最大，说明新兴碳金融市场的价格波动远大于能源市场和金融市场。Jarque-Bera检验结果均显示各变量为非正态分布，ADF检验显示各金融市场风险因子具有平稳性，Q 统计量则表明其显著的自相关性。所有波动率序列均具有正偏态和尖峰的特征，表明各市场均具有较高的概率面临波动增加风险和较大的尾部极端风险。

表4.24　碳金融和关联资产波动率序列的描述性统计

统计指标	EUAf	EUAs	Coal	Oil	Gas	Elec	Clean
均值	2.622 9	2.912 9	1.640 4	1.831 0	2.246 5	15.818 1	1.329 9
中位数	2.272 0	2.640 0	1.502 5	1.704 6	1.652 5	14.078 3	1.148 4

续表

统计指标	EUAf	EUAs	Coal	Oil	Gas	Elec	Clean
最大值	14.712 2	16.198 0	6.397 5	4.701 6	8.857 3	225.329 8	4.135 8
最小值	0.965 5	1.037 4	1.019 6	0.749 4	0.629 5	7.641 4	0.640 1
标准差	1.498 9	1.327 4	0.500 6	0.647 1	1.515 2	9.036 2	0.633 6
偏度	2.767 3	1.993 4	2.524 0	0.996 6	1.580 7	10.232 2	2.004 1
峰度	15.623 4	11.565 4	14.757 6	3.802 5	5.365 9	185.367 0	7.143 5
Jarque-Bera 检验	22 283***	10 470***	19 203***	541.54***	1 828.85***	3 949 974***	3 898.16***
ADF 检验	−7.042***	−4.373***	−5.244***	−3.765***	−8.023***	−9.994***	−4.206***
Q(20)	30 267***	35 730***	30 971***	45 098***	53 379***	3 371.6***	46 196***

统计指标	EURIBOR	Stoxx	Bond	GSCI	EUSA
均值	4.119 1	0.952 0	0.353 8	0.699 9	0.515 1
中位数	1.787 0	0.838 5	0.336 5	0.645 5	0.483 9
最大值	109.274 4	4.625 7	0.667 1	1.457 1	0.912 4
最小值	0.331 9	0.456 9	0.229 3	0.416 5	0.243 2
标准差	7.547 0	0.421 5	0.075 0	0.199 5	0.147 5
偏度	5.001 9	2.526 2	1.413 0	1.212 7	0.514 6
峰度	38.381 2	13.159 9	5.378 0	3.934 7	2.585 7
Jarque-Bera 检验	130 459***	12 424.41***	1 313.46***	651.961 3***	118.781***
ADF 检验	−3.827 5***	−7.671 4***	−2.986 0**	−3.174 9**	−3.011 3**
Q(20)	8 027.6***	19 205***	39 483***	38 976***	42 513***

***、**分别表示在1%、5%的水平上显著。

2. 碳金融市场与关联市场间的静态多尺度风险传导网络

由于美国短期国债利率 TBill 对全球经济和投资风险的重要影响地位，将 TBill 作为 EURIBOR 的替代变量进行检验发现，其影响程度相较 EURIBOR 的作用更强。可能因为近几年欧盟"负利率"政策的实施对金融机构造成了损害，打击了银行提供贷款的意愿，损害了经济活力，因此并未改变欧洲经济疲软的局面，导致利率与现实经济的关联较弱，对碳金融和能源市场的作用较小。所以，本节最终保留 TBill 作为货币市场风险因子。基于 DY 溢出指数模型测度碳金融市场与关联市场间的风险传导效应及配对净溢出，如表 4.25 和表 4.26 所示，其中 VAR 模型选择最优滞后阶数 3 阶，预测步长为 50 步。

第 4 章 基于数据特征的碳金融市场风险及其传导研究

表 4.25 碳金融市场与关联市场的平均风险传导效应 （单位：%）

变量	EUAf	EUAs	Coal	Oil	Gas	Elec	Clean	TBill	GSCI	EUSA	Stoxx	Bond	From
EUAf	60.23	32.45	0.25	0.05	0.35	0.11	0.60	1.80	0.89	0.54	0.32	2.40	39.72
EUAs	35.54	53.94	0.11	0.08	0.43	0.22	0.62	2.61	1.43	0.47	0.26	4.29	46.08
Coal	0.13	0.44	90.34	0.87	1.13	1.92	0.04	0.70	0.32	1.94	0.17	2.01	9.72
Oil	1.61	0.78	0.84	70.34	1.07	0.04	6.85	0.64	0.77	4.46	9.53	3.05	29.64
Gas	1.31	0.72	3.65	1.43	82.87	0.07	0.98	5.20	2.63	0.98	0.05	0.09	17.16
Elec	0.43	0.87	0.11	0.60	0.38	94.05	0.18	0.46	1.65	0.29	0.05	0.94	6.00
Clean	0.56	0.16	0.78	0.24	0.64	0.02	69.38	1.11	5.38	9.84	9.73	2.15	30.60
TBill	1.21	0.29	0.26	17.75	4.79	0.20	0.52	72.78	0.98	0.22	0.81	0.19	27.24
GSCI	0.07	0.26	3.53	3.09	0.54	0.13	16.53	0.07	62.67	10.63	1.38	1.09	37.32
EUSA	0.16	0.11	5.56	0.52	0.23	0.25	12.62	0.03	5.57	70.94	3.27	0.75	29.04
Stoxx	0.99	0.68	0.25	2.67	0.83	0.21	28.40	0.56	1.81	6.04	55.34	2.40	44.64
Bond	0.17	0.07	2.26	0.10	0.04	0.13	15.87	0.14	1.65	10.10	8.59	60.88	39.12
To	42.12	36.84	17.64	27.36	10.44	3.12	83.16	13.32	23.04	45.48	34.20	19.32	TSI = 29.69
Net	2.40	−9.24	7.92	−2.28	−6.72	−2.88	52.56	−13.92	−14.28	16.44	−10.44	−19.80	

注：From 表示来自其他市场的风险溢出总影响，To 表示对其他市场的风险总溢出，Net = To−From，代表每个市场的风险净溢出，TSI 是碳金融和关联市场的风险总溢出。

表 4.26 碳金融市场与关联市场的配对净溢出 （单位：%）

变量	EUAf	EUAs	Coal	Oil	Gas	Elec	Clean	TBill	GSCI	EUSA	Stoxx	Bond
EUAf	0	−0.2574	0.0101	−0.1301	−0.0796	−0.0263	0.0034	0.0498	0.0678	0.0316	−0.0563	0.1861
EUAs		0	−0.0276	−0.0579	−0.0243	−0.0541	0.0385	0.1929	0.0976	0.0305	−0.0354	0.3516
Coal			0	0.0020	−0.2105	0.1508	−0.0615	0.0359	−0.2681	−0.3013	−0.0068	−0.0207
Oil				0	−0.0301	−0.0460	0.5504	−1.4261	−0.1931	0.3286	0.5720	0.2463
Gas					0	−0.0255	0.0282	0.0348	0.1744	0.0629	−0.0648	0.0047
Elec						0	0.0130	0.0217	0.1265	0.0034	0.0024	0.0674
Clean							0	0.0492	−0.9292	−0.2310	−1.5557	−1.1433
TBill								0	0.0753	0.0157	0.0208	0.0041
GSCI									0	0.4224	−0.0353	−0.0469
EUSA										0	−0.2308	−0.7790
Stoxx											0	−0.5163
Bond												0

注：表中的 (i,j) 项表示第 j 个资产的风险对第 i 个资产风险的配对净溢出指数。

为了确保 BK 溢出指数模型尺度分解的客观性，首先应用 MEMD 方法对各市场波动率序列进行分解得到 12 个分量，根据得到的每个分量的平均交易周期分为：周期为 5 天的高频分量，代表短期市场供求不均以及非常规事件引起的波动（Zhu et al.,

2018）；6～20 天的周度到月度的中频分量和 21～300 天的月度到年的低频分量，代表外部重大事件如全球气候谈判、经济危机和政策性事件等引起的市场价格波动（Zhu et al., 2018）；以及周期为 300 天的年度以上的趋势项，指代市场均衡状态下的价格趋势（Yu et al., 2015）。基于 BK 溢出指数得到的碳金融市场与关联市场在不同时间尺度下的风险传导效应及绝对配对净溢出如表 4.27 和表 4.28 所示。

表 4.27 碳金融市场与关联市场在不同时间尺度下的风险传导效应 （单位：%）

1～5 天高频段的风险溢出

变量	EUAf	EUAs	Coal	Oil	Gas	Elec	Clean	TBill	GSCI	EUSA	Stoxx	Bond	From_abs	From_wth
EUAf	2.35	0.62	0.00	0.00	0.00	0.00	0.00	0.00	0.02	0.02	0.00	0.00	0.72	13.68
EUAs	0.71	2.56	0.01	0.00	0.01	0.00	0.00	0.00	0.03	0.03	0.00	0.00	0.84	16.44
Coal	0.01	0.01	6.78	0.01	0.02	0.00	0.00	0.01	0.00	0.02	0.01	0.00	0.12	2.04
Oil	0.02	0.01	0.00	2.19	0.01	0.01	0.00	0.04	0.03	0.01	0.03	0.04	0.24	4.08
Gas	0.01	0.00	0.01	0.01	0.47	0.00	0.01	0.00	0.03	0.04	0.03	0.00	0.12	3.00
Elec	0.03	0.03	0.05	0.04	0.03	26.50	0.01	0.00	0.02	0.09	0.01	0.04	0.36	7.44
Clean	0.01	0.00	0.00	0.00	0.01	0.00	0.45	0.00	0.00	0.00	0.07	0.00	0.12	2.40
TBill	0.01	0.00	0.03	0.01	0.00	0.00	0.00	0.03	8.61	0.01	0.00	0.03	0.12	3.24
GSCI	0.00	0.00	0.00	0.02	0.04	0.00	0.00	0.02	0.00	0.46	0.03	0.00	0.12	2.64
EUSA	0.01	0.00	0.02	0.00	0.00	0.00	0.00	0.00	0.02	0.12	0.00	0.04	0.12	2.16
Stoxx	0.05	0.03	0.01	0.06	0.00	0.00	0.34	0.00	0.06	0.06	3.67	0.20	0.84	17.64
Bond	0.00	0.00	0.02	0.00	0.00	0.00	0.03	0.00	0.01	0.01	0.58	0.12	1.68
To_abs	0.84	0.72	0.24	0.24	0.12	0.00	0.48	0.12	0.24	0.24	0.12	0.36	**0.31**	
To_wth	17.28	14.88	3.84	3.72	2.88	0.72	9.84	1.68	6.12	4.92	3.00	7.32		**6.36**
Net	0.12	−0.12	0.12	0.00	0.00	−0.36	0.36	0.00	0.12	0.12	−0.72	0.24		

6～20 天中频段的风险溢出

变量	EUAf	EUAs	Coal	Oil	Gas	Elec	Clean	TBill	GSCI	EUSA	Stoxx	Bond	From_abs	From_wth
EUAf	7.18	2.45	0.01	0.00	0.01	0.00	0.01	0.01	0.11	0.04	0.01	0.01	2.64	33.12
EUAs	1.88	4.70	0.01	0.00	0.02	0.01	0.00	0.01	0.14	0.05	0.00	0.00	2.16	26.64
Coal	0.02	0.02	6.65	0.00	0.03	0.07	0.01	0.02	0.01	0.00	0.04	0.01	0.24	3.24
Oil	0.09	0.06	0.00	2.08	0.01	0.01	0.14	0.00	0.12	0.00	0.10	0.11	0.72	8.28
Gas	0.00	0.00	0.05	0.04	0.02	0.00	0.08	0.07	0.07	0.00	0.00	0.00	0.36	4.32
Elec	0.08	0.11	0.04	0.00	0.03	38.10	0.00	0.03	0.00	0.05	0.01	0.10	0.48	5.88
Clean	0.02	0.03	0.01	0.05	0.04	0.00	1.52	0.00	0.00	0.04	0.23	0.00	0.48	5.40
TBill	0.02	0.00	0.00	0.02	0.00	0.04	0.00	9.75	0.02	0.03	0.03	0.00	0.12	2.16

续表

6~20 天中频段的风险溢出

变量	EUAf	EUAs	Coal	Oil	Gas	Elec	Clean	TBill	GSCI	EUSA	Stoxx	Bond	From_abs	From_wth
GSCI	0.00	0.01	0.05	0.11	0.00	0.00	0.03	0.01	1.58	0.09	0.04	0.00	0.36	4.32
EUSA	0.02	0.02	0.04	0.00	0.01	0.00	0.00	0.01	0.04	0.31	0.01	0.12	0.24	3.48
Stoxx	0.33	0.20	0.04	0.27	0.21	0.01	1.53	0.02	0.22	0.29	10.79	0.60	3.72	46.44
Bond	0.01	0.01	0.05	0.01	0.01	0.02	0.06	0.00	0.01	0.01	0.02	1.75	0.24	2.40
To_abs	2.52	2.88	0.24	0.48	0.36	0.12	1.80	0.24	0.84	0.72	0.48	0.96	**0.97**	
To_wth	31.08	36.36	3.48	6.60	4.80	2.16	22.56	2.28	9.84	8.28	6.00	11.88		**12.13**
Net	−0.12	0.72	0.00	−0.24	0.00	−0.36	1.32	0.12	0.48	0.48	−3.24	0.72		

21~300 天低频段的风险溢出

变量	EUAf	EUAs	Coal	Oil	Gas	Elec	Clean	TBill	GSCI	EUSA	Stoxx	Bond	From_abs	From_wth
EUAf	20.13	9.54	0.03	0.01	0.05	0.01	0.06	0.27	0.41	0.13	0.02	0.07	10.56	62.88
EUAs	9.81	15.72	0.06	0.03	0.06	0.03	0.04	0.36	0.43	0.19	0.01	0.06	11.04	65.64
Coal	0.03	0.11	23.50	0.00	0.12	0.48	0.02	0.12	0.04	0.15	0.10	0.05	1.20	7.32
Oil	0.39	0.26	0.04	7.80	0.07	0.02	0.95	0.09	0.47	0.07	1.25	0.59	4.20	24.84
Gas	0.01	0.02	0.19	0.22	0.02	0.00	0.06	0.27	0.26	0.31	0.01	0.01	1.32	8.04
Elec	0.14	0.24	0.01	0.03	0.04	23.30	0.05	0.08	0.05	0.05	0.00	0.15	0.84	5.04
Clean	0.15	0.09	0.05	0.17	0.17	0.02	6.24	0.10	0.01	0.17	0.95	0.01	1.92	11.28
TBill	0.15	0.01	0.01	0.63	0.00	0.13	0.02	25.4	0.05	0.03	0.40	0.13	1.56	9.24
GSCI	0.02	0.06	0.17	0.40	0.01	0.00	0.14	0.03	5.74	0.38	0.06	0.01	1.32	7.56
EUSA	0.06	0.07	0.17	0.01	0.07	0.01	0.04	0.02	0.16	1.26	0.06	0.48	1.20	6.84
Stoxx	0.61	0.35	0.16	0.61	0.45	0.00	4.74	0.18	0.36	0.65	20.45	1.06	9.12	54.36
Bond	0.05	0.03	0.16	0.03	0.03	0.07	0.25	0.00	0.04	0.04	0.27	7.44	0.96	5.64
To_abs	11.40	10.80	1.08	2.16	1.08	0.72	6.36	1.56	2.28	2.16	3.12	2.64	**3.78**	
To_wth	67.80	63.96	6.24	12.72	6.36	4.68	37.8	9.00	13.44	12.96	18.6	15.5		**22.40**
Net	0.84	−0.24	−0.12	−2.04	−0.24	−0.12	4.44	0.00	0.96	0.96	−6.00	1.68		

300 天以上趋势项的风险溢出

变量	EUAf	EUAs	Coal	Oil	Gas	Elec	Clean	TBill	GSCI	EUSA	Stoxx	Bond	From_ab	From_wth
EUAf	30.57	19.85	0.21	0.04	0.29	0.10	0.53	1.52	0.34	0.36	0.29	2.32	25.80	36.84
EUAs	23.14	30.96	0.03	0.06	0.34	0.17	0.57	2.23	0.83	0.21	0.24	4.22	32.04	45.60
Coal	0.07	0.30	53.40	0.86	0.96	1.37	0.02	0.55	0.26	1.73	0.01	1.96	8.04	11.52
Oil	1.11	0.45	0.80	58.20	0.99	0.01	5.72	0.54	0.15	4.37	8.15	2.31	24.60	35.04

续表

300 天以上趋势项的风险溢出

变量	EUAf	EUAs	Coal	Oil	Gas	Elec	Clean	TBill	GSCI	EUSA	Stoxx	Bond	From_abs	From_wth
Gas	1.29	0.70	3.40	1.15	82.3	0.06	0.89	4.83	2.26	0.57	0.04	0.08	15.24	21.72
Elec	0.18	0.48	0.04	0.50	0.27	6.11	0.11	0.34	1.46	0.22	0.03	0.66	4.32	6.12
Clean	0.38	0.04	0.71	0.01	0.42	0.00	61.18	1.01	5.36	9.63	8.48	2.14	28.20	40.08
TBill	1.02	0.26	0.22	17.0	4.77	0.03	0.47	28.9	0.91	0.15	0.38	0.04	25.32	36.00
GSCI	0.05	0.18	3.29	2.54	0.52	0.13	16.34	0.03	54.88	10.13	1.28	1.08	35.52	50.64
EUSA	0.07	0.01	5.33	0.50	0.13	0.23	12.57	0.00	5.35	69.25	3.21	0.11	27.48	39.12
Stoxx	0.00	0.10	0.03	1.73	0.14	0.00	21.79	0.37	1.18	5.04	20.43	0.54	30.96	44.04
Bond	0.10	0.03	2.03	0.06	0.00	0.05	15.54	0.14	1.60	10.04	8.30	51.11	37.92	53.88
To_abs	27.36	22.44	16.1	24.5	8.88	2.16	74.52	11.52	19.68	42.20	30.36	15.48	**24.63**	
To_wth	39.00	31.92	22.90	34.90	12.60	3.00	106.08	16.44	28.08	60.48	43.32	21.96		**35.06**
Net	1.56	−9.60	8.06	−0.10	−6.36	−2.16	46.32	−13.80	−15.84	15.00	−0.60	−22.44		

注：From_abs 和 To_abs 分别表示某时间尺度下，各市场接受和给予其他市场的相对风险溢出强度。Net = To_abs−From_abs，代表某时间尺度下各市场的相对风险净溢出。From_wth 和 To_wth 分别表示某时间尺度内，各市场接受和给予其他市场的绝对风险溢出强度。表格中加粗数字是该系统在不同时间尺度下的风险总溢出。

表 4.28　碳金融市场与关联市场频段内的绝对配对净溢出　　（单位：%）

1～5 天高频段的配对净溢出

变量	EUAf	EUAs	Coal	Oil	Gas	Elec	Clean	TBill	GSCI	EUSA	Stoxx	Bond
EUAf	0	−0.1609	−0.0011	−0.0318	−0.0073	−0.0522	−0.0059	−0.0091	0.0292	0.0169	−0.0805	0.0011
EUAs			0.0004	−0.0186	0.0095	−0.0449	−0.0027	−0.0198	0.0421	0.0451	−0.0483	−0.0018
Coal				0.0045	0.0108	−0.0781	−0.0020	−0.0337	−0.0382	0.0015	0.0072	−0.0262
Oil					−0.0128	−0.0531	0.0429	−0.0084	−0.0066	0.0196	−0.0578	0.0621
Gas						−0.0502	−0.0036	0.0245	0.0575	0.0451	−0.0681	0.0006
Elec							0.0230	0.0232	0.1554	0.0127	0.0039	0.0617
Clean								−0.0415	−0.0253	0.0078	−0.4608	−0.0444
TBill									0.0062	0.0197	−0.0050	0.0441
GSCI										0.0202	−0.0859	−0.0085
EUSA											−0.1043	0.0572
Stoxx												0.3284
Bond												0

6～20 天中频段的配对净溢出

变量	EUAf	EUAs	Coal	Oil	Gas	Elec	Clean	TBill	GSCI	EUSA	Stoxx	Bond
EUAf	0	0.5890	−0.0118	−0.0928	0.0082	−0.0839	−0.0192	−0.0125	0.1169	0.0165	−0.3370	−0.0015

续表

6～20 天中频段的配对净溢出

变量	EUAf	EUAs	Coal	Oil	Gas	Elec	Clean	TBill	GSCI	EUSA	Stoxx	Bond
EUAs			−0.0152	−0.0578	0.0169	−0.1032	−0.0198	0.0096	0.1270	0.0290	−0.2094	−0.0055
Coal				−0.0001	−0.0210	0.0542	−0.0091	0.0136	−0.0374	−0.0001	−0.0074	−0.0452
Oil					−0.0363	−0.0181	0.0968	−0.0166	0.0092	0.0123	−0.1686	0.1068
Gas						−0.0357	−0.0284	0.0820	0.0745	0.0565	−0.2157	−0.0069
Elec							0.0006	−0.0150	0.0524	0.0002	0.0006	0.0857
Clean								−0.0019	−0.0291	0.0365	−1.3503	−0.0611
TBill									0.0081	0.0185	0.0147	0.0030
GSCI										0.0536	−0.1869	−0.0068
EUSA											−0.2917	0.1095
Stoxx												0.6103
Bond												0

21～300 天低频段的配对净溢出

变量	EUAf	EUAs	Coal	Oil	Gas	Elec	Clean	TBill	GSCI	EUSA	Stoxx	Bond
EUAf	0	−0.1339	−0.0041	−0.1890	0.0209	−0.0648	−0.0424	0.0609	0.1958	0.0349	−0.2947	0.0084
EUAs			−0.0258	−0.1176	0.0224	−0.1032	−0.0255	0.1718	0.1812	0.0564	−0.1666	0.0155
Coal				−0.0178	−0.0354	0.2335	−0.0150	0.0516	−0.0625	−0.0065	−0.0282	−0.0556
Oil					−0.0773	−0.0055	0.3838	−0.2675	0.0336	0.0261	0.3150	0.2780
Gas						−0.0172	−0.0533	0.1327	0.1223	0.1162	−0.2148	−0.0089
Elec							0.0139	−0.0243	0.0247	0.0199	−0.0001	0.0403
Clean								0.0377	−0.0610	0.0639	−1.8713	−0.1173
TBill									0.0088	0.0069	0.1128	0.0620
GSCI										0.1098	−0.1463	−0.0142
EUSA											−0.2913	0.2174
Stoxx												0.3916
Bond												0

300 天以上趋势项的配对净溢出

变量	EUAf	EUAs	Coal	Oil	Gas	Elec	Clean	TBill	GSCI	EUSA	Stoxx	Bond
EUAf	0	−0.3902	0.0167	−0.1270	−0.1187	−0.0087	0.0176	0.0583	0.0341	0.0336	0.0347	0.2629
EUAs			−0.0314	−0.0463	−0.0426	−0.0374	0.0633	0.2337	0.0780	0.0234	0.0168	0.4975
Coal				0.0068	−0.2894	0.1579	−0.0828	0.0395	−0.3597	−0.4274	−0.0025	−0.0091
Oil					−0.0192	−0.0584	0.6773	−1.9633	−0.2836	0.4587	0.7619	0.2674
Gas						−0.0247	0.0564	0.0067	0.2065	0.0521	−0.0114	0.0096
Elec							0.0135	0.0368	0.1573	−0.0009	0.0031	0.0723
Clean								0.0640	−1.3030	−0.3489	−1.5794	−1.5893

续表

300 天以上趋势项的配对净溢出

变量	EUAf	EUAs	Coal	Oil	Gas	Elec	Clean	TBill	GSCI	EUSA	Stoxx	Bond
TBill									0.1038	0.0172	0.0012	−0.0124
GSCI										0.5674	0.0121	−0.0620
EUSA											−0.2181	−1.1775
Stoxx												−0.9213
Bond												0

下面分别以不同时间尺度下的溢出指数矩阵（表 4.27）和配对净溢出指数矩阵（表 4.28）构造碳金融市场与关联市场的静态多尺度风险传导网络，对应分析不同时间尺度下市场间风险溢出的紧密程度（风险中心）和每个市场的风险传导者角色，捕捉系统的风险源、风险传导方向和强度，以利于投资者制订合理的投资组合方案并规避风险传导中心，对于监管部门完善市场的风险管控体系也具有针对性的指导意义。我们选择以加权出度作为衡量节点大小的标准，并结合节点颜色的深浅进行区分。边的权重表示市场间的风险传导关系，颜色越深且连线越粗所代表的溢出效应越大。

由图 4.15 可知，基于溢出指数矩阵的网络是双向箭头，可以看出市场间关系的紧密以及系统中的风险中心，由于每个市场和其余市场间都有连边，共计存在 84 组风险溢出关系，而理论最大关联系数也为 84 组，所以每个市场节点的集聚系数、整体网络密度和平均集聚系数都为 1。基于市场间配对净溢出指数构建的网络是单向箭头，可以判断系统中的风险源和风险传导的方向及程度，网络中共计存在 42 组风险溢出关系，每个市场节点的集聚系数、整体网络密度和平均集聚

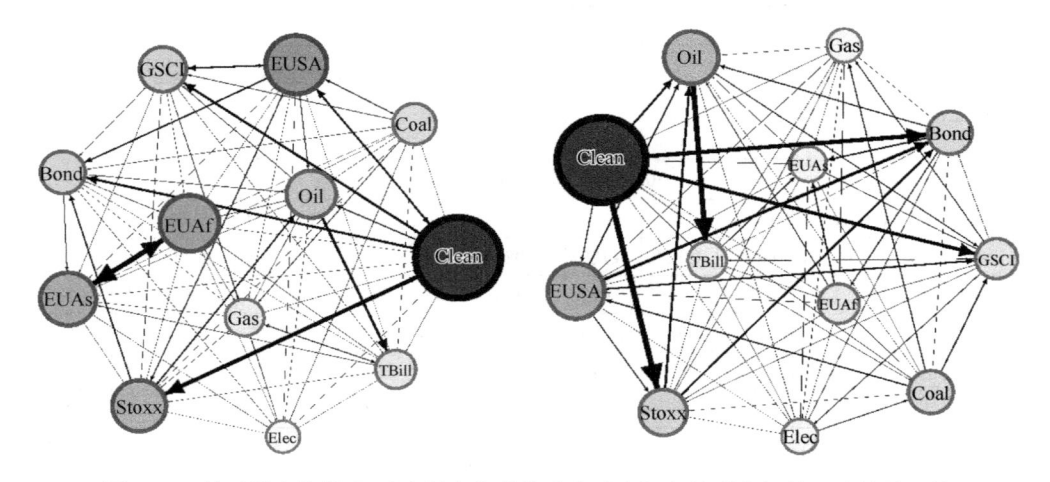

图 4.15　基于溢出指数/配对净溢出指数的碳金融市场与关联市场的风险传导网络

系数为0.5，反映出该系统风险传导网络明显的"小世界"特性，即任意两市场间即使不存在显著的直接关联，也可通过若干中介市场发生风险传导作用。

碳金融期货和现货市场之间的风险关联紧密，但两者不是系统中首要的风险传递者，其加权出度小于清洁能源市场，且主要受债券和利率市场的风险净溢出效应。Clean在系统中的加权出度最大，与金融市场的风险传导关系紧密，且Clean对金融市场的风险溢出效应更大，成为重要的风险源。能源市场中的Oil与TBill、Stoxx的较大联动性使其在系统中的风险传导作用较强；煤炭作为重要的进出口贸易商品和能源投资产品，对金融市场中的EUSA和GSCI有较大的风险溢出；Elec在网络中的加权出度最低而加权入度较高，主要接受来自其他市场的风险溢出。除Clean和Oil与金融市场之间、碳金融期现货之间、金融市场间有明显的联动性外，其他市场的关联则比较稀疏。

各市场节点的相对度数中心度显示，Clean、EUSA、Coal和Bond对外溢出的数量最多且加权出度最大，是网络中重要的风险源；Oil和Stoxx接受风险溢出的连入数较大且加权入度也较高，容易受到网络中其他市场的风险传导影响，但两者加权出度也较大，说明在网络中也容易将自身市场风险传导给其他市场；Gas和碳金融市场的连入度相对较高且加权入度也较大，容易受网络内其他市场的风险溢出效应。运用社区探测算法并结合网络中边的权重可以将其分成三个模块（也称作社团或派系）：EUAf、EUAs和Bond；Oil、Clean、GSCI、EUSA和Stoxx；Coal、Gas、Elec和TBill。因此，投资者或市场监管者应当密切关注每个市场所在的模块，首先防御模块中市场的风险冲击。

对比图4.16中不同时间尺度下的风险传导网络可知，碳金融期现货之间的紧密关联在高、中、低频都表现得尤为显著，但在趋势项中清洁能源市场与金融市场的联动性更大。高频段网络的平均集聚系数最小且平均路径最长，趋势项网络的平均集聚系数最大且平均路径最短，说明由高、中、低频到趋势项的网络密度依次增大，网络中信息的传导速度依次加快，与图中市场节点关联的疏密程度和现实市场发展状况相吻合。股票市场作为反映宏观经济的代表性指标，在高频和中频段承受其他市场的风险溢出程度较大，这一点在图4.17中更为明显；随着投资者情绪的逐步消退以及对资产组合的重新调整，股市在长周期尺度下有转变为系统重要风险源的趋势，对原油市场和债券市场影响最显著。能源市场中的Clean在每个时间尺度都发挥风险传递者的角色，成为网络中重要的风险源；Coal和Oil虽然加权出度不高但中介中心性较高，成为网络中控制风险传导方向的关键市场；Elec无论在原始数据水平下还是在不同时间尺度下，其在网络中的加权入度最高而加权出度最低，表现为被动承受风险溢出的市场角色，但在趋势项中也发挥了一定的信息传播控制能力。

(a) 1~5 天高频

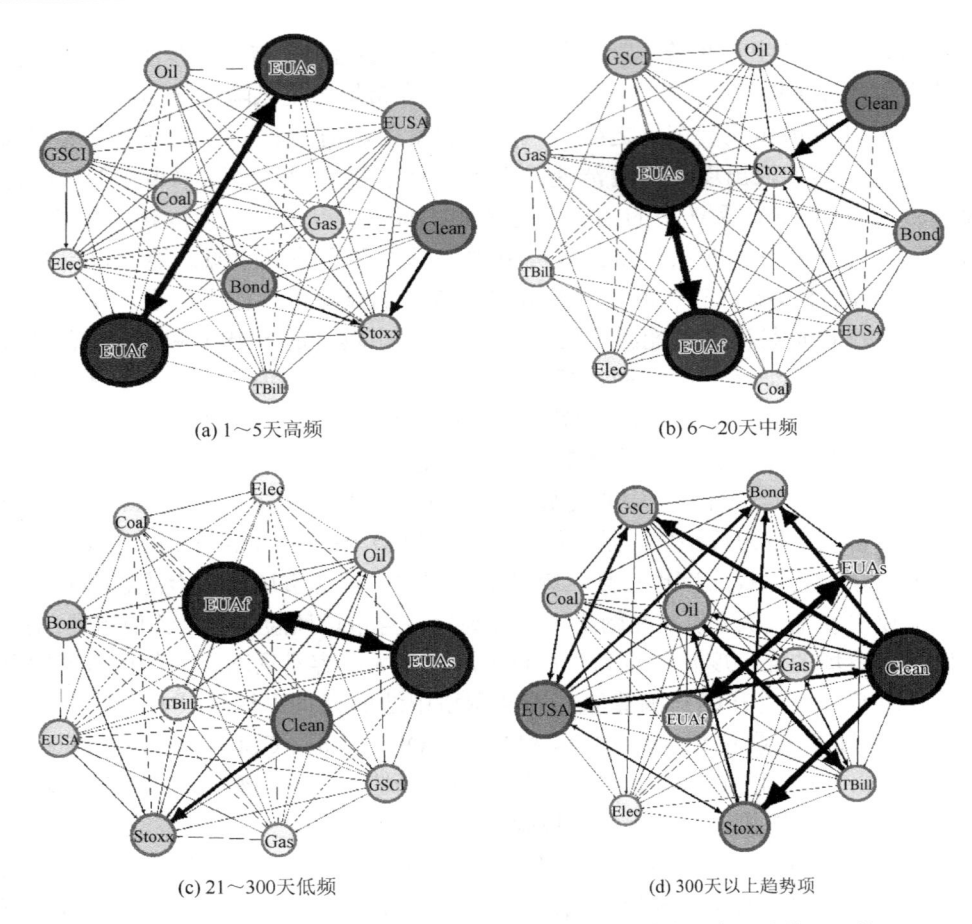

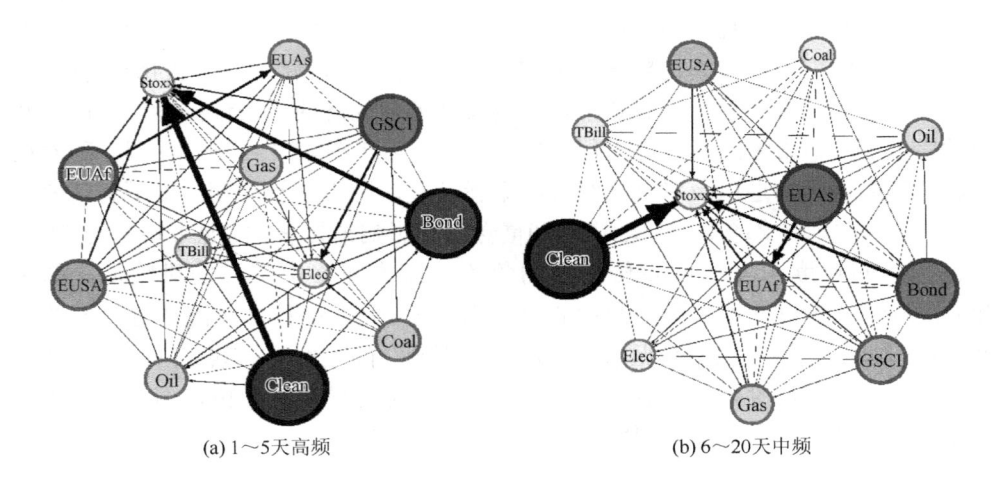

(b) 6~20 天中频

(c) 21~300 天低频

(d) 300 天以上趋势项

图 4.16　基于溢出指数的碳金融市场与关联市场间的多尺度风险传导网络

(a) 1~5 天高频

(b) 6~20 天中频

第 4 章　基于数据特征的碳金融市场风险及其传导研究

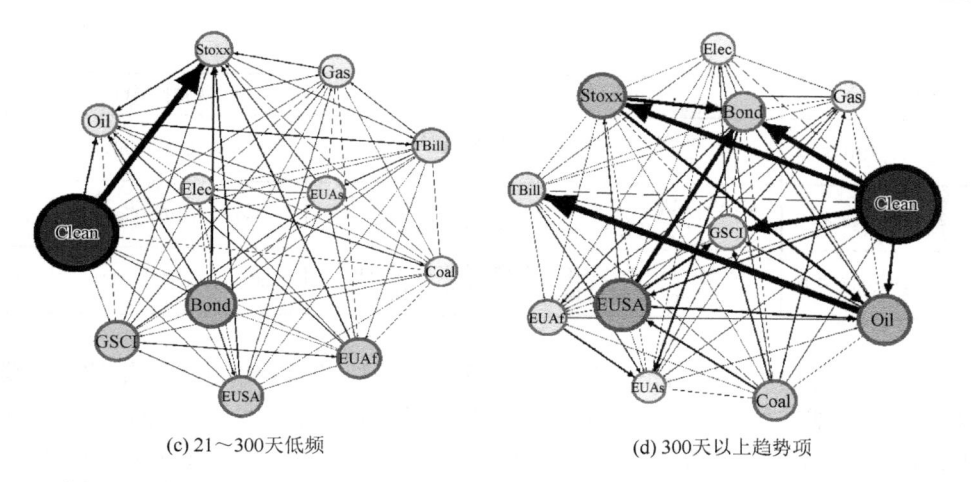

(c) 21～300 天低频　　　　　　　　(d) 300 天以上趋势项

图 4.17　基于配对净溢出指数的碳金融市场与关联市场间的多尺度风险传导网络

结合碳金融市场与关联市场间的多尺度风险传导效应和网络特征，可以将风险传导过程分为酝酿期、爆发期和缓解期三个阶段。月度周期以内的高频和中频为酝酿期，风险传导和蔓延速度较慢，风险能量冲击值较小；月度至年度周期的低频是爆发期，风险传导迅速而强烈，风险能量冲击值超出"碳金融-能源-金融"网络的最大承受能力，系统风险无法找到下一个能继续隐藏和传导风险的风险接受者，此时系统的风险全面爆发。风险爆发后，系统内的市场风险进一步交叉、重叠与积聚，使危害程度大大增加。年度周期以上的长期趋势项是缓解期，风险并发高峰期过后，风险能量冲击值逐步降低，合理、有效的市场风险控制措施阻碍了风险的扩大，各市场投资者的恐慌心理得到了缓解，但该系统风险造成的不利影响往往会持续存在一段时间。

表 4.29 展示了网络市场节点的模块划分以及最有可能控制风险传导的关键市场（选取节点中介中心性显著大于其他网络节点的市场作为关键市场）。Coal 和 Oil 在高频和中频段的中介中心性较大，控制风险传导方向的能力较强；Coal、TBill、Gas 和 Bond 在低频段的控制力较好；趋势项的关键控制市场则是 Coal、Elec、Oil、EUAs 和 GSCI。由此可见，煤炭市场是"碳金融-能源-金融"系统风险传导网络中的重要"桥梁"，在网络风险溢出信息的传播中起着关键的控制作用。

表 4.29　不同时间尺度下的网络模块及关键控制市场

时间尺度	模块划分	关键控制市场
1～5 天高频	EUAf、EUAs； Coal、Gas、Elec、TBill、GSCI； Oil、Clean、EUSA、Stoxx、Bond	Oil、Coal、GSCI

续表

时间尺度	模块划分	关键控制市场
6～20 天中频	EUAf、EUAs、Coal、Elec、GSCI；Oil、Gas、Clean、TBill、EUSA、Stoxx、Bond	Stoxx、Coal、Oil、EUSA
21～300 天低频	EUAf、EUAs、Coal、Gas、Elec、TBill、GSCI；Oil、Clean、EUSA、Stoxx、Bond	Coal、TBill、Gas、Bond
300 天以上的趋势项	EUAf、EUAs、Clean、EUSA、Stoxx、Bond；Coal、Gas、Elec、TBill、GSCI、Oil	Coal、Elec、Oil、EUAs、GSCI

（1）在高频段中，由市场噪声、投机交易等随机因素引起的短期波动使碳金融市场内部的风险在期、现货之间相互传导，且碳期货的风险净传导效应更大。清洁能源类股票指数收益与资本市场有密切联系，作为低碳经济环境下的重要投资产品，其收益变动对资本市场和原油价格具有显著的影响。煤炭和天然气作为电力生产的重要能源投入燃料与电力市场关联紧密，且两者同属能源类的大宗商品而与大宗商品指数互联互通，由此形成了高频段的三个作用板块。

（2）面对碳金融市场的风险和成本效应，减排企业通过调整生产活动和转换能源燃料，使碳金融和能源市场间的风险传导作用在中频和低频尺度下逐步显现。碳金融市场与煤炭、电力和大宗商品市场在这两个时间尺度下成为关联团体之一。

（3）利率直接关系着投资收益的高低，而且利率调整事关经济金融类的重大事件，一般会造成资产价格在低频尺度下的波动，与碳金融市场和能源市场归为低频段的一个关联模块。

（4）在低碳经济发展的长期趋势下，政府的宏观调控作用使清洁能源技术的改进和提升成为影响碳金融市场收益的重要因素。而且随着碳金融市场发展的日趋成熟，其与金融市场的互动也越来越紧密，因债券市场是控排企业和政府重要的融资渠道而对碳金融市场的溢出效应较大，从而碳金融市场、清洁能源、资本市场和外汇市场是趋势项时间尺度下的模块之一。由此看来，碳金融市场金融属性功能的发挥主要体现在低频段和趋势项中，成为低碳经济发展领域中的优良潜力股。

因基于溢出指数网络的各市场节点之间几乎都是相互影响的，所以不能很好地区分其相对度数中心度，因此以配对净溢出网络的结果计算各节点的相对度数中心度和相对加权中心度，并考虑风险传导的方向性，将其分为风险传递中心度和风险接受中心度，结合中心度值的排序，将明显区别于其他市场节点的前四个市场提取出来。由表 4.30 可知，不同时间尺度下网络节点的中心度特征相异。

表 4.30　不同时间尺度下的网络节点中心度

时间尺度	相对度数中心度		相对加权中心度	
	风险传递	风险接受	风险传递	风险接受
1~5 天高频	EUSA、EUAf、GSCI、Coal	Elec、Stoxx、TBill、Oil	Clean、Bond、GSCI、EUAf	Stoxx、Elec、EUAs、Oil
6~20 天中频	GSCI、EUSA、EUAf、EUAs	Stoxx、Oil、Elec、Bond	Clean、EUAs、Bond、EUAf	Stoxx、EUAf、Elec、Oil
21~300 天低频	EUSA、GSCI、Coal、Bond	Oil、Stoxx、Elec、TBill	Clean、Bond、EUAf、GSCI	Stoxx、Oil、EUAs、TBill
300 天以上的趋势项	Clean、EUSA、Coal、Stoxx	Elec、Gas、EUAs、Oil	Clean、EUSA、Oil、Stoxx	Bond、GSCI、Oil、TBill

（1）在高频段，EUAf 和 GSCI 的连出度较高且加权出度也排在前列，属于短期风险传导网络下的主要风险源。Elec、Stoxx 和 Oil 的连入度较高且加权入度也居首，说明这三个市场容易被动承受网络中其他市场的风险溢出，且所受影响的程度也较强。

（2）在中频段，碳金融市场和金融市场中的所有产品的连出度和加权出度都比较高，是该时间尺度下的重点防御对象。其中，金融市场中的 Stoxx 以及能源市场中的 Oil 和 Elec 在该时间周期仍表现为网络中的风险接受方，需被重点保护。

（3）在低频尺度下，GSCI 和 Bond 的相对出度及加权出度的中心度较高，其市场风险容易传递给网络中的其他市场。Oil、Stoxx 和 TBill 则容易感染其他市场的风险，表现比较脆弱。

（4）在长期趋势项中，Clean、EUSA 和 Stoxx 是网络中的关键风险源，凸显了清洁能源市场和外汇市场在风险传导网络中的重要地位。

在低碳经济发展趋势的影响下，清洁能源技术及其产品虽是重点改革领域但其市场风险也不容小觑。随着碳金融市场发展的日趋成熟，其市场透明度和开放度也逐步提高，越发容易受到其他市场的风险传染但程度较弱。原油市场与股市和经济形势有着不可忽视的牵连作用，在网络中最易接受其他市场的风险溢出，从而在每个时间尺度下的连入度和加权入度都位居前列。

3. 碳金融市场与关联市场间的动态多尺度风险传导网络

依据碳金融市场与关联市场风险总溢出指数的动态变化趋势（图 4.18）可知，在 2013 年 4 月、2015 年 1 月、2016 年 11 月以及 2019 年 4 月，政策变动和国际经济金融等重大事件的冲击引起了大幅度波动。

因此，为了探究这些重大事件对风险传导网络的影响，以这些波峰位点为重大事件的发生时点，结合该时点前 500 天波动率数据的溢出指数构建对应这四个阶段的风险传导网络（图 4.19），以直观反映出事件发生时的风险中心以及风险传导的方向和程度，从而为投资者和政策监管者防御重大事件的不利冲击，并及

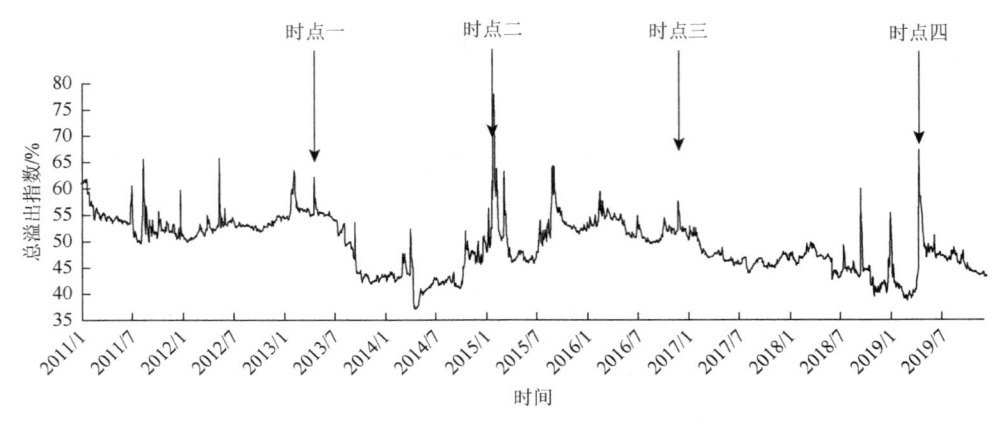

图 4.18 碳金融市场与关联市场间的动态风险总溢出（滚动窗口 = 500 天）

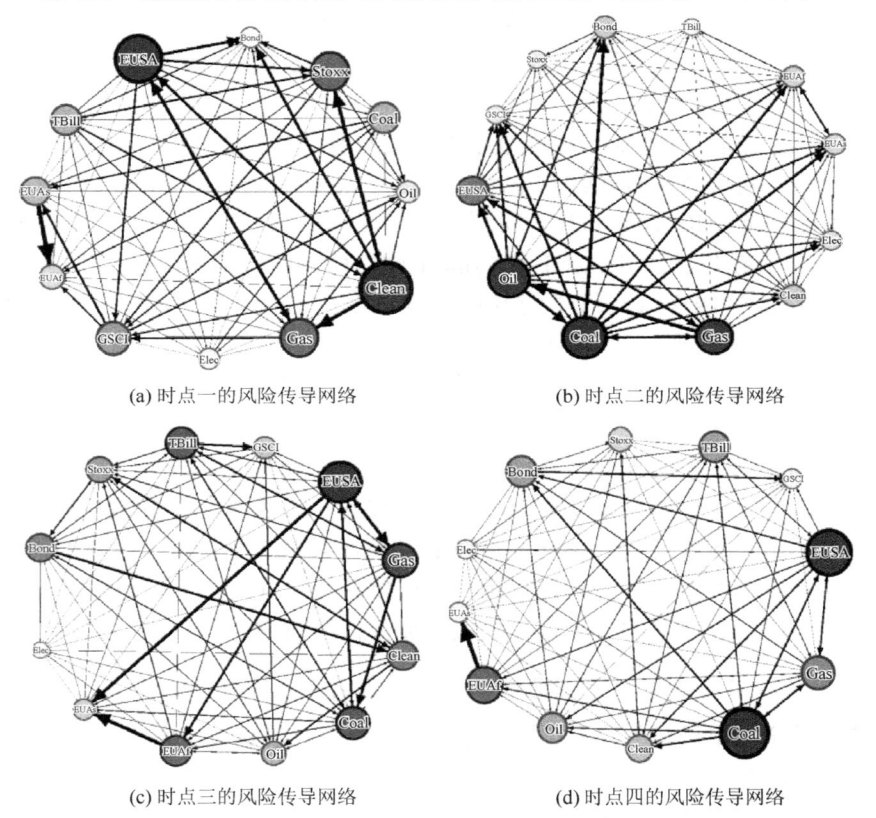

(a) 时点一的风险传导网络

(b) 时点二的风险传导网络

(c) 时点三的风险传导网络

(d) 时点四的风险传导网络

图 4.19 碳金融市场与关联市场在重大事件发生时的风险传导网络

时调整投资策略或风险管理方案提供针对性的指导建议。其中，时点一对应的样本期是 2011/5/10~2013/4/17，时点二对应的时间段是 2013/2/18~2015/1/27，时点三对应于 2014/12/16~2016/11/22，时点四的时间段是 2017/5/1~2019/4/11。

总体来看，四个时段中不同的政治经济等重大事件市场间的关联都产生了显著的影响，风险总溢出指数分别为54.92%、65.68%、55.44%和67.21%，相对于该系统在整个样本区间的平均风险溢出程度（29.69%）均有明显的增大，尤其是时点二和时点四因能源供求问题和全球经济贸易问题所产生的影响最大。说明碳减排政策变动相比于金融市场动荡冲击的影响要弱得多，碳金融市场的金融化有待提高。

从图4.19（a）可以发现以下两点。

（1）受欧债危机和EU ETS碳减排政策变动的影响，能源市场中的Clean和金融市场中的EUSA是时点一的重要风险传导中心，加权出度较大而加权入度较小；资本市场中的Bond加权入度较大而加权出度较小，是系统在该阶段中最容易被动承受风险的市场；Elec的加权出度和加权入度都较小，与其他市场的关联比较疏远。

（2）碳金融市场在该系统中不是风险传导的中心，主要表现为风险接受方，其中受GSCI的风险传导作用最强，连同Coal和Elec组成一个作用模块，而Oil、Gas、Clean和除GSCI外的金融市场组成另一个关联团体。

从图4.20可知，碳金融市场在高频、中频和低频仍表现为系统中主要的风险传导中心。

（1）在高频段，受投资者的情绪突然高涨，EUAf和EUAs之间的风险传导相互作用紧密。碳减排政策的变动和欧债危机的滞后效应使Clean对Oil和Stoxx的影响最为显著。

（2）在碳减排政策调整的影响下，投资者重新组合资产，EUAf规避风险的功能得以体现，在中频和低频受到来自EUAs的风险溢出。

（3）随着市场稳定性的增强，Clean作为低碳环境下的杰出代表化身为系统的风险传导中心，对Gas和金融市场都有显著的溢出效应。EUSA作为全球最大的金融市场，在经济动乱时期成为重要的风险源。Bond作为相对比较安全的投资产品，成为投资者转移风险资产的首选，在系统中表现为风险接受者。

从图4.19（b）可知，能源价格的暴跌使三大化石能源市场成为时点二的主要风险传导中心，对与交易结算价格相关的EUSA和所归属的GSCI的溢出效应最为显著。能源供求问题导致投资者避险情绪高涨，从而使大量资本流入债券市场，因此Bond显著受到Coal和Oil的风险溢出效应。能源市场的波动给减排企业带来的风险也会传导至碳金融市场，引起碳价的进一步下跌。

结合图4.21可以发现以下几点。

（1）能源供求问题产生的溢出效应影响持久，Oil在高频、中频和低频都表现为系统最强的风险传导中心。而通过三大化石能源燃料之间的转换作用，原油市场的风险源转嫁到了煤炭市场中，在趋势项中Coal的风险总溢出程度最大。

(a) 1~5天高频　　(b) 6~20天中频

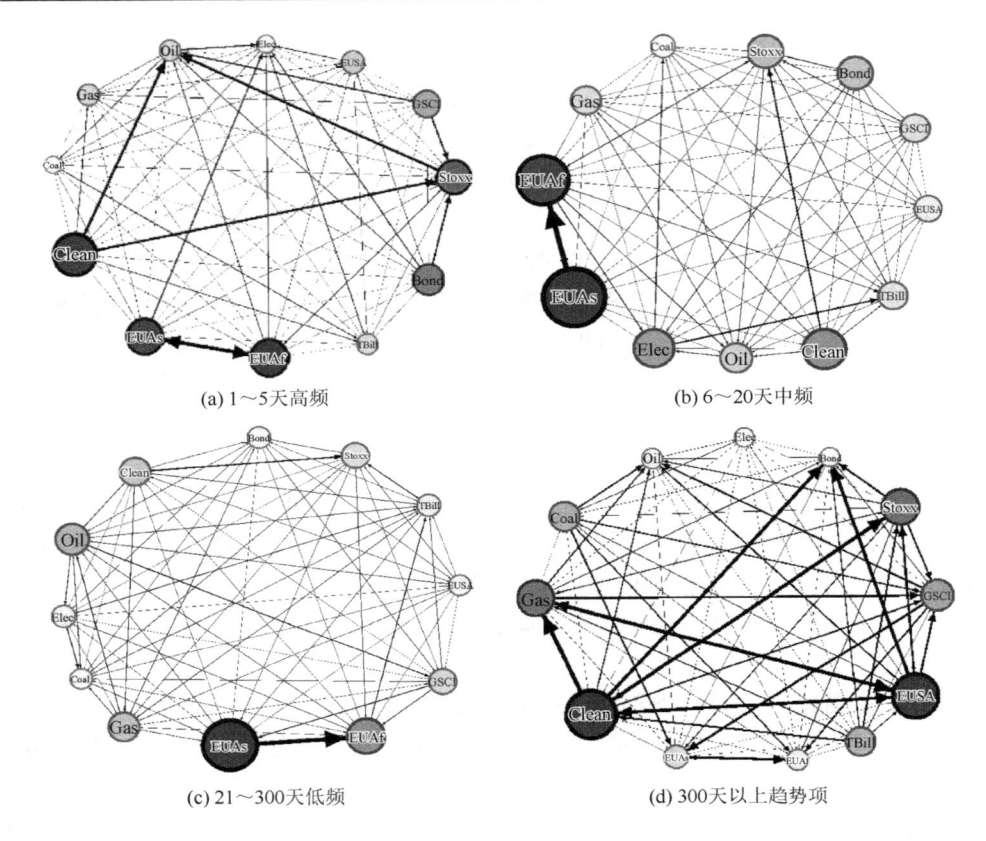

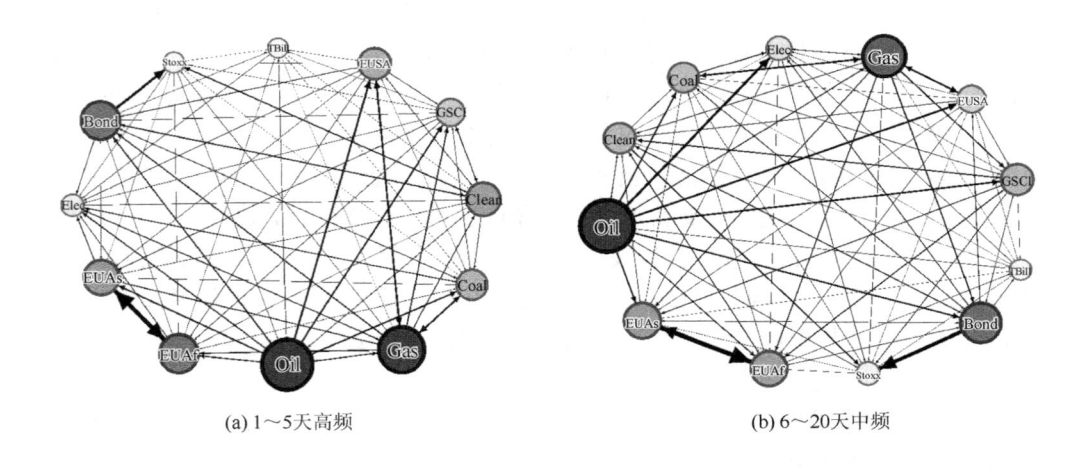

(c) 21~300天低频　　(d) 300天以上趋势项

图 4.20　碳金融市场与关联市场在时点一的多尺度风险传导网络

(a) 1~5天高频　　(b) 6~20天中频

(c) 21～300天低频　　　　　　　　　(d) 300天以上趋势项

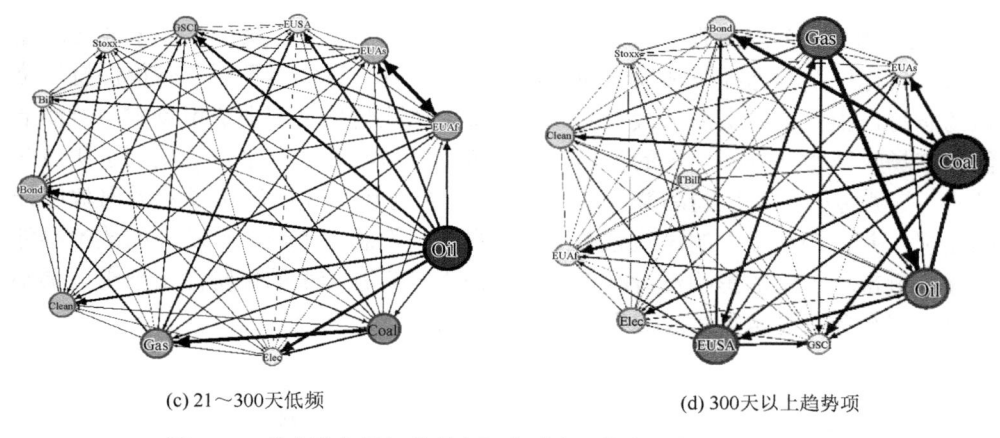

图 4.21　碳金融市场与关联市场在时点二的多尺度风险传导网络

（2）碳金融市场在时点二的阶段中面临着"拆量拍卖"的多次争议和修订，最终在 2014 年 3 月正式启动，但没能从根本上解决碳配额供求过剩的问题；而后 2015 年提出的"市场稳定储备机制"对碳配额的供求问题进行灵活调整，以提高碳金融市场应对经济冲击的能力，引起碳价的小幅度上涨。在此期间，除了 EUAf 和 EUAs 在高频、中频和低频呈现出更为紧密的关联之外，碳金融市场也显著地受到了原油市场的风险传导效应。但在趋势项中，碳金融市场内部的期、现货之间联系则明显降低，而是更多地受外部 Coal、Oil 和 EUSA 的风险溢出影响。

（3）Bond 是政府和企业的重要融资来源，其市场风险会跟随投资者情绪的高涨和实体经济路径传染到股票市场，在中频段的溢出强度最为显著。而后随着投资者对资产的重新组合和经济环境的逐步稳定，Bond 对 Stoxx 的风险传导效应也慢慢消退。

从图 4.19（c）可知，EUSA 是时点三的重要风险源。实质上，2016 年英国脱欧公投以及美联储加息预期的升温引起全球避险情绪的高涨，使英镑和欧元贬值，美元货币升值，由此导致外汇市场的剧烈波动并成为该阶段的重要风险传导中心。加上 2015 年底全球能源商品价格再次暴跌，形成了能源进出口商品天然气、煤炭和外汇市场之间显著的风险溢出效应。2016 年 6 月英国脱欧公投结果的出炉尤其给欧盟市场内部带来了重大影响，风险难以预先量化，碳金融市场因此也受到了外汇市场的显著溢出效应。美国总统大选的未知结果和预期经济政策的变动使 TBill 成为另一重要的风险源，对与宏观经济有密切关联的大宗商品交易市场（GSCI）的风险传导效应最为显著。碳金融市场、煤炭市场、天然气市场、利率和外汇市场由此形成了双向该时段的一个关键作用模块。

从图 4.22 可以发现，EUAf 在时点三的高频和中频是重要的风险源，对 EUAs

和 Stoxx 的溢出效应最强。可能的原因在于，该阶段因《巴黎协定》未能达成量化减排目标以及全球经济环境的冲击，碳金融市场一直低迷不振，碳价保持低位振荡态势，由此造成交易量最大的碳期货市场风险传导至碳现货市场中，对清洁能源市场收益也产生了一定的影响，投资者的避险心理使资本市场受到了明显的冲击。随着金融市场风险的蔓延，EUSA 对碳金融市场和能源市场的溢出效应开始显现，并在趋势项中的风险总溢出达到最大。但总的来看，该阶段的政治事件和碳金融市场政策的影响没有时点二中能源供求问题带来的风险冲击严重，更不及时点四全球贸易争端引起的系统风险总溢出强度。

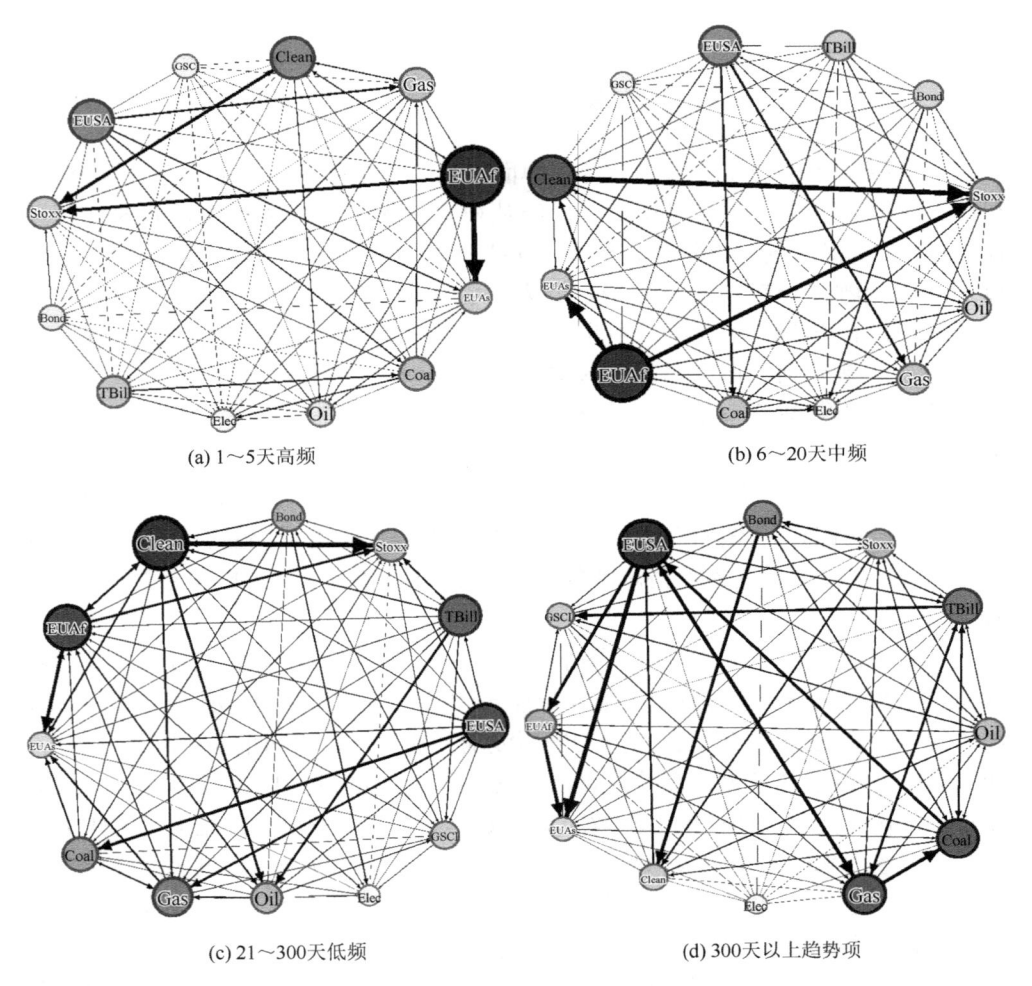

(a) 1～5天高频

(b) 6～20天中频

(c) 21～300天低频

(d) 300天以上趋势项

图 4.22　碳金融市场与关联市场在时点三的多尺度风险传导网络

由图 4.19（d）可以发现，Coal 和 EUSA 是时点四的重要风险传导中心。

（1）2017年5月、6月美国政局发生动荡，民众对于大选时提出的经济刺激政策深度质疑，所宣布的即将退出《巴黎协定》的提议引发多方不满，造成美国股市的全线走低和美元汇率的大跌，由此波及全球股市。加上民众对美联储加息的担忧和中美贸易摩擦的升温，使 EUSA 的波动迅速传导至其他市场。

（2）能源市场中的煤炭和天然气作为重要的进出口商品，显著受到外汇市场的溢出效应；在全球低碳减排的行动计划和迫切要求下，传统能源市场面临着下行压力，存在与外汇市场的双向波动溢出，并成为系统中另一重要风险源。

（3）Bond 作为相对安全的避险产品，显著受到来自能源市场和外汇市场的风险传导效应，且其市场风险也会影响到 GSCI 的稳定。

（4）TBill 作为全球金融投资的重要风险指标，显著影响全球经济形势和投资者情绪，加上民众对美国在此期间收缩性货币政策的担忧，使 TBill 在系统中表现活跃，其加权出度和加权入度基本相等且处于系统风险溢出指数的均值水平。

（5）2017年碳金融市场对"市场稳定储备机制"方案实施的预期，导致碳价从 2017 年 5 月的 5 欧元/吨 CO_2 一路飙升至 2019 年 1 月的 25 欧元/吨 CO_2，但其间受美国退出《巴黎协定》的宣布、中美贸易摩擦等影响而产生了剧烈波动。

从图 4.23 可知，碳金融市场内部在四个时间尺度下均存在 EUAf 对 EUAs 的显著风险溢出。风险源 EUSA 和 Coal 在年度周期以下的风险传导效应显得比较微弱，而且仅存在对 Bond 的显著溢出效应。通过实体经济路径的传播和扩散，EUSA 和 Coal 在趋势项中对其他市场的风险溢出显著增强，而且市场关联也变得非常紧密，风险总溢出达 44.4%，占据时点四平均风险溢出水平的 66.07%。

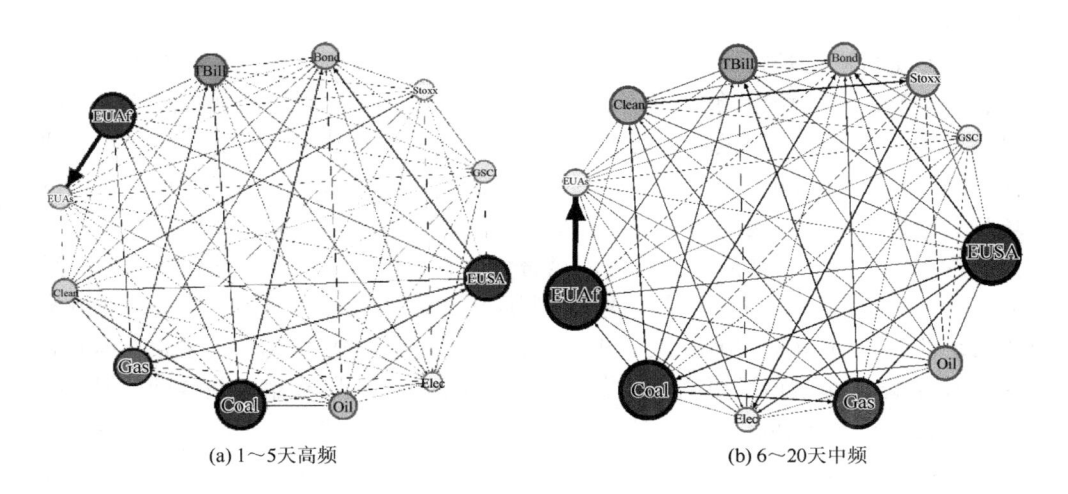

(a) 1~5 天高频　　　　　　　　(b) 6~20 天中频

(c) 21～300天低频　　　　　　　　　(d) 300天以上趋势项

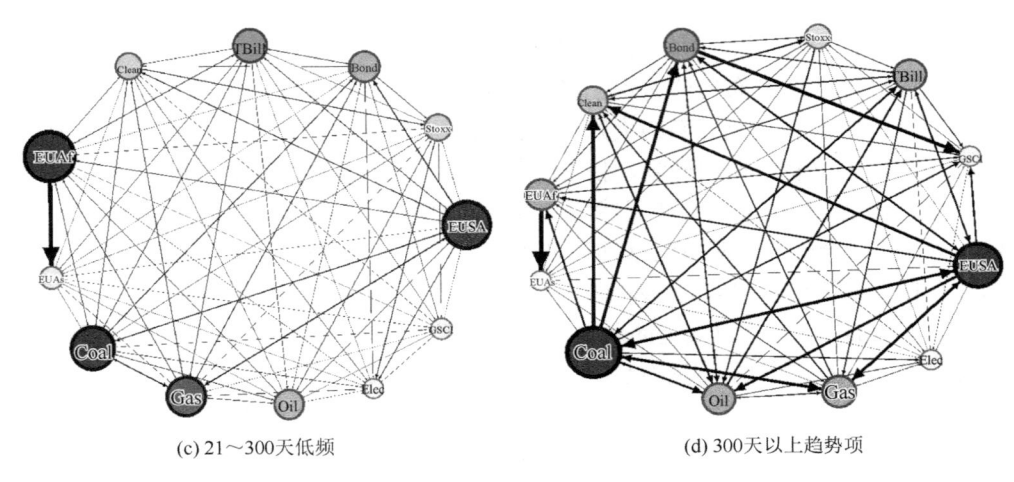

图 4.23　碳金融市场与关联市场在时点四的多尺度风险传导网络

4.3　基于高阶矩属性的碳金融市场风险传染研究

4.3.1　研究问题的提出

随着全球金融市场联动的不断增强和跨国金融资本的自由流动，国际碳金融市场作为一个新兴的金融创新领域，已经成为全球性复杂金融网络结构密不可分的参与部分（Chevallier，2011）。相比其他市场，国际碳金融市场具有政策冲击敏感性强的显著特征，使碳金融市场价格极易遭受外部事件或政策的冲击，市场收益隐含更加复杂的风险波动性，并通过全球金融网络传染到其他密切相关的市场领域，形成金融风险传染现象。

资产定价理论是将协高阶矩纳入碳金融市场风险传染研究框架的理论基础。当金融资产定价的跨市场联动行为已呈非理性现象，无法用经济基本面解释时，风险传染就发生了，即风险传染实质是剔除经济基本面和理性投资行为后的非理性协同运动（Karolyi，2003）。Forbes 和 Rigobon（2002）、Fry 等（2010）基于市场相关分析指出若市场间的关联性在金融冲击后显著增强，则存在风险传染；不同金融市场风险冲击前后相关系数的显著变化成为识别风险传染的代理指标。然而，传统的金融传染测度方法关注风险源通过线性或非线性的低阶矩渠道对被传染市场的影响（Patton，2006；Arakelian and Dellaportas，2012；Abbara and Zevallos，2014），忽略了金融市场更高阶矩收益（偏度-峰度）特征在金融风险传染过程中的变化。虽然基于均值-方差框架的低阶矩风险传染与经典的资本资产定价模型理论相吻合，但却无法完整刻画金融资产收益率特征，尤其是碳金融市场存在的非对称分布和尖峰厚尾等高阶矩特征。

因此，本节基于 Fry 等（2010）提出的融合偏度和峰度信息的高阶矩资本资产定价模型（capital asset pricing model，CAPM），将反映市场非对称和极端冲击因素的市场偏度和峰度纳入研究框架中，分析不同风险波动状态下和变化趋势下，碳金融市场因市场非理性投资行为和外部性事件冲击所带来的高阶矩渠道的风险传染关系及其经济学解释，从而为解释碳金融资产的风险传染提供更具说服力的证据，为从行为金融视角分析风险传染下投资者的交易行为、投资策略、心理预期变化等提供新的视角。

4.3.2 基于市场波动差异的碳金融市场高阶矩属性风险传染模型构建

1. 碳金融市场波动趋势异质性刻画

碳金融资产收益具有明显的波动集聚现象，一个波动趋势后通常隐藏着另一个更大的波动，而且这种波动具有较强的时变性、随机性和不可观测性，因此需要建立一种波动状态的分割机制对不同状态特征的收益序列进行筛选和划分。

考虑到碳价波动的复杂性，假设服从马尔可夫随机过程的碳价收益波动状态只取决于该状态之前的 n 个状态，即当前收益波动仅与当前的状态概率和之前的状态概率有关，这就是 n 阶马尔可夫随机过程。但事实上，状态转换的独立性假设，使得一阶马尔可夫随机过程在应用中满足问题的分析，因此，本节的讨论也建立在一阶马尔可夫状态转化模型的基础上。即假设碳价波动处于状态 M 的概率仅依赖于状态 $M-1$ 的概率为 $P(M_t|M_{t-1},M_{t-2},\cdots,M_1)=P(M_t|M_{t-1})$，式子表示在一阶随机马尔可夫过程中，碳金融资产价格历史波动状态对于预测未来的波动是无关的，也就是假设将来的市场状态与过去无关。

基于此，假设具备异方差特征的碳金融资产收益遵循一阶自回归（autoregressive，AR）过程，其方差序列存在 M 波动区制，根据 Hamilton（1989）提出的机制转化建模思想，碳价序列的波动分布满足以下模型：

$$R_t = v(M_t) + \sum_{i=1}^{p}\phi_a(M_t)R_{t-a} + \varepsilon_t \qquad (4.32)$$

式中，R_t 为碳金融资产收益序列；$\varepsilon_t \sim N(0,\sigma(M_t)^2)$，表示方差序列遵循 M 区制状态的随机过程；$t\in\{1,2,\cdots,k\}$ 为不可观测的离散变量，描述碳金融资产收益率的波动状态数量，并且 M_t 服从一阶马尔可夫链，转换概率表示为

$$P_{ab} = \text{pr}(M_t=b|M_{t-1}=a,M_{t-2}=\alpha,M_{t-3}=\beta,\cdots) = \text{pr}(M_t=b|M_{t-1}=a)$$

$\{a,b\}\in t$ 表示状态变量；$v(M_t)$、$\phi_a(M_t)$ 和 $\sigma(M_t)$ 分别表示具有状态转移特征的收益率 R_t 在区制 M_t 上的截距项、自回归系数和标准差，并且 $v(1)<v(2)<\cdots<v(M_t)$。

在残差序列正态分布假设下，碳金融资产收益率 R_t 在状态区制为 M_t 的条件概率密度为

$$f(R_t | M_t = b, I_{t-1}; \theta) = \frac{1}{\sqrt{2\pi}\sigma(b)} \exp\left[\frac{-(R_t - v(b))^2}{2\sigma^2(b)}\right] \quad (4.33)$$

当概率 $f(M_t = b | I_{t-1}; \theta)$ 已知时，在确定 I_{t-1} 的条件下，R_t 的概率密度表示为

$$\begin{aligned} f(R_t | I_{t-1}; \theta) &= p(M_t = 1 | I_{t-1}; \theta) f(R_t | M_t = 1, I_{t-1}; \theta) \\ &+ p(M_t = 2 | I_{t-1}; \theta) f(R_t | M_t = 2, I_{t-1}; \theta) \\ &+ \cdots + p(M_t = k | I_{t-1}; \theta) f(R_t | M_t = k, I_{t-1}; \theta) \end{aligned} \quad (4.34)$$

式中，I_{t-1} 表示到 $t-1$ 时刻为止所有变量 R_t 在状态 M_t 下的观测值，即到 $t-1$ 时刻所能获取到的所有信息；$\theta = \{P_{ab}, v_i(M_t), \phi_a(M_t), \sigma_a(M_t)\}$ 表示波动转换模型的待估参数集合，该参数可由观察期内模型的对数似然函数进行估计：$\ln f(\theta) = \frac{1}{n} \sum \ln f(R_t | I_{t-1}; \theta)$。

由于碳金融资产收益各状态平滑概率存在差异，较大的概率表示特定波动状态发生的可能性较大，反之较小。因此，在平滑概率计算基础上，考虑最大平滑概率对应的状态取值，以 0.5 作为各状态区制平滑概率的筛选临界值，筛选依据为 $p(M_t = b | I_T; \theta) > 0.5 \Rightarrow R(M_t)$，从而识别出以最大平滑概率呈现的状态区制所对应的碳金融资产收益率，为分析碳金融资产与其定价因子的高阶矩属性风险传染关系提供分析基础。

2. 基于波动趋势异质性的碳金融资产风险传染模型构建

下面基于非参数统计模型协高阶矩风险传染检验方法，重点研究碳金融资产与其定价因子间市场非对称信息冲击的协偏度传染（coskewness contagion，CS）关系、极端事件冲击的协峰度传染（cokurtosis contagion，CK）关系、市场波动性冲击的协波动率传染（covolatility contagion，CV）关系。

1）协偏度属性风险传染指标

协偏度属性风险传染是指在碳金融市场波动状态转化过程中，碳金融资产与其定价因子所构成的投资组合收益分布的非对称性是否发生显著变化的指标。根据在计算协偏度统计量时采用收益率和平方收益率的市场的不同，将协偏度风险传染检验分为两类：CS_{12} 和 CS_{21}。其中 CS_{12} 表示碳金融资产收益对定价因子方差的传染渠道，CS_{21} 表示碳金融资产方差对定价因子收益的传染渠道。若传染系数具有统计上的显著性，则表明碳金融资产与其定价因子存在协偏度属性的风险传染关系。较小的传染系数，表明投资组合构成的联合分布与标准正态分布基本接近，面临较小的非对称性风险，能够实现风险分担和收益共享的投资组合目标。

协偏度属性风险传染的指标如下：

$$\mathrm{CS}_{12}\left(i \to j; r_i^1, r_j^2\right) = \left(\frac{\widehat{\psi}_y\left(r_i^1, r_j^2\right) - \widehat{\psi}_x\left(r_i^1, r_j^2\right)}{\sqrt{\left(4\widehat{\upsilon}_{y/x_i}^2 + 2\right)/T_y + \left(4\widehat{\rho}_x^2 + 2\right)/T_x}}\right)^2 \quad (4.35)$$

$$\mathrm{CS}_{21}\left(i \to j; r_i^2, r_j^1\right) = \left(\frac{\widehat{\psi}_y\left(r_i^2, r_j^1\right) - \widehat{\psi}_x\left(r_i^2, r_j^1\right)}{\sqrt{\left(4\widehat{\upsilon}_{y/x_i}^2 + 2\right)/T_y + \left(4\widehat{\rho}_x^2 + 2\right)/T_x}}\right)^2 \quad (4.36)$$

并且

$$\widehat{\psi}_y\left(r_i^1, r_j^2\right) = \frac{1}{T_y}\sum_{t=1}^{T_y}\left(\frac{y_{i,t} - \widehat{\mu}_{yi}}{\widehat{\sigma}_{yi}}\right)^1\left(\frac{y_{j,t} - \widehat{\mu}_{yj}}{\widehat{\sigma}_{yi}}\right)^2 \quad (4.37)$$

$$\widehat{\psi}_y\left(r_i^2, r_j^1\right) = \frac{1}{T_y}\sum_{t=1}^{T_y}\left(\frac{y_{i,t} - \widehat{\mu}_{yi}}{\widehat{\sigma}_{yi}}\right)^2\left(\frac{y_{j,t} - \widehat{\mu}_{yj}}{\widehat{\sigma}_{yi}}\right)^1 \quad (4.38)$$

$$\widehat{\psi}_x\left(r_i^1, r_j^2\right) = \frac{1}{T_x}\sum_{t=1}^{T_x}\left(\frac{x_{i,t} - \widehat{\mu}_{xi}}{\widehat{\sigma}_{xi}}\right)^1\left(\frac{x_{j,t} - \widehat{\mu}_{xj}}{\widehat{\sigma}_{xi}}\right)^2 \quad (4.39)$$

$$\widehat{\psi}_x\left(r_i^2, r_j^1\right) = \frac{1}{T_x}\sum_{t=1}^{T_x}\left(\frac{x_{i,t} - \widehat{\mu}_{xi}}{\widehat{\sigma}_{xi}}\right)^2\left(\frac{x_{j,t} - \widehat{\mu}_{xj}}{\widehat{\sigma}_{xi}}\right)^1 \quad (4.40)$$

$$\widehat{\upsilon}_{y/x_i} = \frac{\widehat{\rho}_y}{\sqrt{1 + \left(\frac{s_{y,i}^2 - s_{x,i}^2}{s_{x,i}^2}\right)\left(1 - \widehat{\rho}_y^2\right)}} \quad (4.41)$$

式中，i 和 j 分别为风险传染源市场和被传染市场；x 和 y 为两种碳金融市场波动状态；$\widehat{\psi}_x\left(r_i^1, r_j^2\right)$、$\widehat{\psi}_x\left(r_i^2, r_j^1\right)$、$\widehat{\psi}_y\left(r_i^1, r_j^2\right)$ 和 $\widehat{\psi}_y\left(r_i^2, r_j^1\right)$ 为不同市场波动状态下的两市场间的协偏度统计量；T_x 和 T_y 为不同市场波动状态下的市场容量；$x_{i,t}$、$x_{j,t}$、$y_{i,t}$ 以及 $y_{j,t}$ 分别表示传染源市场和被传染市场在市场状态为 x 和 y 下的收益率；$\widehat{\mu}_{xi}$、$\widehat{\mu}_{xj}$、$\widehat{\mu}_{yi}$ 以及 $\widehat{\mu}_{yj}$ 表示收益率对应的均值；$\widehat{\sigma}_{xi}$、$\widehat{\sigma}_{yi}$ 表示收益率的标准差；$\widehat{\upsilon}_{y/x_i}$ 表示波动状态转化后调整的市场相关系数；$\widehat{\rho}_x$ 和 $\widehat{\rho}_y$ 表示不同市场波动下两市场间的无条件相关系数；$s_{x,i}^2$ 和 $s_{y,i}^2$ 表示传染源市场在不同市场波动状态下的方差。

为了测试碳金融资产与其定价因子是否发生协偏度属性风险传染，假定不存在高阶矩属性风险传染情况的原假设为

$$H(\mathrm{CS}_{12})_0: \widehat{\psi}_y\left(r_i^1, r_j^2\right) = \widehat{\psi}_x\left(r_i^1, r_j^2\right) \quad (4.42)$$

$$H(\mathrm{CS}_{12})_1: \widehat{\psi}_y\left(r_i^1, r_j^2\right) \neq \widehat{\psi}_x\left(r_i^1, r_j^2\right) \quad (4.43)$$

$$H(\mathrm{CS}_{21})_0: \widehat{\psi}_y\left(r_i^2, r_j^1\right) = \widehat{\psi}_x\left(r_i^2, r_j^1\right) \tag{4.44}$$

$$H(\mathrm{CS}_{21})_1: \widehat{\psi}_y\left(r_i^2, r_j^1\right) \neq \widehat{\psi}_x\left(r_i^2, r_j^1\right) \tag{4.45}$$

在不存在协偏度属性风险传染的情况下，对传染系数是否服从卡方分布进行验证，本节根据系数的显著性判断不同市场波动趋势转换下是否发生协偏度传染关系：

$$\mathrm{CS}_{12}, \mathrm{CS}_{21}(i \to j) \xrightarrow{\mathrm{df}} \chi_1^2 \tag{4.46}$$

验证 CS_{12}、CS_{21} 服从卡方分布的拉格朗日多项式表示为

$$\mathrm{LM}(\mathrm{CS}_{12}) = \frac{T}{4\widehat{\rho}^2 + 2}\left[\frac{1}{T}\sum_{t=1}^{T}\left(\frac{r_{i,t} - \widehat{\mu}_i}{\widehat{\sigma}_i}\right)^1 \left(\frac{r_{j,t} - \widehat{\mu}_j}{\widehat{\sigma}_j}\right)^2\right]^2 \tag{4.47}$$

$$\mathrm{LM}(\mathrm{CS}_{21}) = \frac{T}{4\widehat{\rho}^2 + 2}\left[\frac{1}{T}\sum_{t=1}^{T}\left(\frac{r_{i,t} - \widehat{\mu}_i}{\widehat{\sigma}_i}\right)^2 \left(\frac{r_{j,t} - \widehat{\mu}_j}{\widehat{\sigma}_j}\right)^1\right]^2 \tag{4.48}$$

2）协峰度属性风险传染指标

协峰度属性风险传染是对碳金融市场波动状态转化过程中，碳金融资产与其定价因子构成的投资组合是否以及在多大程度上遭受外部极端事件冲击的衡量，即在极端风险因子冲击下，高阶矩协峰度传染系数在市场波动趋势变化前后有无发生显著变化。与协偏度属性风险传染指标类似，本节将协峰度属性风险传染检验分为两类：CK_{13} 和 CK_{31}，其中 CK_{13} 表示碳金融资产收益对定价因子市场偏度的传染，CK_{31} 表示碳金融资产偏度对定价因子收益的传染。若传染系数具有统计意义上的显著性，则表明碳金融资产与其定价因子间存在协峰度属性的风险传染现象。传染系数很大，表明投资组合收益面临较大的外部系统性风险冲击；反之表明系统性风险较低，能够实现风险分摊和收益共享的组合投资目的。

$$\mathrm{CK}_{13}\left(i \to j; r_i^1, r_j^3\right) = \left(\frac{\widehat{\xi}_y(r_i^1, r_j^3) - \widehat{\xi}_x(r_i^1, r_j^3)}{\sqrt{(18\widehat{\upsilon}_{y/x_i}^2 + 6)/T_y + (18\widehat{\rho}_x^2 + 2)/T_x}}\right)^2 \tag{4.49}$$

$$\mathrm{CK}_{31}\left(i \to j; r_i^3, r_j^1\right) = \left(\frac{\widehat{\xi}_y\left(r_i^3, r_j^1\right) - \widehat{\xi}_x\left(r_i^3, r_j^1\right)}{\sqrt{(18\widehat{\upsilon}_{y/x_i}^2 + 6)/T_y + (18\widehat{\rho}_x^2 + 2)/T_x}}\right)^2 \tag{4.50}$$

式中

$$\widehat{\xi}_y\left(r_i^1, r_j^3\right) = \frac{1}{T_y}\sum_{t=1}^{T_y}\left(\frac{y_{i,t} - \widehat{\mu}_{yi}}{\widehat{\sigma}_{yi}}\right)^1 \left(\frac{y_{j,t} - \widehat{\mu}_{yj}}{\widehat{\sigma}_{yi}}\right)^3 - (3\widehat{\upsilon}_{y/x_i}) \tag{4.51}$$

$$\hat{\xi}_y\left(r_i^3, r_j^1\right) = \frac{1}{T_y} \sum_{t=1}^{T_y} \left(\frac{y_{i,t} - \hat{\mu}_{yi}}{\hat{\sigma}_{yi}}\right)^3 \left(\frac{y_{j,t} - \hat{\mu}_{yj}}{\hat{\sigma}_{yi}}\right)^1 - (3\hat{\upsilon}_{y/x_i}) \quad (4.52)$$

$$\hat{\xi}_x\left(r_i^1, r_j^3\right) = \frac{1}{T_x} \sum_{t=1}^{T_x} \left(\frac{x_{i,t} - \hat{\mu}_{xi}}{\hat{\sigma}_{xi}}\right)^1 \left(\frac{x_{j,t} - \hat{\mu}_{xj}}{\hat{\sigma}_{xi}}\right)^3 - (3\hat{\rho}_x) \quad (4.53)$$

$$\hat{\xi}_x\left(r_i^3, r_j^1\right) = \frac{1}{T_x} \sum_{t=1}^{T_x} \left(\frac{x_{i,t} - \hat{\mu}_{xi}}{\hat{\sigma}_{xi}}\right)^3 \left(\frac{x_{j,t} - \hat{\mu}_{xj}}{\hat{\sigma}_{xi}}\right)^1 - (3\hat{\rho}_x) \quad (4.54)$$

相关参数的定义与上述一致。为了测试碳金融资产与其定价因子是否发生协峰度属性的风险传染关系，假定不存在高阶矩属性风险传染关系的原假设为

$$H(\text{CK}_{13})_0 : \hat{\xi}_y\left(r_i^1, r_j^3\right) = \hat{\xi}_x\left(r_i^1, r_j^3\right) \quad (4.55)$$

$$H(\text{CK}_{13})_1 : \hat{\xi}_y\left(r_i^1, r_j^3\right) \neq \hat{\xi}_x\left(r_i^1, r_j^3\right) \quad (4.56)$$

$$H(\text{CK}_{31})_0 : \hat{\xi}_y\left(r_i^3, r_j^1\right) = \hat{\xi}_x\left(r_i^3, r_j^1\right) \quad (4.57)$$

$$H(\text{CK}_{31})_1 : \hat{\xi}_y\left(r_i^3, r_j^1\right) \neq \hat{\xi}_x\left(r_i^3, r_j^1\right) \quad (4.58)$$

在不存在协峰度属性风险传染的情况下，对传染系数是否服从卡方分布进行验证，本节根据系数的显著性判断不同市场波动趋势转换下是否发生协峰度传染关系：

$$\text{CK}_{13}, \text{CK}_{31}(i \to j) \xrightarrow{\text{df}} \chi_1^2 \quad (4.59)$$

验证 CK_{13}、CK_{31} 服从卡方分布的拉格朗日多项式表示为

$$\text{LM}(\text{CK}_{13}) = \frac{1}{T(18\hat{\rho}^2 + 6)} \left[\sum_{t=1}^{T} \left(\frac{r_{i,t} - \hat{\mu}_i}{\hat{\sigma}_i}\right)^1 \left(\frac{r_{j,t} - \hat{\mu}_j}{\hat{\sigma}_j}\right)^3 - T(3\hat{\rho})\right]^2 \quad (4.60)$$

$$\text{LM}(\text{CK}_{31}) = \frac{1}{T(18\hat{\rho}^2 + 6)} \left[\sum_{t=1}^{T} \left(\frac{r_{i,t} - \hat{\mu}_i}{\hat{\sigma}_i}\right)^3 \left(\frac{r_{j,t} - \hat{\mu}_j}{\hat{\sigma}_j}\right)^1 - T(3\hat{\rho})\right]^2 \quad (4.61)$$

3）协波动率属性风险传染指标

协波动率属性风险传染指碳金融市场波动状态转化过程中，碳金融资产的风险对其定价市场风险的传染程度，即发生在碳金融资产与其定价因子间二阶矩方差风险之间的相互传染行为。若传染系数具有统计上的显著性，则表明碳金融资产与其定价因子间存在协波动率属性的风险传染现象。其中，较小的传染系数表明碳金融资产风险对诱发其定价因子市场风险的影响较弱，以此构成的投资组合能在较低风险下满足投资者分担风险和获取稳定收益的目的；而较大的传染系数表明碳金融市场的风险极易引发其定价因子风险的增加，两种资产风险的并发会导致投资组合面临较大的系统性风险，增加投资收益的不确定性。

$$\mathrm{CV}_{22}\left(i \to j; r_i^2, r_j^2\right) = \left(\frac{\hat{\varphi}_y\left(r_i^2, r_j^2\right) - \hat{\varphi}_x\left(r_i^2, r_j^2\right)}{\sqrt{\left(4\hat{\upsilon}_{y/x_i}^4 + 16\hat{\upsilon}_{y/x_i}^2 + 4\right)/T_y + \left(4\hat{\rho}_x^4 + 16\hat{\rho}_x^2 + 4\right)/T_x}}\right)^2 \quad (4.62)$$

式中

$$\hat{\varphi}_y\left(r_i^2, r_j^2\right) = \frac{1}{T_y}\sum_{t=1}^{T_y}\left(\frac{y_{i,t} - \hat{\mu}_{yi}}{\hat{\sigma}_{yi}}\right)^2 \left(\frac{y_{j,t} - \hat{\mu}_{yj}}{\hat{\sigma}_{yi}}\right)^2 - (1 + 2\hat{\upsilon}_{y/x_i}^2) \quad (4.63)$$

$$\hat{\varphi}_x\left(r_i^2, r_j^2\right) = \frac{1}{T_x}\sum_{t=1}^{T_x}\left(\frac{x_{i,t} - \hat{\mu}_{xi}}{\hat{\sigma}_{xi}}\right)^2 \left(\frac{x_{j,t} - \hat{\mu}_{xj}}{\hat{\sigma}_{xi}}\right)^2 - (1 + 2\hat{\rho}_x^2) \quad (4.64)$$

相关参数的定义与上述一致。为了测试碳金融资产与其定价因子是否发生协波动率属性的风险传染关系，假定不存在高阶矩风险传染关系的原假设为

$$H(\mathrm{CV}_{22})_0 : \hat{\varphi}_y\left(r_i^2, r_j^2\right) = \hat{\varphi}_x\left(r_i^2, r_j^2\right) \quad (4.65)$$

$$H(\mathrm{CV}_{22})_1 : \hat{\varphi}_y\left(r_i^2, r_j^2\right) \neq \hat{\varphi}_x\left(r_i^2, r_j^2\right) \quad (4.66)$$

在不存在协波动率属性风险传染的情况下，对传染系数是否服从卡方分布进行验证，并根据系数的显著性判断不同市场波动趋势转换下是否发生协波动率风险传染关系：

$$\mathrm{CV}_{22}(i \to j) \xrightarrow{\mathrm{df}} \chi_1^2 \quad (4.67)$$

验证 CV_{22} 服从卡方分布的拉格朗日多项式表示为

$$\mathrm{LM}(\mathrm{CV}_{22}) = \frac{1}{T(4\hat{\rho}^4 + 16\hat{\rho}^2 + 6)}\left[\sum_{t=1}^{T}\left(\frac{r_{i,t} - \hat{\mu}_i}{\hat{\sigma}_i}\right)^2 \left(\frac{r_{j,t} - \hat{\mu}_j}{\hat{\sigma}_j}\right)^2 - T(1 + 2\hat{\rho}^2)\right]^2 \quad (4.68)$$

4）低阶矩属性相关系数风险传染指标

福布斯-里戈邦传染（Forbes-Rigobon contagion，FR）指数是从收益率的低阶矩视角，研究碳金融市场波动状态转化过程中，碳金融资产与其定价因子一阶矩收益率之间的跨市场相关性是否发生显著变化的度量指标。若指标具有统计上的显著性，则表明碳金融资产与其定价因子存在低阶矩属性的风险传染关系。基于低阶矩属性的相关系数风险传染指标为

$$\mathrm{FR}(i \to j) = \left(\frac{\hat{\upsilon}_{y/x_i} - \hat{\rho}_x}{\sqrt{\mathrm{Var}(\hat{\upsilon}_{y/x_i} - \hat{\rho}_x)}}\right)^2 \quad (4.69)$$

$$\hat{\upsilon}_{y/x_i} = \frac{\hat{\rho}_y}{\sqrt{1 + \left(\frac{s_{y,i}^2 - s_{x,i}^2}{s_{x,i}^2}\right)(1 - \hat{\rho}_y^2)}} \quad (4.70)$$

相关参数的定义与上述一致。为了测试碳金融资产与其定价因子是否发生低阶矩属性风险传染，假定不存在低阶矩风险传染情况的原假设为

$$H(FR)_0 : \hat{\upsilon}_{y/x_i} = \hat{\rho}_x \quad (4.71)$$

$$H(FR)_1 : \hat{\upsilon}_{y/x_i} \neq \hat{\rho}_x \quad (4.72)$$

在不存在低阶矩属性传染的情况下，对传染系数是否服从卡方分布进行验证，根据系数的显著性判断不同市场波动趋势转换下是否发生风险传染关系：

$$FR(i \to j) \xrightarrow{df} \chi_1^2 \quad (4.73)$$

4.3.3 基于高阶矩属性的碳金融市场风险传染的实证研究

本节分别讨论市场波动分为市场快速波动和缓慢波动两个趋势下的风险传染，研究碳金融市场作为风险传染源市场和被传染市场与其定价因子间的高阶矩属性风险传染关系。

1. 研究样本与基本统计分析

1）研究样本

碳金融市场不仅与资本市场、同质产品市场具有密切相关的信息联动和溢出关系，而且与技术上存在替代作用的能源市场产品具有相关性。基于此，本节选择碳金融同质产品市场、资本市场及能源市场的产品工具作为碳价定价因子。

其中，选择 EU ETS 交易的欧盟碳排放配额期货合约作为碳金融资产的衡量变量，数据源自 ICE。同质产品选择欧盟碳排放配额的现货合约，数据源自 EEX。资本市场选择股票市场和汇率市场，股票市场交易产品为道琼斯工业平均指数和美元指数；汇率市场变量为欧元对美元汇率；能源市场选择煤炭、石油、天然气和电力市场的交易产品作为分析变量，数据来自 Wind 数据库。所有数据的样本周期均为 2009 年 6 月 2 日~2020 年 3 月 23 日，剔除样本缺失和时间不一致的数据后共得到 2768 个数据，各产品工具的收益率 R_t 表示为 $R_t = 100 \times (\ln P_t - \ln P_{t-1})$，其中 P_t 表示市场价格。各变量定义如表 4.31 所示。

表 4.31　研究变量设计

金融市场	代表性交易产品	变量	产品含义
面板 A：碳金融资产			
碳金融市场	EUA 期货	EUAf	EUA 连续期货合同结算价
面板 B：碳金融资产定价因子			
碳同质产品市场	EUA 现货	EUAs	EUA 现货合同结算价
资本市场	道琼斯工业平均指数	DJIA	道琼斯工业平均指数每日收盘价
	欧元对美元汇率	EUR/USD	欧元对美元汇率每日收盘价
	美元指数	USDX	美元指数每日收盘价
能源市场	煤炭	Coal	英国热力煤期货结算价
	石油	Oil	布伦特原油期货结算价
	天然气	Gas	英国天然气连续期货结算价
	电力	Electricity	摩根士丹利资本国际（Morgan Stanley Capital International，MSCI）欧洲/电力公用事业每日收盘价

2）基本统计分析

样本描述性统计如表 4.32 所示，分析表 4.32 中的结果发现以下几点。

表 4.32　样本描述性统计

指标	EUAf	EUAs	DJIA	EUR/USD	USDX	Coal	Oil	Gas	Electricity
均值	−0.005	−0.002	0.027	−0.011	0.01	−0.021	−0.035	−0.036	0.001
方差	2.927	3.21	1.368	0.563	0.467	1.286	2.066	4.214	1.45
偏度	−0.322	−0.949	−1.301	−0.104	0.12	−1.451	−0.909	−0.301	−1.004
峰度	21.795	20.372	276.395	4.781	4.618	39.644	18.552	62.883	16.714
ADF 值	−19.49***	−19.3***	−23.8***	−20.1***	−20.1***	−26.4***	−19.34***	−20.8***	−20.8***

***表示 1%水平的统计显著性。

（1）碳金融资产及其定价因子的价格具有明显的非线性、非平稳特征，资产价格波动振荡比较明显，各收益率均值接近于 0，变化区间较小。

（2）从方差而言，天然气市场的方差最大，为 4.214；其次是碳金融资产 EUAs 和 EUAf，方差分别为 3.21 和 2.927，相对较大的方差表明资产收益率序列离散程度较大，市场风险较高。

（3）从偏度而言，除 USDX 外，所有资产的偏度均为负，表示收益率分布呈现明显的左偏现象，意味着碳金融资产及其定价因子左侧存在"离群值"现象。

（4）从峰度而言，所有资产的峰度值均大于正态分布的峰值 0.3989，表明相比于正态分布，资产收益分布的峰度较高，即存在明显的尖峰厚尾特征，表示这种资产收益受到极端事件冲击的可能性较大。

（5）基于 ADF 单位根检验的结果发现，所有资产收益分布均在 1%的水平上显著，表明资产收益序列拒绝服从标准正态分布的原假设。

2. 碳金融市场波动趋势分析

为了挖掘不同市场波动状态下碳金融市场及其定价因子间的高阶矩属性风险传染途径和作用机理，我们使用马尔可夫状态转换模型对碳金融市场进行波动状态和趋势划分。

（1）波动状态模型的选择。为了划分符合碳金融资产价格波动特征的市场状态，避免依据人为经验设定状态参数带来的主观性，本节将不同波动状态模型下形成的模型参数进行比较。根据最优模型的 AIC 和贝叶斯信息量准则（Bayesian information criterion，BIC），研究发现在标准分布下具有三状态三阶滞后自回归的马尔可夫切换自回归（Markov switching-autoregressive model）MS（3）-AR（3）模型性能显著优于其他状态模型（表 4.33），适合对碳金融市场的波动特征进行状态划分。

表 4.33 碳金融资产市场波动状态转换模型的参数估计

波动状态模型	误差分布	参数个数	似然值	AIC	BIC
MS（2）-AR（3）	T	16	6 477.499 2	−12 922.998 4	−12 899.926 25
	N	14	6 379.854 9	−12 731.709 8	−12 711.521 67
MS（2）-AR（4）	T	18	6 375.577 4	−12 715.154 8	−12 689.198 64
	N	16	6 380.179 6	−12 728.359 2	−12 705.287 05
MS（3）-AR（3）	T	27	6 487.983 9	−12 921.967 8	−12 883.033 55
	N	**24**	**6 517.182 6**	**−12 986.365 2**	**−12 951.756 98**
MS（3）-AR（4）	T	30	6 488.385 5	−12 916.771	−12 873.510 73
	N	27	6 517.782 2	−12 981.564 4	−12 942.630 15
MS（4）-AR（3）	T	40	6 518.215 4	−12 956.430 8	−12 898.750 43
	N	36	6 465.135 6	−12 858.271 2	−12 806.358 87
MS（4）-AR（4）	T	44	6 510.205 9	−12 932.411 8	−12 868.963 4
	N	40	6 526.362 9	−12 972.725 8	−12 915.045 43

注：加粗的字体表示根据 AIC 和 BIC 最小化原则确定的最优状态转换模型参数，T 和 N 表示满足 t 分布和正态分布。

（2）波动状态的确定和趋势划分。使用 MS（3）-AR（3）状态转换模型得到碳金融资产的市场波动状态参数估计结果（表 4.34），发现三种状态的波动值分别为 1.17%、6.94% 以及 2.39%，根据波动值的相对大小，本节将其分别界定为市场稳定、高波动以及低波动状态。

表 4.34　碳金融资产市场波动状态转移参数估计

波动状态	波动值/%	状态描述	发生概率	持续时间/周期	标准差	p 值
状态 1	1.17***	市场稳定	0.99	74.98	0.0003	0
状态 2	6.94***	高波动	0.88	8.11	0.0029	0
状态 3	2.39***	低波动	0.97	39.01	0.0004	0

注：本表基于 MS（3）-AR（3）计算波动状态转移的参数。
***表示 1% 的统计显著性。

3. 基于高阶矩属性的碳金融市场风险传染测度

1）市场快速波动趋势下碳金融资产高阶矩属性风险传染分析

碳金融市场快速波动表示市场价格风险的剧烈变化，意味着投资者面临快速变化的市场形势，对规避市场风险等投资决策形成严峻的挑战。此时快速决策比如何决策更为重要，由于市场波动并未留给投资者足够的时间开展理性的市场分析和决策研究，因此快速波动过程中投资者交易动机的非理性特征较为明显。研究总体发现，碳资产与其定价因子间不仅存在低阶矩属性的显著的风险传染关系，而且在高阶矩属性也具有显著的风险传染关系（表 4.35）。

表 4.35　市场波动快速变动下碳金融资产高阶矩属性风险传染

指标	碳同质市场	资本市场			能源市场			
	EUAs	DJIA	EUR/USD	USDX	Coal	Oil	Gas	Electricity
面板 A：碳金融资产波动快速下降（市场高波动状态到市场稳定状态）								
面板 A-1：碳金融市场为风险传染源市场								
FR	2.85***	0.01	3.11	2.25	0.92	1.11**	0.08**	0.08*
CS$_{12}$	22.35***	19.88***	1.21	3.56***	6.1**	11.87***	24.78***	0.62
CS$_{21}$	7.21***	0.03***	1.92***	2.08***	0.25	0.44***	0.01	0.47***
CK$_{13}$	163.34***	10.95***	39.12	41.04	198.55***	289.92***	123.29	42.88***
CK$_{31}$	87.59***	19.22***	21.81***	18.1***	36.9	85.18***	40.68***	44.45***
CV$_{22}$	153.16***	3.51***	44.71	56.82**	0.03***	74.36***	12.99***	11.68***

续表

指标	碳同质市场	资本市场			能源市场			
	EUAs	DJIA	EUR/USD	USDX	Coal	Oil	Gas	Electricity

面板 A：碳金融资产波动快速下降（市场高波动状态到市场稳定状态）

面板 A-2：碳金融市场为被传染市场

FR	2.67***	0.242**	0.042	0.002	0.003	0.118**	0.722**	0.125*
CS_{12}	7.223***	0.034**	2.342	2.54	0.283***	0.509***	0.009	0.439***
CS_{21}	22.403***	20.964***	1.478	4.33	6.971**	14.09***	28.03***	0.649
CK_{13}	86.727***	0.198	14.98	16.7	0.091	6.78***	0.298**	1.869***
CK_{31}	162.29***	916.85***	4.178	2.567	83.38***	211.89***	384.68***	1.489***
CV_{22}	151.77***	0.127***	2.812	7.99	17.57***	22.36***	63.19***	0.892***

面板 B：碳金融资产波动快速上升（市场稳定状态到市场高波动状态）

面板 B-1：碳金融市场为风险传染源市场

FR	15.5***	0.09	0.62	0.59	0.34	1.51**	0.27**	0.16*
CS_{12}	37.5***	21.87***	1.48	4.33***	7.05**	14.53***	30.23***	0.69
CS_{21}	12.09***	0.04***	2.34***	2.53***	0.06	0.53***	0.01	0.53***
CK_{13}	387.49***	11.67***	4.86	3.61	0.29***	293.5***	294.11	45.49***
CK_{31}	222.49***	3.53***	16.24***	19.2***	0.44	14.32***	9.03***	46.31***
CV_{22}	279.01***	0.36***	3.18	8.25***	20.78***	23.94***	61.34***	41.18***

面板 B-2：碳金融市场为被传染市场

FR	14.69***	0.05**	0.24	0.27	0.24	0.25**	0.01**	0.081*
CS_{12}	12.01***	0.03**	2.33	2.53	0.29***	0.52***	0.008	0.444***
CS_{21}	37.25***	21.6***	1.46	4.32	7.05**	14.29***	28.18***	0.657
CK_{13}	212.66***	0.67**	11.29	15.35	0.67	6.84***	2.899***	1.983***
CK_{31}	373.64***	980.64***	2.37	2.06	85.41***	212.42***	385.53***	1.588***
CV_{22}	274.13***	0.24***	3.05	8.14	20.78***	22.41***	63.81***	0.93***

***、**、*分别表示1%、5%和10%水平各风险传染渠道的统计显著性。

（1）当碳金融市场快速波动时，无论碳金融市场是风险传染源还是被传染市场，碳金融资产与同质产品 EUAs 和石油资产之间不仅在低阶矩属性，而且在所有的高阶矩属性渠道均存在显著的风险传染关系。可能的原因在于：一方面，碳金融资产与其现货资产具有相似的价格波动趋势，期货资产对现货资产具有明显的价格发现和引导作用（Chevallier，2009），特别是当碳金融资产价格波动下降和风险降低时，这种引导关系更加明确和突显，使二者发生显著的风险传染关系；另一方面，由于碳金融资产的产生源于石油燃烧产生的碳排放权，二者的价格存在天然的内在传递关系,无论碳金融市场还是石油市场的非对称性以及极端事件冲击等都会触发另一市场价格的显著性波动,导致低阶矩渠道和所有高阶矩渠道均发生显著的风险传染关系。

(2) 碳金融资产仅在高阶矩渠道对 DJIA 存在显著的风险传染关系,而 DJIA 对碳金融资产在高阶矩渠道和低阶矩渠道均存在风险传染关系;碳金融资产分别在 CS_{12} 和 CS_{21} 对 EUR/USD 产生风险传染,在 CS_{12}、CS_{21}、CK_{13} 以及 CV_{22} 高阶矩对 USDX 资产发生风险传染;而 EUR/USD 和 USDX 对碳金融资产则不存在任何阶矩属性的风险传染现象。可能的原因在于,DJIA 作为具有影响力的股票市场,在一定程度上反映了宏观经济走势和经济增长趋势,一定程度上也成为碳金融市场价格变化的重要指引,特别是股价指数中隐含的宏观经济事件,例如,政策"黑天鹅"事件等会通过高阶矩属性风险传染渠道传染到碳金融市场。相比于股票市场,汇率市场和美元指数等对碳金融资产价格的影响并不明显,尤其是当碳价波动快速下降和市场风险较低或基本平稳时,市场价格本身所隐含的波动和极端冲击不足,很难再传递到碳金融资产,并形成高阶矩属性的风险传染关系。

(3) 碳金融资产与能源市场产品在绝大多数高阶矩渠道均存在显著的风险传染关系。在碳价波动快速下降过程中,碳金融资产与煤炭资产在 CS_{12}、CV_{22},与天然气资产在低阶矩渠道的 FR、高阶矩渠道的 CK_{31} 和 CV_{22},以及与电力资产在低阶矩渠道的 FR,高阶矩渠道的 CS_{12}、CK_{13}、CK_{31}、CV_{22} 都存在相互的显著风险传染现象。

(4) 通过对比碳价波动快速上升和快速下降过程中显著性风险传染强度的差异,发现绝大多数风险快速上升趋势的风险传染强度高于风险快速下降趋势的强度。碳价的快速下降意味着碳金融市场或定价因子市场风险的快速降低,以及风险触底形成的价格基本平稳,价格的稳定使得暂时不会因极端事件冲击触发价格剧烈波动,与较低的风险相匹配,此时碳金融资产与其定价因子间风险传染强度较低;而当碳价波动快速上升和碳价风险提高时,表明碳价或定价因子收益背后存在极端事件冲击或投资者非完全理性交易等驱动碳价的剧烈波动,从而导致碳价与其定价因子间极易触发高阶矩属性的风险传染关系,并且传染强度较大。

2) 市场缓慢波动趋势下碳金融资产高阶矩属性风险传染分析

碳金融市场缓慢的波动趋势表示市场价格风险变化较为平缓,市场形势有利于投资者通过谨慎的市场分析做出更加有效的投资决策和风险规避策略。总体研究发现,市场缓慢波动趋势下,碳金融资产与其定价因子间不仅存在显著的低阶矩属性的风险传染关系,而且在绝大多数高阶矩渠道也存在风险传染现象,表明碳金融资产与其定价因子的冲击在低阶矩和高阶矩属性渠道都存在显著的传染现象(表 4.36)。

表4.36 市场波动缓慢变动下碳金融资产高阶矩属性风险传染

指标	碳同质市场	资本市场			能源市场			
	EUAs	DJIA	EUR/USD	USDX	Coal	Oil	Gas	Electricity

面板 A：碳金融资产波动缓慢下降（市场低波动状态到市场稳定状态）

面板 A-1：碳金融市场为风险传染源市场

指标	EUAs	DJIA	EUR/USD	USDX	Coal	Oil	Gas	Electricity
FR	0.59***	0.02**	0.03**	0.41***	0.01***	0.02***	0.04***	0.09***
CS$_{12}$	7.24***	32.29***	1.01	0.03**	11.13	0.48***	128.44	5.15**
CS$_{21}$	3.71**	3.46	0.35	0.03	0.67	0.002	0.73	0.12
CK$_{13}$	14.27***	3.45***	11.34***	11.9***	17.26***	70.1***	1.39***	0.02***
CK$_{31}$	17.31**	9.07	11.62	14.54	2.54	15.17	8.39*	4.61
CV$_{22}$	18.79***	9.1***	1.28***	0.76*	0.04	14.08	117.36***	1.55**

面板 A-2：碳金融市场为被传染市场

指标	EUAs	DJIA	EUR/USD	USDX	Coal	Oil	Gas	Electricity
FR	0.288***	0.048**	0.043**	0.216***	0.084***	0.21***	0.193***	0.235***
CS$_{12}$	3.765**	4.203	0.393	0.035	0.705	0.001	0.762	0.124
CS$_{21}$	7.366***	44.58***	1.133	0.004	11.75	0.52***	134.82	5.292**
CK$_{13}$	15.49***	6.707***	2.429	0.795	1.922***	0.02***	0.002***	0.002***
CK$_{31}$	12.59***	214.4***	2.569	1.646	54.272***	23.9***	142.3***	5.241
CV$_{22}$	16.59***	3.386***	0.382	0.663	0.452	7.205	148.74***	1.415***

面板 B：碳金融资产波动缓慢上升（市场稳定状态到市场低波动状态）

面板 B-1：碳金融市场为风险传染源市场

指标	EUAs	DJIA	EUR/USD	USDX	Coal	Oil	Gas	Electricity
FR	10.72***	0.09**	0.61**	0.61***	0.33***	0.47***	0.27***	0.15***
CS$_{12}$	10.25***	45.16***	1.12	0.03**	11.96	0.49***	135.63	5.52**
CS$_{21}$	5.24**	4.26	0.39	0.03	0.73	0.004	0.77	2.11
CK$_{13}$	30.88***	2.21***	0.21***	11.16***	43.59***	72.5***	1.64***	0.91***
CK$_{31}$	36.36***	5.43	0.05	0.63	0.36	2.99	8.91*	2.001
CV$_{22}$	21.97***	9.83***	1.51***	0.74*	0.39	8.35	145.3***	1.99**

面板 B-2：碳金融市场为被传染市场

指标	EUAs	DJIA	EUR/USD	USDX	Coal	Oil	Gas	Electricity
FR	9.855***	0.087**	0.474***	0.547***	0.282***	0.37***	0.203***	0.115***
CS$_{12}$	5.026***	4.257	0.389	0.034	0.708	0.002	0.763	0.124
CS$_{21}$	10.19***	45.15***	1.12	0.004	11.807	0.52***	135.04	5.315**
CK$_{13}$	30.55***	4.644***	1.313	0.425	2.312***	0.02***	0.002***	0.015***
CK$_{31}$	25.56***	227.7***	1.416	1.083	56.587***	23.8***	146.3***	4.928
CV$_{22}$	19.3***	3.868***	0.231	0.523	0.513	7.199	148.24***	1.485***

***、**、*分别表示1%、5%和10%水平各风险传染渠道的统计显著性。

（1）碳金融资产缓慢波动时，无论碳金融市场是风险传染源还是被传染市场，碳金融资产与同质产品EUAs在低阶矩渠道和所有高阶矩渠道均存在显著的风险传染关系。由于碳金融资产与其现货资产具有相同的市场交易标的，仅存在交易合同规制的差异，因此其价格趋势和收益率波动变化基本相似，特别是当市场波动变化平稳时，二者之间稳定的期货资产对现货资产引导关系更加明显。这与市场快速波动趋势下碳金融资产与同质现货产品间的风险传染效应基本一致。

（2）作为被传染市场，碳金融资产受到来自股票市场 DJIA 所有高阶矩渠道的风险传染，而利率市场和美元指数市场仅存在低阶矩属性的传染，不发生高阶矩属性的风险传染。而当碳金融市场作为风险传染源时，其仅对部分高阶矩属性渠道发生风险传染关系，即对股票市场 DJIA 和美元指数在 CS_{12}、CS_{13}、CV_{22}，对汇率市场 EUR/USD 在 CS_{13}、CV_{22} 渠道存在高阶矩属性的风险传染。这一方面表明股票市场是资本市场中与碳金融市场影响关系最密切的市场，因为股票市场相比其他利率、汇率市场而言更能反映宏观经济的波动走势，是实体经济发展状况的重要指引，而碳金融资产价格作为实体经济化石能源消耗所产生的碳排放权的市场价格，这种逻辑关系导致二者的价格冲击和风险传染更为明显。

另一方面也表明即使在市场波动缓慢和风险较低的发展趋势下，碳金融市场对股票市场的风险传染渠道数量也小于股票市场对碳金融市场的风险传染渠道数量，即股票市场发生的极端事件冲击和非完全理性投资行为更容易对碳金融市场造成风险传染。可能的原因在于相比于碳金融市场，股票市场的市场效率较高，对价格风险和波动的消化吸收能力比较强，能够对源于碳金融市场的投资者非完全理性投资行为冲击和极端事件冲击而导致的风险进行抵消和中和，因此股票市场对碳金融市场的风险传染渠道多于碳金融市场对股票市场的风险传染渠道。

（3）市场波动缓慢阶段，能源市场与碳金融市场的风险传染在不同传染源下的传染渠道基本相同。其中，煤炭市场在 FR、CK_{13}、CK_{31} 渠道对碳金融资产发生风险传染现象；而碳金融资产在 FR、CK_{13} 渠道对煤炭市场产生风险传染。石油市场在 FR、CS_{21}、CK_{31} 和 CV_{22} 等渠道对碳金融市场发生风险传染；而碳金融市场在 FR、CS_{21}、CK_{13} 渠道对石油市场发生风险传染。天然气市场和电力市场分别与碳金融市场在 FR、CK_{13}、CK_{31} 和 CV_{22} 渠道，以及 FR、CS_{21}、CK_{13} 和 CV_{22} 渠道产生相互的风险传染。由于能源市场的产品消耗所造成的污染物排放是碳金融市场交易标的的基础，从能源结构而言，二者具有一定的替代作用，因此能源市场和碳金融市场发生的极端事件、能源和配额政策以及环境政策等都会对另一市场资产发生相似渠道的风险传染关系。

（4）比较碳价波动缓慢上升和缓慢下降过程中的风险传染强度，风险缓慢上升趋势的风险传染强度普遍高于风险下降趋势的强度，这一结论与碳价快速波动趋势下的风险传染强度差异基本一致。碳价的缓慢下降表明碳金融资产或定价因子市场风险缓慢降低，风险水平较低，市场价格中隐藏的极端事件冲击而导致收益剧烈波动的概率较低，因而风险传染强度较弱；而当碳价波动缓慢上升和碳价风险提高时，表明碳价风险和定价因子风险逐渐增强，从而对应了较强的风险传染强度。

4.4 本章总结与管理启示

4.4.1 研究结论

本章基于碳金融市场风险要素相依结构对碳金融市场风险进行测度，并基于高阶矩属性和多尺度系统理论研究碳金融市场与关联市场的风险传导，挖掘深层次的内在机制和规律。

1. 基于要素相依结构的集成碳交易市场风险测度的结论

基于要素相依结构的碳交易市场风险集成模型为具有多源共生风险要素的碳交易市场风险度量提供了可供拓展的方法支撑。研究发现，当碳交易市场存在共同信息时，Vine Copula 在一定程度上会过滤掉市场风险要素间无效的叠加信息传递，捕捉到 1+1<2 的整体风险，避免高估市场风险；当碳交易市场存在私有信息溢出时，Vine Copula 能够挖掘出协同放大的波动信息，测度到 1+1>2 的整体风险，防止市场的波动被低估。

基于风险要素相依结构的集成碳交易市场风险在不同模式和不同发展阶段下存在异质性。从碳交易市场的模式来看，碳交易配额市场和项目市场的市场风险存在异质性。在京都阶段，碳交易配额市场的单个市场风险要素的 VaR 比较，碳产品价格波动带来的风险最大，其次是利率市场风险，汇率市场风险整体偏小且较为稳定；而在碳交易项目市场中，碳产品价格风险最大，其次是汇率市场风险，最弱是利率风险。就整体风险来说，碳交易项目市场的风险要大于配额市场。从碳交易市场的发展阶段来看，无论配额市场还是项目市场，后京都阶段的集成风险均大于京都阶段。配额市场在京都阶段的风险源是碳价波动，后京都阶段的风险源是利率波动；项目市场在京都阶段的风险源是汇率波动，后京都阶段的风险源是碳价波动。

2. 基于多尺度网络复杂特征的碳金融市场与关联市场风险传染研究结论

本章基于多尺度网络复杂特征对碳金融市场与关联市场风险传染关系识别考虑了碳金融资产价格和关联产品价格的时变和多尺度的双重特性，突破了单方面时间维度的研究局限，为多源风险因子的风险传导效应研究提供了更系统、更完备的测度方法。研究发现，融合内外部多尺度风险传导效应的复杂网络结构特征具有"小世界性"，网络密度较高，没有绝对孤立的市场节点，但不同时间尺度下的网络结构特征各异。

基于静态和动态多尺度网络复杂特征的碳金融市场与关联市场风险传导存在异质性。从"碳金融-能源-金融"系统的整体平均溢出水平下的静态风险传导网络来看，整体网络由短期到长期，网络密度依次增大且信息传导速度依次加快。清洁能源市场和外汇市场是主要的风险传导中心，对资本市场和大宗商品交易市场的溢出效应最为显著。碳金融市场内部资产间的联动极其紧密，表现为碳期货对现货市场的风险净传导效应，并且两者对能源市场的风险溢出效应不及金融市场。煤炭市场作为重要的能源燃料，通过与传统化石能源市场间的替代作用使其在网络的风险传导过程中发挥关键控制作用。能源供求所引起的全球经济下行压力对系统的风险总溢出影响最严重，能源市场是系统中重要的风险源；国际贸易争端所带来的经济风险冲击对"碳金融-能源-金融"系统的影响也不容小觑，外汇市场占据系统风险传导中心的霸主地位。

3. 基于高阶矩属性的碳金融市场与关联市场风险传染研究结论

碳金融资产及其定价因子存在多种渠道的高阶矩属性风险传染关系。碳金融资产定价机制不仅遵循一般金融资产属性特征，更受碳金融市场内部运作机制和政策性冲击敏感等复杂因素的影响而具有特殊性。非参数统计模型协高阶矩风险传染检验方法能够捕捉碳金融市场政策冲击敏感度强和市场效率低的特点。研究发现，不论是市场波动快速变化还是缓慢变化，碳金融资产及其定价因子间除了低阶矩属性的风险传染关系外，还普遍存在多种渠道的高阶矩属性风险传染关系。

基于高阶矩属性的碳金融市场与关联市场风险传导在传染渠道和传染强度方面存在异质性。从传染渠道来看，碳金融资产与其定价因子中同质产品欧盟碳排放配额的现货合约、资本市场的道琼斯工业平均指数以及能源市场的英国热力煤期货结算价、布伦特原油期货结算价、英国天然气连续期货结算价以及 MSCI 欧洲/电力公用事业每日收盘价存在相互的风险传染现象。从传染强度来看，碳金融资产与其定价因子中的相关产品在市场快速波动趋势时的风险传染强度高于市场缓慢波动趋势时的传染强度，反映了碳金融资产价格因波动异质性所导致的非对称性特征。

4.4.2 管理启示

在全球资本流动和碳金融资本跨市场配置的背景下，相关研究结论和创新对提升政府监管效能、推动企业绿色转型升级等具有管理启示。

1. 完善碳金融市场管理监督机制，持续提升政府监管效能

首先，完善碳交易市场风险监管法律机制，从网络化视角加强对碳金融市场

基本面价格和风险信息的实时掌控和通盘风险动态分析,出台市场风险危机触发报警机制和危机应急处置机制。其次,继续完善碳金融市场的准入以及激励惩罚机制。有效推进包括涨跌幅限制、最大持仓量限制、大户报告制度、风险警示制度和风险准备金制度等的落实和管理创新,营造良好的碳交易市场制度和法规环境。最后,完善碳金融市场运行的服务机制,加强配额分配制度、信息披露制度、报告审查制度、国家碳交易注册登记管理制度以及核算、报告与核查制度等制度的创新和完善。

2. 调整工业生产路径,前瞻防范碳金融市场风险,加快企业绿色转型

研究发现,碳金融市场在推动生产企业节能减排发展的同时,也承受了来自能源市场和金融市场等关联市场的外来风险传导效应。企业在低碳经济发展的大环境下,应积极调整工业生产路径。淘汰传统落后产能的同时,创造新的经济增长点;大力发展并推广包括可再生能源技术、能效技术、碳捕集利用与封存(carbon capture, utilization and storage, CCUS)技术、碳汇技术等在内的各类绿色技术,从而防范短期的能源价格变动风险和中长期产业结构调整及技术变革导致的风险溢出效应。

3. 灵活制订投资组合方案,优化投资者投资组合策略

首先,投资者需要合理预估碳交易市场风险要素间共同波动信息的叠加效应,正确地认知风险水平与防范风险,密切关注不同发展阶段碳交易配额市场和项目市场的主要风险源,合理配置碳金融资产,进而实现碳交易市场收益与风险博弈的最佳结果;其次,投资者需要厘清碳金融市场与能源市场间的主要传导路径,关注金融市场和能源市场对碳金融市场的输入性风险,并根据国际能源市场动荡、全球经济和贸易冲击、极端气候变化等重大事件对碳金融市场和关联市场间的风险传导效应造成的冲击程度和作用的时间周期差异谨慎调整投资策略。

第 5 章　基于数据驱动的碳金融市场风险定价研究

碳资产价格是市场参与者和监管部门了解和掌握碳金融市场运行的核心要素之一。已有研究表明，宏观经济、能源价格、政治政策等因素会导致碳资产价格的变化，使碳资产价格呈现有别于一般金融市场的特殊的波动特征，主要包括非平稳和非线性、多频和多重分形、"尖峰厚尾"的跳跃特征等复杂波动特征。本章主要研究在充分考虑碳价序列数据特征的情况下，设计出匹配度高的碳价预测模型；优化重大事件冲击下以及基于微观主体行为的碳金融资产定价方法。基于数据驱动的碳金融资产定价模型有助于提高碳价预测精度，帮助碳金融市场参与主体分散风险、稳定收益，促进碳金融市场有效性提高，推动低碳经济高质量发展。

5.1　重大事件冲击下的碳金融资产定价研究

碳金融市场作为应对气候变化的主要政策工具，是平衡经济发展与控制温室气体排放的有效手段，在世界范围内对控制污染、保护环境具有重要意义。由于受到全球金融危机、气候政策、能源市场、突发公共卫生事件以及碳金融市场重大事件的冲击，碳金融市场的价格更容易呈现异常波动和跳跃现象。正确了解碳资产价格跳跃特征有利于对碳金融市场进行合理的碳定价，实现碳资产价值的最大化；有利于提高碳金融市场监管水平，以及更有力地确保碳金融市场对环境保护的促进作用。

5.1.1　研究问题的提出

碳金融市场属于新兴市场，它对保护环境和促进全球经济增长的重要性日益增强，与成熟市场相比，碳金融市场有其独特的市场特征。碳资产价格易受异质性环境的影响，市场中非预期信息较多且对于突发重大事件的冲击反应剧烈，表现出较高的波动性，大幅涨跌频繁。碳金融是一类特殊的资产，价格在一定程度上取决于外生的政治决策，"政策市"特征明显。碳金融市场有效性不高，市场反应过度，信息不对称和定价机制不成熟使碳资产价格出现了比一般金融资产更为极端的"尖峰厚尾"特征。传统的碳金融资产测度多基于连续扩散模型，使用几何布朗运动过程来描述碳价行为，忽略了由于重大事件的冲击，碳价分布所呈现的极端"尖峰厚尾"以及跳跃特征。

本节通过建立双指数跳跃扩散碳资产定价模型，并构建跳跃度量组合方法识别、刻画碳资产价格的跳跃特征，明晰在不同类型事件的冲击下，碳资产价格的变化特征。准确地捕捉碳资产价格跳跃信息有助于了解碳金融市场发展状况，更好地构建符合碳金融市场实情的碳定价模型；有助于从行为金融理论角度解释不同事件冲击下碳金融市场投资者对于好、坏消息到达后的心理预期变化，为政策制定者更好地制定适合的制度、政策，为防范风险提供指导。

5.1.2 重大事件冲击下碳金融资产定价模型构建

1. 构建双指数跳跃扩散碳资产定价模型

碳金融市场属于"异质性"新兴市场，更易受到重大信息的冲击而产生较大幅度的价格跳跃。跳跃分布呈现出比一般金融市场更为明显的"尖峰厚尾"特征，且市场微观主体对外部消息的反应是不同的，即碳资产价格跳跃方向和幅度是不确定的。为了能更好地刻画碳资产价格的跳跃特征，本节构建了能够区分不同跳跃方向和幅度且能够更好地刻画"尖峰厚尾"特征的双指数跳跃扩散碳资产定价模型。

定理 5.1 碳资产在 t 时刻的价格 X_t，满足如下模型：

$$X_t = X_{t-\Delta t} \cdot \exp\left\{\left(\mu - \frac{1}{2}\sigma^2\right)\Delta t + \sigma\sqrt{\Delta t}\varepsilon_t + B_t^u J_t^u - B_t^d J_t^d\right\} \quad (5.1)$$

式中，μ、σ 分别为碳资产价格的均值和波动率；$\varepsilon_t \sim N(0,1)$；$B_t^u$ 和 B_t^d 为伯努利随机变量；J_t^u 和 J_t^d 表示碳资产价格跳跃幅度服从参数为 η_u 和 η_d 的指数分布，$\eta_u(\eta_d)$ 为向上（下）跳跃幅度均值。

证明：假设碳资产价格服从双指数跳跃扩散模型，根据碳金融市场的实际情况，从长期来看，影响碳金融市场不同跳跃方向的概率是相同的，所以不失一般性，本节假设 Kou（2002）构建的模型中发生不同跳跃方向的概率相等，即 $p=q$，那么有

$$\frac{\mathrm{d}X_t}{X_t} = \mu \mathrm{d}t + \sigma \mathrm{d}W_t + (\mathrm{e}^{J_u}-1)\mathrm{d}N_u(\lambda_u) + (\mathrm{e}^{-J_d}-1)\mathrm{d}N_d(\lambda_d) \quad (5.2)$$

式中，W_t 表示碳资产价格服从随机游走的标准布朗运动；$\mathrm{d}N_u(\lambda_u)$（$\mathrm{d}N_d(\lambda_d)$）表示碳资产价格跳跃次数服从强度为 $\lambda_u(\lambda_d)$ 的复合泊松计数过程；$\lambda_u(\lambda_d)$ 表示向上（下）跳跃频率，且 $p(\mathrm{d}N_i(\lambda_i)=1) = \lambda_i \mathrm{d}t$，$p(\mathrm{d}N_i(\lambda_i)=0) = 1-\lambda_i \mathrm{d}t$，$i=u,d$。

利用 Itô 引理（Itô，1951）对式（5.2）进行对数变换后，再用欧拉方法对模型进行离散化处理，得到碳资产价格在 t 时刻的收益率，得到如下形式：

$$R_t = \ln X_t - \ln X_{t-\Delta t} = \left(\mu - \frac{1}{2}\sigma^2\right)\Delta t + \sigma\sqrt{\Delta t}\varepsilon_t + \sum_{i=1}^{N_{\Delta t}^u} J_i^u - \sum_{j=1}^{N_{\Delta t}^d} J_j^d \quad (5.3)$$

式中，$N_{\Delta t}^u \sim P(\lambda_u, \Delta t)$，$N_{\Delta t}^d \sim P(\lambda_d, \Delta t)$，表示碳资产价格在[$t-\Delta t, t$]区间内总共发生的跳跃次数，当 $\Delta t \to 0$ 时，可以忽略多次跳跃发生的情形，则有

$$\sum_{i=1}^{N_{\Delta t}^u} J_i^u \approx \begin{cases} J_i^u, & P = \lambda_u \Delta t \\ 0, & P = 1 - \lambda_u \Delta t \end{cases}; \quad \sum_{j=1}^{N_{\Delta t}^d} J_j^d \approx \begin{cases} J_j^d, & P = \lambda_d \Delta t \\ 0, & P = 1 - \lambda_d \Delta t \end{cases} \quad (5.4)$$

所以碳资产收益率可以表示为

$$R_t = \ln X_t - \ln X_{t-\Delta t} = \ln \frac{X_t}{X_{t-\Delta t}} \approx \left(\mu - \frac{1}{2}\sigma^2\right)\Delta t + \sigma\sqrt{\Delta t}\varepsilon_t + B_t^u J_t^u - B_t^d J_t^d \quad (5.5)$$

得证。

2. 重大事件冲击下的碳金融资产价格跳跃检测方法

为了深入挖掘碳金融市场跳跃特征，本节期望能检测出向上（下）跳跃发生的次数和时间点，并估计出向上（下）跳跃发生的频率和幅度，所以我们构建了一个组合方法对跳跃进行完整的度量。首先利用 LM 统计量检测跳跃发生的时点，其次利用极大似然估计法估计跳跃幅度和频率等。

1）跳跃时点检测

令 R_i、σ_i 表示资产在 t_i 时刻的瞬时收益率和波动率，构造统计量 $L(i)$ 检测在 t_i 时刻是否存在从 t_{i-1} 到 t_i 的跳跃：

$$L(i) \equiv \frac{R_i}{\hat{\sigma}(t_i)} \quad (5.6)$$

$$\hat{\sigma}(t_i)^2 = \frac{1}{k-2} \sum_{j=i-K+2}^{i-1} |R_j||R_{j-1}|, \quad R_i = \ln \frac{X(t_i)}{X(t_{i-1})} \quad (5.7)$$

本节对 LM 检测方法同时进行视窗和阈值的参数优化。随着人工智能、深度学习的发展，计算机性能得以提升，根据碳资产价格特殊的波动特征，在计算能力的支撑下，对双参数进行同时寻优是可行且有意义的。

首先，进行视窗大小优化。本节使用参数优化算法对 k 进行自动寻优。其次，进行阈值大小修正。LM 检测方法中阈值 $\beta^* = -\ln(-\ln(1-\alpha))$，只与显著性水平 α 相关。由于碳金融市场下行风险显著，价格持续低迷，需要更低的阈值才能减少漏判的可能，所以增加常数 b（$b>0$），构建新的阈值 $\beta^* = -\ln(-\ln(1-\alpha))-b$，使阈值具有更低的取值。最后，优化后的视窗值和阈值有助于 LM 方法精确地检测出碳资产价格的跳跃点。

碳资产收益率跳跃识别算法步骤如下。

（1）对碳资产收益率数据用式（5.6）、式（5.7）计算统计变量 $L(i)$。

（2）选择显著性水平 α 和最优参数 b 计算阈值，阈值 $\beta^* = -\ln(-\ln(1-\alpha))-b$。

(3)如果 $\dfrac{|L(i)|-C_n}{S_n}>\beta^*$,则确定在 $(t_{i-1},t_i]$ 时间段内存在跳跃,否则不存在跳跃。其中 $C_n=\dfrac{1}{c^2 S_n}-\dfrac{S_n}{2}[\ln(\pi)+\ln(\ln n)]$, $S_n=\dfrac{1}{c(2\ln n)^{0.5}}$, $c=\sqrt{\dfrac{2}{\pi}}$。

对每个样本点重复以上步骤,直到所有样本检测完成。将检测出的跳跃序列记为 R^J,分离出连续部分的时间序列数据,并记为 R^C,接下来分别对这两个序列进行参数估计。

2)参数估计

极大似然估计(maximum likelihood estimate,MLE)是一种在给定观察值的情况下,估计统计模型参数的方法。假设总体随机变量 X 的概率密度函数为 $f(x;\theta)$,θ 为待估计的未知参数。$(X_1,X_2,\cdots,X_n)$ 是选自总体容量为 n 的抽样样本,假设其一组观测值为 $(x_1,x_2,\cdots,x_n)$,则其联合概率密度函数即为极大似然函数 $L(\theta)$,为

$$L(\theta)=L(x_1,x_2,\cdots,x_n;\theta)=\prod_{i=1}^{n}f(x_i;\theta) \tag{5.8}$$

如果 $\hat{\theta}$ 能使似然函数 $L(\theta)$ 取得最大值,则称 $\hat{\theta}$ 为参数 θ 的极大似然估计。

(1)对跳跃过程进行参数估计。由于原始收益率 R_t 是跳跃过程 R^J 和扩散过程 R^C 的叠加过程,所以 R_t 被剥离跳跃过程后,余下的 R^C 是一组缺失数据,为了得到与 R_t 相同数量的样本点,需要按时间点补齐,使其成为完整的连续的时间序列数据。所以利用缺失点前后各 3 个数据求平均值进行补缺,得到修正后的收益率序列 $R'=\dfrac{1}{6}(R_{t-3}+R_{t-2}+R_{t-1}+R_{t+1}+R_{t+2}+R_{t+3})$。

将 R^J 按时刻分别与 R' 相减,统计出跳跃幅度大于 0 的个数 m_1、小于 0 的个数 m_2,各跳跃点跳跃幅度分别记为 $J_i^u(i=1,2,\cdots,m_1)$、$J_j^d(j=1,2,\cdots,m_2)$。

向上、向下跳跃幅度均值为

$$\hat{\eta}_u=\dfrac{1}{m_1}\sum_{i=1}^{m_1}J_i^u, \quad \hat{\eta}_d=\dfrac{1}{m_2}\sum_{j=1}^{m_2}J_j^d \tag{5.9}$$

向上、向下跳跃频率的估计值为

$$\hat{\lambda}_u=\dfrac{m_1}{n}, \quad \hat{\lambda}_d=\dfrac{m_2}{n} \tag{5.10}$$

n 为样本点个数,一般平均年交易日为 250 天,则跳跃频率年估计值为

$$\hat{\lambda}_u=\dfrac{m_1}{n/250}, \quad \hat{\lambda}_d=\dfrac{m_2}{n/250} \tag{5.11}$$

(2)对扩散过程进行参数估计。正态分布的均值和方差的极大似然估计分别为

$$\hat{\mu}=\dfrac{1}{n}\sum_{i=1}^{n}x_i=\bar{x} \tag{5.12}$$

$$\hat{\sigma}^2 = \frac{1}{n}\sum_{i=1}^{n}(x_i - \overline{x})^2 \tag{5.13}$$

利用式（5.12）和式（5.13）对修正后的连续扩散过程的收益率序列 R' 分别求均值 $\hat{\mu}'$ 和标准差 $\hat{\sigma}'$，则扩散过程的年波动率和年收益率估计值分别为

$$\hat{\sigma}^c = \sqrt{250}\hat{\sigma}', \quad \hat{R}_t^c = 250 \cdot \hat{\mu}' + \frac{1}{2}\hat{\sigma}'^2 \tag{5.14}$$

5.1.3 重大事件冲击下碳金融资产定价的实证研究

1. 样本选择与描述性统计

本节以 EUA 期货的日交易价格数据为样本，区间范围为 2010 年 1 月 4 日至 2022 年 2 月 25 日，删除交易日缺失数据后样本容量有 3113 个。由 EUA 期货价（图 5.1 和图 5.2）可以看出，碳资产价格收益率存在明显的"尖峰厚尾"特征。

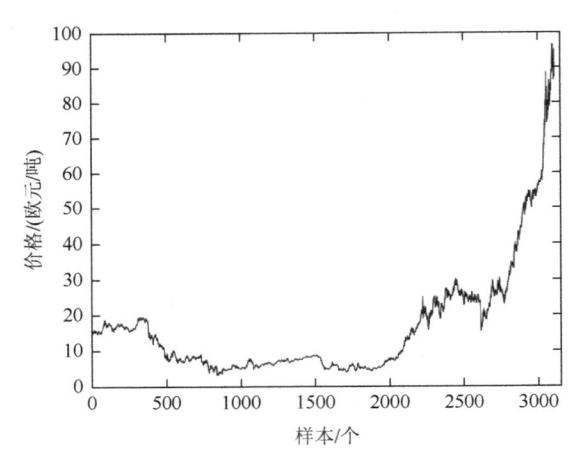

图 5.1 EUA 期货价格走势

观察收益率数据基本统计量（表 5.1），ADF 检验结果在 1%显著性水平上拒绝存在单位根的原假设，表明收益率序列平稳。偏度值为–0.2481，呈现左偏暴跌的倾向。峰度值为 18.9844，远远大于正态分布峰度系数 3，Jarque-Bera 检验结果显著，不服从正态分布，"尖峰"特征明显。跳跃行为使碳资产价格呈现"尖峰"特征，对碳资产价格产生了巨大的影响，所以识别、刻画碳资产价格跳跃，有利于对跳跃产生的内在原因进行解析。

第 5 章 基于数据驱动的碳金融市场风险定价研究

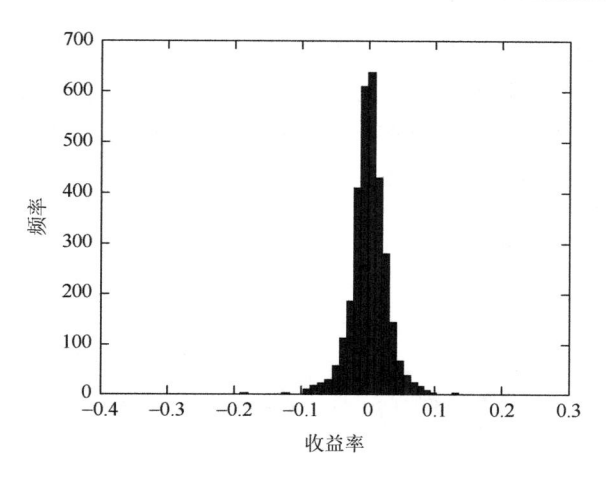

图 5.2 EUA 期货收益率直方图

表 5.1 收益率数据基本统计量

均值	方差	最大值	最小值	偏度	峰度	ADF 检验	Jarque-Bera 检验
0.000 8	0.038 1	0.294 7	−0.338 7	−0.248 1	18.984 4	59.239 2***	33 939.88***

***表示在 1%的显著性水平上显著。

2. 实证结果分析

利用参数优化方法对窗口大小 k 进行自动寻优，同时，固定步长 0.1 对参数 b 进行缩减来寻找最佳阈值。由实验可知，当步长小于 0.1 时，效果变化不明显，所以本样本中，0.1 是最佳步长。由目标函数可得，当 k = 195、参数 b = 2.4 时，修正后的收益率峰度值最小（图 5.3）。

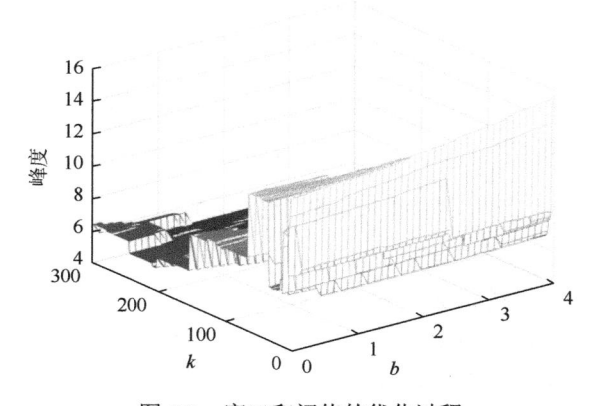

图 5.3 窗口和阈值的优化过程

把最佳视窗大小和阈值代入 LM 跳跃辨识方法，对收益率序列 R_t（图 5.4）进行逐点检验，选择显著性水平 $\alpha = 0.05$，识别出跳跃序列 R^J（图 5.5）。向下跳跃次数多于向上跳跃次数，说明欧盟碳排放权交易市场更容易产生下侧风险，从而造成收益损失，与其呈现左偏的收益率特征相符。

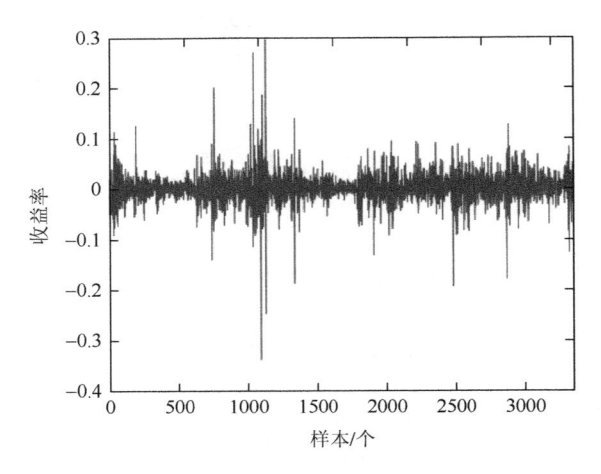

图 5.4　EUA 收益率序列

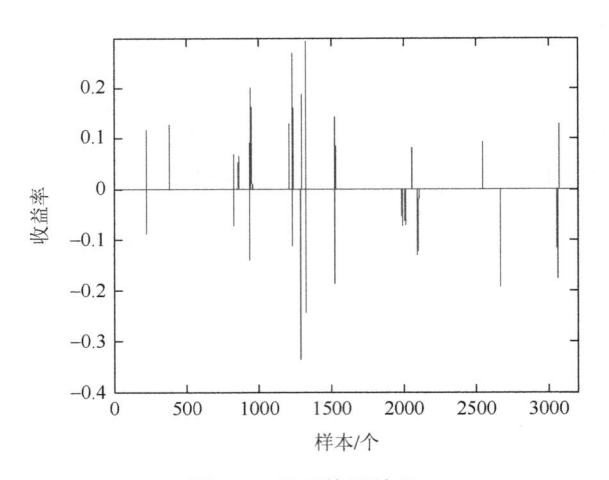

图 5.5　跳跃检测结果

能够引起市场重大跳跃的大多数是重大经济、政治性或气候政策等事件的冲击。这些重大事件的发生会引起投资者的情绪恐慌，导致价格的剧烈波动。本节根据跳跃发生的时间点（表 5.2、表 5.3）把引起欧盟碳资产价格跳跃可能发生的重大影响事件分为四类。

表 5.2　EUA 收益率向上跳跃时间点汇总（$\alpha = 0.05$）

时间	跳跃幅度	时间	跳跃幅度	时间	跳跃幅度
2011/5/31	0.0412	2013/2/4	0.3077	2017/9/22	0.1043
2011/6/28	0.0962	2013/5/3	0.2026	2018/3/20	0.0813
2011/8/10	0.0614	2013/6/7	0.3281	2020/4/6	0.1187
2011/11/28	0.1206	2014/4/1	0.2005	2021/12/8	0.0744
2011/12/20	0.2041	2016/4/26	0.0800	2021/12/20	0.1073
2013/1/2	0.1379	2017/9/4	0.0822		

表 5.3　EUA 收益率向下跳跃时间点汇总（$\alpha = 0.05$）

时间	跳跃幅度	时间	跳跃幅度	时间	跳跃幅度
2011/6/23	0.0579	2016/1/6	0.0245	2016/6/23	0.1109
2011/6/27	0.0560	2016/1/14	0.0310	2018/9/12	0.2036
2011/11/25	0.1444	2016/1/19	0.0254	2020/3/16	0.0752
2013/1/25	0.0840	2016/1/20	0.0567	2020/3/18	0.1470
2013/4/16	0.3305	2016/1/22	0.0661	2021/12/9	0.1028
2013/4/17	0.1457	2016/1/29	0.0654	2021/12/17	0.1372
2013/6/6	0.2917	2016/2/9	0.0534	2022/2/24	0.0594
2014/3/28	0.1825	2016/2/23	0.0743		

（1）政策事件：影响碳配额的政策发布对碳金融市场的影响最大，易造成幅度较大的碳资产价格跳跃。这些政策事件包括：对国际航空运输征收"碳税"、延迟拍卖等。

（2）政治事件：指与国家政治有直接联系的事件，引起欧盟碳资产价格跳跃的重大政治事件主要指"脱欧公投"事件、中美贸易战等。

（3）经济事件：影响欧盟碳资产价格跳跃的重大经济事件主要指 2009 年的金融危机和 2011 年的欧债危机。经济事件对碳金融市场的影响滞后性大，引发碳资产价格产生聚集性的方向变化的跳跃。跳跃幅度普遍小于 0.15，跳跃幅度较弱，但是影响具有持续性。

（4）突发公共事件：指造成严重社会危害，需要采取应急处置措施以应对的事件。影响欧盟碳资产价格跳跃的重大突发公共事件为 2020 年初暴发的新型冠状病毒疫情以及 2022 年 2 月突发的俄乌冲突。两次事件均对欧盟碳金融市场造成了严重的冲击，不过得益于 MSR，碳金融市场抵抗外界的冲击更加灵活，使碳资产价格的跳跃幅度不大。

3. 模型评价

本节选取四组参数值，分别表示视窗大小和阈值都未优化（$k=16$、$b=0$），视窗未优化、阈值优化（$k=16$、$b=2.5$），视窗优化、阈值未优化（$k=226$、$b=0$）以及视窗和阈值同时优化（$k=226$、$b=2.5$）。为了进一步评价模型与方法的有效性，本节采用均方根误差（root mean square error，RMSE）和平均绝对百分比误差（mean absolute percentage error，MAPE）来比较碳资产价格真实值与预测值之间的偏差：

$$\text{RMSE} = \sqrt{\frac{1}{n}\sum_{t=1}^{n}(x_t - \hat{x}_t)^2}$$

$$\text{MAPE} = \frac{1}{n}\sum_{t=1}^{n}|x_t - \hat{x}_t|$$

对比结果（表5.4）可知，$k=16$、$b=0$时，偏度最小，但是峰度最大；$k=16$、$b=2.5$时，虽然跳跃点个数最多，但是仍然存在有大的跳跃点漏判的情况（图5.6），并且偏度和峰度都不是最佳值；只有$k=226$、$b=2.5$时，峰度值最小，误差类指标RMSE、MAPE都是最小，说明此时模型的预测精度最高，效果最好。对比原收益率图像（图5.4），修正后的收益率（图5.6）最平稳的是$k=226$、$b=2.5$，其他组都存在跳跃点漏判情况。

表5.4 模型有效性检验对比结果

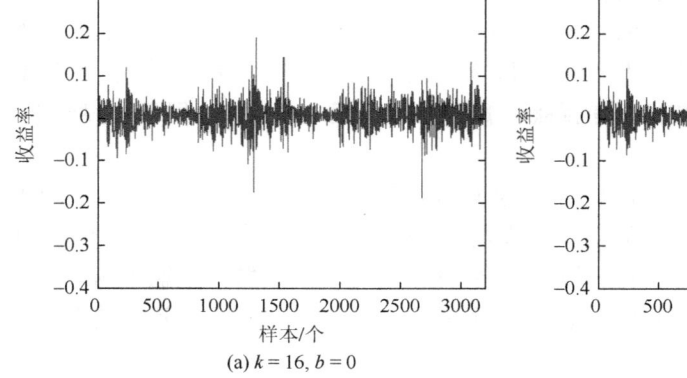

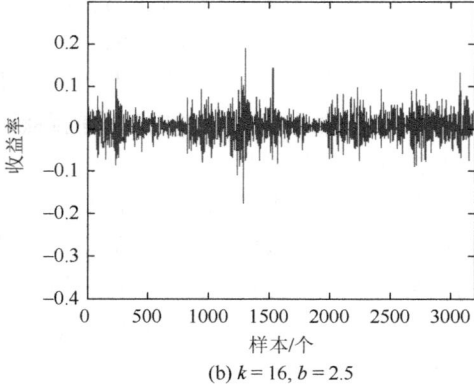

参数值	上跳点个数	下跳点个数	偏度	峰度	RMSE	MAPE
$k=16$、$b=0$	11	16	0.1084	8.3008	0.0852	0.0726
$k=16$、$b=2.5$	20	22	0.2589	7.8286	0.0960	0.0863
$k=226$、$b=0$	7	13	0.3137	7.0379	0.1123	0.0993
$k=226$、$b=2.5$	14	19	0.1687	6.2349	0.0736	0.0641

(a) $k=16, b=0$

(b) $k=16, b=2.5$

(c) $k = 226, b = 2.5$ (d) $k = 226, b = 0$

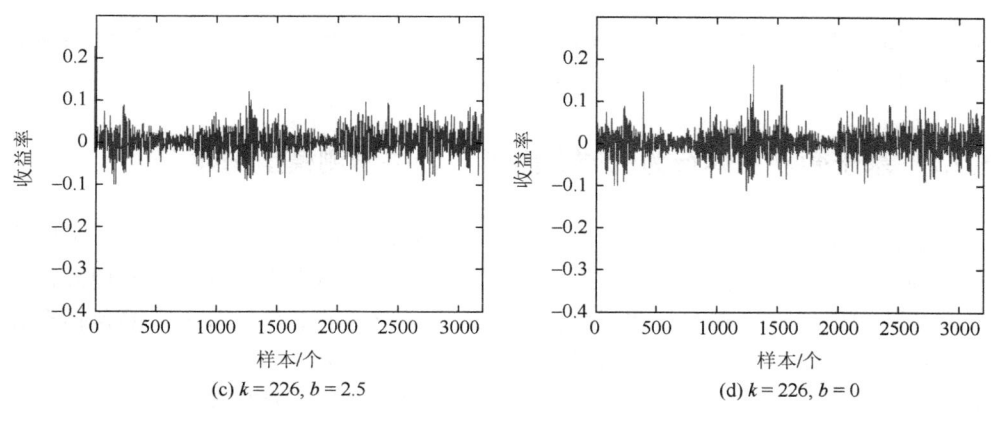

图 5.6　修正后的收益率序列

以上结果说明视窗大小和阈值同时优化后的模型最有效。修正后的收益率偏度从原来的-0.2481 变为 0.1687，左偏程度明显减弱，说明 LM 跳跃辨识方法能很好地检测出负向跳跃点，对碳金融市场下行风险的规避起到一定的指导作用。峰度值从 18.9844 降到 6.2349，更加接近正态分布的峰度值 3，去跳变后的收益率数据的"尖峰厚尾"特征得到缓解，即优化后的 LM 跳跃辨识方法能很好地辨别出碳资产价格大的跳跃点。

5.2　基于微观主体行为的碳金融资产价格预测研究

碳金融资产价格的复杂性主要是由碳金融市场微观主体行为的差异性导致的。本节从碳金融市场微观主体行为视角，创新性地引入行为金融学和市场微观主体结构理论。根据碳金融市场微观主体行为的分类，剖析不同类型微观主体行为对碳金融资产价格波动的影响，分析碳金融资产价格的波动过程及其规律，最后构建基于微观主体行为的碳金融资产价格预测模型。

5.2.1　研究问题提出

碳金融资产价格波动的复杂性主要是由信息不对称引起的经济运行中的市场微观主体行为导致的。由于碳金融市场行为主体自身获取信息的质量存在差异，碳金融市场微观主体在进行相关投资决策活动时依赖的市场信息有效程度存在差别。当碳金融市场微观主体参与者依据有差异的市场信息进行投资决策时，会导致碳金融资产价格产生大幅波动，加剧碳金融资产价格波动的不确定性。本节从碳金融市场微观主体行为视角，剖析不同类型碳金融市场微观主体行为对碳金融资产价格波动的影响，分析碳金融资产价格的波动过程及其规律，最后构建基于微观主体行为的碳金融资产价格预测模型。

5.2.2 基于微观主体行为的碳金融资产价格预测模型构建

依据碳金融市场微观主体在进行相关决策时所依赖的信息是否有效，可以将碳金融市场微观主体行为分为理性行为和非理性行为两大类。其中，非理性行为分为个体非理性行为和群体非理性行为。碳金融市场的非理性行为主要包括有限理性、信息不对称和正反馈交易形成的碳金融市场交易活动。其中正反馈交易是碳金融市场微观主体依据碳金融资产价格的历史走势特征及规律进行碳金融资产的投资交易活动。基于此，将碳金融市场非理性行为分为个体非理性行为和群体非理性行为。最后将三类微观主体行为对碳金融资产价格的影响特征进行融合，最终形成对碳金融资产价格的预测。碳金融资产价格预测理论框架如图 5.7 所示。

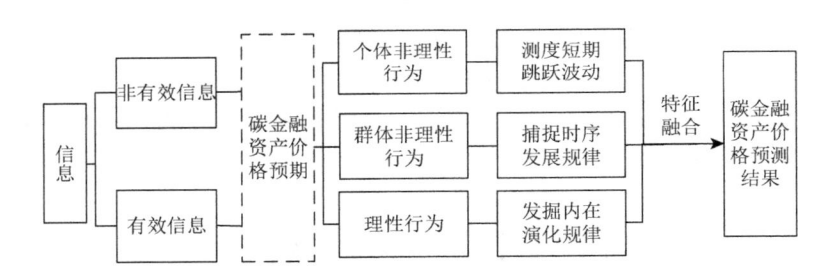

图 5.7 碳金融资产价格预测理论框架

1. 碳金融市场微观主体理性行为影响的刻画

碳金融市场理性行为对碳金融资产价格波动的影响，是围绕着碳金融资产的基本价值进行投资或者套利交易行为。为了刻画碳金融市场微观主体的这种投资或套利交易行为，可以考虑采用套利定价理论刻画碳金融市场微观主体的理性行为对碳金融资产价格长期走势的影响。因此，本节构建套利定价模型，分析碳金融资产价格影响因素解释变量集对碳金融资产价格波动的影响，以得到碳金融市场理性参与者对碳金融资产价格的预期值。

$$m_{03}(t) = \alpha + \beta_1 \times \text{Factor}(t) + \varepsilon_t \tag{5.15}$$

式中，Factor 为碳金融资产价格波动的影响因素解释变量集；ε_t 为残差；α 为截距项；β_1 为系数。

根据已有研究可知，中国碳金融资产价格数据往往不能满足正态分布假设，碳金融资产价格的分布通常呈现偏态、肥尾以及非对称性等非正态分布特征。因此，本节采用标准化的标准非对称指数幂分布（standardized standard asymmetric exponential power distribution，SSAEPD）刻画了碳金融资产价格尾部分布特征，并且将其与套利定价理论（arbitrage pricing theory，APT）模型结合起来，构建成最终的碳金融市场理性参与者对碳金融资产价格的预期模型——APT-SSAEPD模型，其表达式为

$$m_{03}(t) = \alpha + \beta_1 \times \text{Factor}(t) + \eta z_t, \quad z_t \sim \text{SSAEPD}(\alpha, p_1, p_2, 0, 1) \quad (5.16)$$

式中，z_t 为服从 SSAEPD 的残差项。它的概率密度分布可以表示为

$$f_{\text{AEP}}(z|\beta) = \begin{cases} \delta \dfrac{\alpha}{\alpha^*} K_{\text{EP}}(p_1) \exp\left(-\dfrac{1}{p_1}\left|\dfrac{\omega + z\delta}{2\alpha^*}\right|^{p_1}\right), & z \leqslant -\dfrac{\omega}{\delta} \\ \delta \left(\dfrac{1-\alpha}{1-\alpha^*}\right) K_{\text{EP}}(p_2) \exp\left(-\dfrac{1}{p_2}\left|\dfrac{\omega + z\delta}{2(1-\alpha^*)}\right|^{p_2}\right), & z > -\dfrac{\omega}{\delta} \end{cases} \quad (5.17)$$

式中，α 为刻画碳金融资产价格分布偏态特征的参数，当 $\alpha < 0.5$ 时，说明碳金融资产价格分布呈现右偏特征，$\alpha > 0.5$ 时，说明碳金融资产价格分布呈现左偏特征；参数 p_1 和 p_2 分别表示左、右尾的分布特征，p_1 为刻画碳金融资产价格分布左尾形态特征的参数，p_2 为刻画碳金融资产价格分布右尾形态特征的参数，当 $p_1 \neq p_2$ 时，说明碳金融资产价格的尾部分布存在非对称性特征，当 p_2 较大时，碳金融资产价格的右尾相对较薄，当 p_2 较小时，说明碳金融资产价格的右尾相对较厚；K_{EP} 为与 p 有关的正则化因子；ω 为分布中心位置参数；δ 为分布中心尺度参数；α^* 为权重参数的标准化值。

2. 碳金融市场群体非理性行为的刻画

碳金融市场群体非理性行为是碳金融市场中丧失了个体理性的碳金融市场微观主体群体，依赖碳金融资产价格的历史时序波动规律进行碳金融资产投资交易活动。因此，本节以碳金融资产价格历史时间序列为依据，通过分解碳金融资产价格历史时间序列，剖析碳金融资产价格时序波动规律特征，刻画碳金融市场群体非理性行为产生的碳金融资产投机行为对碳金融资产价格走势的影响。

为了刻画碳金融市场群体非理性行为对碳金融资产价格波动的影响，本节基于"分解—预测—集成"的思想，提出一种适用于刻画碳金融时间序列波动特征的多频率组合预测模型，以得到碳金融资产市场群体非理性行为对碳金融资产价格波动的影响。碳金融资产价格时序规律预测模型如图 5.8 所示。

1）基于极点对称模态分解的碳金融资产价格序列分解重构

采用极点对称模态分解方法（extreme-point symmetric mode decomposition，ESMD）对碳金融资产价格时间序列进行分解，将碳金融资产价格时间序列分解出 n 个从高频到低频的碳金融资产价格模态分量和 1 个碳金融资产价格余项（R）。

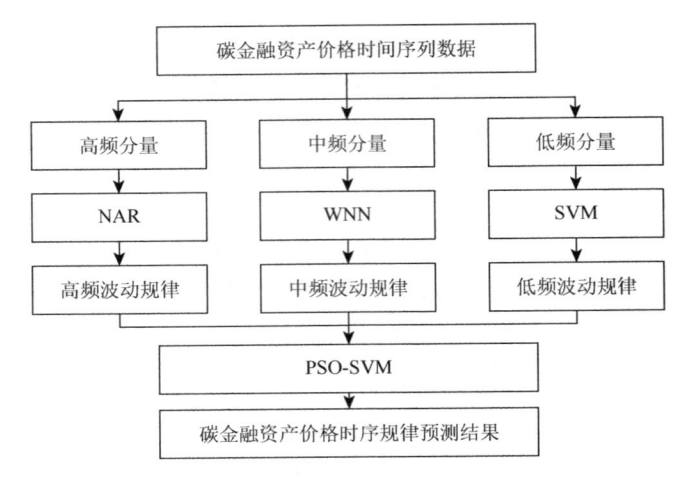

图 5.8 碳金融资产价格时序规律预测模型

NAR 表示非线性自回归（nonlinear auto-regressive），WNN 表示小波神经网络（wavelet neural network），SVM 表示支持向量机（support vector machine），PSO-SVM 表示粒子群优化-支持向量机（particle swarm optimization-support vector machine）

2）基于机器学习的碳金融资产价格分量的分类预测

将 ESMD 分解后的 n 个碳金融资产价格模态分量 IMF_i 和余项 R 分为高频、中频和低频碳金融资产价格分量，采用适合不同频率特征的碳金融资产价格分量预测方法分类进行预测。

碳金融资产价格时间序列经过模态分解后的高频数据是一个非线性系统，碳金融资产价格高频分量的波动是非线性和突变的。采用 NAR 对碳金融资产价格分量高频序列 X_{01} 进行预测，预测的值设为 $\widehat{X_{01}}$。碳金融资产价格分量高频序列预测方法如下。

如果已知系统的输入和对应的单路输出，NAR 模型可定义为

$$x_{01}(t) = F(x_{01}(t-1),\cdots,x_{01}(t-k)) + K\varepsilon_n \tag{5.18}$$

式中，$x_{01}(t-1),\cdots,x_{01}(t-k)$ 为 $t-1,\cdots,t-k$ 时期的碳金融资产价格高频序列的价格分量；$x_{01}(t)$ 为第 t 期的碳金融资产价格分量高频序列；F 为非线性函数；K 为常数；ε_n 为服从高斯分布的随机变量。

碳金融资产价格时间序列经过模态分解后的中频数据是非线性、混沌的，波动相比碳金融资产价格高频分量较为缓和。小波神经网络结合了小波分析良好的时频局部特性、变焦特性和神经网络自学习、自适应性、鲁棒性以及推广能力，在处理非线性混沌问题上有很大的优势，具有良好的预测效果和收敛速度。因此我们采用小波神经网络对碳金融资产价格分量中频序列 X_{02} 进行预测，预测值设为 $\widehat{X_{02}}$。

碳金融资产价格时间序列通过模态分解后的低频数据分量的波动是非线性

的，波动相对平缓。由于 SVM 具有模型结构简单、学习速度快、全局优化和回归预测性能良好等特点，经常被用于金融时间序列的预测。因此我们采用 SVM 方法对碳金融资产价格分量低频序列 X_{03} 进行预测，预测值设为 $\widehat{X_{03}}$。

3）群体非理性行为对碳金融资产价格波动的影响刻画

鉴于 SVM 方法能够捕捉到变量之间的非线性关系，我们选用 PSO-SVM 对预测后的碳金融资产价格时间序列分量进行集成。最终多频率组合预测模型的表达式为

$$m_{02}(k+1) = \text{SVM}(\tilde{x}_{01}(t), \tilde{x}_{02}(t), \tilde{x}_{03}(t)) \tag{5.19}$$

3. 碳金融市场个体非理性行为的刻画

碳金融市场微观主体的个体非理性行为，是碳金融市场微观主体参与者在碳金融市场非有效信息的影响下进行碳金融资产的投机活动，导致碳金融资产价格偏离其基本价值。碳金融市场微观主体参与者由于自身的非理性（如启发式认知等）以及市场的信息不对称（如信息滞后、谣言等），对碳金融资产进行投资买卖产生了个体非理性行为，使碳金融资产价格产生短期随机跳跃波动现象。为了刻画碳金融市场个体非理性行为对碳金融资产价格波动的影响，我们构建了灰色-马尔可夫（grey-Markov，GM）模型。

1）基于灰色预测理论的碳金融资产波动趋势刻画

我们根据碳金融资产价格历史时间序列原始数据建立灰色预测模型，求出碳金融市场微观主体行为对碳金融资产价格影响产生的整体价格期望趋势。碳金融市场微观主体的非理性行为主要是依赖部分已知的碳金融市场信息对碳金融资产进行买卖的交易活动。灰色理论通过对碳金融资产价格的波动来提取有价值的碳金融资产波动信息，实现对碳金融资产价格波动规律的有效描述。灰色时间序列预测模型主要包括 GM（1,1）模型、GM（1,1）残差模型（即 ccGM（1,1）模型）等。本节采用 ccGM（1,1）模型刻画碳金融资产价格的整体波动趋势。

设 X_0 是碳金融资产价格时间序列原始值，$x_0(k)$ 为第 k 期的碳金融资产价格，$X^{(1)}$ 是使用 GM（1,1）模型预测的碳金融资产价格波动趋势时间序列值，$\hat{x}^{(1)}(k)$ 为使用 GM（1,1）模型预测的第 k 期的碳金融资产价格。其中，$\varepsilon(k) = x_0(k) - \hat{x}^{(1)}(k)$ 为第 k 期碳金融资产实际价格 X_0 与使用 GM（1,1）模型预测的第 k 期的碳金融资产价格 $X^{(1)}$ 的残差序列。碳金融资产价格残差序列记为 $\varepsilon^{(0)}$，表达式如下：

$$\varepsilon^{(0)} = (\varepsilon^{(0)}(1), \varepsilon^{(0)}(2), \cdots, \varepsilon^{(0)}(n)) \tag{5.20}$$

若存在 k_0，满足以下条件：

（1）$\forall k \geq k_0$，碳金融资产价格残差序列 $\varepsilon^0(k)$ 的符号一致。

（2）$n - k_0 \geq 4$，则称 $(|\varepsilon^{(0)}(k_0)|, |\varepsilon^{(0)}(k_0+1)|, \cdots, |\varepsilon^{(0)}(n)|)$ 为碳金融资产价格时间序列的残差尾段，记为 $(\varepsilon^{(0)}(k_0), \varepsilon^{(0)}(k_0+1), \cdots, \varepsilon^{(0)}(n))$。

设 $(\varepsilon^{(0)}(k_0), \varepsilon^{(0)}(k_0+1), \cdots, \varepsilon^{(0)}(n))$ 为可建模残差尾段，其一次累加序列 $\varepsilon^{(1)} = (\varepsilon^{(0)}(k_0), \varepsilon^{(0)}(k_0+1), \cdots, \varepsilon^{(0)}(n))$ 的碳金融资产价格时间序列趋势模型时间响应式为

$$\hat{\varepsilon}^{(1)}(k+1) = \left(\varepsilon^{(0)}(k_0) - \frac{b_\varepsilon}{a_\varepsilon}\right) e^{-a_\varepsilon(k-k_0)} + \frac{b_\varepsilon}{a_\varepsilon}, \quad k \geqslant k_0 \quad (5.21)$$

式中，a_ε 为与时间衰减相关的参数，表示指数衰减的速率，它控制着残差序列随时间推移的变化速度，较大的 a_ε 值意味着残差在时间上迅速衰减，反之，则表示残差变化较慢；b_ε 为常数偏移量，代表残差序列在长期时间下的稳定值或偏移量，它调整了残差序列的最终值，使其在衰减后趋于稳定。通常，b_ε 与数据的长期趋势相关，反映了残差的长期平均水平。碳金融资产价格实际值与碳金融资产价格波动趋势的残差序列为

$$\hat{\varepsilon}^{(0)} = (\hat{\varepsilon}^{(0)}(k_0), \hat{\varepsilon}^{(0)}(k_0+1), \cdots, \hat{\varepsilon}^{(0)}(n)) \quad (5.22)$$

式中

$$\hat{\varepsilon}^{(0)}(k+1) = (-\alpha_\varepsilon)\left(\varepsilon^{(0)}(k_0) - \frac{b_\varepsilon}{\alpha_\varepsilon}\right) e^{-\alpha_\varepsilon(k-k_0)}, \quad k \geqslant k_0 \quad (5.23)$$

若用残差序列 $\hat{\varepsilon}^{(0)}$ 修正传统灰色预测模型对碳金融资产价格波动趋势刻画的结果 $\hat{X}^{(1)}$，则修正后的残差序列响应式为

$$\hat{x}^{(0)}(k+1) = \begin{cases} \left(x_0(1) - \frac{b}{a}\right) e^{-ak} + \frac{b}{a}, & k < k_0 \\ \left(x_0(1) - \frac{b}{a}\right) e^{-ak} + \frac{b}{a} \pm \alpha_\varepsilon \left(\varepsilon^{(0)}(k_0) - \frac{b_\varepsilon}{a_\varepsilon}\right) e^{-\alpha_\varepsilon(k-k_0)}, & k \geqslant k_0 \end{cases} \quad (5.24)$$

式中，碳金融资产价格波动趋势的残差修正值 $\alpha_\varepsilon \left(\varepsilon^{(0)}(k_0) - \frac{b_\varepsilon}{a_\varepsilon}\right) e^{-\alpha_\varepsilon(k-k_0)}$ 的符号应当和碳金融资产价格波动趋势刻画的残差尾段符号保持一致。

若 $\hat{x}_0(k) = \hat{x}^{(1)}(k) - \hat{x}^{(1)}(k-1) = \left(x_0(1) - \frac{b}{a}\right) e^{-a(k-1)}$，则碳金融资产价格波动趋势刻画的残差修正为

$$\hat{x}^{(0)}(k+1) = \begin{cases} (1-e^\alpha)\left(x_0(1) - \frac{b}{a}\right) e^{-ak}, & k < k_0 \\ (1-e^\alpha)\left(x_0(1) - \frac{b}{a}\right) e^{-ak} \pm \alpha_\varepsilon \left(\varepsilon^{(0)}(k_0) - \frac{b_\varepsilon}{a_\varepsilon}\right) e^{-\alpha_\varepsilon(k-k_0)}, & k \geqslant k_0 \end{cases} \quad (5.25)$$

称为累减还原式的残差修正模型。

我们通过 ccGM（1,1）模型刻画第 $1 \sim k$ 期的碳金融资产价格波动趋势，并进一步预测出第 $k+1$ 期的碳金融资产价格的波动趋势值。碳金融资产价格原始序

列 X_0 与碳金融资产价格波动趋势序列 PX_0 的差值即为碳金融市场非理性个体参与者投机行为引起的碳金融资产实际价格与碳金融资产价格波动趋势的偏离程度，记为 $PX_0 - X_0$。

2）基于马尔可夫理论的碳金融资产价格偏离程度刻画

本节以灰色理论预测出来的平稳碳金融资产价格期望趋势曲线作为评判标准，依据碳金融资产市场价格的实际波动计算出碳金融资产市场价格波动偏离碳金融资产价格期望趋势的状态，并依据碳金融资产价格波动的偏离状态数目和碳金融资产价格波动的偏离区间，根据碳金融资产价格实际波动情况划入对应的碳金融资产价格偏离状态区间的点，计算出碳金融资产价格序列在样本区间的转移频数矩阵，由碳金融资产价格序列在样本区间的频数矩阵计算出碳金融资产价格序列在样本区间的转移状态矩阵，并确定预测期碳金融资产价格波动最有可能所处的碳金融资产价格偏离状态，从而得出碳金融资产价格波动偏离状态的预测值区间。

碳金融资产价格的偏离程度主要是由当期碳金融市场信息的冲击引起的碳金融市场微观主体行为导致的，而过去的碳金融市场信息引起的碳金融市场微观主体行为和未来的碳金融市场信息引起的碳金融市场微观主体行为对碳金融资产价格偏离程度的影响是无关的，符合马尔可夫的无后效性。因此，在给定当前碳金融资产实际价格与碳金融资产价格波动趋势的偏离程度信息的情况下，只用当前的偏离状态来预测将来碳金融资产实际价格与碳金融资产价格波动趋势的偏离程度，过去对于将来是无关的。将碳金融资产实际价格与碳金融资产价格波动趋势的偏离程度时间序列，按照转移概率，根据 k 时点的碳金融资产实际价格与碳金融资产价格波动趋势的偏离程度状态预测 $k+1$ 时点的碳金融资产实际价格与碳金融资产价格波动趋势的偏离程度状态。

给定随机过程碳金融资产价格时间序列 $\{X(t), t \in T\}$，如果在碳金融资产价格时间序列中任意 k 个时刻 t_i，$i = 1, 2, \cdots, k$，$t_1 < t_2 < \cdots < t_k$ 有

$$P\{X(t_k) < x_k | X(t_1) < x_1, X(t_2) < x_2, \cdots, X(t_{n-1}) < x_{n-1}\} \\ = P\{X(t_k) < x_k | X(t_{k-1}) < x_{k-1}\} \quad (5.26)$$

假设第 k 天的碳金融资产实际价格与碳金融资产价格波动趋势的偏离程度 $x_k \in [0, +\infty)$，在 $[0, +\infty)$ 中插入 $n-1$ 个分点 $0 < x_1 < x_2 \cdots < x_{k-1}$，那么整个区间就被分为 m 个碳金融资产实际价格与碳金融资产价格波动趋势的偏离程度状态区间，其中第 i 区间为 $[x_i, x_{i-1})$，x_k 只能落在这 m 个区间的某一个。碳金融资产价格偏离状态的方向和程度主要由碳金融市场信息对碳金融市场微观主体的个体非理性行为冲击决定。由马尔可夫理论可以得到，若第 $k-1$ 天的碳金融资产实际价格与碳金融资产价格波动趋势的偏离程度状态为 i，则第 k 天的碳金融资产实际价格与碳金融资产价格波动趋势的偏离程度状态为 j 的概率为

$$P\{X(k)=j|X(1)=i_1,X(2)=i_2,\cdots,X(k-1)=i_{k-1}\}$$
$$=P\{X(k)=j|X(k-1)=i_{k-1}\} \tag{5.27}$$

本节采用马尔可夫理论刻画碳金融资产实际价格在灰色预测模型预测的碳金融资产价格趋势上下的偏离程度，以更加准确地预测碳金融市场非理性个体参与者行为对碳金融资产实际价格与碳金融资产价格波动趋势的偏离程度的影响。

3）个体非理性行为对碳金融资产价格波动的影响刻画

根据灰色预测得到的预测期碳金融资产价格趋势，结合碳金融资产价格波动偏离状态预测区间的区间中点和碳金融资产价格波动偏离状态转移概率得到的碳金融市场微观主体个体非理性行为引起的碳金融资产价格偏离值，即可得到碳金融市场微观主体的个体非理性行为对碳金融资产价格波动的最终影响。即在ccGM（1,1）模型预测的碳金融资产价格宏观变化趋势基础上，运用马尔可夫理论对碳金融资产价格变动的随机性进行刻画，进一步更加精确地预测后期的碳金融资产价格变动，此为 GM 组合模型，具体为 ccGM（1,1）-Markov 模型。

设 $px_0(i)$ 为 i 时刻 ccGM（1,1）模型求得的碳金融资产价格模拟值，根据样本内碳金融资产价格历史时间序列数据的实际情况，计算 $(px_0(i)-x_0(i))/x_0(i)$ 的大小，得到 PX_0 与 X_0 的偏离程度，记最大反向偏离度为 $a_{(\min)}$，最大正向偏离度为 $a_{(\max)}$。以预测曲线 $px_0(i)$ 为中心，将碳交易价格时间序列划分成 n 个状态，即划分成 n 个条形区域。其中，第 m 个碳金融资产价格状态区间为 $[px_0(i)-a_{(m+1)}\times x_0(i)$，$px_0(i)-a_{(m)}\times x_0(i))$，状态 i 表示碳金融资产价格时间序列相对于碳金融资产价格趋势预测曲线 $px_0(i)$ 的偏离程度，碳金融资产价格时间序列数据落入各碳金融资产价格波动的偏离状态的个数记为 $n_1,n_2,n_3,n_4,\cdots,n_n$。由碳金融资产价格波动状态 i 转移到碳金融资产价格波动状态 j 的样本点数记为 n_{ij}。首先，根据 n_{ij} 计算碳金融资产价格波动的一步状态转移频数矩阵 $(N_{ij})_{n\times n}$，再根据碳金融资产价格波动的一步状态转移矩阵计算碳金融资产价格转移状态 $X_k^{(0)}=i$ 转移到碳金融资产价格转移状态 $X_{k+1}^{(0)}=j$ 的转移概率 C_{ij}，从而得到碳金融资产价格一步状态转移概率矩阵 $C[n,n]$。

使用当期的灰色预测值 $px_0(k)$，然后调整当期灰色预测价格的随机性波动，得到下一期的资产价格预测值：

$$m_{01}(k+1)=px_0(k)-\left[\frac{1}{2}\left(a_{(1)}x_k^{(0)}+a_{(2)}x_k^{(0)}\right)\times C(i,1)+\frac{1}{2}\left(a_{(2)}x_k^{(0)}+a_{(3)}x_k^{(0)}\right)\right.$$
$$\left.\times C(i,2)+\cdots+\frac{1}{2}\left(a_{(n)}x_k^{(0)}+a_{(n+1)}x_k^{(0)}\right)\times C(i,n)\right] \tag{5.28}$$

该模型基于当期趋势值计算出来的下一期碳金融资产价格预测值，是当期的趋势值加下一期的随机波动，结果并不合理。

因此，创新性地选用第 $k+1$ 期的灰色预测值 $m_{01}(k+1)$，再运用马尔可夫状

态矩阵对 $k+1$ 期的灰色预测值 $\mathrm{px}_0(k+1)$ 进行碳金融资产价格随机波动性的调整,能够更合理、更准确地预测碳金融市场个体非理性行为对下一期碳金融资产价格波动影响的预期值,得到递推公式:

$$m_{01}(k+1) = \mathrm{px}_0(k+1) - \left[\frac{1}{2}\left(a_{(1)}x_k^{(0)} + a_{(2)}x_k^{(0)}\right) \times C(i,1) + \frac{1}{2}\left(a_{(2)}x_k^{(0)} + a_{(3)}x_k^{(0)}\right) \right.$$
$$\left. \times C(i,2) + \cdots + \frac{1}{2}\left(a_{(n)}x_k^{(0)} + a_{(n+1)}x_k^{(0)}\right) \times C(i,n)\right] \quad (5.29)$$

4. 碳金融市场微观主体行为特征的融合

为了兼顾碳金融市场微观主体理性行为引发的长期投资性特征以及碳金融市场微观主体非理性行为引发的短期投机性特征,我们选择长短期记忆(long short-term memory,LSTM)网络的方法对理性行为、群体非理性行为、个体非理性行为三者进行融合。在运用 LSTM 网络对碳金融市场微观主体参与者对价格预期时间序列的训练过程中,LSTM 网络的三个门在 t 时刻接收两种外部信息,第一种是 t 时刻状态的碳金融市场个体非理性行为对碳金融价格波动的影响(M_{01})、碳金融市场群体非理性行为对碳金融资产价格波动的影响(M_{02})和碳金融市场理性行为对碳金融资产价格波动的影响(M_{03}),第二种是 $t-1$ 时刻隐藏层的输出 $H(t-1)$。遗忘门确定丢弃信息,这相当于每个维度中信息的衰减。输入门决定更新和输入信息。在这个过程中,σ 负责更新信息,tanh 在当前细胞状态下创建新的 Cell(t) 候选向量。输出门通过 Sigmoid 函数确定电流单元的输出,tanh 函数将输出转换为 -1 和 1 之间的值,然后将上述两个函数的输出相乘,得到 LSTM 网络的最终输出,即碳金融市场微观主体行为整体对碳金融资产价格的波动影响。其数学表达式为

$$Y = f(M_{01}, M_{02}, M_{03}) \quad (5.30)$$

5.2.3 基于微观主体行为的碳金融资产价格预测实证研究

1. 样本选择及描述性统计

中国现有的八个发展相对成熟的区域碳排放交易平台分别是深圳排放权交易所、湖北碳排放权交易中心、北京市碳排放权电子交易平台、上海环境能源交易所、广东碳排放权交易所、重庆碳排放权交易中心、天津排放权交易所及福建海峡股权交易中心的碳排放权交易平台。深圳排放权交易所从 2013 年 6 月运行至 2020 年 1 月 23 日,每年会新增一种碳资产进行线上交易,累计至 2020 年一共 7 种碳金融资产在平台上进行交易,七种碳金融资产分别是 SZA2013、SZA2014、SZA2015、SZA2016、SZA2017、SZA2018 和 SZA2019。由于深圳碳排放交易市场的碳金融资产 SZA2018 交易开始于 2018 年 7 月 4 日,加上 2019 年新型冠状病毒的影响,湖北

碳排放权交易中心于 2020 年 1 月 24 日～2020 年 3 月 23 日共两个月的时间停止交易，为了保证各区域碳金融资产价格样本区间的一致性，将碳金融资产价格预测研究样本界定为 2018 年 7 月 4 日到 2020 年 1 月 23 日的所有交易日的收盘价，一共 386 条样本数据。所获取的碳金融资产交易数据全部来源于中国碳排放交易网站。

对样本区间内，8 个中国区域碳排放交易市场共 12 种碳金融资产每日收盘价格时间序列进行描述性统计分析。深圳排放权交易所共六种碳金融资产产品，分别简称 SZA2013、SZA2014、SZA2015、SZA2016、SZA2017 和 SZA2018。其他七个市场均只有一种产品，即北京碳排放配额（Beijing emission allowance，BEA）、重庆碳排放配额（Chongqing emission allowance，CQEA）、福建碳排放配额（Fujian emission allowance，FJEA）、广东碳排放配额（Guangdong emission allowance，GDEA）、湖北碳排放配额（Hubei emission allowance，HBEA）、上海碳排放配额（Shanghai emission allowance，SHEA）、天津碳排放配额（Tianjin emission allowance，TJEA）；因为 SZA2013 是 2013 年度的碳排放配额产品，在样本时间段长期没有交易，不存在明显的市场需求，价格趋于平缓，所以不再对 SZA2013 产品价格进行分析。以上共 12 种碳金融资产产品的每日收盘价价格序列描述性分析结果如表 5.5 所示。

表 5.5 碳金融资产价格序列描述性统计

碳金融资产	平均值/（元/吨）	中位数/（元/吨）	最大值/（元/吨）	最小值/（元/吨）	标准差	偏度	峰度	Jarque-Bera	p 值
CQEA	11.2	7.4	38.9	2.4	9.3	1.7	4.9	248.4	0.0
BEA	71.8	74.0	87.5	30.3	13.6	−0.9	3.1	46.3	0.0
FJEA	18.5	18.0	30.1	7.2	7.0	0.3	2.1	20.8	0.0
GDEA	20.9	21.9	30.2	9.8	4.7	−0.2	2.0	19.3	0.0
HBEA	30.6	29.4	53.9	16.8	5.1	0.9	6.0	194.9	0.0
SHEA	38.4	40.0	50.0	27.3	4.9	−0.6	2.5	28.8	0.0
TJEA	13.1	12.5	16.6	12.5	0.8	1.7	6.0	324.9	0.0
SZA2018	25.1	36.3	37.9	3.8	13.1	−0.5	1.5	53.6	0.0
SZA2017	23.3	24.1	47.8	4.8	12.3	−0.1	1.6	33.7	0.0
SZA2016	12.4	10.3	33.5	3.0	7.5	1.1	3.5	80.8	0.0
SZA2015	20.8	22.1	41.8	4.2	10.4	−0.1	1.9	20.4	0.0
SZA2014	26.0	28.5	53.7	5.0	12.3	−0.5	2.0	28.9	0.0

从表 5.5 的碳金融资产价格序列描述性统计结果可以看出，不同区域或者同一区域不同碳金融资产之间的价格平均值的差异较大，说明不同区域的减排成本差异较大。各碳金融资产价格平均值的大小与碳金融资产价格中位数的大小不一致，且碳金融资产价格最大值和最小值的平均值不接近于碳金融资产价格的中位数、平均值，说明所有碳金融资产价格分布都存在一定程度的偏度。各碳金融资产价格离差（最大值和最小值之间的差值）较大，说明中国碳金融市场的碳金融资产价格分布较为离散，碳金融资产价格的差异较大。碳金融资产价格的标准差

较大，说明碳金融资产价格的离散幅度较大，波动较为剧烈。碳金融资产价格的偏度都不等于零，说明碳金融资产价格存在一定的偏度。碳金融资产价格的峰度都远大于零，说明碳金融资产的价格都存在明显的尖峰效应，具有比正态分布明显高的尖峰特征。碳金融资产价格的 Jarque-Bera 统计量都远大于零，且 p 值都等于 0，说明碳金融资产价格分布都不服从正态分布。

由图 5.9 可以看出，CQEA 前期一直平稳波动，在后期有一个大幅上升，然后反转下降的过程。说明在样本期内，重庆碳排放权交易中心微观主体参与者受

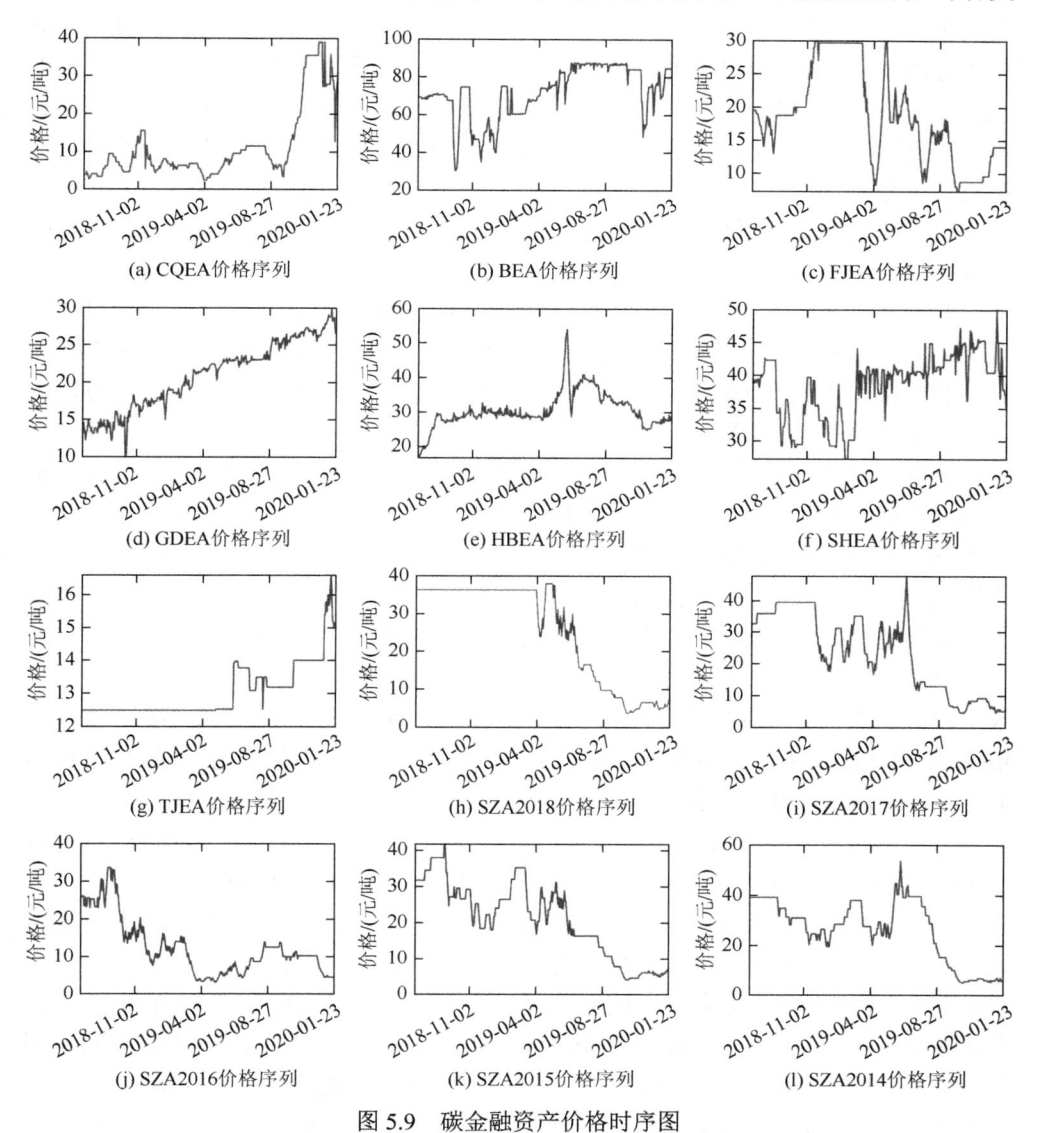

图 5.9 碳金融资产价格时序图

到利好信息刺激，部分市场微观主体因为信息优势，开始买入CQEA，导致CQEA价格开始上涨。CQEA初期的上涨激发了碳金融市场微观主体的启发式认知等非理性行为，进一步推动了碳金融资产的上涨。

CQEA的上涨引发了重庆碳排放市场微观主体参与者心理群体中某些个体的关注，并且这种情绪在市场微观主体心理群体之间进行传染，导致碳金融市场微观主体的关注点迅速集中起来，分散在各信息终端的微观主体会迅速加入碳金融市场的交易活动中，形成重庆碳市场心理群体集合。在重庆碳市场群体非理性行为的推动下，CQEA的总需求也随之增大，CQEA价格继续上涨。随着CQEA价格的过度上涨，重庆碳市场的个体非理性行为主体与理性行为主体对CQEA的需求开始下降，直到需求下降为零。此时，重庆碳市场微观主体参与者对CQEA的需求达到均衡状态，CQEA价格停止上涨。重庆碳市场群体非理性行为主体在这种反馈信号的提示下停止买入碳金融资产的交易活动。CQEA价格开始下跌，并再次引发重庆碳市场群体非理性行为，导致CQEA价格下跌走势形成，CQEA价格开始向下调整，直到再次达到新的均衡。

其他碳金融资产也存在类似的价格上涨（或下跌），然后反转回归平稳波动的过程。其中BEA和FJEA，在样本期间受到利空信息的刺激，出现了急速下跌然后反转回归平稳波动的过程。GDEA和SHEA一直处于平稳波动上行的状态，说明广东碳市场和上海碳市场的微观主体参与者普遍认为碳金融资产的价格会上涨，对碳金融资产的需求长期大于零。湖北碳市场的HBEA的波动频率较高，说明湖北碳排放权交易中心的碳金融资产交易较为活跃。HBEA在中期也有一个迅猛上涨然后迅速下跌回归之前波动趋势的波动状态。可能是因为湖北碳市场作为中国的碳金融资产交易之首，其无论在碳金融资产交易量还是碳金融资产交易额上，都领先于其他碳排放权交易中心，其市场成熟度也较高，使湖北碳市场参与者对信息冲击的消化也较快。天津碳市场的TJEA价格波动频率较低，幅度较小，很长一段时间内价格都保持不变，说明天津碳排放交易市场投资者情绪不高，氛围不够活跃。SZA2018在交易初期，其价格一直保持稳定，没有变化，直到2019年4月才开始活跃起来。这种现象可能是因为受政策影响，深圳排放权交易所规定当年的碳排放权如果本年没有抵消完，可以在以后年度抵消使用。深圳碳市场内部的碳金融资产价格之间也存在相互关联，出现同涨同跌的现象。

深圳排放权交易所的市场化程度最高，因此我们选择深圳碳排放交易市场的碳金融资产价格作为主要研究对象。由样本的描述性统计结果可以看出，SZA2018在样本前期，几乎没有交易，价格保持不变，没有预测的意义。因此选取SZA2017作为深圳碳市场的代表性产品，对其价格序列进行预测研究。在用构建的碳金融资产价格预测融合模型分析碳金融资产价格预测结果时，将前80%的数据作为样本内数据，用来拟合训练测试模型的参数，剩下的20%数据作为样本外数据，用于测试模型的预测效果。

2. 基于个体非理性行为的碳金融资产价格影响结果

为了得到碳金融市场微观主体的个体非理性行为对碳金融资产价格的影响结果，我们采用 GM 模型刻画碳金融市场微观主体有限理性及碳金融市场非对称引起的信息滞后等因素引起的碳金融资产价格短期随机波动。首先运用 ccGM（1，1）模型对深圳排放权交易所的碳金融资产价格原始时间序列数据进行拟合，得到碳金融资产价格波动的趋势线。设 X_0 为碳金融资产价格时间序列的真实值，其中 $x_0(i)$ 为 i 时刻碳金融资产的市场价格，PX_0 为用 ccGM（1，1）模型计算出来的碳金融资产价格序列的价格趋势，其中 $px_0(i)$ 为 i 时刻碳金融资产的市场价格趋势。

根据样本内碳金融资产的真实值 X_0 和灰色预测值 PX_0 两个时间序列的对比，计算 $(x_0(i)-px_0(i))/px_0(i)$ 的大小，得到碳金融资产的市场价格与市场平均预期之间的偏离程度。根据碳金融资产价格的偏离程度，将最大负向偏离程度定义为 $a_{(1)}=-0.6111$，最大正向偏离程度定义为 $a_{(n+1)}=1.8561$。根据碳金融资产的波动程度，确定碳金融资产价格偏离碳金融资产价格趋势线的实际程度，将其偏离程度从小到大进行排序，并等分为 n 个状态区间，记为碳金融资产价格的偏离状态。经过实验对比分析，将碳金融资产价格的偏离状态等分为 16 个区间，即 $n=16$，分别得到偏离状态区间 $a_{(1)},a_{(2)},\cdots,a_{(17)}$。其中 $a_{(1)}=-0.6111$，$a_{(2)}=-0.3198$，$a_{(3)}=-0.2677$，$a_{(4)}=-0.1868$，$a_{(5)}=-0.1344$，$a_{(6)}=-0.0941$，$a_{(7)}=-0.0348$，$a_{(8)}=0.0865$，$a_{(9)}=0.1438$，$a_{(10)}=0.1769$，$a_{(11)}=0.2251$，$a_{(12)}=0.2911$，$a_{(13)}=0.3427$，$a_{(14)}=0.4915$，$a_{(15)}=0.7969$，$a_{(16)}=1.0952$，$a_{(17)}=1.8561$。第 j 个状态区间的通用表达式为 $[px_0(i)\times(1+a_{(j)}), px_0(i)\times(1+a_{(j+1)}), j\in[1,16]$ 状态 j 表示碳金融资产价格时间序列 X_0 相对于市场平均期望 PX_0 的偏离程度，落入各偏离状态区间的样本点数分别记为 $n_1,n_2,\cdots,n_{16}$。根据由偏离状态 s 转移到偏离状态 t 的样本点数 n_{st}，计算出碳金融资产价格的一步状态转移频数矩阵 $(N_{st})_{16\times16}$。

根据碳金融资产价格时间序列一步转移状态频数矩阵（表5.6）可知状态 $x_0(k)=s$ 经一步转移到状态 $x_0(k+1)=t$ 的实际个数。根据状态 $x_0(k)=s$ 经一步转移到状态 $x_0(k+1)=t$ 的实际个数在总样本中的占比情况，计算由 $x_0(k)=s$ 经一步转移到状态 $x_0(k+1)=t$ 的状态转移概率 C_{st}，从而得到碳金融资产价格时间序列的一步状态转移概率矩阵 $C[16,16]$，如表5.7所示。

表 5.6 SZA2017 偏离程度一步状态转移频数矩阵

状态	1	2	3	4	5	6	7	8	9	10	11	12	13	14	15	16
1	14	9	0	0	0	0	0	0	0	0	0	0	0	0	0	0
2	10	11	3	0	0	0	0	0	0	0	0	0	0	0	0	0
3	0	3	14	2	4	0	0	0	0	0	0	0	0	0	0	0
4	0	0	3	18	1	2	0	0	0	0	0	0	0	0	0	0

续表

状态	1	2	3	4	5	6	7	8	9	10	11	12	13	14	15	16
5	0	0	3	2	16	2	1	0	0	0	0	0	0	0	0	0
6	0	0	0	2	2	16	4	0	0	0	0	0	0	0	0	0
7	0	0	0	0	1	4	13	2	3	0	0	0	1	0	0	0
8	0	0	0	0	0	2	18	0	2	2	0	0	0	0	0	0
9	0	0	0	0	0	2	1	16	0	3	2	0	0	0	0	0
10	0	0	0	0	0	0	1	1	3	16	0	1	2	0	0	0
11	0	0	0	0	0	0	0	2	1	2	17	0	2	0	0	0
12	0	0	0	0	0	0	0	0	0	3	1	16	3	0	0	0
13	0	0	0	0	0	0	0	0	1	1	5	12	5	0	0	0
14	0	0	0	0	0	0	0	0	0	0	0	4	16	4	0	0
15	0	0	0	0	0	0	0	0	0	0	0	0	3	16	4	0
16	0	0	0	0	0	0	0	0	0	0	0	0	0	4	20	

注：其中状态1~16分别表示碳金融资产实际价格偏离碳金融资产价格波动趋势线的程度。

表5.7 SZA2017偏离程度一步状态转移概率矩阵

状态	1	2	3	4	5	6	7	8	9	10	11	12	13	14	15	16
1	0.58	0.38	0.04	0.00	0.00	0.00	0.00	0.00	0.00	0.00	0.00	0.00	0.00	0.00	0.00	0.00
2	0.42	0.46	0.13	0.00	0.00	0.00	0.00	0.00	0.00	0.00	0.00	0.00	0.00	0.00	0.00	0.00
3	0.00	0.17	0.58	0.08	0.17	0.00	0.00	0.00	0.00	0.00	0.00	0.00	0.00	0.00	0.00	0.00
4	0.00	0.00	0.13	0.75	0.04	0.08	0.00	0.00	0.00	0.00	0.00	0.00	0.00	0.00	0.00	0.00
5	0.00	0.00	0.13	0.08	0.67	0.08	0.04	0.00	0.00	0.00	0.00	0.00	0.00	0.00	0.00	0.00
6	0.00	0.00	0.00	0.08	0.08	0.67	0.17	0.00	0.00	0.00	0.00	0.00	0.00	0.00	0.00	0.00
7	0.00	0.00	0.00	0.00	0.04	0.17	0.54	0.08	0.13	0.00	0.00	0.00	0.04	0.00	0.00	0.00
8	0.00	0.00	0.00	0.00	0.00	0.08	0.75	0.00	0.08	0.08	0.00	0.00	0.00	0.00	0.00	0.00
9	0.00	0.00	0.00	0.00	0.00	0.08	0.04	0.67	0.00	0.13	0.08	0.00	0.00	0.00	0.00	0.00
10	0.00	0.00	0.00	0.00	0.00	0.00	0.00	0.13	0.67	0.00	0.04	0.08	0.00	0.00	0.00	0.00
11	0.00	0.00	0.00	0.00	0.00	0.00	0.00	0.08	0.00	0.00	0.71	0.00	0.08	0.00	0.00	0.00
12	0.00	0.00	0.00	0.00	0.00	0.00	0.00	0.04	0.13	0.04	0.67	0.13	0.00	0.00	0.00	0.00
13	0.00	0.00	0.00	0.00	0.00	0.00	0.00	0.00	0.04	0.04	0.21	0.50	0.21	0.00	0.00	0.00
14	0.00	0.00	0.00	0.00	0.00	0.00	0.00	0.00	0.00	0.00	0.00	0.17	0.67	0.17	0.00	0.00
15	0.00	0.00	0.00	0.00	0.00	0.00	0.00	0.00	0.00	0.00	0.00	0.00	0.13	0.70	0.17	0.00
16	0.00	0.00	0.00	0.00	0.00	0.00	0.00	0.00	0.00	0.00	0.00	0.00	0.00	0.17	0.83	

依据对碳金融资产价格的趋势预测，以及碳金融市场个体非理性行为对碳金融资产价格波动的偏离程度和概率，通过计算：

$$M_{01}(k+1) = \mathrm{px}_0(k+1) - \left[\frac{1}{2}\left(a_{(1)}x_k^{(0)} + a_{(2)}x_k^{(0)}\right) \times C(i,1) + \frac{1}{2}\left(a_{(2)}x_k^{(0)} + a_{(3)}x_k^{(0)}\right)\right.$$
$$\left. \times C(i,2) + \cdots + \frac{1}{2}\left(a_{(n)}x_k^{(0)} + a_{(n+1)}x_k^{(0)}\right) \times C(i,n)\right]$$

得到下一个交易日的碳金融资产预测价格，以此类推，得到碳金融市场个体非理性行为对碳金融资产价格的影响结果。将上述计算得到的预期结果与碳金融资产价格实际每日收盘价进行对比分析，就可以得到基于 GM 模型预测的碳金融资产价格与实际价格之间的契合程度。

3. 基于群体非理性行为的碳金融资产价格波动影响结果

为了刻画碳金融市场群体非理性行为影响下的碳金融资产价格预期波动影响，根据多频率组合预测模型的步骤，首先运用 ESMD 方法对样本期内的碳金融资产价格进行初步的经验模态分解，然后计算出数据的方差比率，选择方差比率最小时对应的最佳筛选次数。最小方差比率对应筛选次数是 1。经过分解后最终获得几个 IMF 和一个余项，如图 5.10 所示。从图 5.10 中可以看出，第一行为碳金融资产价格的原始序列波动曲线，第二行到第六行为分解出来的 IMF，IMF 的频率由高变低，最后一行余项 R 相对平稳，反映的是碳金融资产价格的总体走势。

根据图 5.10 可以看出各 IMF 反映了 SZA2017 价格变动的频率和幅度，频率从高到低，幅度由小变大。

（1）IMF$_1$ 和 IMF$_2$ 的平均周期比较短，频率较高，说明前两个模态分量对 SZA2017 价格的长期趋势影响不大。IMF$_1$ 和 IMF$_2$ 会影响到 SZA2017 价格序列的短期波动，主要是短期市场供需失衡等引起的市场波动和不规则事件这些碳金融市场信息冲击造成的碳金融市场正反馈参与者对 SZA2017 的追涨杀跌行为。这种信息冲击对碳金融市场微观主体参与者影响较小，且能够快速被碳金融市场微观主体参与者消化吸收，持续时间较短，属于高频序列。

（2）余项 R 的 R/S 值最大，波动持续时间最长，与 SZA2017 价格变动的大体趋势是一致的，长期记忆性最明显。余项 R 的周期最长，它的影响时间也最长，说明 R 是 SZA2017 价格在没有重大突发事件影响下的长期均衡价格，即市场在剥离正反馈参与者因为信息刺激情况下的买卖交易行为后的市场预期价格。因此，这里将余项划分为低频序列。

（3）IMF$_3$、IMF$_4$、IMF$_5$ 和 IMF$_6$ 明显比 IMF$_1$、IMF$_2$ 的偏差要大，存在一定的记忆性，属于中频序列。其主要原因可能是 SZA2017 价格除了受到长期趋势和市场机制影响外，还受到外在环境的影响，如政策出台、信息泄露等重大事件。碳金融市场正反馈参与者在这些重大事件信息的刺激下，形成碳金融市场心理群体。碳金融市场心理群体所产生的群体非理性行为包括羊群效应等推高了碳金融

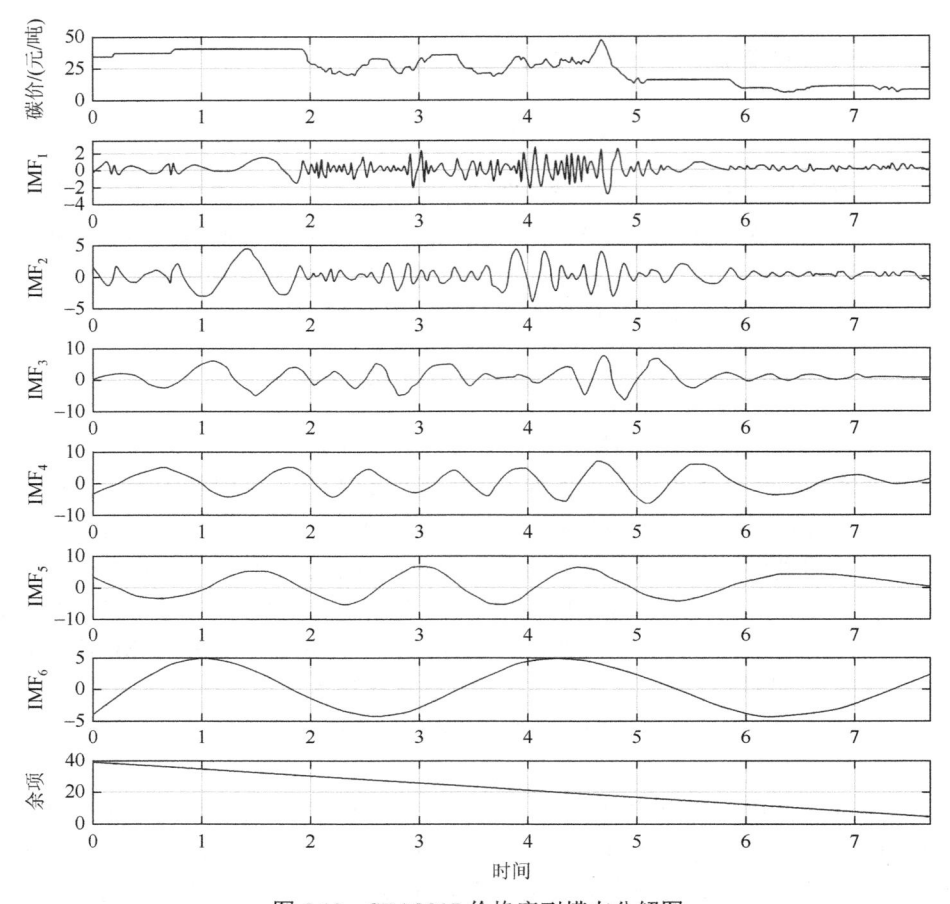

图 5.10 SZA2017 价格序列模态分解图

资产价格泡沫,使碳金融市场微观主体群体非理性行为加剧 SZA2017 的价格在一段时间内保持上涨(或者下跌)幅度,直到到达某个极值点后转而下跌(或者上涨)。基于此,将分解后的模态分为三类:将周期短的模态分量归类为高频数据,将周期最长的余项 R 归类为低频数据,其他的均为中频数据。

4. 基于理性行为的碳金融资产价格波动影响结果

根据构建的碳金融市场微观主体理性行为对碳金融资产价格影响预测模型的步骤,首先对碳金融资产价格的影响因素进行筛选定义,然后运用逐步回归对影响因素进行筛选,最后将筛选好的因素导入 APT-SSAEPD 模型刻画碳金融市场理性行为影响下的碳金融资产价格预期波动影响。

1)碳金融资产价格影响因素及变量定义

根据碳金融资产价格预测理论框架中对影响碳金融资产供求因素的分析发

现，碳金融资产价格波动主要受到宏观经济运行、微观经济行为、政策变化等信息披露以及天气变化的影响。由于样本期内没有新的政策变化，政策变化这一方面对碳金融资产价格的影响是一个常量，因此只选择了宏观经济运行、微观经济行为和天气变化这三方面作为影响碳金融资产价格波动的驱动因素。

在宏观经济运行方面，主要从宏观经济走势和资金市场价格波动两方面研究其对碳金融资产价格波动的影响。在宏观经济走势方面，选取了标准普尔500综合股价指数（简称标普500）代表国际宏观经济的发展和中国证券指数代表国内宏观经济走势，同时，选取欧元对人民币汇率和美元对人民币汇率作为宏观经济运行中的资金价格因素（表5.8）。

表 5.8 碳金融资产价格影响因素

影响因素	替代变量	指标
宏观经济运行	宏观经济走势	标普500（变量符号为S&P500）
		中国证券指数（变量符号为CSI300）
	资金市场价格波动	欧元对人民币汇率（变量符号为EUR/CNY）
		美元对人民币汇率（变量符号为USD/CNY）
微观经济行为	同类产品价格	CER
		EUA
		HBEA
		BEA
		TJEA
		FJEA
		GDEA
		SHEA
		CQEA
	能源产品价格	煤炭价格（变量符号为Coal）
		原油价格（变量符号为Oil）
天气状况	碳金融资产交易中心所在地天气状况	气温
		空气质量指数

在微观经济行为方面，选取了能源产品价格和同类产品价格作为替代变量。在能源产品价格方面，选取了原油价格和煤炭价格作为能源价格的替代指标。在同类产品价格方面，由于中国是CDM项目的参与者，因此国内区域碳金融资产

价格不仅会受到其他区域碳金融资产价格的影响,还会受到国际碳金融资产价格的影响。因此,我们选择了其他区域碳金融资产价格以及 CER 和 EUA 的价格作为影响研究样本碳金融资产价格的同类产品价格。

最后选取样本碳金融资产交易中心所在地区的气温和空气质量指数作为影响碳金融资产价格的天气变量,即选取深圳地区的气温和空气质量指数作为深圳碳排放交易市场中 SZA2017 价格的影响因素。

2) 碳金融资产价格驱动因素筛选

为了保证选入解释变量集的解释变量组合是最优的,首先采用逐步回归分析来对碳金融资产价格波动的影响因素进行筛选。通过逐步回归分析,确定选入碳金融资产价格的影响因素既是最重要的,也避免了变量之间的多重共线性。根据逐步回归分析结果,得到碳金融资产价格影响因素的集合,如表 5.9 所示。

表 5.9 SZA2017 价格影响因素逐步回归筛选结果

影响因素	系数
S&P500	16.4293**
Oil	61.8095***
Coal	−31.9519***
FJEA	0.7156***
GDEA	−1.0100***
HBEA	0.4136***
SHEA	0.3027***
TJEA	−1.6017**
CQEA	0.1358***
EUA	−15.5675***
CER	−7.2567**
EUR/CNY	161.4737***
USD/CNY	−100.4320***

和*分别代表 5%和 1%的显著性。

由上述逐步回归得到碳金融市场主要驱动因素对碳金融资产价格的影响,其表达式为

$$\begin{aligned} \text{SZA2017} = {} & 16.4293 \times \text{S\&P500} + 61.8095 \times \text{Oil} - 31.9519 \times \text{Coal} + 0.7156 \times \text{FJEA} \\ & - 1.0100 \times \text{GDEA} + 0.4136 \times \text{HBEA} + 0.3027 \times \text{SHEA} - 1.6017 \times \text{TJEA} \\ & + 0.1358 \times \text{CQEA} - 15.5675 \times \text{EUA} - 7.2567 \times \text{CER} \\ & + 161.4737 \times \text{EUR}/\text{CNY} - 100.4320 \times \text{USD}/\text{CNY} \end{aligned} \quad (5.31)$$

结果显示,深圳碳排放市场的碳金融资产价格受到宏观经济运行、微观经济行为的影响。

在宏观经济运行方面:宏观经济走势的指标 S&P500 在 5%的显著性水平上影响 SZA2017 的价格波动。资金市场价格波动方面,欧元对人民币和美元对人民币这两大汇率都在 1%的显著性水平上影响 SZA2017 的价格波动,不同汇率对碳金融资产价格的影响存在替代关系。

在微观经济行为方面,能源产品价格和同类产品价格的波动都会引起碳金融资产价格的波动。原油和煤炭这两类能源产品的价格都在 1%的显著性水平上影响 SZA2017 的价格波动,能源消费之间的替代关系及其价格波动幅度的差异,导致煤炭价格和电力价格呈现出对碳金融资产价格不一致的影响。同类产品价格都在 1%或 5%的显著性水平上影响 SZA2017 的价格波动。

3)碳金融资产价格回归结果分析

我们选择由逐步回归法筛选出来的碳金融资产价格影响因素指标作为解释变量集来分析 SZA2017 价格波动,回归结果如表 5.10 所示。

表 5.10 SZA2017 价格回归结果

影响因素	APT-Normal	APT-SSAEPD
C	265.2527	188.09
S&P500	39.6533	33.5754
EUR/CNY	138.6253	115.0065
USD/CNY	−88.8259	−70.6137
Oil	66.2761	16.6414
Coal	−43.3481	−44.0090
FJEA	0.6366	0.6140
GDEA	−1.0908	−1.9538
HBEA	0.4010	0.4025
SHEA	0.3224	0.6286
CQEA	0.1742	0.1624
TJEA	−1.0298	−2.0244
CER	−4.3281	−5.7778
EUA	−16.7041	−12.6003
η	0	8.3317
a	0.5	0.6279
p_1	2	4.0465

续表

影响因素	APT-Normal	APT-SSAEPD
p_2	2	1.3220
AIC	−3.6114	−5.8581
SC	−3.6114	6.0018

注：APT-Normal 模型表示假设资产收益为正态分布的套利定价理论模型；C 表示采用 SSAEPD 方法刻画的碳资产价格的尾部分布特征；η 是系数；a 表示偏度参数；p_1 和 p_2 分别表示左尾和右尾参数。

由表 5.10 可以看出，碳金融资产价格的波动不仅受到宏观经济运行和微观经济行为的影响，而且呈现出异质性尾部分布特征，其具体表达式如下：

$$\begin{aligned}
SZA2017 = & 188.09 + 33.5754 \times S\&P500 + 115.0065 \times EUR/CNY \\
& - 70.6137 \times USD/CNY + 16.6414 \times Oil - 44.0090 \times Coal \\
& + 0.6140 \times FJEA - 1.9538 \times GDEA + 0.4025 \times HBEA \\
& + 0.6286 \times SHEA - 2.0244 \times TJEA + 0.1624 \times CQEA \\
& - 12.6003 \times EUA - 5.7778 \times CER + 8.3317 \times z_t, \quad z_t \sim \\
& SSAEPD(0.6279, 4.0465, 1.3220, 0, 1)
\end{aligned} \quad (5.32)$$

（1）宏观经济运行方面。S&P500 与碳金融市场存在正相关关系，其系数为 39.6533，说明随着宏观经济的发展，对碳金融资产的需求增长了，相应的碳金融资产的价格也会上涨。这是因为宏观经济的波动会通过影响工业生产水平，改变经营主体对碳配额的需求，进而影响到碳金融市场参与主体对碳金融资产的需求，从而影响碳金融资产价格的波动。

在资金市场价格波动方面，欧元对人民币汇率对碳金融资产价格有较强的正向影响，而且欧元对人民币汇率的系数要显著大于其他影响因素的系数，而美元对人民币汇率相对低一些，且呈负向关系。这是因为国际碳金融市场的主要结算货币是欧元，欧元对人民币汇率的变动会直接影响国际碳金融资产价格。欧元对人民币汇率的上涨带动了国际碳配额 CER 价格的上涨，国内的碳减排配额供应方就会倾向于向外出售碳配额，导致国内的碳排放配额供应量减少，碳金融资产的供不应求信息刺激碳金融市场微观主体参与者大量购买碳金融资产，导致碳金融资产价格上涨。

美元作为一种通用的国际结算货币，其汇率的波动会通过影响进出口企业的生产经营决策来影响经营主体对碳配额的需求，进而对碳金融资产价格的波动有间接影响。当美元对人民币汇率上涨时，企业倾向于进口产品，减少出口量，这样国内市场上整体的生产就会减少，生产的减少会降低市场整体的碳排放。碳排放的降低，会导致市场上整体对碳排放配额的需求量减少，阶段性出现供过于求的情况，碳金融资产价格也会随之下跌。

(2) 微观经济行为方面。在微观经济行为方面，能源市场的原油和煤炭价格波动都会引起碳金融资产价格的波动。能源产品的消耗直接决定了碳排放量的大小，进而影响各主体对碳排放配额的需求，所以碳金融资产的价格会受到能源产品价格波动的影响。

研究样本是中国碳金融市场，中国碳金融市场是在现有能源消费结构的基础上进行减排安排的，希望利用碳金融市场交易机制实现对现有能源消费结构的优化，达到碳减排的目的。中国是一个煤炭使用大国，对煤炭的依赖比原油要强，所以煤炭价格波动对碳金融资产价格的影响更直接。原油在能源消费总量中远低于煤炭消费的占比。中国的碳减排工作主要通过降低煤炭的消费来完成，所以煤炭价格的波动与碳金融资产价格波动就存在明显的负向关系。而原油因为在中国能源消费中占比相对较低，原油价格对碳金融资产价格的负向作用就容易被煤炭的影响所抵消。加上中国对原油价格有非常严格的管控，因此中国市场中原油的价格是不能真实反映原油市场产品价格波动的。因此原油对碳金融资产价格的敏感性就不如煤炭，导致最终对碳金融资产价格的波动呈现出正向作用。

在同类产品价格方面，国际碳金融资产和中国其他区域碳排放市场的碳金融资产波动都会引起碳金融资产价格的波动。通过单独检验国际碳金融市场的CER和EUA价格与碳金融资产价格的关系发现，CER价格的上涨对碳金融资产价格呈现正向影响，而EUA价格的上涨会对碳金融资产价格表现出负向影响。中国作为CDM的主要参与者，CER的价格上涨，会导致国内碳排放配额供应量减少，导致碳金融资产价格上涨。但是，CER价格波动与中国其他区域碳排放市场的碳金融资产价格波动存在一定的替代效应，导致CER在整个解释变量集中与碳金融资产价格呈现负相关关系。与此同时，由于不同区域碳排放市场之间的碳金融资产之间的价格波动存在信息传导效应，碳金融资产价格之间的相关关系存在一定的替代效应，所以同类碳金融资产的价格影响也存在正负交替的效果。

(3) 碳金融资产价格的分布特征。从AIC和SC的结果可以看出，APT-SSAEPD比APT-Normal模型能够更好地拟合碳金融资产价格的波动特征，见表5.10。参数 a 的估计值为0.6279，略大于0.5，说明碳金融资产价格呈左偏特征，与碳金融资产价格描述性统计结果的偏态特征一致。参数 p_1 的估计值为4.0465，估计值大于2说明碳金融资产价格左尾比正态分布要薄。参数 p_2 的估计值为1.3220，估计值小于2说明碳金融资产价格右尾比正态分布要厚。根据 p_1 和 p_2 的估计值比较可以发现 $p_1 \neq p_2$，说明碳金融资产价格的尾部分布存在非对称性特征。碳金融市场微观主体理性行为是碳金融市场知情交易者在具有信息优势的情况下产生的碳金融资产投资交易行为。由理论分析可知，碳金融市场知情交易者在得知信息时，就预期未来碳金融资产价格会大幅上涨（或下跌），因此，为了追求碳金融市场知情交易者自身的效用最大化，一些消息灵通的碳金融市场知情交易者就会在碳金融市场上大量买入（或卖出）碳金融资产，从而推动碳金融资产价格与碳金融资产基本价值的偏离，推动了碳金融资产价格的尾部分布的非对称特征。

最后，根据回归系数，计算并预测出碳金融市场微观主体参与者的理性行为对 SZA2017 价格的预期影响值。依据上述计算所得到的预期结果与碳金融资产价格实际每日收盘价进行对比分析，就可以得到基于 APT-SSAEPD 模型预测的碳金融资产价格与实际价格之间的契合程度。

5. 基于微观主体行为融合的碳金融资产价格集成预测结果分析

下面将碳金融市场个体非理性行为、群体非理性行为以及理性行为三类碳金融市场微观主体对碳金融资产价格的影响预期作为输入变量，将碳金融资产的实际价格作为输出变量，对 LSTM 模型进行训练和参数优化。然后以预测样本中深圳排放权交易所微观主体参与者对碳金融资产的预期价格作为输入，得出深圳排放权交易所参与者整体对碳金融资产价格的预期结果。为了验证模型结果的准确性，我们选择了正则均方误差（normalized mean squared error，NMSE）、RMSE 和 MAPE 对预测结果进行评估对比，结果如表 5.11 所示。

表 5.11　SZA2017 价格预测结果比较

指标	LSTM 模型	S-A 模型	GM 模型	多频组合模型	APT-SSAEPD
NMSE/%	0.62	4.07	20.70	1.22	4.83
MAPE/%	0.47	2.62	7.24	0.84	1.62
RMSE	0.56	2.85	7.41	1.00	2.19

注：LSTM 模型指基于 LSTM 的碳金融资产价格融合预测模型；S-A（simple average）模型是对 GM 模型、多频组合模型和 APT 模型预测结果的简单加总平均；GM 模型为一般组合模型；多频组合模型为分析碳金融资产价格时序规律波动特征的组合预测模型；APT-SSAEPD 为基于因素驱动的碳金融资产价格预测模型。

由表 5.11 可以看出，本章所提出的基于微观主体行为的碳金融资产价格预测融合模型的预测结果在 RMSE、NMSE 以及 MAPE 三个指标上都要小于融合模型中的各子模型以及子模型预测结果的均值。

（1）从 NMSE 的大小可以看出，其他模型的 NMSE 都大于 1%，只有本章提出的融合模型的 NMSE 为 0.62%，远小于其他模型。

（2）从 MAPE 可以看出，其他模型的 MAPE 都在 0.5%以上，大部分远大于 1%，只有本章提出的融合模型的 MAPE 为 0.47%，远小于其他模型。

（3）从 RMSE 可以看出，其他模型的 RMSE 都在 1.00 及以上，只有本章提出的融合模型的 RMSE 为 0.56，远小于其他模型。

由此可见，本章提出的基于微观主体行为的碳金融资产价格预测融合模型在价格预测精度上优于其他模型，并且 LSTM 方法能够实现对碳金融市场参与者理性行为的长期投资性特征以及非理性行为的短期投机性特征信息的融合。

6. 稳健性检验

为了检验提出的基于微观主体行为分类的碳金融资产价格预测融合模型的稳健性，我们通过以不同区域碳市场的碳金融资产价格为样本检验模型是否会因为个体样本差异影响模型的稳健性，同时通过消除样本的异方差和自相关来验证模型的稳健性。

1）基于样本异质性的稳健性检验

我们选择以除深圳碳排放市场以外的其他七个区域碳市场的碳金融资产价格为样本，分析并对比了碳金融资产价格融合预测模型对不同区域碳排放交易市场的碳金融资产价格的预测精度来验证模型在预测时是否会因为个体样本差异影响模型的稳健性。

表 5.12~表 5.19 的结果表明，本章提出的基于微观主体行为的碳金融资产价格融合预测模型不仅适用于深圳碳排放交易市场的碳金融资产价格预测，也能够很好地刻画湖北、北京、上海、广东等地的区域碳排放市场中碳金融资产价格的走势。由此可以看出，本章提出的基于微观主体行为的碳金融资产价格融合预测模型并不会因为个体样本差异导致研究结论出现偏差。

表 5.12　HBEA 价格预测结果比较

指标	LSTM 模型	S-A 模型	GM 模型	多频组合模型	APT-SSAEPD
NMSE/%	0.67	5.56	11.00	5.19	1.49
MAPE/%	0.49	4.48	10.76	2.02	1.36
RMSE	0.64	4.48	14.21	2.70	1.96

表 5.13　BEA 价格预测结果比较

指标	LSTM 模型	S-A 模型	GM 模型	多频组合模型	APT-SSAEPD
NMSE/%	5.00	11.62	15.90	13.13	14.30
MAPE/%	2.88	5.65	14.03	6.54	6.11
RMSE	4.45	8.56	16.80	7.94	8.28

表 5.14　SHEA 价格预测结果比较

指标	LSTM 模型	S-A 模型	GM 模型	多频组合模型	APT-SSAEPD
NMSE/%	2.35	6.49	7.73	12.99	7.01
MAPE/%	1.29	3.08	6.53	4.16	2.18
RMSE	1.86	4.01	7.22	5.29	2.86

表 5.15　GDEA 价格预测结果比较

指标	LSTM 模型	S-A 模型	GM 模型	多频组合模型	APT-SSAEPD
NMSE/%	0.49	1.02	2.75	0.86	1.00
MAPE/%	0.30	0.65	1.94	0.55	0.57
RMSE	0.44	0.83	2.10	0.68	0.78

表 5.16　CQEA 价格预测结果比较

指标	LSTM 模型	S-A 模型	GM 模型	多频组合模型	APT-SSAEPD
NMSE/%	3.44	5.17	7.97	6.76	7.33
MAPE/%	1.78	3.91	6.58	4.79	4.31
RMSE	3.25	4.75	7.41	5.80	5.93

表 5.17　TJEA 价格预测结果比较

指标	LSTM 模型	S-A 模型	GM 模型	多频组合模型	APT-SSAEPD
NMSE/%	0.31	1.43	21.10	0.87	0.57
MAPE/%	0.19	0.59	1.36	0.50	0.36
RMSE	0.30	0.82	2.17	0.71	0.48

表 5.18　FJEA 价格预测结果比较

指标	LSTM 模型	S-A 模型	GM 模型	多频组合模型	APT-SSAEPD
NMSE/%	0.42	5.41	11.05	2.00	11.41
MAPE/%	0.30	2.91	7.36	1.16	2.23
RMSE	0.41	3.31	7.65	1.54	2.81

表 5.19　基于异方差和自相关调整的碳金融资产价格预测结果

指标	LSTM 模型	S-A 模型	GM 模型	多频组合模型	APT-SSAEPD
NMSE/%	0.58	4.07	20.70	1.22	2.53
MAPE/%	0.41	2.62	7.24	0.84	1.02
RMSE	0.43	2.85	7.41	1.00	1.39

2）基于样本异方差和自相关调整的稳健性检验

本节通过添加滞后项来消除碳金融资产价格时间序列数据预测时的自相关影响，同时选用最小二乘法消除碳金融资产价格时间序列数据预测时的异方差影响，重新检验了碳金融市场微观主体参与者在基于因素驱动的碳金融资产价格预测模型的拟合结果，说明是否消除碳金融资产价格时间序列的自相关和异方差对碳金融资产价格时间序列的预测结果精准度影响不大。

5.3 本章总结与管理启示

5.3.1 研究结论

本章基于数据驱动视角，聚焦于碳金融资产价格本身的复杂波动性，探究碳资产价格波动特征与碳资产定价问题，研究得出以下结论。

（1）碳资产价格在重大事件的冲击下会产生跳跃行为。碳金融市场属于新兴市场，充斥着大量未预期的信息，投资者对市场的不信任，使碳资产价格下跳频率大于上跳频率，说明碳金融市场对利空消息更加敏感；向上的高跳幅度说明利好的消息对碳金融市场的冲击更大，碳资产价格的持续低迷，使向上跳跃的空间更大。不同类型的事件对碳资产价格的影响不同，政策和政治类重大事件引发的市场后果是确定的，所以会使碳金融市场产生跳跃方向不变的短暂的幅度更大的冲击。而投资者对经济和突发公共类事件引发的市场走势具有不同的判断，所以使碳金融市场产生跳跃方向变化的持续的幅度较弱的冲击。

（2）基于微观主体行为的碳资产价格预测能更好地刻画碳资产价格的波动过程。碳金融资产价格波动复杂性特征主要是由碳金融市场微观主体行为异质性导致的。碳金融市场行为主体之间的信息不对称导致碳金融市场微观主体在进行相关投资决策时依赖的市场信息有效程度存在差别，市场份额和需求强度是不同的。为了兼顾不同投资主体的行为特征对碳金融资产价格波动的影响，从碳金融市场微观主体行为视角融合考虑碳金融市场微观主体理性行为引发的长期投资性特征以及碳金融市场微观主体非理性行为引发的短期投机性特征对碳金融资产价格波动的影响，可以更好地刻画碳金融资产价格波动特征。

5.3.2 管理启示

市场主体在碳金融市场风险管理中需要考虑碳价格的跳跃性。准确识别碳资产价格的跳跃有助于投资者制定合适的投资策略。由于负跳跃的尾部概率较高，未能及时发现负跳跃可能导致投资者产生损失。因此，投资者选择具有正跳跃和对冲风险依赖性较高的资产，可以达到对冲的目的。

政策制定者应加强碳配额的控制以保障中国碳金融市场的稳定性。进一步完善中国碳金融市场的市场机制，引导碳金融市场微观主体理性交易，营造稳定的政策环境，降低碳金融市场风险。中国碳金融资产价格波动与国际碳金融资产价格（如 CER 和 EUA）的波动有紧密的联动关系，政策制定者在中国碳金融市场运行过程中应控制碳排放权配额量，尽量保持认证和减排的稳定性，减少碳金融资产价格波动的外部影响，避免国际碳金融资产价格波动变化对中国碳金融市场运行的负面影响，保障市场机制的稳定运行。

//
第三篇 微观篇：多类型碳规制与企业环境治理

第6章 碳规制的概念与工具类型

随着中国碳金融市场的稳步发展和经济增长方式的逐步转变，碳规制政策因时而异，不断丰富，呈现出阶段性、目的性、导向性和灵活性等特点。经过不断探索和实践，现已初步形成一套较为完整的碳规制政策体系。本章基于规制的概念，从规制的主体、客体和工具三方面形成碳规制的概念界定；梳理碳规制工具的分类，分析中国主要碳规制工具的实践情况并提出与时俱进的政策建议。

6.1 碳规制的概念

以制度经济学为理论基础，遵循从一般到特殊的逻辑顺序，本节首先对规制的内涵进行解读，其次在环境管理背景下阐释环境规制的概念，最后结合碳中和目标下的低碳减排要求形成碳规制的内涵定义。

6.1.1 规制的内涵

规制一词源于英文"regulation"或"regulatory constraint"，又被称为政府规制，是规制经济学中的基本概念。规制经济学由国家干预主义思想演化而来，以市场经济体制下，政府采取的一系列干预经济活动的政策措施为研究对象。1970年，美国经济学家卡恩的经典著作《规制经济学：原理与制度》的出版，标志着规制经济学作为一门学科诞生（赵敏，2013）。规制的本质是以政府命令取代竞争，是确保良好的经济绩效的基本制度安排（Kahn，1970）。此后，众多研究对规制概念的阐述有狭义和广义之分。

狭义的规制概念认为规制是社会公共机构遵照一定的规定对企业活动进行限制的行为（植草益，1992）。建立规制的初衷是保护公共权益，改善市场机制的内在问题，由具有法律地位、相对独立的政府部门采取干预行动来修正或控制生产者或者消费者的行为。规制可以是对生产的具体产品、产量和价格做出规定，在某些情况下甚至可以决定产品的生产厂商以及生产方式（刘伟，2017）。

广义的规制概念则认为，规制不仅包括限制行为，还包括激励行为。政府为扶持、保护产业或促进产业转换、趋向更加合理化的政策都可以看作政府规制的范畴，如为技术创新而采取的税收激励、对特定产业的保护等（Stigler，1971）。

即规制是指为弥补市场失灵,实现社会福利最大化,由具有法律地位的政府部门依据有关法律制定并执行的直接或间接限制或鼓励经济参与主体活动的一般规则约束(梁劲锐等,2018)。

广义和狭义的规制概念对规制主体与客体的把握基本是一致的,区别仅在于规制行为的范围。根据规制理论,由于市场机制的某种不完善而产生了政府规制,根本目的在于优化资源配置,实现社会福利的最大化。因此本章基于广义的规制概念,探讨碳规制的内涵。

6.1.2 碳规制的内涵

环境问题由来已久,20世纪60年代后,随着经济全球化发展,社会公众认识到自然环境是人类生存的基本条件,维护生态平衡、保护环境是关系到人类生存、社会发展的根本性问题。环境资源具有公共物品属性,在生产和消费过程中产生外部性,即资源开发造成生态环境破坏所形成的外部成本。单纯依靠"看不见的手"的调节会出现市场失灵现象,为了纠正和弥补这种缺陷,需要以政府为核心、以规制为手段,开展有效的环境规制(Kahn,1970;Stigler,1971)。西方学者开始利用规制经济学的政策或措施应对资源环境问题,形成了对环境规制的认识。

依据规制经济学,环境规制是社会公共机构、企业或社会公众为保护环境或优化自然资源配置,促进社会福利最大化,对微观经济主体保护或者破坏环境的经济活动进行的激励或者约束干预。

(1)从规制主体来看,环境规制主体是由政府为基础、企业和社会公众共同参与的多元主体所构成的。不能忽视的是,有可能存在政府干预过度或干预不足的情况,相应地,在环境问题上,这具体表现为政府对环保监管不力、环境决策失误等。根据公共选择理论,个人能够通过民主决策的政治过程来决定公共物品的需求、供给和产量,利用非市场决策的方式对资源进行配置。在环保实践中,企业环境责任的落实、非官方环保组织的兴起和公众环保意识的增强都能够制约污染环境的经济活动。

(2)从规制客体来看,在政府的直接管控和间接引导下,环境规制客体具体指政府、企业和社会公众实施规制手段的对象,主要指企业和消费者及其经济行为。

本书基于对环境规制的认识,引入碳规制概念。目前对碳规制的内涵界定相较于环境规制还不够明确。自20世纪中后期低碳经济的倡议提出以来,碳规制一直被视作环境规制的一种,认为环境规制的不同工具中直接与"降碳"目标有关的部分即属于碳规制。从规制强度角度诠释碳规制,通过设置低碳标准,为二氧化碳排放设置成本,以历史排放数据来反映碳规制的强度,高排放强度即意味着较低的碳规制水平（张晋玮和李建明，2021；丘兆逸，2014）。随着规制手段的丰富，环境规制工具中逐渐涌现出不同属性的碳规制工具，碳规制的内涵和边界已发生深刻变化，仍然基于环境规制范畴界定碳规制的做法显得较为粗糙，未区分规制的主客体和工具的类别，不利于规制主体因地制宜地采取不同属性的规制工具。碳中和战略是一场广泛而深刻的经济社会变革，对碳规制提出了新的要求，以往定义中缺少统领性的、统一的约束目标，并较少将信息披露、鉴证合同（生态标签、环境认证、社会公众评级、环境影响评价、公众听证与信访投诉）等依托公众参与为主要环节的规制行为纳入碳规制概念范畴。

本章基于环境规制概念，结合"双碳"目标，力图"完整、准确、全面贯彻新发展理念"，从碳规制的主体、客体和具体手段或工具三方面解析碳规制的内涵。

（1）碳规制主体应包括政府、市场和公众三类，多元行为主体在碳规制的制定和实施中存在复杂的互动关系，政府类碳规制主体包括中央政府和各级地方政府，涉及能源、交通、建筑等职能管理部门；市场类碳规制主体包括直接承担碳减排任务的企业，也包括间接助力碳减排的金融机构、第三方核验机构、标准制定机构等组织；公众类碳规制主体包括消费者、投资者等广大社会成员及社会组织。

（2）碳规制客体即规制的对象，指碳规制行动所面向的群体。由于存在与主体间的互动，碳规制客体的多元属性是碳规制内涵的应有之义，包含政府部门、各类企业及社会公众和其他组织三类。

（3）具体的碳规制工具既包括社会性规制工具，也包括经济性规制工具，旨在实现环境保护等社会性规制目的和自然资源的优化配置等经济性规制目的（张耀坤等，2021）。

综上，本章将碳规制定义为：在政府依法规范和引导资本健康发展的作用下，碳规制主体（政府、企业及其他组织和公众）通过制定并执行相应的政策与措施，对碳规制客体（政府、企业及其他组织和公众）的经济活动进行直接或间接调节以提升资源配置效率，通过低能耗、低污染、低碳排放为基础的经济模式，以实现生态环境保护与经济高质量发展为目标的干预行为。

6.2 碳规制工具的分类

当前我国的碳规制较为全面地涵盖了能效提升、零碳能源和负排放等重点领域，基本匹配了包括政府、企业和组织、公众等在内的各类市场主体的角色和功能（张耀坤等，2021）。本章依据各行为主体的碳规制作用的不同，将碳规制划分为命令控制型、市场激励型和公众参与型三种，并对不同分类下代表性的碳规制工具展开讨论。

6.2.1 命令控制型碳规制

命令控制型碳规制是指政府主体以规章、法律的形式对企业和其他组织与公众有关低碳的行为进行控制，如有违反将进行惩罚，以达到规制制定者的减碳目标，涵盖大多数法规、条例以及低碳相关的标准等。命令控制型碳规制表现为政府对环境资源的直接规制，通过命令的形式直接干预企业生产活动，也是我国目前主要采取的规制手段，主要的方式为排放限额、发放环境保护许可证及建立各种污染物排放与技术标准。

1. 碳排放上限规制

碳排放上限规制是指规制主体对企业设置碳排放上限，是政府为了控制碳排放量的一种强制性手段。温室气体排放和化石能源消耗很大程度上是同源的。因此，限制碳排放的政策往往也能控制化石能源消耗，从而达到整体上减少污染物排放的目的（王班班和齐绍洲，2016；杨光勇和计国君，2021）。

中国碳排放权交易体系遵循"总量控制"与"配额交易"两大原则。即在政府针对温室气体减排目标所设置的企业碳排放上限的基础上，纳入碳金融市场管理的企业通过在二级市场购买/出售碳排放权，以实现资源从高碳行业向低碳行业流动。在此原则下，管理机构依据历史强度法与基准线法的分配方法，向管控企业发放碳排放配额。伴随着碳金融市场机制的不断完善，配额分配方法逐渐转向基准线法则，无偿配额的份额减少。碳配额未能满足排放需求的企业，需要支付额外的成本来弥补其环境责任。

2. 排放许可证制度

排放许可证制度是指排污单位向环境保护行政主管部门提出申请后，环境保护行政主管部门经审查发放的允许排污单位排放一定数量污染物的凭证。排放许可证制度作为点源污染控制的核心制度，是污染物排放控制基本的政策手段，也是环境保护的基础性制度，约束排污者的排污行为，要求其必须持证排污、按证排污。目前主要针对水污染、大气颗粒物、二氧化硫、氮氧化物、挥发性有机物和其他污染物总量指标等施行许可证制度。

2021年以来，温室气体纳入环境保护许可管理的协同管控建设逐步进入快速发展期。2021年5月生态环境部发布《关于加强高耗能、高排放建设项目生态环境源头防控的指导意见》，明确将碳排放影响评价纳入环境影响评价体系，鼓励企业探索污染物和碳排放协同管控路径。2022年4月生态环境部印发《"十四五"环境影响评价与排污许可工作实施方案》，确立了温室气体排放许可制度的基本思路和实施原则。2023 年 1 月，生态环境部环境影响评价与排放管理司表示，2023 年将全面落实好"十四五"环评与排污许可工作实施方案，推进全面实行排污许可制，推动排污许可制与环评、执法、环统、监测等制度衔接，依法有序将工业噪声、海洋工程纳入排污许可，深入开展温室气体管控纳入环评管理试点。

6.2.2 市场激励型碳规制

市场激励型碳规制是指随着市场经济的发展与完善，规制主体以市场机制引导企业和其他组织与公众进行节能减排的一系列措施。这种碳规制手段将企业的污染成本纳入企业的生产经营决策之中，具体工具包括碳税、碳排放权交易和碳减排补贴等。

1. 碳税

碳税即碳排放税，指税务部门针对二氧化碳排放所征收的税。具体指依据燃煤和石油下游的汽油、航空燃油、天然气等化石燃料产品所释放的碳来收取间接税，从而抑制碳排放量的态势。碳税能够通过将排污成本纳入产品成本实现外部成本内部化，并在绿色低碳发展中具有强烈的信号导向作用。2018 年 1 月 1 日，《中华人民共和国环境保护税法》正式施行，环境保护由费改税，原来的排污费不再征收，统一由税务部门征收环境保护税，对大气污染物、水污染物、固体废物和噪声等 4 大类污染物、共计 100 余种主要污染因子进行征税。税收手段法治性和规范性较强，具有阶段性明显和操作性强的优势，有利于立法监督和行政管理。环保税政策实施年限较短，但减税效应突出。温室气体排放尚未被列入环境保护税税目，健全完善碳税政策法规体系是实现"双碳"目标不可或缺的一环。

2. 碳排放权交易

碳排放权交易规制是指政府在设定碳排放份额上限的基础上，允许企业和各种营业性组织通过买卖排放许可权来满足该排放上限的一种规制手段。碳排放权交易实质上也是一种排污权交易。排污权交易是指在一定区域内，在污染物排放总量不超过允许排放量的前提下，内部各污染物的排放源之间通过买卖的方式，来互相调剂排污量的余缺，从而达到控制排污量总量、减少环境污染和保护环境的目的。这种灵活的碳减排机制成为各国政府进行可持续发展的优先选择。以碳排放权交易为代表的基于市场的规制工具是减少碳排放和降低空气污染最有效的市场机制之一（李大元等，2021；Brunel and Levinson，2013）。《京都议定书》开启了三种碳金融市场交易机制的碳规制运行模式（参见本书 1.1 节）。

3. 碳减排补贴

碳减排补贴是由政府安排财政专项基金提供给企业的一种无偿碳减排资助（张国兴等，2021）。碳减排补贴有助于弥补企业因投资减排技术和设备所造成的经济损失，同时还会帮助低碳产品占领更多的市场份额。能够通过影响碳交易与碳产品的价格结构，改善碳资源配置的供需结构，增强降碳投资的意愿，有利于产业低碳转型发展。例如，政府对新能源汽车、清洁技术应用等予以补贴，引导社会投资与大众消费倾向于新能源领域。当然，政府补贴额度需谨慎，过高的补贴会导致市场垄断和定价机制扭曲，反而不利于市场的健康发展，设计既能激励企业减排，又不会过多干扰市场的合理补贴力度和方式是目前值得深入研究的课题。

6.2.3 公众参与型碳规制

公众参与型碳规制是指政府、企业和社会公众通过引导或提升自身的环保意识，使规制客体自行决定是否参与、自愿进行环境保护，从而形成对污染排放约束的规制手段。具体工具包括自愿环境协议、信息公开披露和公众绿色消费等，具有代表性的是已被世界各地企业广泛采用的碳信息披露与低碳协议与认证。

1. 碳信息披露

碳信息披露是企业将直接或间接地影响到使用者决策的与减排有关的信息以公开报告的形式提供给信息使用者。以节能减排为目标的碳信息披露可以帮助利益相关者发现隐藏在企业中的气候风险与机遇，降低企业与利益相关者之间的显性与隐性契约成本，提高投融资效率，优化资源配置，从而提升企业低碳竞争力（刘捷先和张晨，2020）。碳信息披露是企业与投资者和社会公众等全面沟通企业碳信息的桥梁，是企业积极承担社会责任的体现。提升碳信息披露水平能够促进企业参与碳交易，实现碳金融市场稳定、健康地发展，引导资本市场的资源配置流向绿色低碳产业，推动低碳经济的发展。

目前我国已建立起涵盖多主体的碳信息披露型规制体系。国家环境保护总局（现为生态环境部）于 2007 年通过《环境信息公开办法（试行）》，明确 2008 年 5 月起对政府环境信息公开采取强制性规定。2018 年生态环境部发布《环境影响评价公众参与办法》，对公众参与环境影响评价的具体措施进行了细致的说明。生态环境部 2021 年 12 月 11 日发布的《企业环境信息依法披露管理办法》中明确要求，2022 年 2 月 8 日起，重点排污单位、实施强制性清洁生产审核的企业、符合规定情形的上市公司和发债企业等，应该依法披露环境信息。

随着环境、社会责任和公司治理（environment、social responsibility、corporate

governance，ESG）投资理念的兴起，越来越多的 A 股上市公司从披露社会责任报告和可持续发展报告逐步向 ESG 报告转变。ESG 报告虽然与企业社会责任报告和可持续发展报告一样都是从利益相关方提出的非财务性商业表现报告，但与后两者存在差异。从内容上看，企业社会责任报告中一般涵盖企业对股东、债权人、职工、供应商和客户等多方权益保护的相关理念和举措。而 ESG 报告囊括范围更广、内容更为详细，不仅包括企业社会责任，还披露企业的环境信息和公司治理相关情况。从形式上看，ESG 报告基于 ESG 理论体系构建，能够有效缓解目前企业社会责任报告编制指引标准不统一、横向不可比和难以量化的问题。香港交易及结算所有限公司 2019 年发布的《环境、社会及管治报告指引》中明确列出了 ESG 报告需要披露的关键绩效指标，有利于引导 ESG 报告朝着内容规范化、形式统一化的方向发展。

2. 低碳协议与认证

低碳协议与认证指在企业、政府或非营利性组织之间建立的非法定协议，用于改善环境质量并使自然资源得到更有效的利用。在环境管理体系认证的影响下，企业会自愿承担风险，将资金投入环保项目中。环境管理体系认证也可以传达一种隐含的"可靠性"，即在环保和质量方面，企业产品是可靠的，意味着企业管理良好并表现出道德责任，更注重环境保护。环境认证能促进消费者与企业间的良性互动，有助于满足消费者的绿色产品需求。随着环保意识的提高，消费者会不断提出新的需求，经过环境服务认证的产品或提供服务的单位在市场上更能占据一席之地。通过认证有助于促进企业管理规范化，为产品和服务注入新元素，激励其更加积极地进行低碳转型（阮敏和肖风，2022；李小平等，2020；秦颖和孙慧，2020）。

代表性的低碳管理认证体系为 ISO 于 1996 年发布的 ISO14000 环境管理体系认证系列标准。该标准呈现了组织建立并完善环境管理体系的完整框架，阐明了有关专业术语的含义，建立了环境管理体系的流程、实施方案、所需条件、人力资源培训以及预期目标等各项要素的具体内容。我国于 1997 年正式引入 ISO14001 环境管理体系认证系列标准，并将其转换为相应的国家标准。

6.3 本章总结与管理启示

本章重点梳理碳规制的概念，聚焦碳规制工具的分类并分析中国主要的碳规制工具实践，立足新发展格局，形成服务碳中和目标达成的具有中国特色的碳规制体系。未来的碳规制不仅仅局限于环境治理体系的架构，而且需要与经济社会的其他治理体系形成协同效应，不同种类的碳规制工具和手段应更加丰富。完善我国碳规制建设的管理启示有以下几点。

(1)完善二氧化碳排放许可管理制度,深化试点成果并推广,形成系统性的、衔接各环节的具体实施方案。目前二氧化碳排放许可管理政策框架已构建,但尚未在全国范围内正式实施。环境保护许可证内容应增加碳排放总量及减排可行技术,提出碳排放监测记录及报告要求,将碳配额及交易过程载入环境保护许可证,在执行报告中增加碳排放量相关信息,优化碳排放指标的分配和使用,助力实现减污降碳协同增效。

(2)扩大环境保护税征收范围,推进温室气体和新污染物①排放税政策体系构建。目前二氧化碳未列为排污费征收项目纳入环保税征收范围,但针对碳排放仍然实行从严管控,现行消费税、资源税、车船税、车辆购置税等税种均有针对化石燃料消耗的特别政策规定。开征碳税能够发挥税收杠杆调节作用,强化降碳行为的激励效果;也是应对欧美碳边境调节机制(carbon border adjustment mechanism,CBAM)②的有效举措,在促进企业减排的同时,使相应碳税税收留在国内,用于推动国内相关产业的低碳发展。

(3)构建基于气候变化相关财务信息披露指南(Task Force on Climate-related Financial Disclosures,TCFD)框架服务中国实践的ESG报告披露体系。目前国际上已涌现出一系列ESG信息披露框架或标准,如TCFD、国际可持续发展准则理事会发布的《国际财务报告可持续披露准则》和《可持续会计准则》等。与国际信息披露标准相比,国内缺乏统一的ESG信息披露标准。香港绿色和可持续金融跨机构督导小组拟于2025年或之前强制实施符合TCFD建议的气候相关信息披露。2022年4月中国证券监督管理委员会发布《上市公司投资者关系管理工作指引》,将ESG纳入投资者关系指引。借鉴TCFD框架形成基于中国特色的ESG报告体系有助于充分发挥企业ESG信息披露对于投资的信号传递作用。

---

① 新污染物一般是指新近发现或被关注,对生态环境或人体健康存在风险的污染物。例如,光污染是继大气污染物、水污染物、固体废物和噪声之后的新型环境污染源,主要包括白亮污染、人工白昼污染和彩光污染。目前,《中华人民共和国环境保护税法》的征税范围尚未涉及新污染物。

② 2021年7月14日,欧盟委员会提出了欧美CBAM立法提案,计划从2023年10月1日起实施CBAM,于2026年起正式对欧盟进口的部分商品征收碳边境调节税(或称碳关税)。如果欧盟碳金融市场将所有覆盖行业都纳入CBAM下,将影响到我国对欧盟出口额约2800亿元,占我国对欧盟出口总额的12%。

第7章 碳规制与公司环境治理

正确处理和协调经济与环境的关系，是亟待解决的全球性重要问题。由于环境资源的公共品属性和外部性以及微观经济主体可能的机会主义，单靠市场机制的调节难以解决可能出现的市场失灵问题，因此，需要以政府为核心开展有效的环境规制，以实现环境保护和经济发展的双赢。环境规制通过约束市场微观主体的环境和经济活动发挥微观治理效应，旨在优化资源配置，实现社会福利的最大化，不同类型环境规制的制定目标和属性差异影响其在公司环境治理中的作用。本章基于波特假说等环境规制理论，研究命令控制型、市场激励型和公众参与型环境规制对微观企业的环境治理效应，引导社会各利益主体积极参与环境规制的制定、执行和监督，促进经济和环境的可持续发展。

7.1 命令控制型与市场激励型环境规制对企业环保投资的影响

7.1.1 研究问题的提出

不同类型的环境规制在制定过程中侧重点不同，对企业环境投资的效果也可能存在差异。现有的关于环境规制与企业环保投资之间的关系的研究，多是通过构建环境规制强度综合指数作为环境规制的代理变量，或是聚焦于某单一的环境规制工具对企业环保行为的影响，多种环境规制工具能否发挥协同规制作用这一问题尚未得到解答，不利于环境规制工具组合效果的最优发挥。现有研究忽视了企业不同类型的环保投资对环境规制可能存在不同反应的问题，通常只着眼于环保投资的整体规模，忽视了企业环保投资内部的结构差异，无法明晰面对环境规制时企业的环保投资选择是否存在不同、环保投资结构能否得到改善。

针对以上问题，本节研究不同类型的环境规制工具对企业环保投资的影响。

（1）本节研究命令控制型和市场激励型两类环境规制对企业环保投资的协同作用。从单一规制拓展至多重规制，将研究视角定位于不同类型的环境规制工具对企业环保投资的政策协同作用上，有助于为完善环境政策顶层设计、发挥规制工具组合效果提供借鉴。

（2）本节按照企业环保投资的目的和特征，区分预防性环保投资和治理性环保投资，充分探讨企业异质性环保投资对环境规制的不同反应效果，为厘清宏观环境规制下微观企业的环保投资决策和环保投资结构的变化提供了方向。

7.1.2 理论分析与假设

1. 命令控制型环境规制对企业环保投资的影响

与其他投资相比，企业环保投资周期更长，风险更大，回报率也可能更低。这是由环保投资的特性所决定的，因为这类投资追求的是环境效益和社会效益，而不是经济效益。由于企业的资金有限，环保投资的增加必然会导致盈利项目的投资减少，显然这与企业实现利润最大化的目标相悖。因此，严格的环境规制往往才能驱动企业进行环保投资。本章认为命令控制型环境规制可以通过直接或间接的方式向企业施加规制压力，从而对企业环保投资产生影响。

一方面，命令控制型环境规制可以凭借强制性和及时性，对企业施加直接的规制压力。命令控制型环境规制会对企业的生产方式提出合法性的要求，大多通过法律法规的形式，对企业直接提出排放标准、污染防治和自然资源保护的要求。这类环境规制对企业采用统一的环保标准，要求企业必须遵守。如果企业违反了政府制定的法律规范，那么会受到严厉的环境行政处罚或引发环境诉讼风险。高昂的环境规制遵循成本不利于企业的长远发展，因此，企业不得不对生产经营过程中环境相关的问题给予更多的关注，加大环保方面的资金投入以控制污染排放、满足规制要求。

另一方面，命令控制型环境规制向外界强调企业的环保表现，对企业施加间接规制压力。如果企业面临较为严格的规制，那么外部投资者也会更加主动关注企业的生产经营活动是否满足合法性要求。如果投资者发现企业不符合规制要求，存在严重的环保问题，会认为该企业环境风险较高，因而要求更高的风险溢价，这会导致企业的融资成本显著提高。反之，如果企业主动加大环保投资，使外部投资者能够充分感知到企业的合法性行为，有助于企业获得更低成本的融资。本章据此提出以下研究假设。

H1：命令控制型环境规制对企业环保投资存在显著的促进作用。

2. 市场激励型环境规制对企业环保投资的影响

与命令控制型环境规制的强制性要求不同，市场激励型环境规制是利用"看不见的手"的调节，基于"污染者付费"的原则，让企业自主决定采取什么样的生产方式和生产技术来实现自身效益的最大化。在引导企业的环保投资行为时，市场激励型环境规制的优势主要体现在以下两个方面。

一方面，市场激励型环境规制与企业的成本效益原则相一致。市场激励型环境规制并没有给企业制定严格的排放标准或时间期限，为企业是否需要调整自身发展战略提供了充足的时间和自由。首先，企业可以充分评估自身的发展需求和现实情况，然后结合当前的技术水平、资源禀赋、社会需求和各种污染物的排放量，最终拟定最适合的生产经营战略，以实现企业价值的最大化。这类规制能够推动企业的环保投资决策从被动转向主动，对企业的绿色创新活动具有明显的激励作用。

另一方面，市场激励型环境规制符合企业的可持续发展要求。市场激励型环境规制可以通过减排补贴、税收减免、绿色信贷等措施给予企业直接的经济补助，也可以通过排放权交易机制允许企业在市场上交易剩余的排放权，无论哪一种措施都能够激励企业进行污染治理，良好的环境表现有利于获得更多的经济效益。获得的环保收益又有利于增强企业绿色投资的信心，提升生态创新的意愿，最终实现环境效益与经济效益的双赢，推动企业可持续发展。本章据此提出以下研究假设。

H2：市场激励型环境规制对企业环保投资存在显著的促进作用。

3. 环境规制对企业异质性环保投资的影响

企业的环保投资存在不同的用途和功能。当企业的环保投资只是为了满足强制性的规制要求、降低违规成本和环境处罚风险时，这种投资是合法性要求下的被动反应，主要表现为对污染排放物的治理，即治理性环保投资。当企业在投入资金治理污染的基础上，还重点关注那些有利于从根本上预防污染产生的环保技术、设备和项目时，这种具有前瞻性的投资活动能够体现出企业实现可持续发展的社会责任，即预防性环保投资。

企业的重大生产经营决策需要将所有利益相关者都考虑在内。随着生态问题的日益严峻，股东、投资者、社会公众都越来越重视环境问题，消费者的绿色支付意愿也日益增强，对清洁生产技术和环境友好型产品的需求越来越高（Huang and Li, 2017）。对于企业而言，改进生产工艺以提供更多的绿色产品，不仅能够满足消费者日益增强的环保意识，还可作为产品差别化的一种形式，通过产品的环保质量来体现差异性，有助于提升竞争力，增加企业的市场份额。因此，基于环境规制的外部压力，制定具有预防性和前瞻性的环保投资战略，更加符合公众期待和社会需求，政府会给予更多的环保补助，投资者会增加投资规模，也会获得更多消费者的青睐与支持。

可持续发展理论认为，不仅要立足于当前发展，更要考虑到未来的发展。这就要求企业的环保投资决策不仅要考虑成本最小化和效益最大化，更应当考虑如何获得持久的竞争力，即实现可持续发展。诚然，治理性环保投资可以帮助企业在短时期内达到规制要求，并且耗费资金较少、失败的不确定性较低，但本质上是企业应对环保治理的治标之策，局限于短暂的眼前利益。一旦环境规制的强度提高，企业往往会再次面临合规性的困境。相比较而言，虽然清洁生产技术研发投入等预防性环保投资需要占用大量资金，风险性也更高，但是这有利于减轻企业环境保护标准不断提高而导致产品或技术被淘汰的危险，更加符合企业的长远利益和可持续发展要求。据此本章提出以下研究假设。

H3：相比于治理性环保投资，命令控制型环境规制对企业预防性环保投资的促进作用更加显著。

H4：相比于治理性环保投资，市场激励型环境规制对企业预防性环保投资的促进作用更加显著。

4. 环境规制对企业环保投资的政策协同影响

生态环境的治理和监管是一项系统工程，政府无疑在其中发挥着重要的作用。但是由于行政资源具有一定的局限性，仅依靠政府的行政强制力是不够的，切实有效的环境治理还需要配以其他类型的环境治理手段。政府和市场是环境治理活动中的两个重要主体，政府依托行政强制力规范企业的生产行为，而市场机制可以确保资源进行高效配置。命令控制型和市场激励型这两类环境规制的实施主体分别是政府和市场，虽然二者的特征功能、内在设计并不相同，但却是统一作用于生态保护系统之中的。在环境治理实践中，命令控制型和市场激励型环境规制的相互作用能否发挥正向的政策协同效应尚未得到明确的解答。

命令控制型与市场激励型环境规制在对企业环保投资的影响过程中存在发挥正向协同效应、实现相互促进的可能。任何一种环境规制都有其独特的优势和不足，相互之间也不能取代，而是应该在各自的适用条件下协同配合，才能最大限度地发挥激励作用，实现预期目标。首先，命令控制型和市场激励型环境规制在影响企业环保投资的过程中可以充分实现优势互补。命令控制型环境规制对企业环境行为的影响具有强制性和及时性，可以有效改进市场激励型环境规制实施效果的滞后性。而更为灵活的市场激励型环境规制通过给予规制对象一定的主动权，可以弥补命令控制型环境规制无法满足企业个性化发展需求的不足。其次，命令控制型和市场激励型环境规制在促进企业环保投资的过程中可以实现良性循环。当企业面对命令控制型环境规制增大环保投资的同时，可以凭借良好的环境表现获得环保补助、减排补贴、排放权交易等市场激励型环境规制带来的环保收益，进一步激发环保投资意愿。因此，命令控制型和市场激励型环境规制的交互作用会增强企业的环保投入和绿色创新意愿，表现为正向的政策协同效应。

命令控制型和市场激励型环境规制在对企业环保投资的影响过程中也存在不能发挥正向协同效应，反而表现为不同规制之间"单打独斗"，甚至"此消彼长"的可能。从政策体系的框架出发，研究发现我国为应对气候变化制定的不同碳减排政策之间不存在协同效应，原因在于不同政策主体之间的交叉融合度较低，在制定和规划不同类型的减排政策时缺乏协同性的考量，因此导致不同政策之间难以形成合力。目前，我国的环境规制政策体系还不够成熟，命令控制型和市场激励型环境规制在设计和制定之初关注的首要问题都是切合各自独特的适用情形，换句话说，一种全新的环境规制的提出往往是由于过去的环境规制无法解决某类环境问题。因此，政府或市场在制定和实施不同类型的环境规制时，主要考虑的是覆盖和处理尽可能多的环境问题，而不是基于协同视角形成环境规制的政策组合拳。除此以外，考虑到企业用于环保投资的资金有限，尽管企业面临着命令控制型和市场激励型多重环境规制的压力，但仍然只会投入符合自己预期范围内的资金量用于环保项目。因此，命令控制型和市场激励型环境规制之间无法发挥正向的政策协同作用。据此本章提出以下研究假设。

H5a：命令控制型环境规制和市场激励型环境规制在促进企业环保投资的过程中存在正向的政策协同效应。

H5b：命令控制型环境规制和市场激励型环境规制在促进企业环保投资的过程中不存在正向的政策协同效应。

命令控制型与市场激励型环境规制对企业环保投资的影响研究框架如图 7.1 所示。

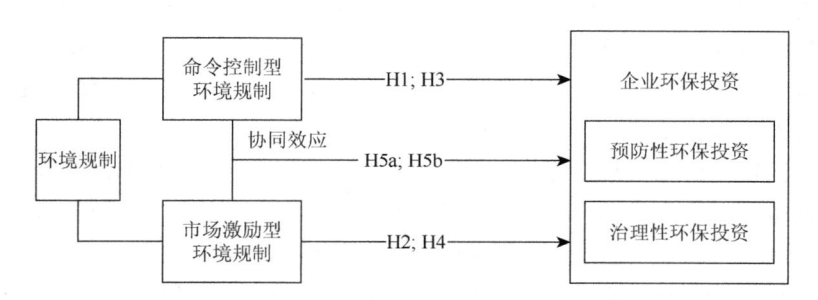

图 7.1　命令控制型与市场激励型环境规制对企业环保投资的影响研究框架

7.1.3　研究设计

1. 样本选取与数据来源

本节选择 2010~2019 年石化、化工、建材、钢铁、有色、造纸、电力、航空八大行业的企业作为研究样本，因为这八大行业具有高能耗和高碳排放的属性，是我国环境规制的重点管控对象，并对初始样本进行了筛选：剔除相关数据缺失的样本；剔除具有异常数据值的样本；剔除当年被特殊处理（special treatment，ST）或特别转让（particular transfer，PT）的公司年度样本。企业环保投资数据从企业年报中"在建工程""管理费用"的明细项目中手工搜集获得，并根据具体内容划分为预防性环保投资和治理性环保投资。命令控制型环境规制的数据来自 2011～2020 年的《中国环境年鉴》。其他财务数据均来自中国经济金融研究数据库（China Stock Market & Accounting Research Database，CSMAR）。此外，为了减轻数据极端值对研究结论产生的干扰，对公司层面的连续变量在 1%分位数和 99%分位数进行了缩尾处理。

2. 变量定义

1）被解释变量

企业环保投资：是指企业为改善环境效益、规避环境风险，对能够预防和治理环境污染的环保技术、产品、设备、原料等要素的所有投资。考虑到经过第三方独立审计后的企业年报所披露的信息更具客观性和准确性，参考已有研究，将企业年报中"在建工程"和"管理费用"的明细项目中符合企业环保投资定义的所有投入相加，得到企业当年新增的环保投资额，并除以企业年末总资产后再进行百分制标准化处理。

企业预防性环保投资：是指从源头上避免或者预防污染产生、能够对企业生产过程直接产生影响的投资。包括清洁生产技术和环保技术研发投入、清洁能源和环境友好型要素投入、环保节能项目投入。将上市企业年报"在建工程"和"管理费用"中符合预防性环保投资定义的投入相加，得到企业当年新增的预防性环保投资额。采用"当年新增预防性环保投资额/企业年末总资产×100"计算得到企业预防性环保投资。

企业治理性环保投资：是指对已经产生的污染进行事后治理以实现最终排放量减少或资源综合利用的环保投资，包括污染物减排投入、废物资源综合利用投入、脱硫除尘投入、环保设备改造投入。将上市企业年报"在建工程"和"管理费用"中符合治理性环保投资定义的投入相加，得到企业当年新增的治理性环保投资额。采用"当年新增治理性环保投资额/企业年末总资产×100"计算得到企业治理性环保投资。

被解释变量之间的关系为：企业环保投资 = 企业预防性环保投资 + 企业治理性环保投资。

2）解释变量

命令控制型环境规制：命令控制型环境规制有很多不同的衡量指标，如基于"三废"达标率计算得到的综合指数、地区工业污染治理投资额与生产总值之比等。这两类指标都侧重于体现环境规制的实施结果，而不是环境规制本身的强度大小。也有研究采用地方政府颁布的环保法规数量来衡量命令控制型环境规制，但考虑到地方政府制定的法律法规最终能否发挥效果取决于执行情况，而环境规制的执法强度比立法强度更能体现命令控制型环境规制的强制性要求。因此，本章采用各地区与环境相关的行政处罚案件数的自然对数,作为命令控制型环境规制的代理变量。

市场激励型环境规制:已有文献基于我国制度背景探究市场激励型环境规制对企业环保投资的影响时,从排污费、二氧化硫排污权交易等角度进行了许多有益探索,但上述规制工具开始实施的时间相对久远或者存在"推而不广"的现象,都不够契合当下我国碳达峰、碳中和的目标。碳排放权交易机制的实施作为我国最大规模的市场激励型环境规制工具的实践,是实现碳达峰、碳中和目标的重要手段。因此本章的市场激励型环境规制采用我国2013年起在七个省市试点实施的碳排放权交易机制,利用双重差分法验证市场激励型环境规制对企业环保投资的影响。

3)控制变量

本章从企业基本特征、企业财务指标、公司治理角度对企业环保投资的影响因素进行了控制。考虑到企业特征和经济周期也会对企业的投资决策产生一定影响,进一步控制了个体固定效应和时间固定效应。变量定义见表7.1。

表 7.1 变量定义

变量类型	变量符号	变量名称	变量定义
被解释变量	EI	企业环保投资	企业当年新增环保投资/企业年末总资产×100
	PEI	企业预防性环保投资	企业当年新增预防性环保投资/企业年末总资产×100
	GEI	企业治理性环保投资	企业当年新增治理性环保投资/企业年末总资产×100
解释变量	MLKZ	命令控制型环境规制	地区环境行政处罚案件数的自然对数
	MIER	市场激励型环境规制	政策变量 TREAT 表示碳排放权交易试点地区的企业为1,非试点地区企业为0;时间变量 TIME 表示碳排放权交易试点启动前后,启动后为1,启动前为0
控制变量	LEV	财务杠杆	资产负债率
	ROA	盈利能力	资产收益率
	SIZE	企业规模	企业年末总资产的自然对数
	CRL	股权集中度	第一大股东持股比例
	STATE	产权性质	若属于国有控股企业则取值为1,否则取0
	OPP	企业价值	托宾 Q 值
	AGE	企业年龄	企业上市年限的自然对数
	CASH	现金持有水平	年末货币资金与年末总资产之比
	COMPANY	公司	个体固定效应
	YEAR	年份	时间固定效应

3. 模型构建

为了检验命令控制型环境规制对企业环保投资的影响，构建式（7.1）所示的模型：

$$Y_{i,t} = \beta_0 + \beta_1 \text{MLKZ}_{i,t} + \beta_2 \text{LEV}_{i,t} + \beta_3 \text{ROA}_{i,t} + \beta_4 \text{SIZE}_{i,t} + \beta_5 \text{CRL}_{i,t} \\ + \beta_6 \text{STATE}_{i,t} + \beta_7 \text{OPP}_{i,t} + \beta_8 \text{AGE}_{i,t} + \beta_9 \text{CASH}_{i,t} + \lambda_i + \gamma_t + \varepsilon_{i,t} \quad (7.1)$$

式中，$Y_{i,t}$ 表示一组被解释变量，分别为 EI、PEI 和 GEI；λ_i 表示个体固定效应；γ_t 表示时间固定效应；$\varepsilon_{i,t}$ 表示随机误差项；i 表示企业个体；t 表示时间年度；各个 β 表示每个变量的影响系数。

为了检验市场激励型环境规制对企业环保投资的影响，构建式（7.2）所示的模型：

$$Y_{i,t} = \beta_0 + \beta_1 \text{TREAT}_i \times \text{TIME}_t + \beta_2 \text{LEV}_{i,t} + \beta_3 \text{ROA}_{i,t} + \beta_4 \text{SIZE}_{i,t} + \beta_5 \text{CRL}_{i,t} \\ + \beta_6 \text{STATE}_{i,t} + \beta_7 \text{OPP}_{i,t} + \beta_8 \text{AGE}_{i,t} + \beta_9 \text{CASH}_{i,t} + \lambda_i + \gamma_t + \varepsilon_{i,t} \quad (7.2)$$

我国自 2013 年起在深圳、北京、上海、广东、天津、湖北和重庆七地先后展开碳排放权试点交易，并于 2021 年启动全国碳排放权交易市场的第一个履约周期，被认为是我国最大规模的市场激励型环境规制的实践。因此本章选取碳排放权交易这一市场激励型环境规制的实施作为准自然实验，将样本分为受碳排放权交易影响的实验组企业（位于试点地区的企业）和未受到碳排放权交易影响的对照组企业（位于非试点地区的企业），利用双重差分法检验市场激励型环境规制的实施效果。具体来看，式（7.2）中，$\text{TREAT}_i \times \text{TIME}_t$ 是市场激励型环境规制的核心变量，其中 TREAT 是政策分组虚拟变量，$\text{TREAT}_i = 1$ 表示实验组企业，$\text{TREAT}_i = 0$ 表示对照组企业。TIME_t 表示时间虚拟变量，考虑到七个碳市场设立时间不一，但主要在 2013 年下半年和 2014 年上半年陆续建立，因此本章选择 2014 年作为政策冲击的基准年，$\text{TIME}_t = 1$ 表示 2014 年及以后，$\text{TIME}_t = 0$ 表示 2014 年之前。λ_i 表示个体固定效应，γ_t 表示时间固定效应，$\varepsilon_{i,t}$ 表示随机误差项。

为了检验命令控制型与市场激励型环境规制是否存在政策协同作用，构建式（7.3）所示的模型：

$$Y_{i,t} = \beta_0 + \beta_1 \text{MLKZ}_{i,t} \times \text{TREAT}_i \times \text{TIME}_t + \beta_2 \text{MLKZ}_{i,t} + \beta_3 \text{TREAT}_i \times \text{TIME}_t \\ + \beta_4 \text{LEV}_{i,t} + \beta_5 \text{ROA}_{i,t} + \beta_6 \text{SIZE}_{i,t} + \beta_7 \text{CRL}_{i,t} + \beta_8 \text{STATE}_{i,t} + \beta_9 \text{OPP}_{i,t} \\ + \beta_{10} \text{AGE}_{i,t} + \beta_{11} \text{CASH}_{i,t} + \lambda_i + \gamma_t + \varepsilon_{i,t} \quad (7.3)$$

为了避免多重共线性，本章先对连续变量命令控制型环境规制进行去中心化处理，然后构造命令控制型环境规制与市场激励型环境规制的交互项 $\text{MLKZ}_{i,t} \times \text{TREAT}_i \times \text{TIME}_t$，来考察两类环境规制叠加时对企业环保投资的协同作用。$Y_{i,t}$ 表示一组被解释变量，分别为 EI、PEI 和 GEI。系数 β_1 能够反映两类环境规制对企业环保投资的政策协同影响效果。

7.1.4 实证分析与讨论

1. 描述性统计

表 7.2 显示，高碳行业上市公司的 EI 的均值为 0.408，中位数为 0.029，说明样本企业普遍存在环保投资不足的问题，大部分企业的环保投资规模都没有达到平均水平。EI 的标准差为 1.619，说明样本企业的环保投资规模不均衡，不同企业的环保投资水平相差较大。PEI 的均值为 0.225，GEI 的均值为 0.183，说明平均来看，企业预防性环保投资规模高于治理性环保投资。PEI 的中位数为 0.000，GEI 的中位数为 0.003，说明超过一半的企业没有进行任何的预防性环保投资，企业环保投资结构有待完善。PEI 的标准差为 1.534，GEI 的标准差为 0.519，说明相对于治理性环保投资而言，不同企业之间的预防性环保投资更不均衡。

表 7.2 描述性统计

变量	均值	中位数	标准差	最小值	最大值	样本数/个
EI	0.408	0.029	1.619	0.000	52.548	3490
PEI	0.225	0.000	1.534	0.000	52.548	3490
GEI	0.183	0.003	0.519	0.000	8.667	3490
MLKZ	8.275	8.290	1.136	1.099	10.718	3486
TREAT	0.259	0.000	0.438	0.000	1.000	3490
LEV	0.504	0.515	0.211	0.060	0.948	3490
ROA	0.027	0.026	0.055	−0.210	0.175	3490
SIZE	22.629	22.480	1.400	19.862	26.245	3490
CRL	0.359	0.341	0.157	0.092	0.794	3490
STATE	0.595	1.000	0.491	0.000	1.000	3465
OPP	1.734	1.406	1.035	0.819	6.828	3429
AGE	2.489	2.639	0.629	0.000	3.332	3490
CASH	0.115	0.083	0.107	0.001	0.780	3490

2. 回归结果分析

1）命令控制型环境规制对企业环保投资的影响分析

本章利用式（7.1）对命令控制型环境规制与企业环保投资之间的关系进行检验，回归结果如表 7.3 所示。由（1）列可知，不加入任何控制变量时，命令控制型环境规制与企业环保投资在 10% 的水平上显著正相关，回归系数为 0.073。（2）列为加入控制变量后，命令控制型环境规制与企业环保投资同样在10%的水平上显著正相关，回归系数为0.079。说明命令控制型环境规制能够促进企业提高环保投资，H1得到证实。

表 7.3 环境规制对企业环保投资的回归结果

变量	（1）EI	（2）EI	（3）EI	（4）EI
MLKZ	0.073*	0.079*		
	(1.76)	(1.82)		
TREAT×TIME			0.386**	0.348**
			(2.52)	(2.38)
LEV		1.128**		1.109**
		(2.15)		(2.14)
ROA		1.736*		1.704*
		(1.91)		(1.90)
SIZE		0.267***		0.253***
		(2.85)		(2.79)
CRL		−0.934***		−0.928**
		(−2.59)		(−2.56)
STATE		0.614**		0.622**
		(2.08)		(2.07)
OPP		0.072		0.067
		(1.26)		(1.20)
AGE		−0.525***		−0.506***
		(−3.60)		(−3.55)
CASH		−0.670*		−0.645*
		(−1.81)		(−1.74)
常数项	1.903**	−3.835	2.400***	−2.986
	(2.21)	(−1.55)	(2.96)	(−1.35)
观测值	3486	3402	3490	3406
R^2	0.311	0.323	0.313	0.325
个体固定效应	是	是	是	是
时间固定效应	是	是	是	是

注：括号内为 t 值。
*、**、***分别表示统计量在10%、5%、1%的水平上显著。

随着命令控制型环境规制强度的提高，企业的生产方式和排污行为所面临的约束越发严格。此时企业一旦出现违规行为，便会带来高昂的环境规制遵循成本，同时外部投资者也会更加关注企业的生产行为是否满足合法性要求，判断企业环境风险的高低，相应调整投资决策。因此，严格的命令控制型环境规制下，企业会积极提高环保投资以减少规制遵循成本、获得低成本的融资，最终实现经济效益的最大化。

2）市场激励型环境规制对企业环保投资的影响分析

本章利用式（7.2）对市场激励型环境规制与企业环保投资之间的关系进行检验，回归结果如表 7.3 所示。其中，（3）列为不加入任何控制变量时，市场激励型环境规制与企业环保投资在 5%的水平上显著正相关，系数为 0.386。（4）列显示加入控制变量后，市场激励型环境规制的系数为 0.348，在 5%的水平上与企业环保投资显著正相关。说明相较于对照组，碳排放权交易机制实施后实验组企业的环保投资水平得到显著提升，因此能够证明市场激励型环境规制对企业的环保投资确实存在积极的促进作用，H2 得到证实。

与命令控制型环境规制的刚性要求不同，市场激励型环境规制能够凭借其灵活的市场机制，给予企业充分的自主权、引导企业自发调节生产经营行为，激励企业通过增加环保投资、改善环境行为等方式寻求经济效益和环境效益的最大化，最终实现自身的可持续发展。

3）环境规制对企业异质性环保投资的回归分析

命令控制型和市场激励型环境规制对企业异质性环保投资的回归结果如表 7.4 所示。由表 7.4 的（1）、（2）列可知，当被解释变量为企业预防性环保投资时，命令控制型环境规制的系数为 0.076，在 10%的水平上显著正相关；当被解释变量为企业治理性环保投资时，命令控制型环境规制的系数为 0.002，但并不显著。表明从投资结构上来看，命令控制型环境规制对企业环保投资的促进作用主要表现为对预防性环保投资的促进作用，支持了 H3。根据表 7.4 的（3）、（4）列可知，当被解释变量为企业预防性环保投资时，市场激励型环境规制的系数为 0.355，在 5%的水平上显著正相关；当被解释变量为企业治理性环保投资时，市场激励型环境规制的系数为–0.007，但并不显著。同样说明市场激励型环境规制对企业环保投资的促进作用主要表现为对预防性环保投资的促进作用，支持了 H4。

表 7.4 环境规制对企业异质性环保投资的回归结果

变量	(1) PEI	(2) GEI	(3) PEI	(4) GEI
MLKZ	0.076* (1.91)	0.002 (0.15)		

续表

变量	(1) PEI	(2) GEI	(3) PEI	(4) GEI
TREAT×TIME			0.355** (2.48)	−0.007 (−0.25)
LEV	1.115** (2.16)	0.011 (0.12)	1.094** (2.16)	0.013 (0.14)
ROA	1.556* (1.78)	0.178 (0.74)	1.520* (1.77)	0.181 (0.77)
SIZE	0.293*** (3.24)	−0.026 (−1.12)	0.279*** (3.19)	−0.026 (−1.11)
CRL	−0.864*** (−2.74)	−0.070 (−0.43)	−0.857*** (−2.71)	−0.070 (−0.43)
STATE	0.657** (2.32)	−0.043 (−0.63)	0.665** (2.31)	−0.044 (−0.63)
OPP	0.061 (1.18)	0.010 (0.47)	0.057 (1.11)	0.010 (0.47)
AGE	−0.426*** (−3.22)	−0.099* (−1.67)	−0.406*** (−3.16)	−0.099* (−1.68)
CASH	−0.445 (−1.27)	−0.223* (−1.94)	−0.422 (−1.20)	−0.222* (−1.92)
常数项	−4.716* (−1.94)	0.883* (1.76)	−3.881* (−1.80)	0.897* (1.83)
观测值	3402	3402	3406	3406
R^2	0.321	0.357	0.323	0.357
个体固定效应	是	是	是	是
时间固定效应	是	是	是	是

注：括号内为 t 值。
*、**、***分别表示统计量在10%、5%、1%的水平上显著。

研究结果表明，相较于对业已造成的污染进行末端治理，面临外部环境规制压力的企业更倾向于进行具有前端预防性质的环保投资。预防性环保投资更加符合企业的利益相关者的期望和可持续发展要求，存在对环境规制的有效反映。治理性环保投资只是企业为了规避环境处罚的治标之策，因此环境规制对治理性环保投资的激励作用有限。也就是说，相较于治理性环保投资，命令控制型和市场激励型环境规制的实施对预防性环保投资的促进作用更强，这两类环境规制的实施都有助于优化企业环保投资结构，推动企业投入更多资金以实现从源头上预防环境污染的产生。

4）环境规制对企业环保投资的政策协同影响回归分析

本章运用式（7.3）来考察命令控制型和市场激励型环境规制对企业环保投资的协同影响。鉴于上述研究结论表明，无论命令控制型还是市场激励型环境规制，对企业的治理性环保投资都没有显著的作用，因此本章只对企业环保投资和预防性环保投资的协同作用进行考察。回归结果如表7.5所示。

表 7.5 环境规制协同影响的回归结果

变量	（1）EI	（2）PEI
MLKZ×TREAT×TIME	−0.071	−0.045
	(−0.57)	(−0.36)
MLKZ	0.074*	0.071*
	(1.72)	(1.79)
TREAT×TIME	0.387**	0.377**
	(2.10)	(2.07)
LEV	1.119**	1.104**
	(2.15)	(2.16)
ROA	1.700*	1.529*
	(1.89)	(1.77)
SIZE	0.253***	0.279***
	(2.79)	(3.19)
CRL	−0.931**	−0.859***
	(−2.57)	(−2.72)
STATE	0.631**	0.673**
	(2.10)	(2.33)
OPP	0.068	0.057
	(1.21)	(1.12)
AGE	−0.504***	−0.407***
	(−3.50)	(−3.12)
CASH	−0.651*	−0.425
	(−1.76)	(−1.21)
常数项	−3.649	−4.528*
	(−1.50)	(−1.90)
观测值	3402	3402
R^2	0.325	0.324
个体固定效应	是	是
时间固定效应	是	是

注：括号内为 t 值。

*、**、***分别表示统计量在10%、5%、1%的水平上显著。

由表 7.5 的（1）列的估计结果可知，对于企业的环保投资总额，在命令控制型和市场激励型环境规制各自的系数仍然显著为正的情况下，此处重点关注的 MLKZ×TREAT×TIME 的系数为负，且并不显著，表明目前这两类环境规制共同实施时，尚未能够对企业环保投资产生正向的协同促进效应。（2）列的估计结果显示，对于企业的预防性环保投资，三重交互项 MLKZ×TREAT×TIME 的系数同样为负，且不显著，表明目前这两类环境规制在促进企业预防性环保投资中也未能有效发挥协同作用。表明目前我国应对环境问题所制定的环境规制之间仍然存在"单打独斗"甚至"此消彼长"的情况，尚未产生正向的政策协同效应，H5b 得到验证。

研究结果表明，尽管当前我国的环境规制政策体系已经经过了较长时间的发展，衍生出了多种类型的环境规制工具，并各自在环境治理实践中取得了较为理想的效果。但是不同类型的环境规制工具在制定和设计之初的目的更加倾向于服务各自独特的适用情形，缺乏基于不同主体角度的协同性和全局性考量，因此造成了各种环境规制之间的交叉融合度不足，在环境治理实践中表现为各行其道，没有能够凝聚成统一力量以改善企业的环境行为。另外，考虑到环保投资的特殊属性，为了实现经济效益的最大化，企业用于投资环保项目的资金有限，因此即使不同类型的环境规制各自实施时均能够对企业的环保投资产生积极的促进作用，但是多重规制压力共同作用下，企业仍然只会投入符合自己预期范围内的资金，即命令控制型和市场激励型环境规制共同实施时尚未产生正向的政策协同效应以进一步促进企业提高环保投资。

3. 稳健性检验

1）替换被解释变量

借鉴已有的研究，替换被解释变量企业环保投资的衡量指标来进行稳健性检验。采用"企业当年新增环保投资总额/当年营业收入×100"替代上文中"企业当年新增环保投资总额/企业年末总资产×100"。回归结果如表 7.6 所示。第 2~4 列给出了命令控制型环境规制的回归结果，其中企业环保投资和预防性环保投资的系数均显著为正，治理性环保投资的系数不显著。第 5~7 列给出了市场激励型环境规制的回归结果，企业环保投资和预防性环保投资的系数显著为正，而治理性环保投资的系数不显著。最后两列给出了替换被解释变量后，MLKZ×TREAT×TIME 的系数均不显著，与上述研究结论一致。

表 7.6 替换被解释变量

变量	EI	PEI	GEI	EI	PEI	GEI	EI	PEI
MLKZ	0.175*	0.200**	−0.025				0.153	0.178*
	(1.76)	(2.11)	(−0.82)				(1.56)	(1.92)

续表

变量	EI	PEI	GEI	EI	PEI	GEI	EI	PEI
TREAT×TIME				1.058***	1.061***	−0.003	0.968**	0.962**
				(2.87)	(2.95)	(−0.04)	(2.25)	(2.26)
MLKZ×TREAT×TIME							0.119	0.131
							(0.34)	(0.38)
控制变量	是	是	是	是	是	是	是	是
常数项	−19.476***	−19.170***	−0.303	−17.463***	−16.925***	−0.531	−18.922***	−18.615***
	(−3.07)	(−3.08)	(−0.29)	(−3.07)	(−3.05)	(−0.52)	(−3.04)	(−3.06)
观测值	3402	3402	3402	3406	3406	3406	3402	3402
R^2	0.343	0.334	0.403	0.346	0.337	0.403	0.346	0.338
个体固定效应	是	是	是	是	是	是	是	是
时间固定效应	是	是	是	是	是	是	是	是

注：括号内为 t 值。
*、**、***分别表示统计量在 10%、5%、1%的水平上显著。

2）平行趋势检验

双重差分法的使用前提条件中最为重要的一点是样本必须满足平行趋势假设。为了验证市场激励型环境规制回归结果的稳健性，以政策实施前一年为基期，逐年观察系数。结果如图 7.2 所示，政策实施前的系数均不显著异于 0，说明市场激励型环境规制实施之前，实验组和对照组不存在显著差异，能够满足双重差分法的平行趋势检验。

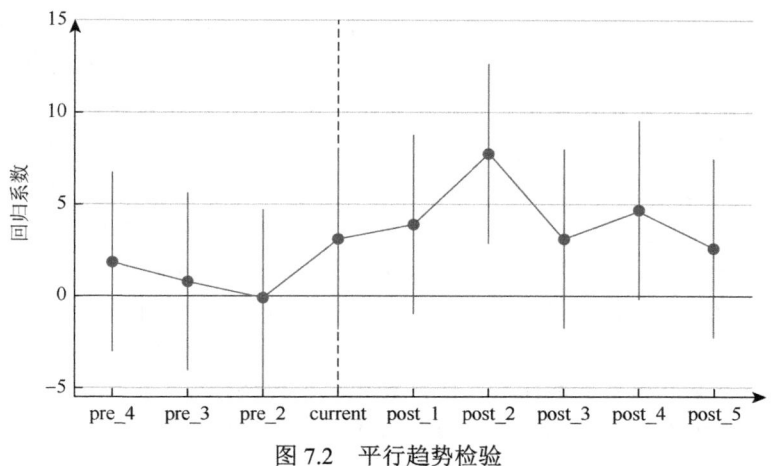

图 7.2 平行趋势检验

current 表示政策实施前一年度即基期；pre_2、pre_3、pre_4 分别表示政策实施前 2、3、4 年；post_1～post_5 分别表示政策实施后 1～5 年

3）安慰剂检验

下面通过虚构政策实施时间的方式，进行安慰剂检验。将碳排放权交易试点实施的年份向前平推 2 年（即 2012 年），设置新的时间虚拟变量 TIME_NEW，同时去掉 2018 年以后的样本。双重差分回归结果如表 7.7 所示，新的交互项 TREAT×TIME_NEW 的系数均不显著，说明上文将 2014 年作为碳排放权交易机制的冲击时间点具有合理性，回归结果具有稳健性。

表 7.7 安慰剂检验

变量	EI	PEI	GEI
TREAT×TIME_NEW	0.550	0.652	−0.102
	(1.22)	(1.47)	(−1.28)
控制变量	是	是	是
常数项	−29.168***	−29.670***	0.523
	(−2.85)	(−2.93)	(0.39)
观测值	2720	2720	2720
R^2	0.346	0.335	0.464
个体固定效应	是	是	是
时间固定效应	是	是	是

注：括号内为 t 值。
***表示统计量在 1%的水平上显著。

4. 异质性分析

1）产权异质性

企业的经营决策很大程度上是股东和管理者意志的体现，因此，不同产权性质的企业在投融资策略和环境治理机制方面存在一定的差异。对于国有企业而言，国家和政府是最主要的出资人，因此在制定生产经营决策的过程中，很大程度上会受到政府意志的影响。环境规制体现了政府在环境治理方面的态度，理论上国有企业由于密切的政企关系会更倾向于迎合政府提出的规制政策。同时，国有性质可以为企业带来更多的财政补贴和更低成本的融资。相比之下，非国有企业的一个重要局限就在于资金短缺且融资渠道有限，只有盈利能力强、现金流充足时才有余力承担社会责任、投入环保资金。也有研究认为，相比较而言，虽然非国有企业在融资渠道等方面存在天然劣势，但是由于政治关联较弱，环境规制反而会对非国有企业产生更大的压力，因此做出环保投资决策。

本节对样本企业中的国有企业赋值为 1，非国有企业赋值为 0，回归分析国有企业和非国有企业在环境规制与企业环保投资关系上的差异，回归结果见表 7.8 和表 7.9。

表7.8 考虑产权异质性的命令控制型环境规制与企业环保投资

变量	国有企业 EI	国有企业 PEI	国有企业 GEI	非国有企业 EI	非国有企业 PEI	非国有企业 GEI
MLKZ	0.116**	0.093*	−0.006	0.015	0.017	0.029
	(2.33)	(1.81)	(−0.37)	(0.27)	(0.30)	(0.87)
LEV	0.821	0.847	0.016	1.309*	1.413*	−0.009
	(1.21)	(1.27)	(0.12)	(1.78)	(1.80)	(−0.07)
ROA	1.093	1.073	0.034	2.031*	1.822	0.323
	(0.91)	(0.88)	(0.11)	(1.85)	(1.57)	(0.95)
SIZE	0.627***	0.602***	−0.002	0.010	0.013	−0.017
	(3.58)	(3.67)	(−0.07)	(0.10)	(0.13)	(−0.48)
CRL	−1.444***	−1.328***	−0.001	0.130	0.227	−0.149
	(−3.25)	(−3.62)	(−0.01)	(0.18)	(0.34)	(−0.46)
OPP	0.050	−0.027	0.045	0.088	0.089	−0.007
	(0.57)	(−0.39)	(1.24)	(1.03)	(1.14)	(−0.27)
AGE	−0.609***	−0.434**	−0.260**	−0.152	−0.269	0.008
	(−3.90)	(−2.32)	(−2.37)	(−1.10)	(−1.57)	(0.11)
CASH	−0.736	−0.556	−0.247**	−0.239	0.020	−0.188
	(−1.15)	(−0.88)	(−2.07)	(−0.56)	(0.05)	(−0.98)
常数项	−9.690**	−9.286**	0.802	−0.132	−0.302	0.216
	(−2.12)	(−2.07)	(0.93)	(−0.05)	(−0.13)	(0.32)
观测值	2025	2025	2025	1377	1377	1377
R^2	0.368	0.369	0.438	0.287	0.292	0.294
个体固定效应	是	是	是	是	是	是
时间固定效应	是	是	是	是	是	是

注：括号内为 t 值。
*、**、***分别表示统计量在10%、5%、1%的水平上显著。

表7.9 考虑产权异质性的市场激励型环境规制与企业环保投资

变量	国有企业 EI	国有企业 PEI	国有企业 GEI	非国有企业 EI	非国有企业 PEI	非国有企业 GEI
TREAT×TIME	0.472**	0.520***	−0.048	0.015	0.304	0.044
	(2.38)	(2.67)	(−1.41)	(0.27)	(1.42)	(0.85)
LEV	0.824	0.799	0.023	1.309*	1.375*	−0.013
	(1.24)	(1.24)	(0.18)	(1.78)	(1.80)	(−0.10)
ROA	1.020	0.964	0.053	2.031*	1.845	0.321
	(0.82)	(0.82)	(0.17)	(1.85)	(1.58)	(0.94)

续表

变量	国有企业			非国有企业		
	EI	PEI	GEI	EI	PEI	GEI
SIZE	0.582***	0.582***	−0.000	0.010	0.007	−0.018
	（3.58）	（3.68）	（−0.01）	（0.10）	（0.08）	（−0.52）
CRL	−1.265***	−1.258***	−0.006	0.130	0.201	−0.171
	（−2.93）	（−3.45）	（−0.04）	（0.18）	（0.31）	（−0.53）
OPP	0.002	−0.045	0.047	0.088	0.089	−0.007
	（0.02）	（−0.67）	（1.27）	（1.03）	（1.15）	（−0.26）
AGE	−0.584**	−0.312	−0.271**	−0.152	−0.269	0.009
	（−2.54）	（−1.60）	（−2.48）	（−1.10）	（−1.57）	（0.11）
CASH	−0.791	−0.544	−0.243**	−0.239	0.021	−0.183
	（−1.21）	（−0.85）	（−2.03）	（−0.56）	（0.05）	（−0.95）
常数项	−7.600*	−8.325**	0.725	−0.132	−0.224	0.490
	（−1.81）	（−2.03）	（0.86）	（−0.05）	（−0.11）	（0.71）
观测值	2029	2029	2029	1377	1377	1377
R^2	0.374	0.372	0.439	0.287	0.295	0.294
个体固定效应	是	是	是	是	是	是
时间固定效应	是	是	是	是	是	是

注：括号内为 t 值。
*、**、***分别表示统计量在10％、5％、1％的水平显著。

表7.8显示，对于命令控制型环境规制而言，在国有企业样本中，企业环保投资的系数为0.116且在5％的水平上显著，在非国有企业中，企业环保投资的系数为0.015但并不显著，说明命令控制型环境规制对企业环保投资的促进作用主要体现在国有企业中。进一步将企业环保投资划分为预防性环保投资和治理性环保投资两类发现，命令控制型环境规制仅对国有企业的预防性环保投资在10％的水平上显著为正，系数为0.093，与治理性环保投资没有显著的相关关系。

表7.9显示，对于市场激励型环境规制而言，在国有企业样本中，企业环保投资的系数为0.472，在5％的水平上显著，在非国有企业样本中，企业环保投资的系数为0.015，但并不显著，说明市场激励型环境规制对企业环保投资的促进作用同样主要体现在国有企业中。区分预防性环保投资和治理性环保投资发现，市场激励型环境规制仅对国有企业的预防性环保投资在1％的水平上显著为正，系数为0.520，与治理性环保投资没有显著的相关关系。

研究显示，无论命令控制型还是市场激励型环境规制，对企业环保投资的促进作用主要在国有企业中体现。国有企业既要兼顾经济目标和社会效益，又需履行社会责任,因此加大环保投资是必要的。此外,国有企业由于其独特的社会属性,更受信任、获得更多资金支持,并接受更多社会监督,这促使它们愿意提升环保投资。

2)融资约束异质性

鉴于企业环保投资属于一项具有特殊属性的投资活动,不仅投资周期长、风险高,短期之内为企业带来的经济效益有限,而且会占用企业大量其他营利性生产经营项目的资金。因此,为了弥补内部环境治理资金的缺口,企业的环保投资活动往往更加依赖于外部的经济资源支持。融资约束是影响企业环境治理的重要因素。传统融资约束理论认为,企业的有效投资水平会受到融资成本的影响。当企业的融资成本较高时,企业能够筹集到的资金受限,此时用于环境保护相关的投资不足,企业的整体投资水平也较低。

借鉴相关研究(吴秋生和黄贤环,2017)的结论,我们以 SA 指数(以企业规模和年龄公式表示,SIZE&AGE)来衡量企业融资约束程度,SA = $-0.737 \times \ln \text{SIZE} + 0.043 \times (\ln \text{SIZE})^2 - 0.04 \times \text{AGE}$。该值越大,表明企业面临的融资约束越高。按照 SA 值中位数进行分组回归,分析不同融资约束水平下企业在环境规制与企业环保投资关系上的差异,回归结果见表 7.10 和表 7.11。

表 7.10 基于融资约束异质性的命令控制型环境规制与企业环保投资

变量	高融资约束企业			低融资约束企业		
	EI	PEI	GEI	EI	PEI	GEI
MLKZ	0.033	0.024	0.009	0.106**	0.089**	0.017
	(0.58)	(0.47)	(0.35)	(2.02)	(2.01)	(0.71)
LEV	1.719	1.770	−0.053	0.054	−0.072	0.124
	(1.47)	(1.54)	(−0.29)	(0.20)	(−0.35)	(0.82)
ROA	2.648*	2.455	0.190	−0.011	−0.010	−0.004
	(1.69)	(1.62)	(0.51)	(−0.02)	(−0.02)	(−0.01)
SIZE	−0.035	−0.032	−0.003	0.251***	0.274***	−0.023
	(−0.24)	(−0.22)	(−0.08)	(3.27)	(4.53)	(−0.56)
CRL	−0.621	−0.140	−0.481	−1.087**	−1.201***	0.115
	(−1.27)	(−0.37)	(−1.50)	(−2.12)	(−3.18)	(0.45)
OPP	0.109	0.116	−0.007	0.050	0.019	0.031
	(1.10)	(1.22)	(−0.22)	(0.91)	(0.55)	(0.79)
AGE	−0.337	−0.313	−0.024	−2.206	−2.224	0.017
	(−1.59)	(−1.55)	(−0.35)	(−0.86)	(−0.92)	(0.02)
CASH	−0.394	−0.136	−0.258	0.001	0.026	−0.020
	(−0.73)	(−0.26)	(−1.43)	(0.00)	(0.07)	(−0.13)

续表

变量	高融资约束企业			低融资约束企业		
	EI	PEI	GEI	EI	PEI	GEI
STATE	0.304	0.461*	−0.157*	0.485**	0.525**	−0.040
	(1.10)	(1.71)	(−1.80)	(2.10)	(2.48)	(−0.56)
常数项	0.111	−0.644	0.756	1.916	1.688	0.233
	(0.04)	(−0.22)	(0.93)	(0.24)	(0.23)	(0.10)
观测值	1706	1706	1706	1696	1696	1696
R^2	0.389	0.387	0.406	0.647	0.673	0.373
个体固定效应	是	是	是	是	是	是
时间固定效应	是	是	是	是	是	是

注：括号内为 t 值。

*、**、***分别表示统计量在 10%、5%、1%的水平显著。

表 7.11　基于融资约束异质性的市场激励型环境规制与企业环保投资

变量	高融资约束企业			低融资约束企业		
	EI	PEI	GEI	EI	PEI	GEI
TREAT×TIME	0.296**	0.258*	0.038	0.039	0.064	−0.025
	(1.98)	(1.86)	(0.66)	(0.26)	(0.46)	(−0.49)
LEV	1.665***	1.724***	−0.061	0.062	−0.069	0.128
	(3.61)	(4.03)	(−0.34)	(0.18)	(−0.21)	(1.07)
ROA	2.576***	2.391***	0.182	−0.058	−0.058	−0.003
	(2.63)	(2.63)	(0.48)	(−0.08)	(−0.09)	(−0.01)
SIZE	−0.031	−0.029	−0.003	0.244**	0.266***	−0.022
	(−0.25)	(−0.25)	(−0.05)	(2.47)	(2.91)	(−0.65)
CRL	−0.635	−0.152	−0.482*	−1.058**	−1.168**	0.112
	(−0.96)	(−0.25)	(−1.89)	(−2.03)	(−2.42)	(0.63)
OPP	0.101	0.110*	−0.008	0.055	0.023	0.032
	(1.51)	(1.76)	(−0.31)	(0.90)	(0.41)	(1.53)
AGE	−0.298	−0.279	−0.019	−2.316	−2.270	−0.047
	(−1.43)	(−1.44)	(−0.23)	(−1.28)	(−1.35)	(−0.08)
CASH	−0.315	−0.068	−0.247	−0.001	0.014	−0.011
	(−0.65)	(−0.15)	(−1.33)	(−0.00)	(0.03)	(−0.06)
STATE	0.252	0.416	−0.165	0.495*	0.537**	−0.042
	(0.60)	(1.07)	(−1.02)	(1.77)	(2.08)	(−0.44)
常数项	0.352	−0.473	0.825	3.338	2.789	0.555
	(0.11)	(−0.17)	(0.70)	(0.58)	(0.52)	(0.28)

续表

变量	高融资约束企业			低融资约束企业		
	EI	PEI	GEI	EI	PEI	GEI
观测值	1707	1707	1707	1699	1699	1699
R^2	0.391	0.389	0.406	0.646	0.673	0.374
个体固定效应	是	是	是	是	是	是
时间固定效应	是	是	是	是	是	是

注：括号内为 t 值。
*、**、***分别表示统计量在 10%、5%、1%的水平显著。

表 7.10 显示，对于命令控制型环境规制，在高融资约束企业中，企业环保投资的系数为 0.033 但不显著，在低融资约束企业中，企业环保投资的系数为 0.106，在 5%的水平上显著，说明命令控制型环境规制对企业环保投资的促进作用主要体现在低融资约束企业中。区分预防性环保投资和治理性环保投资发现，命令控制型环境规制仅对低融资约束企业的预防性环保投资在 5%的水平上显著为正，系数为 0.089，与治理性环保投资没有显著关系。

表 7.11 显示，对于市场激励型环境规制，在高融资约束企业中，企业环保投资的系数为 0.296，在 5%水平上显著。在低融资约束企业中，企业环保投资的系数为 0.039，但并不显著，说明市场激励型环境规制对企业环保投资的促进作用同样主要体现在高融资约束企业中。区分预防性环保投资和治理性环保投资发现，市场激励型环境规制仅对高融资约束企业的预防性环保投资在 10%水平上显著为正，系数为 0.258，与治理性环保投资没有显著关系。

结果表明，当企业面临的融资约束水平较高时，难以获得充足的资金用于环保投资，因而命令控制型环境规制对企业环保投资的促进作用主要体现在低融资约束企业中。而市场激励型环境规制可以为企业提供一定的经济资源支持，例如，企业可以凭借自身的节能减排行为在碳排放权交易市场上出售额外的排放权或者政府的环保补助和减排补贴等。因此，相对于低融资约束企业，高融资约束企业因为缺乏必要的资金扩大投资，更加可能借助市场激励型环境规制的支持获得更多的有利资源，从而投入环境友好型要素进行清洁生产，提升市场竞争力，实现可持续发展。

7.2 碳信息披露与企业利益相关者价值创造

7.2.1 研究问题的提出

目前我国环境规制以命令控制型（如排污许可证制度）和市场激励型（如碳

排放权交易和环保税）为主，而以公众参与为特色的环境政策正在逐步发展。公众参与型环境规制旨在最大化社会福利，吸引各利益相关方参与环境政策的制定、执行和监督，共同约束污染行为。信息披露机制通过公开企业环境信息，调动社会公众监督企业经营符合环境合法性，并支持政府与企业的环境决策。我国于 2003 年发布《关于企业环境信息公开的公告》，形成基础自愿披露要求，2022 年《企业环境信息依法披露格式准则》要求企业披露环境管理、污染治理、违法情况和投融资信息，改善信息不对称问题，提高信息交流与共享效率，为利益相关者提供激励和决策支持。

目前企业碳信息披露与企业价值的研究存在的问题有：非强制性披露缺乏统一标准，主要以定性描述为主，缺乏定量数据，披露质量影响企业与利益相关者的沟通效率。以追求股东利益为目标的企业价值评价方式不符合可持续发展要求。利益相关者视角下的价值传导机制研究不足，需建立多方利益主体的目标价值系统，揭示碳信息披露的综合价值效应。

针对上述问题，本节研究利益相关者视角下基于 ESG 价值理念的碳信息披露价值效应。首先，构建碳信息披露质量评价体系，满足利益相关者的决策需求。其次，界定 ESG 价值管理下的企业价值创造内涵，包括经济、社会和环境价值。最后，揭示碳信息披露质量在可持续发展中的重要价值功能和传导机制。该研究对我国信息披露规制的完善和效率提升提供了参考，促进了企业与利益相关者的良性互动，推动了可持续发展。

7.2.2 碳信息披露质量评价

企业碳信息披露的质量直接影响信息披露机制的运行效率。尽管我国已经出台了一系列法律法规来规范碳信息披露，但仍旧缺少具体的政策指引和相应的国家及行业标准，导致碳信息披露的实践效果不佳。质量问题成为碳信息满足利益相关者决策需求的严重阻碍，如何评价碳信息披露质量是当前理论与实务界急需解决的问题之一。现有碳信息质量评价存在"以量取胜"的问题，即以会计信息质量特征代替碳信息的评价倾向，未能全面考虑利益相关者的信息需求差异。本节从利益相关者的决策需求出发，创建了反映 ESG 价值管理理念的碳信息质量特征与披露内容要求的碳信息披露质量评价体系。

1. 碳信息披露质量特征的指标体系

1）指标项目设置

质量特征属于抽象概念，难以直接测量，需要进一步将其转化为更加具体、明确且易于量化的、能够反映质量特征的指标项目。通过对多家上市公司的实地走访、与多位专家的深入讨论，我们最终确定了反映 5 项质量特征的 15 项指标项目（表 7.12）。

表 7.12 碳信息披露质量特征的指标

质量特征	指标项目	解释说明
可靠性	碳信息采集流程	关于碳信息采集流程体系的说明
	碳信息审验	所披露的碳信息是否有第三方专业机构独立审验
可理解性	图文说明	碳信息披露形式上文字、数据与图表的使用情况
	专业术语	碳信息披露中是否有专业术语及其解释
可比性	碳核算量化标准	碳核算量化标准是否为常用数据单位如吨二氧化碳当量
平衡性	碳排放风险	企业碳排放所受的政府管制风险、气候变化带来的经营风险、减排可能造成的经济效益损失等情况
相关性	低碳发展战略	企业发展战略规划关于碳减排的说明
	碳减排目标	关于企业碳减排目标或计划的说明
	碳减排管理	相关职能机构的设立、碳减排管理制度的建立以及环境事故应急预案的说明
	碳减排投入	为碳减排所进行的技术改造、项目投资、产品开发等投入情况
	碳减排意识	对企业员工进行关于节能减排的宣传教育培训、碳减排的企业文化以及日常工作中节能减排行为的说明
	碳排放量	温室气体排放量、相关能源消耗量
	碳减排量	温室气体减排量、相关能源节约量
	碳减排效益	碳减排为企业带来的直接经济效益，获得的社会荣誉，奖励金，以及财政资助与补贴等情况
	碳排放交易	企业是否参与碳排放交易，以及参与的交易额与交易损益的大小

可靠性指标项目包括碳信息采集流程和碳信息审验。企业通过报告碳信息采集流程，以保证披露数据和资料的来源可靠，有据可查；尽管目前对碳审计没有强制性要求，各审验机构也缺乏相关的统一审计规范，但社会公众依然对经第三方专业机构审验的碳信息信心更强；只有经过第三方专业审计的企业，才可以在碳金融市场进行交易。

可理解性指标项目包括图文说明和专业术语。图表、数据信息使报告阅读更加直观、具体；在报告中应对专业术语进行解释和说明。

可比性指标项目为碳核算量化标准。碳信息披露的可比性要求企业碳信息的量化标准统一，以保证碳信息具有纵向和横向的可比性。

平衡性指标项目为碳排放风险。平衡性要求企业在对外报告碳减排"利好"消息的同时，也应充分披露减排不利造成的负面影响，同时不存在对某一利益相关者的偏向或者诱导。该指标重点关注相关负面信息披露情况，包括减排不利造成的环境污染事故，缴纳的相关环境污染的罚款、排污费用，以及面临的相关诉讼风险、减排可能带来的经济效益损失。

相关性指标项目包括低碳发展战略、碳减排目标、碳减排管理、碳减排投入、碳减排意识、碳排放量、碳减排量、碳减排效益和碳排放交易。相关性要具备预测价值与反馈价值，在决策有用性方面发挥重要作用。

2）基于问卷调查的指标项目分析与检验

为了进一步检验本章提出的碳信息质量特征的理论结构及反映质量特征的指标项目设置是否科学合理，采用问卷调查的研究方法，对调查结果进行探索性因子分析。

以利益相关者作为调查对象，以指标项目作为问卷的测量题项，要求被调查者依据"完全不重要"= 1、"不重要"= 2、"有点不重要"= 3、"有点重要"= 4、"重要"= 5、"很重要"= 6 对指标项目的重要程度进行评分。

企业的利益相关者包括政府、股东、管理者、债权人以及消费者等，他们是碳信息的直接使用者，因此最有权对信息质量提出要求。媒体通过曝光率来增加社会对碳信息的关注，对企业的碳行为具有一定的监督与激励作用。为了防止样本选取偏差，本章尽可能平均地选择政府环境保护部门的工作人员、企业内部管理者、投资机构证券分析师、银行从事绿色信贷的专职人员、普通消费者和媒体工作者为利益相关者代表参与调查。

为了确保问卷设计的合理性和完备性，我们在 2018 年 5 月 10 日～2018 年 5 月 31 日和 2022 年 7 月 10 日～2022 年 7 月 31 日开展两轮正式调查。首轮调查现场发放问卷 200 份，回收问卷 186 份，剔除残缺项目过多（观测题半数以上）和有明显逻辑错误的问卷 27 份，获得有效问卷 159 份，回收率为 79.5%；第二轮发放问卷 200 份，回收问卷 179 份，有效问卷 164 份，回收率为 82%。两次调查结果无显著差异（表 7.13），调查对象的样本构成见表 7.14。

表 7.13 两次问卷调查结果的差异性检验

调查时间	回收数量/份	指标得分均值	标准差	差异	T 值	p 值
2018.5.10～2018.5.31	159	4.686	0.555	0.046	0.416	0.742
2022.7.10～2022.7.31	164	4.732	0.601			

表 7.14 调查对象的样本分布

样本特征	样本分布	合计		2018.5.10～2018.5.31		2022.7.10～2022.7.31	
		数量	比例/%	数量	比例/%	数量	比例/%
性别	男	186	57.59	86	54.09	100	60.98
	女	137	42.41	73	45.91	64	39.02

续表

样本特征	样本分布	合计 数量	合计 比例/%	2018.5.10～2018.5.31 数量	2018.5.10～2018.5.31 比例/%	2022.7.10～2022.7.31 数量	2022.7.10～2022.7.31 比例/%
学历	硕士及以上	44	13.62	23	14.47	21	12.81
学历	大学本科	221	68.42	109	68.55	112	68.29
学历	专科及以下	58	17.96	27	16.98	31	18.90
职业	环保部门工作人员	60	18.57	30	18.87	30	18.29
职业	企业管理人员	55	17.03	26	16.35	29	17.68
职业	证券分析师	56	17.34	30	18.87	26	15.86
职业	银行贷款员	65	20.12	30	18.87	35	21.34
职业	普通消费者	54	16.72	27	16.98	27	16.46
职业	媒体工作者	33	10.22	16	10.06	17	10.37

（1）问卷的信度与效度检验。检验结果如表 7.15 所示，问卷整体克龙巴赫（Cronbach）α 系数（也称内部一致性系数，用于测度量表信度）为 0.894，五项质量特征的克龙巴赫 α 系数分别为 0.821、0.721、0.743、0.702 和 0.712，均在 0.7以上水平，表明问卷信度较高；五项质量特征的平均抽取方差（average variance extracted，AVE）均在 0.5 以上水平，表明问卷聚合效度较好；克龙巴赫 α 系数均大于相关系数，表明问卷区别效度较好。

表 7.15　质量特征的相关性分析和问卷的信度与效度分析

质量特征	克龙巴赫 α 系数	AVE	相关性	可靠性	可理解性	可比性	平衡性
相关性	0.821	0.58	1.00				
可靠性	0.721	0.59	0.27***	1.00			
可理解性	0.743	0.56	0.41***	0.36***	1.00		
可比性	0.702	0.51	0.34***	0.37***	0.48***	1.00	
平衡性	0.712	0.53	0.47***	0.44***	0.46***	0.29***	1.00

***表示在 1%水平上显著。

（2）探索性因子分析。KMO（Kaiser-Meyer-Olkin）检验统计量（也称抽样适合性检验统计量）用于比较变量间简单相关系数和偏相关系数。本问卷的 KMO值为 0.834，在 0.8~0.9 范围内，表明指标项目之间相关，适合进行探索性因子分析（Kaiser and Rice，1974）。为了检验指标项目是否能可靠地反映各质量特征，运用主成分分析法提取特征值（eigenvalue）大于 1 的因子；参考最大变异法（varimax）直交转轴，保留因子载荷（loadings）大于 0.45 的指标项目。如表 7.16

所示，相关性的指标项目负载于两个因子之上，实际上反映了信息的预测价值和反馈价值，将其共同命名为相关性；可靠性的指标项目负载于一个因子之上，但其中"碳信息采集流程"的因子载荷小于 0.45，所以将其删除；可比性、可理解性和平衡性的指标项目均负载于相应因子之上。

表 7.16 探索性因子分析

碳信息披露质量特征	指标项目	因子载荷
相关性（预测价值）	低碳发展战略	0.728
	碳减排目标	0.726
	碳减排管理	0.522
	碳减排投入	0.790
	碳减排意识	0.497
相关性（反馈价值）	碳排放量	0.828
	碳减排量	0.819
	碳减排效益	0.517
	碳排放交易	0.473
可靠性	碳信息采集流程	0.374
	碳信息审验	0.720
可比性	碳核算量化标准	0.776
可理解性	图文说明	0.710
	专业术语	0.588
平衡性	碳排放风险	0.776

3）指标项目的权重确定

指标项目的权重计算是指标体系设计的关键环节之一。权重反映了该指标项目在整个体系中的重要程度。李慧云等（2016）采用加权平均法确定了碳信息质量评价体系中的指标权重，该方法默认体系中的各项指标同等重要，却缺乏证据支持。为了区分碳信息的各项质量特征及其指标项目的相对重要程度，本章以 323 位被调查者对某质量特征指标项目打分的均值与他们对所有质量特征指标项目打分的均值的比值作为权重，权重计算过程如表 7.17 所示。

表 7.17 碳信息披露质量评价体系

质量特征	指标项目	样本量	最小值/分	最大值/分	均值/分	权重/%
可靠性	碳信息审验	323	1	6	5.027	7.463
可理解性	图文说明	323	1	6	4.443	6.596
	专业术语	323	1	6	4.537	6.736

续表

质量特征	指标项目	样本量	最小值/分	最大值/分	均值/分	权重/%
可比性	碳核算量化标准	323	1	6	4.644	6.895
平衡性	碳排放风险	323	1	6	5.181	7.692
相关性	低碳发展战略	323	1	6	4.624	6.865
	碳减排目标	323	1	6	4.431	6.578
	碳减排管理	323	1	6	4.456	6.615
	碳减排投入	323	2	6	5.268	7.821
	碳减排意识	323	1	6	4.733	7.027
	碳排放量	323	2	6	5.174	7.681
	碳减排量	323	2	6	5.236	7.773
	碳减排效益	323	1	6	4.886	7.254
	碳排放交易	323	1	6	4.718	7.004
合计					67.358	100

2. 碳信息披露质量评价指数的评定

依据各项指标定性或定量描述的特点，我们制定了以下三种评分策略：图表有无与详略，无＝0，数据＝1，图表＝2；文字描述有无与详略，无＝0，简略＝1，详细＝2；文字与数据描述有无与详略，无＝0，文字＝1，数据＝2。详见表7.18。

表 7.18 评分策略分类

评分策略分类	指标层	所属准则层
图表有无与详略：无＝0，数据＝1，图表＝2	图文说明	可理解性
文字描述有无与详略：无＝0，简略＝1，详细＝2	专业术语	可理解性
	碳信息审验	可靠性
	碳核算量化标准	可比性
文字与数据描述有无与详略：无＝0，文字＝1，数据＝2	碳排放风险	平衡性
	碳减排目标	相关性
	碳减排管理	相关性
	碳减排投入	相关性
	碳减排意识	相关性
	碳排放量	相关性
	碳减排量	相关性
	碳减排效益	相关性
	碳排放交易	相关性

1）人工评分

首先以人工随机抽样操作，确定关键字分类。评分人按照前文构建的碳信息披露质量评价体系的指标，将其进一步分解为 31 项搜索指标，仔细阅读报告，对符合搜索指标内容的关键字或关键字组合进行记录，再进行评分。为了保证评分的可靠性，分别由两人独立完成，再互相核对评分数据，对差异性文字与评分进行讨论，最终达成一致。

2）机器评分

为了将构建的评价体系运用于大样本中，进一步采取机器评分方法。

（1）建立评分标准文件，根据 31 项搜索指标对人工操作提取的关键字或关键字组合进行分类。

（2）根据评分策略，对碳信息相关语句进行分类判决并评分。

（3）将评分标准文件转换成字符串，在报告中进行关键词搜索与评分，对评分出现的异常值进行人工修正。

（4）根据输出的搜索指标的评分结果，进一步计算得到上级指标层得分，再根据各项指标权重计算得到碳信息披露质量评价指数，简称碳披露指数（carbon disclosure index，CDI），采用功效系数法对 CDI 进行归一化处理，将其值域化为[0, 1]。

3）评分有效性检验

为了检验机器评分的有效性，利用随机抽取的 399 家样本人工评分和机器评分结果的相关系数检测一致性程度。相关系数 r 的计算方法见式（7.4），x、y 分别为人工和机器评分序列，$\bar{x}$ 和 $\bar{y}$ 为样本均值。经过计算，人工评分和机器评分的总分值相关系数为 0.921，且在 0.01 的水平上显著，两组序列高度相关，表明两组评分高度一致，机器评分有效。

$$r = \frac{\sum[x-\bar{x}(y-\bar{y})]}{\sqrt{\sum(x-\bar{x})^2(y-\bar{y})^2}} \qquad (7.4)$$

3. 企业碳信息披露质量评价结果分析

下面以 2011~2021 年所有 A 股上市公司为样本，分析企业碳信息披露质量。

1）碳信息披露质量均值分析

样本企业碳信息披露质量的描述性统计结果见表 7.19，全样本质量评价指数最大值为 0.9294，最小值为 0.0351，均值为 0.3397，说明中国上市公司碳信息披露质量总体水平偏低。沪市企业碳披露质量评价指数均值要高于深市企业碳披露质量评价指数及全样本质量评价指数均值，标准偏差却高于深市及全样本标准偏差，说明沪市企业碳信息披露质量总体优于深市企业，但披露质量之间的"贫富差距"大于深市，披露质量参差不齐。

表 7.19 样本企业碳信息披露质量的描述性统计结果

指数	最小值	最大值	均值	标准偏差
全样本质量评价指数	0.0351	0.9294	0.3397	0.1645
沪市质量评价指数	0.0351	0.9294	0.3413	0.1670
深市质量评价指数	0.0391	0.7842	0.3349	0.1566

2）碳信息披露内容分析

表 7.20 显示，"碳减排量""碳减排投入"是三个样本中披露最多的两项，比例均高于 90%；其次披露较多的项目是"碳排放量"和"碳减排意识"，比例均高于 60%；以及"碳减排管理"，比例高于 50%。样本中三成左右的公司披露了"碳风险"和"碳减排战略与目标"，表明上市公司已经逐渐意识到全球低碳经济发展以及中国产业结构转型升级等宏观因素对企业的影响。"碳审计"项目披露的比例仅不到 5%，说明中国上市公司碳信息审计落后，进展缓慢。"碳减排效益"项目全样本及沪市披露比例仅在 4% 左右，深市披露比例低至 2.55%，说明企业在社会责任报告中缺少对碳减排经济效益的披露。全样本中仅有不到 14% 的企业披露"碳交易"项目，未来将会有更多企业参与碳交易。

表 7.20 样本企业碳信息披露的内容分析

披露内容	全样本披露公司 数量	全样本披露公司 比例/%	沪市披露公司 数量	沪市披露公司 比例/%	深市披露公司 数量	深市披露公司 比例/%
碳审计	334	4.84	242	4.94	92	4.61
碳核算标准	1767	25.61	1338	27.29	429	21.48
碳风险	2212	32.05	1419	28.94	793	39.68
碳排放量	4476	64.85	3266	66.60	1210	60.56
碳减排量	6332	91.74	4474	91.24	1857	92.96
碳减排效益	303	4.39	252	5.14	51	2.55
碳减排战略与目标	2006	29.06	1419	28.94	587	29.37
碳减排管理	3901	56.52	2688	54.82	1212	60.68
碳减排投入	6436	93.25	4535	92.48	1901	95.19
碳减排意识	4309	62.43	3065	62.50	1244	62.26
碳交易	948	13.73	746	15.22	202	10.09

3）碳信息披露质量行业差异分析

表 7.21 显示，在沪市中，制造业作为碳信息披露数量最多的行业，披露质量评价指数均值为 0.3387，并非最高。披露质量评价指数均值排在前三位的行业分

别为采矿业 0.4539，建筑业 0.4121 和水利、环境和公共设施管理业 0.4081，而这三种行业披露碳信息的公司数量较少，分别为 286 家、176 家和 12 家，说明沪市上市公司在碳信息披露中存在披露数量与披露质量不对称的问题。在深市中同样存在碳信息披露数量与质量不对称的问题。

表 7.21 样本企业碳信息披露质量的行业差异

行业	沪市样本			深市样本		
	样本量	均值	标准偏差	样本量	均值	标准偏差
采矿业	286	0.4539	0.1812	92	0.3065	0.1527
水电煤气供应	341	0.3802	0.1549	95	0.3721	0.1525
房地产业	292	0.2585	0.1328	175	0.2798	0.1542
建筑业	176	0.4121	0.2012	31	0.3236	0.1250
交通运输、仓储和邮政业	412	0.3502	0.1702	31	0.1908	0.0886
金融业	473	0.3634	0.1904	107	0.2598	0.1322
科研和技术服务业	24	0.2509	0.1016	10	0.2189	0.0731
农、林、牧、渔业	37	0.2057	0.1454	24	0.2474	0.0593
批发和零售业	282	0.3117	0.1294	97	0.2750	0.1560
水利、环境和公共设施管理业	12	0.4081	0.0595	22	0.3610	0.1443
卫生和社会工作	16	0.1871	0.1777	15	0.2189	0.0244
文化、体育和娱乐业	51	0.2123	0.0779	34	0.2443	0.0766
信息传输、软件信息技术服务业	144	0.2747	0.1699	56	0.2186	0.1089
制造业	2273	0.3387	0.1559	1156	0.3727	0.1549
住宿和餐饮业	14	0.2903	0.0010	5	0.2122	0.0464
租赁和商务服务业	39	0.2820	0.1269	36	0.2327	0.0988
综合	33	0.1808	0.1222	12	0.2376	0.0560

7.2.3 基于 ESG 理念的碳信息披露对企业价值的影响机制

碳排放数据的收集与发布使企业运营成本增加，生产工艺改造、减排设施投入和绿色产品开发等给企业带来一定的资金压力，企业迫切需要寻求降低成本的方法和提高收益的途径。只有将企业的经济需求与社会、环境需求紧密融合，才能切实提高企业碳信息披露的积极性和披露质量。因此本节从 ESG 价值管理理念出发，研究碳信息披露质量对涵盖经济、社会与环境三方面的企业综合价值的影响机制。

1. 理论分析与假设

1）碳信息披露的直接价值效应

利益相关者理论认为企业主动披露碳信息可视为一种满足利益相关者信息需求的企业行为（Botosan，1997），企业积极关注并及时回应利益相关者的信息需求，有助于评估企业可持续发展能力，以获得利益相关者的认可，并建立信任关系得到支持。基于信任建立的交易关系，交易成本更低，为企业节约了融资成本（Sengupta，1998）。透明度高的企业，更容易获得投资者的关注，引起投资者的兴趣。

信息不对称与信号传递理论认为企业增加自愿性信息披露可以降低企业内外的信息不对称程度，预防和治理逆向选择问题，从而降低代理成本。相比碳减排实践不佳的企业，减排绩效较好的企业碳信息披露的积极性更高，通过真实、自愿地披露碳信息来向投资者说明企业未来在碳排放方面的计划和安排的公司，将会赢得投资者的关注和信赖。Nishitani 和 Kokubu（2012）认为，投资者将企业披露的信息视为对长期发展具有重要价值的无形资产，且温室气体（greenhouse gas，GHG）减排与企业价值存在显著的正相关性。

资源优势理论认为碳信息是企业重要的信息资源，通过高质量的碳信息披露可以发挥该信息资源的竞争优势，有利于提升企业的价值创造能力。企业想在市场中获得长期竞争优势，就应践行社会与环境责任，通过披露信息建立企业声誉，进而获得更多收益，如特许经营权或税收优惠等。资源优势为企业带来竞争优势，提升企业价值。基于此，本章提出以下假设。

H6：碳信息披露质量与 ESG 价值管理理念下的企业价值创造显著正相关。

2）基于利益相关者视角的价值传导路径

（1）基于市场流动和融资成本的投资者关系路径的价值传导。投资者与上市公司之间通过信息披露与信息反馈形成的关系会影响投资者决策行为，进而影响企业股票的流动性和融资成本，并最终转化为对企业价值创造的影响。因此选取市场流动性与融资成本作为投资者关系路径中价值传导的关键要素。

市场流动性的中介作用：碳信息披露具有信号传递的作用，可以增强投资者的信心，有利于提高企业股票的市场流动性。投资者普遍认为企业主动披露信息是有利信号，透明度高的企业更受青睐，投资者对其未来的收益更有信心。相反，低信息披露质量的企业会引发投资者的担忧，导致股票的市场流动性较弱。因此，企业应提高碳信息披露质量，增强投资者的信心，以提升企业股票的市场流动性（Verrecchia，2001）。

市场流动性提高有利于稳定股价对企业价值创造产生积极的影响。不稳定的股价反映了投资者情绪的波动，意味着投资者面临的不确定性增加，使投资者对未来的收益感到担忧，导致投资者决策受到影响，企业价值创造受到不利影响。研究发现：股价波动幅度越小，越有利于企业价值创造提升（Srinivasan and Hanssens，2009）。流动性水平较高的市场会吸引更多的知情交易者，市场内交易更加活跃，此时市场信息被价格完全吸收，资源配置有效（Khanna and Sonti，2004）。由于市场内参与交易的投资者较多，管理者受到的监督更多，做出有利于企业发展的决策，对提高企业资源配置效率和促进企业价值创造具有积极作用。本章提出以下假设。

H7：市场流动性在碳信息披露质量与企业价值创造之间发挥中介作用。

融资成本的中介作用：提高碳信息披露质量可以缓解逆向选择问题，使投资者更全面地了解企业环境责任和风险，降低不确定性，减少价格保护心理，降低交易成本。高质量的碳信息披露可增强投资者的信心，释放有利信号来吸引投资者的关注。企业主动披露环境责任信息，有助于增强投资者对企业长期业绩的积极预期，增加投资者的信心，提高透明度，降低融资成本。

高质量的碳信息披露有助于降低投资风险与融资成本，促进企业价值创造。不确定性增加导致投资者要求更高的收益率，提高了企业融资成本，压缩了价值创造空间。高质量的碳信息披露有助于降低不确定性，减少代理成本，降低投资者要求的回报率。降低融资成本有助于扩大投资回报空间，提高企业价值创造能力。基于以上分析，本章提出以下假设。

H8：融资成本在碳信息披露质量与企业价值创造间发挥中介作用。

（2）基于顾客满意度的消费者关系路径的价值传导。碳信息披露被消费者视为企业承担环境与社会责任的具体表现，从而更易形成良好的消费者关系。当市场中存在信息不对称的情况，尤其在企业推出新产品时，消费者对新产品的情况不确定，会倾向于选择履行社会责任的企业产品，对新产品的评价也更高。因此我们选取顾客满意度作为消费者关系路径中价值传导的关键要素。

顾客满意度的中介作用：顾客满意度是指顾客通过使用产品获得的感知效用符合或超过自身对产品效用的预期所形成的愉悦的感觉，高质量的碳信息使消费者更充分地了解企业环境责任和新产品，满足顾客对产品的感知质量、感知价值和顾客期望，使顾客对企业满意。顾客认为透明度高的企业产品质量更好，倾向于选择履行环境责任的产品。碳信息披露向顾客传递了企业低碳节能和对环境社会正向影响的信息（Yoon and Gürhan-Canli，2003），满足了顾客对使用价值、环境价值和社会价值的需求。高质量的碳信息披露与顾客的环境责任观一致，增强了顾客的认同感，提供了额外效用，提高了顾客满意度。

获得良好的使用感受的顾客更容易形成消费偏好（Fornell，1992），使企业与顾客之间形成更加稳定的关系。企业掌握了顾客的喜好，通过学习曲线效应，即使未来顾客的数量保持不变，也可以为企业带来更多的利润，资金的周转速度也会加快（Gruca and Rego，2005）。满意的顾客对企业新产品的接受度更高，接受速度更快,为企业降低了新产品投入市场的风险,降低了交易成本,加速了研发资金的回流、成本的回收。高质量的碳信息披露通过实现顾客满意度建立的消费者信任关系是一种具有专用性的优势资源,有利于企业扩大市场占有率与提高企业市场竞争力,为企业价值创造输送源源不断的动力。基于以上分析,本章提出以下假设。

H9:顾客满意度在碳信息披露质量与企业价值创造间发挥中介作用。

(3)基于企业声誉的社会公众关系路径的价值传导。高质量的碳信息披露传递了企业积极履行环境责任的信号,可以提高企业透明度以获得社会公众的青睐和正面评价,提高企业声誉,企业声誉通过影响利益相关者的行为对企业价值创造产生影响。因此本章选取企业声誉作为社会公众关系路径中价值传导的关键要素。

企业声誉的中介作用:管理者通过碳信息披露向利益相关者传递企业的环境责任行为与贡献,吸引利益相关者的关注,符合社会对企业的期望和规范,展示了企业的社会道德标准,传递了企业可持续发展的信号,有利于加深利益相关者对企业的正面认知,有利于提升企业声誉。信息披露帮助投资者进行甄别与选择,对企业未来收入、成本、风险与机遇做出更准确的判断和投资决策。高质量的碳信息披露通过满足消费者对企业的期望,提高消费者的购买意向和价值感知,获得消费者的认可。在市场信息不对称的情况下,消费者认为透明度越高的企业产品质量越可靠,碳信息帮助消费者识别企业,传递企业对顾客、社会、环境负责的责任观,强化消费者对企业的正面印象(Lankoski,2008),有利于提高企业声誉。

良好的企业声誉是重要的无形资产,传递可信赖、负责任和高品质等重要特征信号,是实现企业价值创造的关键(Branco and Rodrigues,2006)。在交易活动实施过程中,良好的企业声誉是企业竞争优势的来源,帮助企业赢得更多利益相关者的支持,提升企业长期价值。企业声誉使利益相关者对未来的投资回报形成良好的预期,从而增加持续性投资。声誉高的企业销售增长率更高,现金流更加稳定,经营风险较低,具有更强的竞争力,可以吸引更多客户和优质资源,有利于提高企业的市场价值(Basdeo et al.,2006)。因此本章提出以下假设。

H10:企业声誉在碳信息披露质量与企业价值创造间发挥中介作用。

基于利益相关者视角的碳信息披露质量对企业价值创造的传导路径如图 7.3 所示。

2. 研究设计

1)样本选择及数据来源

本节以 2011~2021 年深沪两市的 A 股上市公司为样本,以其社会责任报告

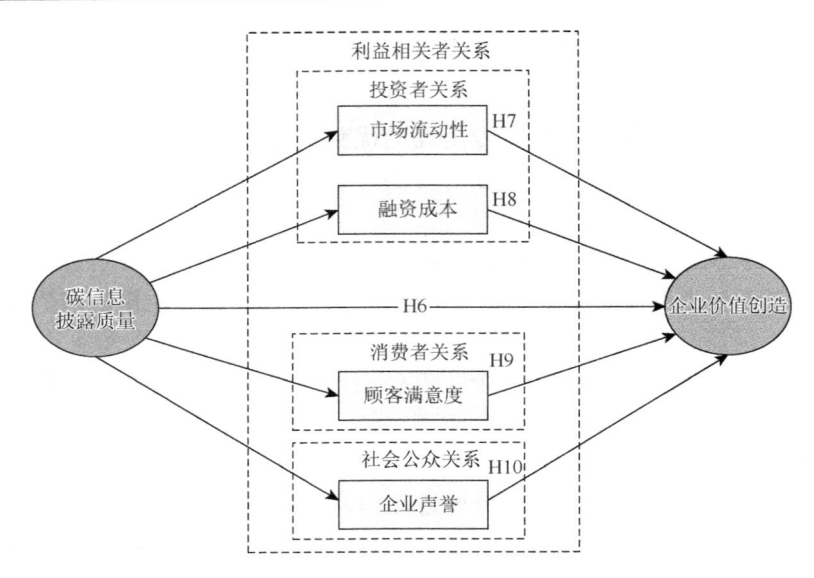

图 7.3　基于利益相关者视角的碳信息披露质量对企业价值创造的传导路径

作为碳信息披露载体,并将所得到的样本进行如下处理:剔除保险、金融行业;剔除 ST(表示企业因财务状况异常受到风险警示,即特殊处理)、*ST(表示退市风险警示)公司;剔除财务数据缺失的公司;对样本 1% 和 99% 分位数处进行缩尾处理,对解释变量和控制变量进行滞后一期处理。最终获得 20 735 条"企业-年度"观测值,其中进行碳信息披露的观测值共 5995 条。指标数据来源包括社会责任报告、年报、CSMAR 数据库和中国研究数据服务平台(Chinese Research Data Services Platform,CNRDS),环境监管数据来自自然资源保护协会和公众环境研究中心共同发布的《城市污染源监管信息公开指数(PITI)报告》。

2)变量定义

解释变量:CDI,依据 7.2.2 节的碳信息披露质量评价体系度量。

被解释变量:企业价值,以企业长期价值(long-term value,VL)度量。ESG 视角下的企业价值是一种可持续的长期价值,既要反映企业获利能力,还要反映企业对社会与环境做出的贡献,包含经济价值(value of wealth,VW)、社会价值(value of society,VS)与环境价值(value of environment,VE)。

以"增加价值"计算公式为基础,对企业社会价值与环境价值进行补充,得到企业长期价值的计算公式:

$$VL = VW + VS + VE \tag{7.5}$$

式中,VW =(营业收入–营业成本)+ 职工薪酬 + 利息费用 + 现金股利 +(税费支出–财政援助);VS = 正向社会价值–负向社会价值;VE = 正向环境价值–负向环境价值。企业价值的度量指标见表 7.22。

表 7.22 企业价值的度量指标

企业价值范畴	价值构成	项目名称	数据来源	计算公式
经济价值创造	生产的直接经济价值	营业收入	利润表中的营业收入	营业收入-营业成本
		营业成本	利润表中的营业成本	
	分配的直接经济价值	职工薪酬	资产负债表中应付职工薪酬；现金流量表中支付给职工以及为职工支付的现金	应付职工薪酬变化值+支付给职工以及为职工支付的工资
		利息费用	利润表中财务费用	利息费用明细数据
		现金股利	会计年度红利分配研究数据库	派息数
		税费支出	资产负债表中应交税费；现金流量表中支付的各项税费	支付税费+应交税费期末期初之差-收到税费返还-政府补助-奖励金
		财政援助	现金流量表中收到税费返还；报表附注中政府补助与奖励金	
社会价值创造	正向社会价值	研发创新财政补助	报表附注中的政府补助与奖励金	研发创新财政补助明细数据（非环保）
		技术转让收入	报表附注中营业外收入或支出明细的具体相关内容	技术转让收入明细数据（非环保）
		慈善公益捐赠		公益性支出明细数据（非环保）
	负向社会价值	监管罚款	报表附注中营业外收入或支出明细的具体相关内容	罚款支出明细数据（非环保）
		事故损失		事故损失明细数据（非环境污染事故）
环境价值创造	正向环境价值	环保研发财政补助	报表附注中的政府补助与奖励金	环保创新政府补助明细数据
		环保技术转让收入	报表附注中营业外收入或支出明细的具体相关内容	环保技术转让收入明细数据
		碳排放权交易收益		碳排放权交易收益明细数据
		环保公益性支出	上市公司社会责任评价指标表	环保公益性支出明细数据
		节约能源消耗费用		节约能源消耗相关费用明细数据
	负向环境价值	排污费	上市公司社会责任评价指标表	排污费明细数据
		环境污染罚款		环境污染罚款明细数据
		环境污染事故损失		环境污染事故损失明细数据

下面介绍中介变量。

市场流动性［以股票换手率（turnover rate，TR）度量］：市场流动性是指股票价格的波动性。以往研究中常采用交易买卖差价、股票交易额、股票交易量、股票换手率、流动性比率等指标度量。中国股票市场的集合竞价与连续竞价方式导致交易买卖差价对市场流动性反映不充分，不适合用于中国资本市场的研究。股票换手率比交易额与交易量更能反映交易活动的活跃程度，并排除了公司特征因素的干扰，对市场流动性的计量效果更好。本章研究借鉴学者的一般做法，采用股票换手率作为计量市场流动性的代理变量：股票换手率＝年末股票总交易量/年初总流通股股数。

融资成本［以权益融资成本（costs of equity financing，CEF）度量］：融资成本计量模型主要有股利增长模型、资本定价模型、剩余收益贴现模型及市盈率相对盈利增长比率（price/earnings to growth，PEG）模型等。本章使用 Ohlson 和 Juettner 提出的剩余收益贴现模型（表示为 Ohlson-Juettner 模型）：①该模型不需要假设股利支付，避免了上市公司股利发放不确定的干扰；②该模型不需受到账面价值估计的限制；③与事后融资成本计量模型相比，Ohlson-Juettner 模型的事前风险管理原则更为科学；④数据更容易获取。具体公式如下：

$$\text{CEF} = \frac{1}{2}\left[(\gamma-1) + \frac{\delta \times \text{EP}_{s1}}{P_0}\right] + \sqrt{\frac{1}{4}\left[(\gamma-1) + \frac{\delta \times \text{EP}_{s1}}{P_0}\right]^2 + \frac{\text{EP}_{s1}}{P_0}\left[\frac{\text{EP}_{s2} - \text{EP}_{s1}}{\text{EP}_{s1}}(\gamma-1)\right]}$$

(7.6)

式中，CEF 为融资成本；$\gamma-1$ 为长期盈余增长率，反映在一个相当长时期内整个经济的平均增长水平；δ 为过去三年的平均股票支付率；EP_{s1} 为 $t+1$ 年 12 月份分析师预测的每股收益平均值；EP_{s2} 为 $t+2$ 年 12 月份分析师预测的每股收益平均值；P_0 为 t 年末的股票收盘价。采用前人的研究做法，令 $\gamma-1=5\%$，由于 Ohlson-Juettner 模型只有在 $\text{EP}_{s1}>0$ 和 $\text{EP}_{s2}>0$ 时才有意义，所以剔除 $t+1$ 期和 $t+2$ 期每股收益的分析师预测值为负的样本。

顾客满意度（customer satisfaction，CS）：现有相关研究中，关于顾客满意度的计量，主要分为两大类，一类是采用各国机构发布的顾客满意度指数（customer satisfaction index，CSI）来衡量顾客满意度，如 2001 年国家市场监督管理总局和清华大学中国企业研究中心开发的中国顾客满意度指数（China customer satisfaction index，CCSI）；另一类采用顾客满意度的相反指标，即顾客投诉进行互补计量。考虑到研究采用的行业分类与 CCSI 不同，所以选择是否受到顾客投诉作为代理变量。中国消费网是为维护消费者合法权益而开办的中国最权威的线上投诉平台。该平台会定期曝光受到消费者多次投诉的产品。若企业产品在当年被中国消费网曝光，则顾客满意度＝0；若不曝光，则顾客满意度＝1。

企业声誉（corporate reputation，CR）：在社会责任信息披露研究领域，关于企业声誉的计量方法主要有四类。第一类是根据权威机构如来自 *Fortune* 杂志的最受尊敬的企业排名来衡量企业声誉，数据量有限，且不连续，上榜企业仅仅几十家。第二类采用情景设计和调查问卷方法获取研究数据，测评企业声誉，该调查数据的可得性和有效性仍待商榷。第三类采用荣誉积分法,以企业在行业的地位衡量企业声誉,荣誉的等级与内容的可比性和科学性有待检验。第四类将企业声誉看作无形资产,包括企业的专利、商誉、商标等。作为重要的无形资产,企业声誉是公司利益相关者对公司过去行为感知的一种综合评价。因此,以企业无形资产作为代理变量。

控制变量:借鉴相关研究,本章选择公司规模、资产负债率、盈利能力、成长能力、股权集中度、产权性质(是否为国有企业)、市场综合风险水平(用股票风险系数 BETA 值度量)、广告投入、环境监管以及行业与年份作为控制变量。具体变量定义见表 7.23。

表 7.23 变量定义

变量类型	变量符号	变量名称	变量定义
被解释变量	VL	企业价值创造	企业长期价值创造取自然对数
解释变量	CDI	碳信息披露质量	碳信息披露质量评价指数
中介变量	TR	市场流动性	年末股票总交易量/年初总流通股股数
	CEF	融资成本	用 Ohlson-Juettner 模型计算
	CS	顾客满意度	虚拟变量,产品在当年是否被中国消费网曝光,曝光取值为 0,否则为 1
	CR	企业声誉	公司无形资产取自然对数
控制变量	SIZE	公司规模	企业总资产取自然对数
	ROA	盈利能力	息税前利润/平均总资产
	LEV	资产负债率	企业平均总负债/平均总资产
	GROWTH	成长能力	营业收入增长率
	OC	股权集中度	第一大股东持股比例
	SOE	产权性质	国有企业取值为 1;非国有企业取值为 0
	BETA	市场综合风险水平	年度综合 BETA 值
	AD	广告	销售费用/销售收入
	PITI	环境监管	污染源监管信息公开指数
	IND	行业	虚拟变量,共涉及 16 个行业
	YEAR	年份	虚拟变量,时间跨度为 2011~2021 年

3)模型构建

为了检验碳信息披露质量对企业价值的影响,我们构建了式(7.7)所示的模型。i 表示企业个体,t 表示年份,ε 表示随机误差,α_0 表示常数项,α_n 表示各变量的系数。考虑到碳信息披露质量的价值效应存在滞后性,同时为了削弱反向因果关系的内生性问题，本章对 CDI 进行了滞后一期的处理；$\sum$IND 和 $\sum$YEAR 分别为行业固定效应和时间固定效应。

$$VL_{i,t} = \alpha_0 + \alpha_1 CDI_{i,t-1} + \alpha_2 SIZE_{i,t} + \alpha_3 ROA_{i,t} + \alpha_4 LEV_{i,t} + \alpha_5 GROWTH_{i,t} + \alpha_6 OC_{i,t}$$
$$+ \alpha_7 SOE_{i,t} + \alpha_8 BETA_{i,t} + \alpha_9 AD_{i,t} + \alpha_{10} PITI_{i,t} + \sum IND + \sum YEAR + \varepsilon$$
（7.7）

为了检验碳信息披露质量对企业价值创造的影响机制，我们在式（7.7）的基础上设定以下模型，对碳信息披露质量的价值传导路径进行检验。

投资者关系路径检验：以市场流动性为中介变量，构建式（7.8）和式（7.9）以检验假设 H7。

$$TR_{i,t} = \alpha_0 + \alpha_1 CDI_{i,t-1} + \alpha_2 SIZE_{i,t} + \alpha_3 ROA_{i,t} + \alpha_4 LEV_{i,t} + \alpha_5 GROWTH_{i,t} + \alpha_6 OC_{i,t}$$
$$+ \alpha_7 SOE_{i,t} + \alpha_8 BETA_{i,t} + \alpha_9 AD_{i,t} + \alpha_{10} PITI_{i,t} + \sum IND + \sum YEAR + \varepsilon$$
（7.8）

$$VL_{i,t} = \alpha_0 + \alpha_1 CDI_{i,t-1} + \alpha_2 TR_{i,t} + \alpha_3 SIZE_{i,t} + \alpha_4 ROA_{i,t} + \alpha_5 LEV_{i,t} + \alpha_6 GROWTH_{i,t}$$
$$+ \alpha_7 OC_{i,t} + \alpha_8 SOE_{i,t} + \alpha_9 BETA_{i,t} + \alpha_{10} AD_{i,t} + \alpha_{11} PITI_{i,t} + \sum IND + \sum YEAR + \varepsilon$$
（7.9）

以融资成本为中介变量，构建式（7.10）和式（7.11）以检验假设 H8。

$$CEF_{i,t} = \alpha_0 + \alpha_1 CDI_{i,t-1} + \alpha_2 SIZE_{i,t} + \alpha_3 ROA_{i,t} + \alpha_4 LEV_{i,t} + \alpha_5 GROWTH_{i,t} + \alpha_6 OC_{i,t}$$
$$+ \alpha_7 SOE_{i,t} + \alpha_8 BETA_{i,t} + \alpha_9 AD_{i,t} + \alpha_{10} PITI_{i,t} + \sum IND + \sum YEAR + \varepsilon$$
（7.10）

$$VL_{i,t} = \alpha_0 + \alpha_1 CDI_{i,t-1} + \alpha_2 CEF_{i,t} + \alpha_3 SIZE_{i,t} + \alpha_4 ROA_{i,t} + \alpha_5 LEV_{i,t} + \alpha_6 GROWTH_{i,t}$$
$$+ \alpha_7 OC_{i,t} + \alpha_8 SOE_{i,t} + \alpha_9 BETA_{i,t} + \alpha_{10} AD_{i,t} + \alpha_{11} PITI_{i,t} + \sum IND + \sum YEAR + \varepsilon$$
（7.11）

消费者关系路径检验：以顾客满意度为中介变量，构建式（7.12）和式（7.13）以检验假设 H9。

$$logitCS_{i,t} = \alpha_0 + \alpha_1 CDI_{i,t-1} + \alpha_2 SIZE_{i,t} + \alpha_3 ROA_{i,t} + \alpha_4 LEV_{i,t} + \alpha_5 GROWTH_{i,t} + \alpha_6 OC_{i,t}$$
$$+ \alpha_7 SOE_{i,t} + \alpha_8 BETA_{i,t} + \alpha_9 AD_{i,t} + \alpha_{10} PITI_{i,t} + \sum IND + \sum YEAR + \varepsilon$$
（7.12）

$$VL_{i,t} = \alpha_0 + \alpha_1 CDI_{i,t-1} + \alpha_2 CS_{i,t} + \alpha_3 SIZE_{i,t} + \alpha_4 ROA_{i,t} + \alpha_5 LEV_{i,t} + \alpha_6 GROWTH_{i,t}$$
$$+ \alpha_7 OC_{i,t} + \alpha_8 SOE_{i,t} + \alpha_9 BETA_{i,t} + \alpha_{10} AD_{i,t} + \alpha_{11} PITI_{i,t} + \sum IND + \sum YEAR + \varepsilon$$
（7.13）

社会公众关系路径检验：以企业声誉为中介变量，构建式（7.14）和式（7.15）以检验假设 H10。

$$CR_{i,t} = \alpha_0 + \alpha_1 CDI_{i,t-1} + \alpha_2 SIZE_{i,t} + \alpha_3 ROA_{i,t} + \alpha_4 LEV_{i,t} + \alpha_5 GROWTH_{i,t} + \alpha_6 OC_{i,t}$$
$$+ \alpha_7 SOE_{i,t} + \alpha_8 BETA_{i,t} + \alpha_9 AD_{i,t} + \alpha_{10} PITI_{i,t} + \sum IND + \sum YEAR + \varepsilon$$
(7.14)

$$VL_{i,t} = \alpha_0 + \alpha_1 CDI_{i,t-1} + \alpha_2 CR_{i,t} + \alpha_3 SIZE_{i,t} + \alpha_4 ROA_{i,t} + \alpha_5 LEV_{i,t} + \alpha_6 GROWTH_{i,t}$$
$$+ \alpha_7 OC_{i,t} + \alpha_8 SOE_{i,t} + \alpha_9 BETA_{i,t} + \alpha_{10} AD_{i,t} + \alpha_{11} PITI_{i,t} + \sum IND + \sum YEAR + \varepsilon$$
(7.15)

3. 实证分析与讨论

1) 描述性统计

描述性统计结果显示，样本企业的 CDI 的均值为 0.34，标准差为 0.16，最大值为 0.93，最小值为 0.04，说明中国上市公司碳信息披露质量总体水平偏低。VL 的均值为 1.63，标准差为 1.75，最小值为 0.05，最大值为 30.24，说明企业价值存在明显差异。SIZE 的均值为 23.39，标准差为 1.85；ROA 的均值为 0.04，标准差为 0.05，样本企业间的规模和盈利能力差异明显；LEV 的均值为 0.46，处于适宜水平；GROWTH 的均值为 0.52，标准差为 2.82，说明企业总体成长能力较强，但差异明显。BETA 的均值为 0.85；AD 的均值为 0.08，表明平均广告费用占销售收入的 8%，说明广告宣传在企业销售中占据重要地位；从 PITI 得分来看，企业所承受的环境监管力度存在较大差异，如表 7.24 所示。

表 7.24 变量描述性统计

变量	均值	标准差	最小值	最大值
VL	1.63	1.75	0.05	30.24
CDI	0.34	0.16	0.04	0.93
TR	4.84	5.96	0.05	54.51
CEF	0.13	0.02	0.01	0.35
CR	6.35	2.01	1.63	12.65
CS	0.11	0.32	0.00	1.00
SIZE	23.39	1.85	19.52	30.65
ROA	0.04	0.05	−0.48	0.48
LEV	0.46	0.21	0.03	0.95
GROWTH	0.52	2.82	−0.79	50.71
OC	0.38	0.17	0.04	0.89
SOE	0.63	0.48	0.00	1.00
BETA	0.85	0.11	0.28	1.47
AD	0.08	0.28	0.03	0.33
PITI	60.73	15.96	13.80	147.110

2）碳信息披露质量对企业价值的直接效应检验

式（7.7）的直接效应检验结果见表 7.25，CDI 与 VL 的回归系数为 0.112，在 1%的水平上表现出显著性，支持假设 H6，即碳信息披露质量与企业价值创造显著正相关，说明提高碳信息披露质量有利于企业价值创造。高质量的碳信息披露可以增加市场中的信息量和均衡利益相关者的信息占有量并提高企业透明度，更容易获得利益相关者的青睐。通过高质量的碳信息披露积极回应并满足利益相关者的信息需求与利益诉求，以这种良好的交流沟通方式，可建立企业与利益相关者之间彼此信任的关系并获得利益相关者的支持。基于信任缔结的契约关系，以利益相关者获得的利益均衡为前提，以企业履约能力与可置信承诺为保证，交易成本更低，可以为利益相关者创造更多的共享价值。

表 7.25 直接效应检验

变量	不考虑控制变量的式（7.7）	式（7.7）
	VL	VL
CDI	0.082***	0.112***
	（6.98）	（11.15）
控制变量	控制	控制
常数项	5.201***	4.920***
	（10.14）	（5.32）
IND	控制	控制
YEAR	控制	控制
观测值	20 735	20 735
调整 R^2	1.139 1	0.143 1
F 检验	F = 34.29	F = 41.18
	p = 0.000	p = 0.000
豪斯曼检验	Chi² = 129.63	Chi² = 107.102
	p = 0.000	p = 0.000

注：括号内为 t 值。
***表示统计量在 1%的水平上显著。

3）基于利益相关者视角的价值传导路径结果分析

（1）市场流动性的中介效应检验。表 7.26 中，式（7.8）调整的 R^2 为 0.1514，F 值为 28.92，模型具有一定的显著性和拟合度，说明碳信息披露质量对市场流动性具备一定的解释能力。主变量回归检验中，CDI 与 TR 的回归系数为 0.085，在 1%的水平上表现出显著性，说明提高碳信息披露质量有利于增强企业股票市场流动性。随着环保意识的提高，高质量的碳信息披露可以更好地满足外部投资者的信息需求，有助于提高投资者对企业长远发展的预期，促进更多交易实现，市场流动性提高。对于控制变量，SIZE 与 TR 负相关，这可能是因为规模较大的公司为了维护企业形象，会选择性披露对公司有利的信息，回避不利信息，导致投资者发生逆向选择。ROA 的回归系数达 5.655，在 1%的水平上显著，即公司盈利能力越强，股票的市场反应越好。BETA 的回归系数为–6.503，在 1%的水平上表现出显著性，市场风险水平越低，股票市场流动性越大。

表 7.26　基于市场流动性和融资成本的中介效应分析

变量	式（7.7）VL	式（7.8）TR	式（7.9）VL	式（7.10）CEF	式（7.11）VL
CDI	0.112*** (11.15)	0.085*** (3.93)	0.038** (2.21)	–0.066*** (–6.22)	0.012*** (–6.66)
TR			0.263*** (4.64)		
CEF					–0.182*** (–6.77)
SIZE	–0.034*** (–4.49)	–2.108** (–2.47)	–0.033*** (–4.02)	–0.133*** (–3.87)	–0.029*** (–3.52)
ROA	0.032*** (3.11)	5.655*** (6.87)	0.032*** (3.11)	–4.765*** (–5.48)	0.028*** (–2.98)
LEV	–0.015*** (–3.26)	0.001 (–0.21)	0.015*** (–3.27)	0.034*** (–4.27)	–0.013*** (–3.01)
GROWTH	0.029*** (12.19)	0.000 7 (0.34)	0.030*** (12.18)	0.055*** (–4.08)	0.027*** (–11.08)
OC	–0.037*** (–3.06)	0.001 5 (–0.34)	0.036*** (–3.05)	–0.322 (–0.66)	–0.033*** (–2.95)
SOE	–0.003 (–0.73)	–0.036 (–0.08)	–0.002 (–0.67)	–0.361 (–0.98)	–0.002 8 (–0.70)
BETA	–0.225*** (–3.44)	–6.503*** (–13.25)	–0.215*** (–3.04)	0.011 7*** (4.27)	–0.215*** (–3.04)
AD	0.008 (0.37)	0.000 5 (0.18)	0.008 (0.37)	0.006 2 (0.21)	0.007 (0.25)
PITI	0.006 (0.021)	0.000 2 (0.09)	0.059 (0.020)	0.001 3 (0.023)	0.005 (0.016)
常数项	4.920*** (5.32)	0.078*** (4.10)	3.920*** (4.63)	0.088*** (4.78)	4.020*** (4.03)

续表

变量	式（7.7）VL	式（7.8）TR	式（7.9）VL	式（7.10）CEF	式（7.11）VL
IND	控制	控制	控制	控制	控制
YEAR	控制	控制	控制	控制	控制
观测值	20 735	20 735	20 735	20 735	20 735
调整 R^2	0.143 1	0.151 4	0.145 9	0.264 7	0.176 6
F 检验	$F = 41.18$ $p = 0.000$	$F = 28.92$ $p = 0.000$	$F = 35.6$ $p = 0.000$	$F = 28.92$ $p = 0.000$	$F = 33.14$ $p = 0.000$

注：括号内为 t 值。

、*分别表示统计量在 5%、1%的水平上显著。

在式（7.7）中引入 TR 得到式（7.9），调整的 R^2 为 0.1459，F 值为 35.6，显著性水平为 0.000，解释能力有所上升，说明加入市场流动性变量之后，模型拟合度更优。TR 与 VL 显著正相关。CDI 的回归系数下降至 0.038，显著性为 5%水平，说明市场流动性在碳信息披露质量与企业价值创造关系中发挥部分中介作用，支持假设 H7。高质量的碳信息披露通过提高市场流动性促进企业价值创造。流动性水平较高的市场可以吸引更多投资者进入，股票交易量和交易频率得到提高，活跃的市场富有弹性，有利于稳定股价，进而对企业市场表现产生积极的影响。拥有较高流动性水平的企业受到的投资者关注更多，受到的监督也更多，督促管理者决策的公平化和科学化，有利于企业资源的优化配置，从而对企业价值创造产生积极的影响。

（2）融资成本的中介效应检验。表 7.26 中，式（7.10）调整的 R^2 为 0.2647，F 值为 28.92，模型具有一定的显著性和拟合度，说明碳信息披露质量对融资成本有一定的解释力。CDI 与 CEF 的回归系数为-0.066，在 1%的水平上表现出显著性，说明提高碳信息披露质量有利于降低融资成本。高质量的碳信息披露可以缓解信息不对称和传递积极的信号，有利于增强投资者的信心，降低投资者预期风险，使相应的企业融资成本下降。SIZE 与 ROA 的回归系数均在 1%的水平上显著为负，表明企业规模越大，盈利能力越强，融资成本越低。LEV 的回归系数为 0.034，在 1%的水平上显著，投资者为了保护自身利益会要求更高的投资回报，融资成本增加。GROWTH 与融资成本显著正相关，可能是因为具有较强成长能力的企业往往不确定性较大，因此投资者会要求更高的投资回报作为风险补偿。BETA 与融资成本显著正相关，表明市场风险越高，投资者会要求更高的投资回报作为风险补偿，企业融资成本增加。

在式（7.7）中引入 CEF 得到式（7.11），调整的 R^2 上升至 0.1766，模型的显著性水平为 0.000，解释能力有所上升，说明加入融资成本变量之后，模型拟合度得到提高。CEF 的回归系数为-0.182，在 1%的水平上显著，即融资成本与企业价值创造显著负相关。与式（7.7）相比，式（7.11）中 CDI 的回归系数为 0.012，说明在加入融资成本之后，碳信息披露质量对企业价值创造的解释能力有所降低，但方向依然为正，说明融资成本发挥了部分中介作用，支持假设 H8。融资成本是企业通过发行股票获得资金而付出的代价，是投资者要求的最低投资回报率。企业的投资回报与融资成本的差额是企业价值创造的重要来源。融资成本增加会挤占企业价值创造的空间。高质量的碳信息披露有益于降低投资者的预期风险和决策成本，增强投资者的信心，为企业节约融资成本，进一步扩大价值创造的空间。

（3）顾客满意度的中介效应检验。表 7.27 中，由于 CS 为 0-1 虚拟变量，对式（7.12）采用了 Logistic 回归，McFadden R^2 为 0.1933，似然比（likelihood ratio，LR）检验值为 35.36，显著性水平为 0.000，说明模型的检验效果显著，拟合度偏低，尚在可接受范围内。CDI 与 CS 的回归系数为 0.173，在 1%的水平上表现出显著性，说明高质量的碳信息披露使企业的环境与社会责任行为更加透明可信，是产品质量可靠的保证，有利于提高消费者的价值感受（包括产品使用价值、环境价值与社会价值），能够让消费者获得额外效用，顾客满意度更高。ROA 的回归系数为 0.765，在 1%的水平上显著，说明盈利能力较强的企业，顾客满意度较高。GROWTH 在 1%的水平上显著，处于初创期的企业成长能力较强，需要获得更高的顾客满意度来积极开拓市场。AD 在 10%的水平上显著，可能是广告投放越多，消费者对产品的心理预期越高，当实际产品无法达到心理预期时，顾客难以满意。

表 7.27　基于顾客满意度和企业声誉的中介效应分析

变量	式（7.7）	式（7.12）	式（7.13）	式（7.14）	式（7.15）
	VL	CS	VL	CR	VL
CDI	0.112***	0.173***	0.011**	0.110**	0.018**
	(11.15)	(-5.33)	(-2.24)	(2.25)	(2.66)
CS			0.062***		
			(-4.25)		
CR					0.168***
					(6.22)
SIZE	-0.034***	-0.031	-0.029***	0.283***	-0.024***
	(-4.49)	(-0.15)	(-3.52)	(4.75)	(-3.22)
ROA	0.032***	0.765***	0.028***	2.485***	0.031***
	(3.11)	(-6.4)	(-2.98)	(5.66)	(3.01)

续表

变量	式（7.7） VL	式（7.12） CS	式（7.13） VL	式（7.14） CR	式（7.15） VL
LEV	−0.015*** (−3.26)	−0.034 (−0.27)	−0.013*** (−3.01)	−0.044 (−0.33)	−0.013*** (−3.01)
GROWTH	0.029*** (12.19)	0.091*** (−3.33)	0.027*** (−11.08)	0.066 (0.45)	0.027*** (11.08)
OC	−0.037*** (−3.06)	−0.022 (−0.17)	−0.033*** (−2.95)	0.022 (0.17)	−0.033*** (−3.01)
SOE	−0.003 (−0.73)	−0.003 (−0.02)	−0.002 8 (−0.70)	0.000 3 (0.001)	−0.002 8 (−0.67)
BETA	−0.225*** (−3.44)	0.012 (0.02)	−0.215*** (−3.04)	0.000 2 (0.019)	−0.215*** (−3.22)
AD	0.008 (0.37)	−0.162* (1.21)	0.007 (0.25)	0.162** (2.21)	0.006 (0.22)
PITI	0.006 (0.021)	0.001 (0.01)	0.005 (0.016)	0.001 (0.01)	0.004 (0.014)
常数项	4.920*** (5.32)	0.148*** (4.78)	4.020*** (4.03)	5.48*** (6.78)	4.120*** (4.43)
IND	控制	控制	控制	控制	控制
YEAR	控制	控制	控制	控制	控制
观测值	20 735	20 735	20 735	20 735	20 735
调整 R^2/McFadden R^2	0.143 1	0.193 3	0.174 4	0.193 3	0.184 5
F 检验/LR 检验	F = 41.18 p = 0.000	LR = 35.36 p = 0.000	F = 30.16 p = 0.000	F = 27.36 p = 0.000	F = 29.55 p = 0.000

注：括号内为 t 值。

*、**、***分别表示统计量在 10%、5%、1%的水平上显著。

在式（7.7）中引入 CS 得到式（7.13），R^2 为 0.1744，加入顾客满意度变量之后，模型拟合度更优。CS 与 VL 的回归系数为 0.062，在 1%的水平上表现出显著性，即顾客满意度与企业价值创造显著正相关。与式（7.7）相比，式（7.13）的 CDI 的回归系数下降到 0.011，显著性水平下降到 5%，说明在加入顾客满意度之后，碳信息披露质量对企业价值创造的解释能力有所下降，但回归系数方向为正，可见顾客满意度发挥了部分中介传导作用，支持假设 H9。高质量的碳信息披露有利于提高顾客满意度，并通过顾客满意度提升企业价值创造。顾客满意度为企业保留下的优质顾客更容易形成消费偏好,通过扩大购买需求和正面口碑传播,为企业价值创造输送源源不断的动力。企业通过高质量的碳信息披露积极回应消费者需求,与消费者建立彼此信任的关系,赢得消费者的信任与支持,有利于企业扩大市场占有率和提升市场竞争力。

(4)企业声誉的中介效应检验。表7.27中,式(7.14)的调整的R^2为0.1933,F值为27.36,显著性水平为0.000,显示模型具有一定的显著性和拟合度,说明碳信息披露质量对企业声誉具备一定的解释能力。CDI与CR的回归系数为0.110,在5%的水平上表现出显著性,企业通过高质量的碳信息披露对外传递企业为环境保护所做的努力,展示企业的社会道德标准,传递企业可持续发展的信号,有利于利益相关者对企业形成良好的认知,提升企业声誉。SIZE的回归系数为0.283,在1%的水平上显著,说明公司规模越大,越重视维护企业形象,企业声誉更好。ROA在1%的水平上显著为正,说明盈利能力较强的企业声誉高。AD与企业声誉显著正相关。

在式(7.7)中引入CR得到式(7.15),调整的R^2上升至0.1845,模型依然显著,说明加入企业声誉变量之后,模型拟合度更优。CR与VL的回归系数为0.168,在1%的水平上显著,说明提高企业声誉对价值创造具有积极的促进作用。与式(7.7)相比,式(7.15)的CDI的回归系数由0.112下降到0.018,显著性由1%下降到5%,说明在加入企业声誉之后,碳信息披露质量对企业价值创造的解释能力有所降低,但回归系数方向为正,说明企业声誉发挥了部分中介作用,支持假设H10。碳信息披露是企业的声誉管理手段之一,高质量的碳信息披露可以提高企业经营透明度和传递企业对社会与环境可持续发展的贡献,获得社会公众的关注与好评,提升企业声誉。良好的企业声誉是企业可信赖、负责任和高品质等重要特征的信号,有利于企业获得投资者和消费者的偏好,为企业可持续价值创造提供优势资源。

4)内生性检验

考虑到碳信息披露质量与企业价值创造关系可能存在遗漏变量和互为因果的内生性问题,因此采用倾向得分匹配双重差分法(propensity-score-match,differences-in-differences,PSM-DID)进行内生性检验。

以披露碳信息的企业为实验组,以未披露碳信息的企业为控制组,对两组样本进行非重复倾向得分匹配,选取包括SIZE、ROA、LEA、GROWTH、OC、SOE、AD等变量,采用PSM中1:1最邻近匹配的方法进行稳健性检验。如表7.28所示,在经过匹配后,实验组的均值依然显著高于控制组,受处理组的平均处理效应(average treatment effects on treated,ATT)在1%的水平上显著,碳信息披露对企业价值创造依然存在显著作用。从均衡性检验结果来看,变量之间的差异不再显著,表明PSM匹配的效果较好。

表 7.28　PSM 分析

面板 A：PSM 结果

变量	实验组	控制组	差异	T 值
VL	1.70	1.56	0.14***	3.76

面板 B：均衡性检验结果

变量	匹配前（U）匹配后（M）	均值 实验组	均值 控制组	T 值	p 值
SIZE	U	24.378	21.781	18.76	0.000
SIZE	M	24.376	22.471	−2.59	0.010
ROA	U	0.025	0.041	−9.69	0.000
ROA	M	0.025	0.024	−0.90	0.367
LEV	U	0.514	0.420	17.19	0.000
LEV	M	0.513	0.512	0.14	0.889
GROWTH	U	0.466	0.059	−3.27	0.000
GROWTH	M	0.466	0.454	−0.09	0.929
OC	U	0.121	0.093	9.11	0.000
OC	M	0.120	0.134	−3.77	0.000
SOE	U	0.618	0.391	18.66	0.000
SOE	M	0.617	0.634	−1.34	0.179
AD	U	0.079	0.081	−1.59	0.000
AD	M	0.081	0.812	−1.40	0.078

本章利用企业披露碳信息和停止披露碳信息为时间点，取前后一年的数据构造多期双重差分模型。若企业前期没有进行碳信息披露而在样本期间某一年进行了披露，则披露后一年的样本 Disclose-start×Time-start 赋值为 1，碳信息披露前一年的样本赋值为 0；若企业前期有碳信息披露，在样本期间某一年停止了披露，则停止碳信息披露后一年的样本 Disclose-end×Time-end 赋值为 1，停止碳信息披露前一年的样本赋值为 0，始终没有进行碳信息披露的样本为控制组，赋值为 0。结果如表 7.29 所示，Disclose-start×Time-start 的系数为 0.02，且在 1% 的水平上显著，表明企业进行碳信息披露后，企业价值创造显著提高；Disclose-end×Time-end 的系数为 −0.009，且在 10% 的水平上显著，表明企业在停止碳信息披露后，企业价值创造会显著下降。因此，碳信息披露对企业价值创造具有显著的影响。

第 7 章 碳规制与公司环境治理

表 7.29 双重差分回归分析

指标	VL	VL
Disclose-start×Time-start	0.02*** (0.02)	
Disclose-end×Time-end		−0.009* (−1.70)
控制变量/个体效应/时间效应	控制	控制
常数项	0.067* (1.69)	0.055 (0.28)
调整 R^2	0.351	0.058
观测值	2391	2017

注：括号内为 t 值。
*、***分别表示统计量在 10%、1%的水平上显著。

5）稳健性检验

为了验证本章结论的可靠性，我们进行了一系列稳健性检验，分别对解释变量和被解释变量的衡量方法进行了替换。采用 0-1 打分法对碳信息披露质量进行计量，定量披露记为 1 分，定性披露记为 0 分。以托宾 Q 值（Tobin's Q，TQ）衡量企业价值创造，由表 7.30 和表 7.31 可以得出，研究结论基本一致。

表 7.30 替换碳信息披露质量的回归分析

变量	式(7.7) VL	式(7.8) TR	式(7.9) VL	式(7.10) CEF	式(7.11) VL	式(7.12) CS	式(7.13) VL	式(7.14) CR	式(7.15) VL
CDI	0.11*** (10.34)	0.08** (2.94)	0.052** (5.43)	−0.06** (−6.22)	0.017* (1.66)	0.35** (5.33)	0.024** (2.65)	0.11*** (4.25)	0.009* (1.48)
TR			0.243** (6.64)						
CEF					−0.172** (−4.77)				
CS							0.059** (4.25)		
CR									0.158** (6.21)
常数项	6.12*** (5.39)	0.078** (4.49)	6.01*** (5.66)	0.088** (4.78)	4.020** (4.03)	0.148** (4.78)	4.020** (4.03)	5.48** (6.78)	4.120** (4.43)
控制变量/行业/年份	控制	控制	控制	控制	控制	控制	控制	控制	控制

续表

变量	式（7.7）	式（7.8）	式（7.9）	式（7.10）	式（7.11）	式（7.12）	式（7.13）	式（7.14）	式（7.15）
	VL	TR	VL	CEF	VL	CS	VL	CR	VL
观测值	20 735	20 735	20 735	20 735	20 735	20 735	20 735	20 735	20 735
调整 R^2	0.143 1	0.151 4	0.145 9	0.264 7	0.176 6	0.193 3	0.184 5	0.193 3	0.174 4
F 检验	41.18	8.92	35.60	28.92	33.14	27.36	29.55	35.36	30.16
显著性	p = 0.000	p = 0.000	p = 0.000	p = 0.000	p = 0.000	p = 0.000	p = 0.000	p = 0.000	p = 0.000

注：括号内为 t 值。

*、**、***分别表示统计量在 10%、5%、1%的水平上显著。

表 7.31　替换企业价值创造的回归分析

变量	式（7.7）	式（7.9）	式（7.11）	式（7.13）	式（7.15）
	TQ	CDI-TR-TQ	CDI-CEF-TQ	CDI-CS-TQ	CDI-CR-TQ
CDI	0.035***	0.027***	0.002*	0.005**	0.001*
TR		0.003*			
CEF			−3.875**		
CS				0.151*	
CR					0.031*
常数项	6.12***	6.01***	4.020***	4.020***	4.120***
控制变量/行业/年份	控制	控制	控制	控制	控制
观测值	20 735	20 735	20 735	20 735	20 735
调整 R^2/McFadden R^2	0.384	0.423	0.422	0.421	0.429
F 检验/LR 检验	55.87	60.44	58.23	38.33	41.56
显著性	p = 0.000	p = 0.000	p = 0.000	p = 0.000	p = 0.000

*、**、***分别表示统计量在 10%、5%、1%的水平上显著。

7.3　本章总结与管理启示

7.3.1　研究结论

作为社会性规制的重要组成部分，有效的环境规制通过颁布行政制度、利用市场激励并发挥公众作用的方式，能够缓解市场机制在解决微观经济活动的环境外部性上的不足，引导和约束经济主体的环境治理行为。本章重点探究命令控制型、市场激励型和公众参与型三类异质型环境规制对企业环境治理的作用，即微观规制效应。研究发现以下几点。

（1）环境规制能够促进企业环保投资，改善环境治理。命令控制型和市场激励型环境规制均能够促进企业提高环保投资水平。相较于治理性环保投资，命令控制型和市场激励型环境规制对企业预防性环保投资的促进作用更为显著。命令控制型和市场激励型环境规制目前尚未发挥正向的政策协同效应。

（2）碳信息披露具有企业价值提升效应：①碳信息披露质量对符合ESG价值理念的企业长期价值具有促进作用，碳信息披露不能被单纯地视为一项成本，而更应被当作进行价值投资和竞争力提升的重要手段；②碳信息披露通过利益相关者关系产生价值传导效应。高质量的碳信息披露可以降低与投资者之间的信息不对称程度，改善投资者关系，通过提高股票的市场流动性和降低融资成本，对提升企业价值创造具有积极的影响；企业提高碳信息披露质量，可以让消费者更好地获得消费体验，为企业与消费者建立信任关系，获得顾客忠诚度，提高企业价值创造的产出效率；高质量的碳信息披露可以展现企业积极履行社会环境责任的正面形象，获得良好的声誉，得到社会各界的认可，为企业创造竞争优势。

7.3.2 管理启示

1）政府应加强多类型环境规制的顶层设计并协调发挥规制效应

政府应加强环境规制的顶层设计与宏观引导，优化环境规制工具设计，并根据不同情况制定个性化的环境治理政策。

政府需持续推进环保税政策，保障排污费制度与环境税制度的有序衔接，完善环境税制。加大对企业技术创新的鼓励，更好地发挥环境税制度的激励作用，通过提升企业创新水平进一步改善经济效益和环境效益；应结合不同规模企业生产方式、不同产权性质企业政策背景、不同区域的资源优势和经济发展水平等特征，考虑政策实施的差异化效果，有效发挥政策的经济增长和环境治理效应。

2）企业应重视并积极适应异质型环境规制压力

企业应积极应对外部规制压力，主动参与环境治理，增强环保投资的主动性，提升市场竞争力；在生产过程中贯彻环保理念，摒弃以"末端治理"为主的观点，将"前端预防"和"全程预防"的环保理念贯彻落实于全生产过程，从源头实现对污染的控制。

企业要充分利用环保税政策红利优先性和发挥创新主动性。面对环保税政策的约束效应，企业应合理利用政策效应在环境红利上的优先性，完善碳信息披露管理，将ESG价值管理理念融入企业经营战略和年度经营方针，有针对性地提升环境效益；面对环保税政策的激励效应，企业应当加大研发投入，积极进行技术创新，提高企业的综合实力和市场竞争力，实现企业经济效益和环境效益的"双重红利"，助力"双碳"目标的完成。

3）投资者和社会公众应关注环境规制监督企业环境治理

投资者应重视企业的环境治理表现和信息披露，在充分评估 ESG 理念下的企业长期价值和潜在环境风险的基础上做出投资决策，通过引导市场资金流向，促进企业构建高质量的碳信息披露体系，推动企业市场价值提升。消费者应发挥需求导向的购买激励机制，提高自身"需求层次"，更加关注企业的环境责任表现与相关信息透明度，激励企业重视其环境治理和信息披露管理。

社会公众应充分发挥声誉导向的舆论监督功能，督促企业环境责任履行和可持续发展。在互联网快速发展和社交媒体兴起的环境下，社会舆论的外部监督力量使企业可以通过积极履行环境责任和提高碳信息披露质量建立和维持声誉，使公众相信其宣传的"绿色"形象是真实可信的，有利于提升企业价值。

参 考 文 献

曹刚, 杨正见, 王延辉. 2001. 环境质量与经济增长的库兹尼茨关系量化探讨[J]. 环境保护, 29（6）: 21-22, 24.
陈浩, 刘培, 余东升, 等. 2020. 科技创新投入对环境全要素生产率的影响机制[J]. 中国环境科学, 40（4）: 1834-1846.
高杨, 李健. 2014. 基于 EMD-PSO-SVM 误差校正模型的国际碳金融市场价格预测[J]. 中国人口·资源与环境, 24（6）: 163-170.
郭辉, 郇志坚. 2012. EUA 和 sCER 碳排放期货市场互动关系及溢出效应研究[J]. 统计与决策, 28（15）: 138-143.
何玉, 唐清亮, 王开田. 2017. 碳绩效与财务绩效[J]. 会计研究,（2）: 76-82, 97.
黄晓凤, 王廷惠, 程玉仙. 2015. 国际股票、外汇及原油市场对 CER 市场的波动溢出效应[J]. 系统工程, 33（5）: 1-9.
李大元, 黄鹤, 张璐. 2021. 碳交易规制强度能否促进企业创新投入？——CEO 年龄和公司年龄的联合调节作用[J]. 中南大学学报（社会科学版）, 27（6）: 17-31.
李慧云, 陈铮, 符少燕. 2016. 碳信息披露质量评价的技术实现[J]. 统计与决策, 32（17）: 70-72.
李力, 刘全齐, 唐登莉. 2019. 碳绩效、碳信息披露质量与股权融资成本[J]. 管理评论, 31（1）: 221-235.
李世辉, 葛玉峰, 王如玉. 2019. 基于改进变权物元可拓模型的碳信息披露质量评价[J]. 统计与决策, 35（21）: 57-61.
李涛, 李昂, 宋沂邈, 等. 2021. 市场激励型环境规制的价值效应——基于碳排放权交易机制的研究[J]. 科技管理研究, 41（13）: 211-222.
李小平, 余东升, 余娟娟. 2020. 异质性环境规制对碳生产率的空间溢出效应——基于空间杜宾模型[J]. 中国软科学,（4）: 82-96.
李秀玉, 史亚雅. 2016. 绿色发展、碳信息披露质量与财务绩效[J]. 经济管理, 38（7）: 119-132.
梁劲锐, 史耀疆, 席小瑾. 2018. 清洁生产技术创新、治污技术创新与环境规制[J]. 中国经济问题,（6）: 76-85.
刘捷先, 张晨. 2020. 中国企业碳信息披露质量评价体系的构建[J]. 系统工程学报, 35（6）: 849-864.
刘维泉, 郭兆晖. 2011. EU ETS 碳排放期货市场风险度量——基于 SV 模型的实证分析[J]. 系统工程, 29（10）: 14-23.
刘伟. 2017. 环境规制政策与经济可持续发展研究[M]. 北京：经济科学出版社.
乔海曙, 刘小丽. 2011. 碳排放权的金融属性[J]. 理论探索,（3）: 61-64.
秦颖, 孙慧. 2020. 自愿参与型环境规制与企业研发创新关系——基于政府监管与媒体关注视角的实证研究[J]. 科技管理研究, 40（4）: 254-262.

丘兆逸. 2014. 碳规制对中国产品内贸易的影响研究[J]. 中南财经政法大学学报, (5): 118-124.
任保全, 王亮亮. 2014. 战略性新兴产业高端化了吗? [J]. 数量经济技术经济研究, 31 (3): 38-55.
阮敏, 肖风. 2022. 自愿参与型环境规制与企业技术创新——公众关注度和市场进程的调节作用[J]. 科技进步与对策, 39 (2): 79-90.
盛丹, 张国峰. 2019. 两控区环境管制与企业全要素生产率增长[J]. 管理世界, 35 (2): 24-42, 198.
宋晓华, 蒋潇, 韩晶晶, 等. 2019. 企业碳信息披露的价值效应研究: 基于公共压力的调节作用[J]. 会计研究, (12): 78-84.
田园, 陈伟, 宋维明. 2015. 基于 GARCH-EVT-VaR 模型的国际主要碳排放交易市场风险度量研究[J]. 科技管理研究, 35 (2): 224-231.
王班班, 齐绍洲. 2016. 市场型和命令型政策工具的节能减排技术创新效应——基于中国工业行业专利数据的实证[J]. 中国工业经济, (6): 91-108.
王家玮, 伊藤敏子. 2011. 碳贸易价格风险变动趋势与我国 CDM 发展策略[J]. 国际贸易问题, (10): 107-115.
王杰, 刘斌. 2014. 环境规制与企业全要素生产率——基于中国工业企业数据的经验分析[J]. 中国工业经济, (3): 44-56.
王小龙. 2008. 排污权交易研究: 一个环境法学的视角[M]. 北京: 法律出版社.
王勇, 李雅楠, 俞海. 2019. 环境规制影响加总生产率的机制和效应分析[J]. 世界经济, 42 (2): 97-121.
王芝炜, 孙慧. 2022. 市场型环境规制对企业绿色技术创新的影响及影响机制[J]. 科技管理研究, 42 (8): 208-215.
魏琦, 刘亚卓. 2015. 清洁发展机制下我国碳市场价格研究[J]. 生态经济, 31 (6): 65-69.
魏一鸣, 王恺, 凤振华, 等. 2010. 碳金融与碳市场: 方法与实证[M]. 北京: 科学出版社.
吴恒煜, 胡根华. 2014. 国际碳排放权市场动态相依性分析及风险测度: 基于 Copula-GARCH 模型[J]. 数理统计与管理, 33 (5): 892-909.
吴恒煜, 胡根华, 秦嗣毅, 等. 2011. 国际碳排市场动态效应研究: 基于 ECX CER 市场[J]. 山西财经大学学报, 33 (9): 18-24.
吴秋生, 黄贤环. 2017. 财务公司的职能配置与集团成员上市公司融资约束缓解[J]. 中国工业经济, (9): 156-173.
吴振信, 万埠磊, 王书平. 2015. 碳交易市场、原油市场和股票市场的联动关系——基于结构突变检验和 VAR 模型的实证研究[J]. 系统工程, 33 (3): 25-31.
谢智慧, 孙养学, 王雅楠. 2018. 环境规制对企业环保投资的影响——基于重污染行业的面板数据研究[J]. 干旱区资源与环境, 32 (3): 12-16.
徐瑶. 2016. 马克思商品理论下的碳排放交易研究[J]. 中国经济问题, (1): 50-55.
杨光勇, 计国君. 2021. 碳排放规制与顾客环境意识对绿色创新的影响[J]. 系统工程理论与实践, 41 (3): 702-712.
张晨. 2018. 碳金融市场价格与风险研究: 理论·方法·政策[M]. 北京: 科学出版社.
张晨, 胡姝, 季媛璞, 等. 2022. 基于科学知识图谱的环境信息披露研究进展与未来展望[J]. 干旱区资源与环境, 36 (1): 48-58.
张晨, 年敏, 刘芳. 2015a. 政府与市场协同调控视角下国际碳期货市场有效性研究[C]//第十届中国软科学学术年会论文集，北京：28-35.

张晨，杨玉，张涛. 2015b. 基于 Copula 模型的商业银行碳金融市场风险整合度量[J]. 中国管理科学，23（4）：61-69.

张传国，陈晓庆. 2011. 国外碳金融研究的新进展[J]. 审计与经济研究，26（5）：104-112.

张国兴，冯祎琛，王爱玲. 2021. 不同类型环境规制对工业企业技术创新的异质性作用研究[J]. 管理评论，33（1）：92-102.

张晋玮，李建明. 2021. 东道国碳规制对制造业企业对外直接投资的影响研究[J]. 经济问题探索，（3）：138-149.

张耀坤，王永军，杨成，等. 2021. 基于三维分析框架的中国碳中和政策体系研究[J]. 全球能源互联网，4（6）：549-559.

张跃军，魏一鸣. 2010. 化石能源市场对国际碳市场的动态影响实证研究[J]. 管理评论，22（6）：34-41.

张跃军，魏一鸣. 2011. 国际碳期货价格的均值回归：基于 EU ETS 的实证分析[J]. 系统工程理论与实践，31（2）：214-220.

赵敏. 2013. 环境规制的经济学理论根源探究[J]. 经济问题探索，（4）：152-155.

植草益. 1992. 微观规制经济学[M]. 朱绍文，等译. 北京：中国发展出版社.

朱帮助，魏一鸣. 2011. 基于 GMDH-PSO-LSSVM 的国际碳市场价格预测[J]. 系统工程理论与实践，31（12）：2264-2271.

邹亚生，魏薇. 2013. 碳排放核证减排量（CER）现货价格影响因素研究[J]. 金融研究，（10）：142-153.

Aas K, Czado C, Frigessi A, et al. 2009. Pair-copula constructions of multiple dependence[J]. Insurance: Mathematics and Economics, 44 (2): 182-198.

Abbara O, Zevallos M. 2014. Assessing stock market dependence and contagion[J]. Quantitative Finance, 14 (9): 1627-1641.

Arakelian V, Dellaportas P. 2012. Contagion determination via copula and volatility threshold models[J]. Quantitative Finance, 12 (2): 295-310.

Badeeb R A, Lean H H, Shahbaz M. 2020. Are too many natural resources to blame for the shape of the Environmental Kuznets Curve in resource-based economies? [J]. Resources Policy, 68: 101694.

Balcılar M, Demirer R, Hammoudeh S, et al. 2016. Risk spillovers across the energy and carbon markets and hedging strategies for carbon risk[J]. Energy Economics, 54: 159-172.

Baruník J, Křehlík T. 2018. Measuring the frequency dynamics of financial connectedness and systemic risk[J]. Journal of Financial Econometrics, 16 (2): 271-296.

Basdeo D K, Smith K G, Grimm C M, et al. 2006. The impact of market actions on firm reputation[J]. Strategic Management Journal, 27 (12): 1205-1219.

Bedford T, Cooke R M. 2002. Vines: A new graphical model for dependent random variables[J]. The Annals of Statistics, 30 (4): 1031-1068.

Ben-Amar W, Chang M, McIlkenny P. 2017. Board gender diversity & corporate response to sustainability initiatives: Evidence from the carbon disclosure project[J]. Journal of Business Ethics, 142 (2): 369-383.

Boersen A, Scholtens B. 2014. The relationship between European electricity markets and emission allowance futures prices in phase II of the EU (European Union) emission trading scheme[J]. Energy, 74: 585-594.

Bollerslev T. 1986. Generalized autoregressive conditional heteroskedasticity[J]. Journal of Econometrics, 31 (3): 307-327.

Bollerslev T, Chou R Y, Kroner K F. 1992. ARCH modeling in finance: A review of the theory and empirical evidence[J]. Journal of Econometrics, 52 (1/2): 5-59.

Botosan C. 1997. Disclosure level and the cost of equity capital[J]. Accounting Review: A Quarterly Journal of the American Accounting Association, 72: 323-349.

Branco M C, Rodrigues L L. 2006. Corporate social responsibility and resource-based perspectives[J]. Journal of Business Ethics, 69 (2): 111-132.

Brouwers R, Schoubben F, Van Hulle C, et al. 2016. The initial impact of EU ETS verification events on stock prices[J]. Energy Policy, 94: 138-149.

Brunel C, Levinson A. 2013. Measuring environmental regulatory stringency[J]. OECD Trade and Environment Working Papers, (5): 1-19.

Bui B, Houqe M N, Zaman M. 2020. Climate governance effects on carbon disclosure and performance[J]. The British Accounting Review, 52 (2): 100880.

Byun S J, Cho H. 2013. Forecasting carbon futures volatility using GARCH models with energy volatilities[J]. Energy Economics, 40: 207-221.

Cao G X, Xu W. 2016. Multifractal features of EUA and CER futures markets by using multifractal detrended fluctuation analysis based on empirical model decomposition[J]. Chaos, Solitons & Fractals, 83: 212-222.

Chen Y F, Qu F, Li W Q, et al. 2019. Volatility spillover and dynamic correlation between the carbon market and energy markets[J]. Journal of Business Economics and Management, 20 (5): 979-999.

Chevallier J. 2009. Carbon futures and macroeconomic risk factors: A view from the EU ETS[J]. Energy Economics, 31 (4): 614-625.

Chevallier J. 2011. Detecting instability in the volatility of carbon prices[J]. Energy Economics, 33 (1): 99-110.

Chevallier J, Sévi B. 2011. On the realized volatility of the ECX CO_2 emissions 2008 futures contract: Distribution, dynamics and forecasting[J]. Annals of Finance, 7 (1): 1-29.

Chithambo L, Tingbani I, Agyapong G A, et al. 2020. Corporate voluntary greenhouse gas reporting: Stakeholder pressure and the mediating role of the chief executive officer[J]. Business Strategy and the Environment, 29 (4): 1666-1683.

Christiansen A C, Arvanitakis A, Tangen K, et al. 2005. Price determinants in the EU emissions trading scheme[J]. Climate Policy, 5 (1): 15-30.

Coase R H. 1960. The Problem of Social Cost[M]//Classic Papers in Natural Resource Economics. London: Palgrave Macmillan UK: 87-137.

Creti A, Jouvet P A, Mignon V. 2012. Carbon price drivers: Phase I versus phase II equilibrium? [J]. Energy Economics, 34 (1): 327-334.

Crocker T D. 1966. The Structuring of Atmospheric Pollution Control Systems[M]//The Economics of Air Pollution. New York: Norton: 61-86.

Cui J, Hwang M. 2018. The effect of firm's financial characteristics on voluntary disclosure of carbon emission information[J]. Korean Journal of Accounting Research, 23 (3): 119-143.

Dales J H. 1968. Pollution, Property & Prices: An Essay in Policy-Making and Economics[M]. Toronto: University of Toronto Press.

Dasgupta S, Laplante B, Wang H, et al. 2002. Confronting the environmental Kuznets curve[J]. Journal of Economic Perspectives, 16 (1): 147-168.

Demirel P, Kesidou E. 2011. Stimulating different types of eco-innovation in the UK: Government policies and firm motivations[J]. Ecological Economics, 70 (8): 1546-1557.

Depoers F, Jeanjean T, Jérôme T. 2016. Voluntary disclosure of greenhouse gas emissions: Contrasting the carbon disclosure project and corporate reports[J]. Journal of Business Ethics, 134 (3): 445-461.

Diebold F X, Yilmaz K. 2012. Better to give than to receive: Predictive directional measurement of volatility spillovers[J]. International Journal of Forecasting, 28 (1): 57-66.

Fan X H, Li S S, Tian L X. 2015. Chaotic characteristic identification for carbon price and an multi-layer perceptron network prediction model[J]. Expert Systems with Applications, 42 (8): 3945-3952.

Feng Z H, Zou L L, Wei Y M. 2011. Carbon price volatility: Evidence from EU ETS[J]. Applied Energy, 88 (3): 590-598.

Forbes K J, Rigobon R. 2002. No contagion, only interdependence: Measuring stock market co-movements[J]. The Journal of Finance, 57 (5): 2223-2261.

Fornell C. 1992. A national customer satisfaction barometer: The Swedish experience[J]. Journal of Marketing, 56 (1): 6-21.

Friedl B, Getzner M. 2003. Determinants of CO_2 emissions in a small open economy[J]. Ecological Economics, 45 (1): 133-148.

Fry R, Martin V L, Tang C. 2010. A new class of tests of contagion with applications[J]. Journal of Business & Economic Statistics, 28 (3): 423-437.

Grauel J, Gotthardt D. 2016. The relevance of national contexts for carbon disclosure decisions of stock-listed companies: A multilevel analysis[J]. Journal of Cleaner Production, 133: 1204-1217.

Grossman G M, Krueger A B. 1992. Environmental impacts of a North American free trade agreement[J]. CEPR Discussion Papers, 8 (2): 223-250.

Gruca T S, Rego L L. 2005. Customer satisfaction, cash flow, and shareholder value[J]. Journal of Marketing, 69 (3): 115-130.

Guðbrandsdóttir H N, Haraldsson H Ó. 2011. Predicting the price of EU ETS carbon credits[J]. Systems Engineering Procedia, 1: 481-489.

Hamilton J D. 1989. A new approach to the economic analysis of nonstationary time series and the business cycle[J]. Econometrica, 57 (2): 357-384.

Hammoudeh S, Nguyen D K, Sousa R M. 2014. What explain the short-term dynamics of the prices of CO_2 emissions?[J]. Energy Economics, 46: 122-135.

Han S K, Ahn J J, Oh K J, et al. 2015. A new methodology for carbon price forecasting in EU ETS[J]. Expert Systems, 32 (2): 228-243.

Hao Y, Tian C S. 2019. A novel two-stage forecasting model based on error factor and ensemble method for multi-step wind power forecasting[J]. Applied Energy, 238: 368-383.

Huang J W, Li Y H. 2017. Green innovation and performance: The view of organizational capability and social reciprocity[J]. Journal of Business Ethics, 145 (2): 309-324.

Huang R B, Chen D P. 2015. Does environmental information disclosure benefit waste discharge reduction? Evidence from China[J]. Journal of Business Ethics, 129 (3): 535-552.

Isaksson L H. 2005. Abatement costs in response to the Swedish charge on nitrogen oxide emissions[J]. Journal of Environmental Economics and Management, 50 (1): 102-120.

Itô K. 1951. On stochastic differential equations[J]. Memoirs of the American Mathematical Society, 4: 1-51.

Jaffe A B, Peterson S R, Portney P R, et al. 1994. Environmental regulation & the competitiveness of US manufacturing: What does the evidence tell us? [J]. Journal of Economic Literature, 98 (4): 853-873.

Ji Q, Zhang D Y, Geng J B. 2018. Information linkage, dynamic spillovers in prices and volatility between the carbon and energy markets[J]. Journal of Cleaner Production, 198: 972-978.

Joe H. 1996. Families of m-variate distributions with given margins and m(m-1)/2 bivariate dependence parameters[J]. Lecture Notes-Monograph Series: 120-141.

Jorgenson D W, Wilcoxen P J. 1990. Intertemporal general equilibrium modeling of U.S. environmental regulation[J]. Journal of Policy Modeling, 12 (4): 715-744.

Kahn A E. 1970. The Economics of Regulation: Principles and Institutions[M]. New York: John Wiley & Sons, Inc.

Kaika D, Zervas E. 2013. The Environmental Kuznets Curve (EKC) theory-Part A: Concept, causes and the CO_2 emissions case[J]. Energy Policy, 62: 1392-1402.

Kaiser H F, Rice J. 1974. Little Jiffy, mark IV[J]. Educational and Psychological Measurement, 34 (1): 111-117.

Karolyi G A. 2003. Does international financial contagion really exist? [J]. International Finance, 6 (2): 179-199.

Khanna N, Sonti R. 2004. Value creating stock manipulation: Feedback effect of stock prices on firm value[J]. Journal of Financial Markets, 7 (3): 237-270.

Kılıç M, Kuzey C. 2019. The effect of corporate governance on carbon emission disclosures: Evidence from Turkey[J]. International Journal of Climate Change Strategies and Management, 11 (1): 35-53.

Koch N, Fuss S, Grosjean G, et al. 2014. Causes of the EU ETS price drop: Recession, CDM, renewable policies or a bit of everything? —New evidence[J]. Energy Policy, 73: 676-685.

Koop G M. 2013. Forecasting with medium and large Bayesian VARS[J]. Journal of Applied Econometrics, 28 (2): 177-203.

Kou S G. 2002. A jump-diffusion model for option pricing[J]. Management Science, 48 (8): 1086-1101.

Kulkarni S, Simon S P, Sundareswaran K. 2013. A spiking neural network (SNN) forecast engine for short-term electrical load forecasting[J]. Applied Soft Computing, 13 (8): 3628-3635.

Labatt S, White R R. 2011. Carbon Finance: The Financial Implications of Climate Change[M]. Hoboken: John Wiley & Sons.

Lahmiri S. 2015. Long memory in international financial markets trends and short movements during 2008 financial crisis based on variational mode decomposition and detrended fluctuation analysis[J]. Physica A: Statistical Mechanics and its Applications, 437: 130-138.

Lankoski L. 2008. Corporate responsibility activities and economic performance: A theory of why and how they are connected[J]. Business Strategy and the Environment, 17 (8): 536-547.

Lemma T T, Feedman M, Mlilo M, et al. 2019. Corporate carbon risk, voluntary disclosure, and cost of capital: South African evidence[J]. Business Strategy and the Environment, 28 (1): 111-126.

Li L, Liu Q, Wang J. 2019. Carbon information disclosure, marketization, & cost of equity financing[J]. International Journal of Environmental Research & Public Health, 16(1): 150-163.

Liu H H, Chen Y C. 2013. A study on the volatility spillovers, long memory effects and interactions between carbon and energy markets: The impacts of extreme weather[J]. Economic Modelling, 35: 840-855.

Luo L, Wu H J. 2019. Voluntary carbon transparency: A substitute for or complement to financial transparency? [J]. Journal of International Accounting Research, 18 (2): 65-88.

Ma H, Zhang J. 2016. Impact of environmental regulation on corporate environmental investment[J]. Journal of Arid Land Resources and Environment, (12): 178-182.

Marshall A. 1890. Principles of Economic[M]. London: Macmillan Press: 78-105.

Martínez-Zarzoso I, Bengochea-Morancho A. 2004. Pooled mean group estimation of an environmental Kuznets curve for CO_2[J]. Economics Letters, 82 (1): 121-126.

Matsumura E M, Prakash R, Vera-Muñoz S C. 2014. Firm-value effects of carbon emissions and carbon disclosures[J]. The Accounting Review, 89 (2): 695-724.

Montgomery W D. 1972. Markets in licenses and efficient pollution control programs[J]. Journal of Economic Theory, 5 (3): 395-418.

Nelson D B. 1991. Conditional heteroskedasticity in asset returns: A new approach[J]. Econometrica, 59 (2): 347.

Nishitani K, Kokubu K. 2012. Why does the reduction of greenhouse gas emissions enhance firm value? The case of Japanese manufacturing firms[J]. Business Strategy and the Environment, 21 (8): 517-529.

OECD. 2011. Monitoring the environmental and resource productivity of the economy[J]. OECD Green Growth Studies, (24): 41-64.

Oestreich A M, Tsiakas I. 2015. Carbon emissions and stock returns: Evidence from the EU Emissions Trading Scheme[J]. Journal of Banking & Finance, 58: 294-308.

Palao F, Pardo A. 2012. Assessing price clustering in European Carbon Markets[J]. Applied Energy, 92: 51-56.

Panayotou T. 1993. Empirical Tests and Policy Analysis of Environmental Degradation at Different Stages of Economic Development[R]. Geneva: International Labour Organization.

Paolella M S, Taschini L. 2008. An econometric analysis of emission allowance prices[J]. Journal of Banking & Finance, 32 (10): 2022-2032.

Patton A J. 2006. Estimation of multivariate models for time series of possibly different lengths[J]. Journal of Applied Econometrics, 21 (2): 147-173.

Pigou A C. 1920. The Economics of Welfare[M]. London: Palgrave MacMillan: 6-18.

Plumlee M, Brown D, Hayes R M, et al. 2015. Voluntary environmental disclosure quality and firm value: Further evidence[J]. Journal of Accounting and Public Policy, 34 (4): 336-361.

Porter M E. 1991. America's green strategy[J]. Scientific American, 264 (4): 168.

Randall A. 1981. Resource Economics: An Economic Approach to Natural Resource and Environmental Policy[M]. Columbus: Grid Publishing Company: 58-98.

Sadefo-Kamdem J, Nsouadi A, Terraza M. 2016. Time-frequency analysis of the relationship between EUA and CER carbon markets[J]. Environmental Modeling & Assessment, 21 (2): 279-289.

Samuelson P A, Nordhaus W D. 1948. Economics[M]. New York: McGraw-Hill Companies.

Segnon M, Lux T, Gupta R. 2017. Modeling and forecasting the volatility of carbon dioxide emission allowance prices: A review and comparison of modern volatility models[J]. Renewable and Sustainable Energy Reviews, 69: 692-704.

Sengupta P. 1998. Corporate disclosure quality and the cost of debt[J]. The Accounting Review, 73 (4): 459-474.

Shafik N, Bandyopadhyay S. 1992. Economic Growth and Environmental Quality: Time-Series and Cross-Country Evidence[R]. Washington: World Bank Publications.

Shan Y G, Tang Q L, Zhang J R. 2021. The impact of managerial ownership on carbon transparency: Australian evidence[J]. Journal of Cleaner Production, 317: 128480.

Srinivasan S, Hanssens D M. 2009. Marketing and firm value: Metrics, methods, findings, and future directions[J]. Journal of Marketing Research, 46 (3): 293-312.

Stavropoulos S, Wall R, Xu Y Z. 2018. Environmental regulations and industrial competitiveness: Evidence from China[J]. Applied Economics, 50 (12): 1378-1394.

Stigler G J. 1971. The theory of economic regulation[J]. The Bell Journal of Economics and Management Science, 2 (1): 3.

Sun G Q, Chen T, Wei Z N, et al. 2016. A carbon price forecasting model based on variational mode decomposition and spiking neural networks[J]. Energies, 9 (1): 54.

Tan X P, Wang X Y. 2017. Dependence changes between the carbon price and its fundamentals: A quantile regression approach[J]. Applied Energy, 190: 306-325.

Tian C S, Hao Y, Hu J M. 2018. A novel wind speed forecasting system based on hybrid data preprocessing and multi-objective optimization[J]. Applied Energy, 231: 301-319.

Tingbani I, Chithambo L, Tauringana V. 2020. Board gender diversity, environmental committee & greenhouse gas voluntary disclosures[J].Business Strategy & the Environment, 29 (4): 1666-1683.

Tsai M T, Kuo Y T. 2013. A forecasting system of carbon price in the carbon trading markets using artificial neural network[J]. International Journal of Environmental Science and Development, 4 (2): 163-167.

Verrecchia R E. 2001. Essays on disclosure[J]. Journal of Accounting and Economics, 32 (1/2/3): 97-180.

Wagner M. 2008. The carbon Kuznets curve: A cloudy picture emitted by bad econometrics? [J]. Resource and Energy Economics, 30 (3): 388-408.

Wang Y D, Wu C F. 2012. Forecasting energy market volatility using GARCH models: Can multivariate models beat univariate models? [J]. Energy Economics, 34 (6): 2167-2181.

Wang Y, Guo Z. 2018. The dynamic spillover between carbon & energy markets: New evidence[J]. Energy, 149: 24-33.

Wang Y, Sun X H, Guo X. 2019. Environmental regulation and green productivity growth: Empirical evidence on the Porter Hypothesis from OECD industrial sectors[J]. Energy Policy, 132: 611-619.

Wu C Y, Wang J Z, Chen X J, et al. 2020a. A novel hybrid system based on multi-objective optimization for wind speed forecasting[J]. Renewable Energy, 146: 149-165.

Wu Y Q, Zhang C, Yang Y, et al. 2020b. What happened to the CER market? A dynamic linkage effect analysis[J]. IEEE Access, 8: 62322-62333.

Xiang X J, Liu C J, Yang M, et al. 2020. Confession or justification: The effects of environmental disclosure on corporate green innovation in China[J]. Corporate Social Responsibility and Environmental Management, 27 (6): 2735-2750.

Xu W, Cao G X. 2016. Asymmetric-structure analysis of carbon and energy markets[J]. Fractals, 24 (1): 1650011.

Yin J H, Wang S. 2018. The effects of corporate environmental disclosure on environmental innovation from stakeholder perspectives[J]. Applied Economics, 50 (8): 905-919.

Yoon Y, Gürhan-Canli Z. 2003. The effects of partnering with good causes on corporate and organization image[J]. Advances in Consumer Research, (30): 322-324.

Yu J, Mallory M L. 2014. Exchange rate effect on carbon credit price via energy markets[J]. Journal of International Money and Finance, 47: 145-161.

Yu L A, Li J J, Tang L, et al. 2015. Linear and nonlinear Granger causality investigation between carbon market and crude oil market: A multi-scale approach[J]. Energy Economics, 51: 300-311.

Zhang C, Yang Y, Yun P. 2020. Risk measurement of international carbon market based on multiple risk factors heterogeneous dependence[J]. Finance Research Letters, 32: 101083.

Zhang Y J, Sun Y F. 2016. The dynamic volatility spillover between European carbon trading market and fossil energy market[J]. Journal of Cleaner Production, 112: 2654-2663.

Zhao X, Han M, Ding L L, et al. 2018. Usefulness of economic and energy data at different frequencies for carbon price forecasting in the EU ETS[J]. Applied Energy, 216: 132-141.

Zhu B Z. 2012. A novel multiscale ensemble carbon price prediction model integrating empirical mode decomposition, genetic algorithm and artificial neural network[J]. Energies, 5 (2): 355-370.

Zhu B Z, Han D, Wang P, et al. 2017. Forecasting carbon price using empirical mode decomposition and evolutionary least squares support vector regression[J]. Applied Energy, 191: 521-530.

Zhu B Z, Wei Y M. 2013. Carbon price forecasting with a novel hybrid ARIMA and least squares support vector machines methodology[J]. Omega, 41 (3): 517-524.

Zhu B Z, Ye S X, Wang P, et al. 2018. A novel multiscale nonlinear ensemble leaning paradigm for carbon price forecasting[J]. Energy Economics, 70: 143-157.

Zhu J M, Wu P, Chen H Y, et al. 2019. Carbon price forecasting with variational mode decomposition and optimal combined model[J]. Physica A: Statistical Mechanics and its Applications, 519: 140-158.